U0853746

1世纪高等职业教育精品教材
经贸类通用系列

"十三五"职业教育
国家规划教材

国家精品在线开放课程配套教材

"十三五"江苏省
高等学校重点教材

江苏省高校在线开放课程配套教材

管理学基础

Fundamentals of Management（第4版·含活页练习册）

主编◎张云河　副主编◎朱建军 束庄健

中国人民大学出版社
·北京·

“管理基础”在线开放课程

中国大学MOOC
课程
学校
慕课堂
下载APP
管理基础
我的学校云
个人中心
请选择或继续输入...
管理基础（无锡商业职业技术学院）
MOOC推荐
从0到1
全面掌握人工智能
立即学习
国家精品
计算机
外语
理学工学农学
2023考研
期末不挂科
大学应试英语
考编·考证
求职就业
更多
张云河
管理基础
Excel商务应用与建模
商务礼仪
我的课程
全部801所合作高校

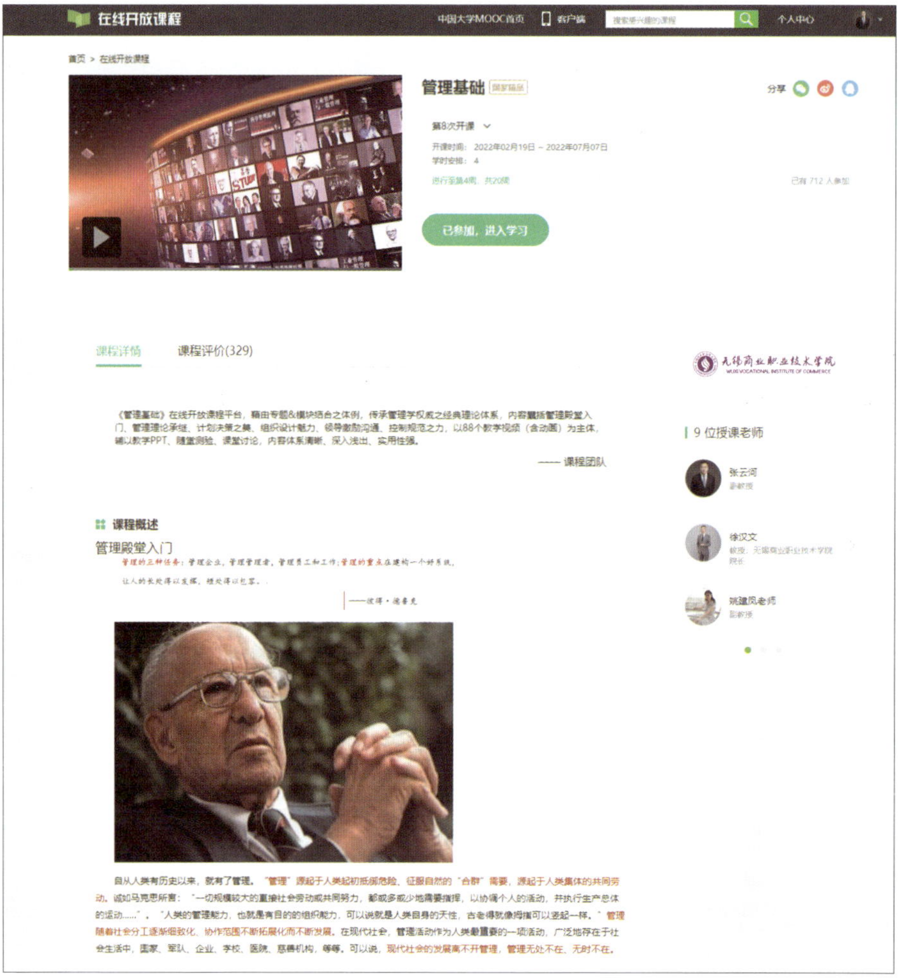
在线开放课程
中国大学MOOC首页
客户端
个人中心
首页 > 在线开放课程
管理基础
国家精品
分享
第8次开课
开课时间：2022年02月19日 ~ 2022年07月07日
学时安排：4
进行至第4周，共20周
已有 712 人参加
已参加，进入学习
课程详情
课程评价(329)
《管理基础》在线开放课程平台，籍由专题&模块结合之体例，传承管理学权威之经典理论体系，内容囊括管理殿堂入门、管理理论承继、计划决策之美、组织设计魅力、领导激励沟通、控制规范之力，以88个教学视频（含动画）为主体，辅以教学PPT、随堂测验、课堂讨论，内容体系清晰、深入浅出、实用性强。
—— 课程团队
9 位授课老师
张云河
徐汉文
姚建凤老师
课程概述
管理殿堂入门
管理的三种任务：管理企业，管理管理者，管理员工和工作；管理的重点在建构一个好系统。
自从人类有历史以来，就有了管理。“管理”源起于人类起初抵御危险、征服自然的“合群”需要，源起于人类集体的共同劳动。诚如马克思所言：“一切规模较大的直接社会劳动或共同努力，都或多或少地需要指挥，以协调个人的活动，并执行生产总体的运动……”。“人类的管理能力，也就是有目的的组织能力，可以说就是人类自身的天性，古老得就像拇指可以竖起一样。”管理随着社会分工逐渐细致化、协作范围不断拓展化而不断发展。在现代社会，管理活动作为人类最重要的一项活动，广泛地存在于社会生活中，国家、军队、企业、学校、医院、慈善机构，等等。可以说，现代社会的发展离不开管理，管理无处不在、无时不在。

第 4 版前言

自 2013 年 5 月《管理学基础》第 1 版出版发行以来，承蒙广大读者、同行的支持和厚爱，本教材得以秉承第 2、3 版修订、完善，一路前行，实现了从校本教材、市级新型教材到“十三五”江苏省高等学校重点建设教材，再到职业教育“十三五”国家规划教材的层级跨越和发展。

在中共中央政治局进行第 34 次集体学习时，习近平强调指出数字经济正在成为重组全球要素资源、重塑全球经济结构、改变全球竞争格局的关键力量，提出发挥数字技术对经济发展的放大、叠加、倍增作用。数字经济时代来了，在颠覆式创新与替代式竞争的数字经济环境下，企业内部管理亦呈现出组织结构趋于网络化、扁平化，以及用工模式趋于多元化、弹性化等诸多新变化，组织传统经典的管理方法只有持续优化，才能真正跟上变化。在此宏大的社会背景下，辅之教材经典的“124”教学内容知识体系和逻辑框架，第 4 版的修订和调整主要聚焦于以下三个方面：

1. 践履“培根铸魂、启智增慧”的思想原则

在前 3 版教材弘扬中华优秀传统管理思想的基础上，第 4 版教材继续挖掘和增加传统、现代中华管理文化元素，“思政”寓课程，课程融“思政”，确保教材体现正确导向，坚定文化自信，全面推进课程思政“耦合育人”，从管理的视角以“融盐入水”的方式对学生进行社会主义核心价值观教育，进步引导学生汲取中华优秀文化精髓，塑造其优秀人格，提升其综合素养和就业竞争力，从而为培养更多德智体美劳全面发展的高素质技术技能人才提供

有力支撑。

2. 依托在线开放课程，深化教材建设应用

随着“互联网＋教育”时代的到来，职业教育的教学环境和理念发生了显著变化，移动、泛在、智能化学习对职业教育教材建设提出了新要求，教材已经从传统的纸媒走向“新形态”。为适应信息时代发展对教材建设的新要求，本教材主动依托国家精品在线开放课程（中国大学 MOOC 课程网址为：https://www.icourse163.org/course/WXIC-1002328024?%20appId=null，或扫描右侧二维码进入“管理基础大讲堂”）开展职业教育教材立体式、融媒体式建设，承继“码上学管理”的信息化呈现形式，将单项选择题、案例分析题、计算题等课后练习的形式改为配套的活页练习册，一体化推进教材建设与教学改革。

扫一扫

管理基础大讲堂

3. 彰显职业教育类型特征，优化课程内在逻辑结构

《国家职业教育改革实施方案》为职业教育教材建设明确了任务要求。本教材修订坚持以职业能力为本位，以单元、模块为载体，以培养学生的基本管理技能为主线（“1”），以掌握管理基础概念和管理基础理论为基础（“2”），以理解和运用四大管理职能为重点（“4”），突出职业教育类型特征，聚焦基层管理岗位的综合管理技能人才培养。

本教材由国家精品在线开放课程——“管理基础”负责人张云河领衔编写及修订，具体分工如下（含相应单元活页练习册内容）：张云河负责第二单元、第三单元、第四单元、第五单元，朱建军负责第一单元，束庄健负责第六单元。需要特别指出的是，江苏大旅旅游服务有限公司总经理刘凯先生、南京友宝科斯智能科技有限公司无锡分公司市场经理高雷先生和春华教育集团徐州校区校长黄勇达先生等均对新型教材开发、国家精品在线开放课程建设等诸多前沿热点话题提出了很多具体可行的意见和建议。同时，本书中采录的诸多教学视频来自“管理基础”课程教学团队，他们是姚建凤、徐静、张伟、张中华、曹丽丽、李凤燕、束庄健等老师，在此对以上诸君的辛勤付出表示衷心谢意。

本教材在编写过程中借鉴和引用了相关网站和其他书籍中的一些精辟论述和见解，在此向各位作者一并表示诚挚谢意。虽经反复讨论、修改，但由于编者学识和能力有限，教材中难免出现疏漏之处，恳请各位专家、同行和读者批评指正，以便再版时完善。

张云河

2022 年 2 月

第 1 版前言

管理自古有之，管理无处不在，管理是人类社会活动和生产活动中普遍存在的社会现象。管理源起于人类起初抵御危险、征服自然的“合群”需要，管理伴随着社会化大生产的需要而逐步发展起来，管理的重要性则在组织规模逐渐扩大和作业活动愈加复杂中日益凸显。当下，“庞然大物”的中国以不可思议的姿态和速度“和平崛起”，“中国现象”的出现，包括政治、经济、思想、文化、管理等各方面，引起了中外学界和实务界的高度关注。研究管理，脱离不了对中国企业的了解和把握，坦言之，我国经济的高速发展与国内众多企业的成功管理密不可分，而技术和管理这两个车轮推动和成就了中国企业的管理成功。管理学是一门系统地研究组织管理过程的普遍规律、基本原理和一般方法的科学，它是人们对管理进行实践思考、系统思考且理论化的结果。西方的管理理论则是伴随着西方工厂制度的出现而开始的，公认是在 19 世纪末 20 世纪初。而时代的变迁、经济的发展必然带来管理理论的新发展和新变化。此为宏观层面。

当代社会是由各类组织构成的社会，我们每个人都在特定的组织中工作、生活和学习，这些组织的运营和管理离不开各级各类管理人员。事实上，如今的管理人员已成为我们社会的特定阶层，管理人员管理素质的高低、管理水平的高低，对其所属组织的管理实践和个人发展均影响甚大。是故，学习和掌握管理知识不仅有利于社会，也有利于我们每个人。此为微观层面。

本书正是在上述背景且必须反映上述背景的情况下组

织编写的。在本书的编写过程中，我们致力于将二十余载教学实践中的成功经验和失败教训均融入其中，经数年之不懈努力，终完成了这样一本既能充分呈现管理基础知识又能巧妙结合管理实践活动，便于教学、深入浅出、体系清楚、实用性强的管理学特色教材，其特色如下：

1. 理论体系完整且层次清晰。本书以管理的发展过程为线索，在梳理和阐释管理基本概念、基础理论的基础上，以管理的四大基本职能，即计划、组织、领导和控制为中心和重心建立架构，内容安排注重循序渐进、由浅入深、重视基础、突出重点、强调难点、简明扼要，做到了理论系统完整且层次清晰。

2. 教学模式新颖且突出应用。本书致力于探索一种集“讲、学、演、练”于一体的既能掌握管理理论知识又能培塑管理实践能力的教学模式，将学习目标、内容体系、单元小结、核心概念、管理实训、管理应用、管理游戏、课后练习融于一体。值得指出的是，附录 1 收集的 3 套各具特色的模拟试卷［模拟试卷（一）全为客观题，模拟试卷（二）为主客观题 3 ∶ 7 搭配，模拟试卷（三）全为主观题］，模式新颖，突出了针对性、实用性和可操作性。

3. 内容呈现直观且涉猎广泛。本书十分注重文、图、表多种视觉元素的有机结合，以使管理知识内容经由更直观、更简洁的路径表达和呈现出来。同时，书中穿插了大量的管理箴言、知识链接、管理故事、课堂思考，以及影响世界进程的 100 位管理大师（附录 2）与管理者需知的管理定律（附录 3）等诸多拓展性内容，做到了知识庞而不杂。

本书由张云河担任主编，负责全书的框架结构设计与最终文稿审定，并编写了第二单元、第三单元、第四单元、第五单元的全部内容，以及前言、附录 1 中模拟试卷（三）和附录 2、附录 3 的全部内容；初蓓担任副主编，编写了第一单元和附录 1 中模拟试卷（一）的全部内容；束庄健担任副主编，编写了第六单元和附录 1 中模拟试卷（二）的全部内容。徐汉文教授审阅了全书并提出了许多宝贵意见和建议，谨于此致以深深的谢忱。

在本书的编写过程中，我们博采众长，理论联系实际，参考和借鉴了国内外许多专家、学者的诸多同类教材、期刊论文以及管理学精品课程网站，不再一一列举。本书的编写也得到了一些企业的大力支持和帮助，在此谨向无锡大众旅行社有限公司、苏州奥世体育用品有限公司等一并表示诚挚的谢意。同时，感谢我的学生王广林、束长文、高建强和丁丽丽等为本书编写成稿所付出的辛苦而烦琐的文字校对工作，更要衷心感谢中国人民大学出版社的陈冰梅编辑和张菲娜编辑为本书的出版所给予的热情指导和鼎力支持。

本书主要供高等院校 62 财经大类（含 6201 财政金融类、6202 财务会计类、6203 经济贸易类、6204 市场营销类、6205 工商管理类）各专业学生学习使用，亦可作为非财经大类各专业学生的选学教材，还可作为企业经营管理人员培训教材或教学参考书。

由于管理学博大精深，编写高水平的教材难度很大，加之作者学识水平有限，书中疏漏和不妥之处在所难免，敬请各专家、学者、同行与同学批评指正，不吝赐教。

张云河

2013 年 5 月

目 录

第一单元 管理学基础概述

彼得·德鲁克（Peter F.Drucker，1909—2005）对管理学有卓越的贡献，被誉为“现代管理学之父”“大师中的大师”。《纽约时报》赞誉他为“当代最具启发性的思想家”。主要代表著作有：《管理：任务、责任和实践》（三部）《卓有成效的管理者》《创新与企业家精神》《管理的前沿》《管理未来》《21世纪的管理挑战》《卓有成效管理者的实践》。

管理箴言

没有机构，就没有管理。但相应地，没有管理，也就没有机构。管理是现代机构的特殊器官。

——彼得·德鲁克

管理的三种任务：管理企业，管理管理者，管理员工和工作。管理的重点在于建构一个好系统，让人的长处得以发挥，短处得以包容。

——彼得·德鲁克

管理工作是一切有组织的协作所不可缺少的。

——哈罗德·孔茨

我们必须颠覆一个有着百年历史的老观点，告诉我们的管理者，他们的任务不是凌驾于一切事物之上控制员工，而是引导、鼓动和激励他们。

——杰克·韦尔奇

经理的工作就是将系统里各成员的努力加以整合，以达成组织原先设定的目标。

——威廉·爱德华兹·戴明

学习目标

通过本单元内容学习，你应该达到以下学习目标并完成能力训练任务：

	素质目标	知识目标	能力目标
学习目标	（1）树立从“管”到“理”的正确思维方式，力求达致“无为，而无不为”的理想工作状态； （2）增强忧患意识，坚持底线思维，养成追求效率与效果相统一的科学管理意识或良好习惯； （3）具备明确的管理角色认知意识，主动适应组织中的角色定位，勇于担当作为，切实履职尽责，助力实现组织绩效最大化； （4）具备环境适应能力，洞察时与势、危与机，树立战略意识、机遇意识和大局意识，用发展的眼光，从全球化环境视角迎接管理挑战。	（1）了解管理的必要性； （2）掌握管理的概念，明确管理的性质； （3）熟悉管理的四项基本职能； （4）重点掌握效果和效率之间的区别； （5）熟悉管理者和操作者（作业人员）的区别； （6）重点掌握管理者的角色、素质和技能要求； （7）掌握管理环境的作用和内容； （8）熟悉管理学的主要特点和研究方法。	（1）能够运用自己的管理思维，从管理系统的角度分析管理现象； （2）能够运用自己的管理素质，有意识地将科学性和艺术性结合起来处理管理问题； （3）能够从管理技能角度分析和解决实际管理问题。
能力训练任务	（1）参观本地不同类型的组织，了解相应的管理活动； （2）分别剖析一个行政单位、事业单位和企业单位，总结其管理岗位的设置情况； （3）选择特定的组织，模拟管理者的角色； （4）仿真演练基层管理者和中层管理者的管理技能； （5）研读阿尔伯特·哈伯德的《把信送给加西亚》，理解“主动就是不用别人告诉你，你就能出色完成工作”。		

内容体系

自从人类有历史以来，就有了管理。“管理”源起于人类起初抵御危险、征服自然的“合群”需要，源起于人类集体的共同劳动。诚如马克思所言：“一切规模较大的直接社会劳动或共同劳动，都或多或少地需要指挥，以协调个人的活动，并执行生产总体的运动……”① “人类的管理能力，也就是有目的的组织能力，可以说就是人类自身的天性，古老得就像拇指可以竖起一样。”② 管理随着社会分工逐渐细致化、协作范围不断拓展化而不断发展。在现代社会，管理活动作为人类最重要的一项活动，广泛地存在于社会生活中，存在于各种机构中，如国家、军队、企业、学校、医院、慈善机构，等等。可以说，现代社会的发展离不开管理，管理无处不在、无时不在。因此，就有必要了解：什么是管理，为什么要进行管理？什么是管理者，怎样才能成为一个卓有成效的管理者？③ 管理者在管理中会遇到什么样的环境，如何在内外综合环境中进行有效管理？

① 《马克思恩格斯全集》，中文 1 版，第 23 卷，367 页，北京，人民出版社，1972。
② ［美］琼·玛格丽塔、南·斯通：《什么是管理》，2 页，北京，电子工业出版社，2003。
③ 参见［美］彼得·德鲁克：《卓有成效的管理者》，122 页，北京，机械工业出版社，2005。

课堂思考 1–1

数字经济时代，企业管理者如何应对数字化管理转型的新挑战？

模块一　管理认知

一、管理的概念

什么是管理？综观而言，管理就是一定环境下的组织中的管理者，通过计划、组织、领导和控制职能，协调他人的活动，带领人们有效（既有效率又有效果）实现组织目标的艺术过程。这一定义有 7 个方面的要点。

扫一扫

管理的概念

其一，管理目的。管理本身不是目的，为管理而管理是没有意义的，是故，为有效实现组织目标是管理的目的。

其二，管理主体。管理的主体是管理者，管理者及其管理技能在组织管理活动中起决定作用。

其三，管理载体。管理的载体是组织，管理不能脱离组织而存在，同样，组织中必定存在管理。

其四，管理职能。管理是进行计划、组织、领导和控制等活动，计划、组织、领导和控制是管理的基本职能。

其五，管理本质。管理的本质在于协调，通过协调达到“做正确的事”（效果）和“正确地做事”（效率）并举。

其六，管理对象。管理在于管理者对包括人员（Man）、资金（Money）、方法（Method）、机器（Machine）、物料（Material）、市场（Market）、士气（Morale）等客体进行整合，合理高效利用。

其七，管理环境。管理工作是在特定的环境下进行的，有效的管理需要审时度势、因势利导、灵活应变。

知识链接 1–1

中外管理学者对管理的定义

管理，从字面上看，管是主其事，理是治其事，管理是管辖、治理、控制的意思，即对一定范围的人员及事务进行安排和处理。但是，这种顾名思义的解释不足以严格地表达出管理本身所具有的完整含义。关于管理的定义，学术界可谓众说纷纭、见仁见智，虽然从不同的侧面揭示了管理的含义或者属性，然而对于管理的边界和目标的理解却是不分明的。管理的多义性和复杂性，既反映了研究立场、方法、角度的不同，也反映了管理科学的不成熟性。现将具有代表性的观点列举于表 1–1 中。

表 1–1　中外管理学者对管理的定义

代表人物	定义	侧重点	出版物
“科学管理之父”、科学管理理论创始人、美国工程师弗雷德里克·泰勒（Frederick Taylor）	管理就是确切了解你希望工人干些什么，然后设法使他们用最好、最节约的方法去完成它。	这一定义仅从个人认识角度出发，虽强调管理的目的、效率和方法，但未涉及具体的组织行为，是一般意义上对管理的粗浅的认识。	《科学管理原理》，中国社会科学出版社，1999
“现代经营管理理论之父”、一般管理理论创始人、法国实业家亨利·法约尔（Henri Fayol）	管理是所有的人类组织（不论是家庭、企业还是政府）都有的一种活动，它包括计划、组织、指挥、协调和控制 5 个要素。	这一定义从管理的组织过程出发，着重从管理职能的维度阐述什么是管理。	《工业管理与一般管理》，中国社会科学出版社，1999
社会学三大“奠基人”之一、“组织理论之父”、被美国的管理学家丹尼尔·雷恩誉为德国的亚当·斯密的马克斯·韦伯（Max Weber）	管理就是协调活动。	这一定义强调的是管理的本质。	《社会组织与经济组织理论》，多家出版社均出版有此书
决策理论学派的主要代表人物、诺贝尔经济学奖获得者赫伯特·西蒙（Herbert A. Simon）	决策是管理的心脏，管理就是由一系列决策组成的，更确切地说，管理就是决策。	这一定义突出管理的决策功能，将管理从一般性的事务工作中解脱出来，集中反映到决策的高度上。	《管理决策新科学》，中国社会科学出版社，1982
斯蒂芬·P. 罗宾斯（Stephen P.Robbins）、玛丽·库尔特（Mary Coulter）	管理是一个协调工作活动的过程，以便能够有效率和有效果地同别人一起或通过别人实现组织的目标。	这一定义强调管理的实质是协调，在管理的过程中协调处于核心地位，并提出管理不仅要强调人的因素，还要强调目标；不仅要讲求效率，还要讲求效果。	《管理学》（第 9 版），中国人民大学出版社，2008

续前表

代表人物	定义	侧重点	出版物
经验主义学派代表人物、美国著名管理学家彼得·德鲁克（Peter F.Drucker）	归根到底，管理是一种实践，其本质不在于“知”而在于“行”，其验证不在于逻辑，而在于成果；其唯一权威就是成就。	这一定义强调管理的实践特性和实用效果，将人们从对管理的虚无化理解拉回现实之中，避免了为管理而管理的行为发生。	《管理：任务、责任和实践》，中国社会科学出版社，1987
哈罗德·孔茨（Harold Koontz）和海因茨·韦里克（Heinz Weihrich）	管理是设计和保持一种良好环境，使人在群体里高效率地完成既定目标。	这一定义首次提出管理定义中包含了设计和保持一种良好环境，满足了组织行为学和管理伦理学对管理提出的最基本要求，是时代进步的标志。	《管理学》（第10版），经济科学出版社，1998
杨文士、张雁	管理是组织中的管理者，通过实施计划、组织、人员配备、指导与领导、控制等职能来协调他人的活动，使别人同自己一起实现既定目标的活动过程。	这一定义强调人的作用，而忽视了对其他资源的利用。	《管理学原理》，中国人民大学出版社，2003
周三多	管理是指组织中的如下活动或过程：通过信息获取、决策、计划、组织、领导、控制和创新等职能的发挥来分配、协调包括人力资源在内的一切可以调用的资源，以实现单个人无法实现的目标。	这一定义强调了管理的载体、本质、对象、职能和目标。	《管理学——原理与方法》（第5版），复旦大学出版社，2009

知识链接 1-2

效果、效率与有效管理

美国著名管理学家与管理顾问彼得·德鲁克有句名言：“It is more important to do the right things than do things right.”（做正确的事比把事情做正确重要得多。）其实，这就涉及了效果、效率与有效管理的问题，如表1-2和图1-1所示。

表 1–2　效果、效率与有效管理

概念	内容描述
效果（Effectiveness）	效果意味着方向和目标的达成度，即效益。“做正确的事”（Do the right things）涉及的是效果问题。效果解决做什么（目标）的问题，是选择“正确的事”去做。
效率（Efficiency）	效率是做事的多、少、快、慢，表现为产出和投入之比，即指以最少资源达成目标。“正确地做事”（Do things right）涉及的是效率问题。效率解决怎么做（方式、方法）的问题，即组织是否“正确地做事”。
有效管理	有效管理就是“正确地去做正确的事”。效率与效果的并举要求管理者做到：“找对的事情去做，把对的事情做好。”管理的任务就是引导业务活动有效地获取、开发和利用各种资源，来确保组织效率和效果的双重目标的实现。

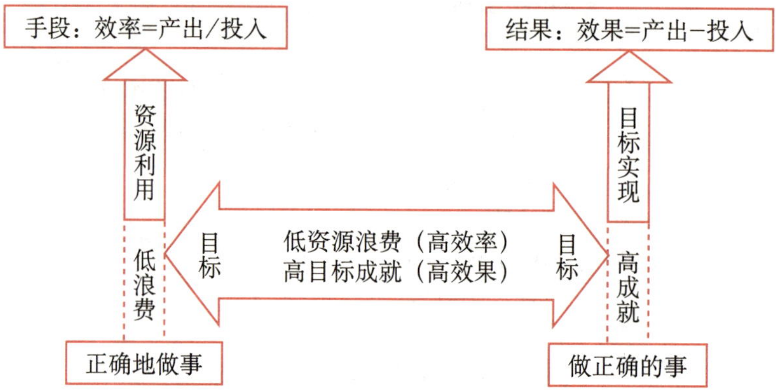

图 1–1　管理追求效率和效果的统一

管理之所以重要，在于管理是人类社会最基本、最重要的活动之一，它促进了人类社会的进步和科技的发展，而且管理活动有助于提高组织的效率。

二、管理的性质

（一）管理的根本属性：管理的自然属性和社会属性

管理作为一种社会活动，也有其本身的规律性。管理理论、管理方法和管理思想都是由管理的本质决定的。管理的本质具有二重性，这是马克思通过深入研究资本主义的管理活动首先提出来的，如表 1–3 和图 1–2 所示。

表 1–3　管理的根本属性（二重性）

属性类型	内容描述
管理的自然属性	管理的自然属性是指其处理人和自然的关系，合理组织生产力的属性，表现为管理的一般职能。管理的自然属性是管理的共性，因为管理是由分工协作的集体劳动所引起的，是社会劳动过程的一般要求，是劳动过程的普遍形态。与生产力相联系的生产力配置、生产力诸要素的结合形式、手段、方法，在任何社会制度下都没有本质区别，它取决于生产力的发展水平和劳动社会化程度，不取决于生产关系的性质。
管理的社会属性	管理的社会属性是指它在管理过程中要处理人与人之间的关系，维护一定社会的生产关系的属性，表现为管理的特殊职能。管理的社会属性是管理的个性，因为管理实际上是通过别人把事情做成的行为，所以管理过程必然涉及人与人之间的关系，因而不能不涉及经济利益的调节，所以管理体现着阶级、社会集团、劳动者之间的经济利益关系。与生产关系的性质相联系，管理或多或少是为了实现生产资料所有者的特殊利益而进行的，生产关系性质不同，管理的社会性质、目的就不同，它表现为劳动过程的特殊历史形态。
管理的二重性是相互联系、相互制约的	一方面，管理的自然属性不可能孤立存在，它总是存在于一定的社会制度、生产关系中，否则，它就成了没有形式的内容；同时，管理的社会属性也不可能脱离管理的自然属性而存在，否则，它就成了没有内容的形式。另一方面，管理的二重性又是相互制约的，管理的自然属性要求具有一定社会属性的组织形式和生产关系与其相适应；同时，管理的社会属性的不断变化也必然对管理的方法和技术产生影响。
学习管理二重性理论的意义	二重性理论是我们正确区分资本主义管理和社会主义管理的共性与个性、学习外国管理经验的理论依据。由于管理具有社会属性，故学习外国经验不能照搬照抄，必须结合国情、企情。二重性理论是我们认识和掌握管理的特点和规律，创造具有中国特色的管理理论的指导思想。

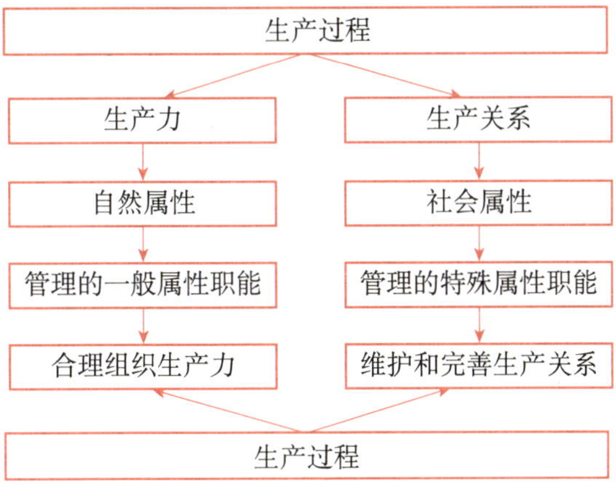

图 1–2　管理的二重性

（二）管理的特殊属性：管理的科学性和艺术性

管理的特殊属性如表 1–4 所示：

表 1–4　管理的特殊属性

属性类型	内容描述
管理的科学性	管理科学是人类发现、探索、总结和遵循客观规律，在逻辑的基础上建立系统化的理论体系，故可在实践中应用管理原理和原则，使管理成为理论指导下的规范化的理性行为；反之，不承认管理的科学性，违反管理的原理与原则，随心所欲地进行管理，必遭规律的惩罚，导致管理的失败。
管理的艺术性	管理虽可遵循一定的原理或规范办事，但其绝非“按图索骥”。管理科学不能为管理者提供一切问题的标准答案，尤其对于新的、非程序性的管理对象更显得无章可循。这就需要管理者根据实际情况，因人、因事、因时、因地制宜，发挥创造性的艺术，将管理科学知识熟练而灵活地运用于实践。此外，管理科学自身也是处在动态发展之中的。
管理是科学与艺术的结合	管理科学与管理艺术的划分是大致的，二者并非截然分开，并无明确的界限。说它是科学，是强调其客观规律性，管理的科学性来源于管理的自然属性；说它是艺术，是强调其灵活性与创造性，管理的艺术性来源于管理的社会属性。而且二者只有相互作用，共同发挥管理的职能，才能促进管理目标的实现。但就管理的突出特征而言，“实践重于理论，艺术多于科学”。

三、管理的基本职能

扫一扫

管理的基本职能

在“管理的职能”问题上，学者们的分歧不亚于他们在“管理的定义”问题上的分歧。人类的管理活动具有哪些最基本的职能？这一问题经过了许多人近一百年的研究，至今还是众说纷纭，如表 1–5 所示。一百年前，法约尔最早系统地提出了 5 种管理职能，一经提出，即为经典。在法约尔之后，许多学者根据社会环境的新变化，对管理的职能进行了进一步的探究，有了许多新的认识，有提出 6 种、7 种的，也有提出 4 种、3 种的，甚至 2 种、1 种的，但各种提法都是法约尔所列 15 种职能中不同数量的不同组合而已，大体上未超越法约尔的范围。

表 1–5　管理专家对管理职能的界定

管理职能	法约尔	古利克	孔茨	纽曼	特里	希克斯	罗宾斯	格里芬	麦克利兰	杨文士	周三多	本书提法
决策（Decision Making）								√			√	
计划（Planning）	√	√	√	√	√	√	√	√	√	√	√	√
组织（Organizing）	√	√	√	√	√	√	√	√	√	√	√	√
人事（Staffing）		√	√							√		
激励（Motivating）					√	√						
指挥（Commanding）	√	√		√	√				√	√		

续前表

管理职能	法约尔	古利克	孔茨	纽曼	特里	希克斯	罗宾斯	格里芬	麦克利兰	杨文士	周三多	本书提法
领导（Leading）			√				√	√		√	√	√
协调（Coordinating）	√	√										
报告（Reporting）		√										
沟通（Communicating）						√						
监督（Supervising）												
检查（Checking）												
预算（Budgeting）		√										
控制（Controlling）	√		√	√	√	√	√	√	√	√	√	√
创新（Innovating）						√					√	

“职能”一词在这里具有“活动”“行为”的含义。所谓管理职能，是管理过程中各项活动、行为的内容概括，是人们对管理工作应有的一般过程和基本内容所作的理论概括。但需说明的是，最常见的提法是计划、组织、领导、控制，许多新的管理理论和管理实践一再证明：计划、组织、领导、控制四种职能是一切管理活动最基本的职能，如表 1–6 所示。

表 1–6　管理的基本职能

职能类型	内容描述
计划（Planning）	计划，就是指“制定目标并确定为达成这些目标所必需的行动”。计划是管理的起点，制定目标和确定达成目标的路径或方案是计划职能所需要完成的两大任务。目标反映了组织活动的未来终点，指出了组织的走向，即我们将要到哪里去，而路径则是连接当前与未来的桥梁，告诉我们如何才能到达目的地。
组织（Organizing）	组织，就是指“确定所要完成的任务、由谁来完成任务以及如何管理和协调这些任务的过程”，组织意味着分工和协作。换言之，实施计划所制定的行动方案，管理者必须分析需要进行哪些必要的活动，对这些活动如何分类组合，谁向谁汇报工作，各种决策权限如何在组织的不同层次上分配，如何为各种不同的职位配备适当的人员，不同的活动和人员之间如何协调，等等。
领导（Leading）	领导，就是指“激励和引导组织成员以使他们为实现组织目标作贡献”。换言之，为了使领导工作卓有成效，管理者要运用各种适当的方法，成功激励、有效沟通，对组织的成员施加影响，带领组织成员朝着组织目标的实现而努力。
控制（Controlling）	控制，就是指“采取措施消除实际绩效与计划和目标之间的偏差”。管理者必须对组织的运行状况以及战略计划和经营计划的实施情况进行监督，当一个组织的实际运行状况偏离计划时，管理者必须采取纠偏行动。纠偏行动可以是采取强有力的措施以确保原先计划的顺利实现，也可以是对原先计划进行调整以适应当前的形势。控制是管理过程中不可或缺的一种职能，因为它的存在可以确保组织朝向其目标持续迈进。

准确理解管理职能需明确以下三点内容：

其一，根据管理过程的内在逻辑将管理职能划分为几个相对独立的部分，并不意味着这些管理职能是互不相关、截然不同的，而在于在理论研究上能更清楚地描述管理活动的整个过程。换言之，虽然每一种管理职能侧重于整个管理工作的某一方面，但却与其他职能密切相关。管理的四项职能是相互联系的，它们既相互依存，又各自发挥其独立作用。计划职能是管理的首要职能，没有计划，组织、领导、控制都无从谈起；但没有组织、领导、控制，计划也不能有效落实。特别是控制职能，能对前三项职能的有效实施起到很好的反馈作用。管理的基本职能如图 1–3 所示。

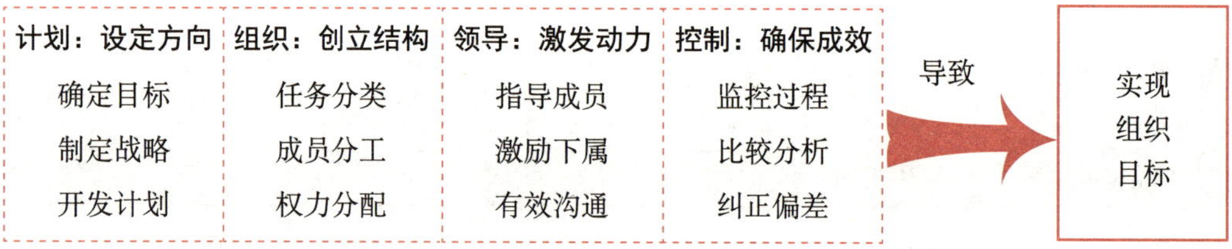

图 1–3　管理的基本职能

其二，不能说管理者在某一个时间是在执行计划职能，而在另一个时间里却在执行组织职能、控制职能。同时，把管理职能按一定顺序论述，绝不意味着管理者在实际工作中，也必须按这样的顺序执行管理职能。管理者在某一个时间处理某一个问题时，可能同时执行几项甚至全部职能，这些管理职能往往可能同时发生或相互换位。

其三，作为管理者，不论他在组织的哪一层次上承担管理职能，其工作的性质和内容应该基本上是一样的，都包括计划、组织、领导和控制几个方面，换言之，不同层次管理者工作上的差别并不是职能本身的不同，而是各项管理职能履行的程度和重点的不同。如表 1–7 所示，高层管理者花在计划、组织和控制职能上的时间要比基层管理者的多些，而基层管理者花在领导职能上的时间要比高层管理者的多些。即便就同一管理职能来说，不同层次管理者所从事的具体管理工作的内涵也并不完全相同。例如，就计划工作而言，高层管理者关心的是组织整体的、长期的战略计划，中层管理者偏重的是中期的、内部的管理计划，基层管理者则更侧重于短期的业务和作业计划。

表 1–7　各层管理者与管理职能时间分配①

管理者层次	管理职能所占时间			
	计划	组织	领导	控制
高层管理者	28%	36%	22%	14%
中层管理者	18%	33%	36%	13%
基层管理者	15%	24%	51%	10%

① 改编自［美］斯蒂芬·P. 罗宾斯：《管理学》（第 4 版），13 页，北京，中国人民大学出版社，1997。

知识链接 1-3

管理创新职能

关于管理职能，不同学者的看法不尽一致。随着科技的进步和管理活动的日益复杂，管理的职能也在变化。有人把创新、决策也视为职能，这自然也有道理，但管理的基本职能还是四职能说。孙明燮（1998）认为创新不是管理职能，而是管理功能。周三多等（1999）则把创新列为管理职能，并认为创新是管理工作的原动力。前面提及的所有国外管理学教材都没有把创新列为管理职能。周三多等（1999）认为在被称为“唯一不变的就是变化”的当今世界，要想使组织立于不败之地，管理者必须具有创新精神，敢于应对各种挑战。管理者的创新活动包括技术创新和制度创新。事事皆可创新，创新无处不在。每一项管理工作一般都是从决策开始，经过组织、领导，到控制结束。各职能之间同时相互交叉渗透，控制的结果可能又导致新的决策，开始又一轮管理循环。如此循环不息，把工作不断向前推进。创新在这一管理循环之中处于轴心地位，是推动管理循环的原动力。

模块二　管理者认知

一、管理者的层次与类型

既然管理工作是依靠管理者完成的，那么，哪些人可以称为管理者？顾名思义，管理者是从事管理活动，担负计划、组织、领导和控制职能以实现组织目标的人。现代社会中，管理者对组织的生存与发展责任重大，作为管理者，无论其职位高低，都必须在管理上力求成效。管理者是每个企业里具有活力并赋予生命的元素。如果没有管理者的领导，“生产资源”只能是资源，永远无法转化成生产力。

扫一扫

管理者的层次和类型

管理者在组织中工作，但并非所有在组织中工作的人员都是组织的管理者。一般而言，组织中的成员可分为两种基本形态，即操作者和管理者，如表 1-8 所示。

表 1–8 组织人员分类

人员类型	职责描述	实例
操作者（Operatives）	直接从事某项工作和任务，不具有监督其他人工作的职责。	装配线上安装防护板的工人、饭店中掌勺的厨师或者车辆办理办公室中办理驾驶执照更换业务的办事员。
管理者（Managers）	指挥别人活动的人。他们处于操作者之上的组织层次中，也可能担任某些作业职能。	除负责监督财务部门办事人员的工作之外，还可能承担一部分具体业务职责的财务科长。

课堂思考 1–2

传统的观点认为，管理者是在一个组织中运用职位、权力直接督导下级工作的人。而彼得·德鲁克在《卓有成效的管理者》一书中明确指出：“在一个现代的组织里，如果每一位知识工作者能够凭借其职位和知识，对该组织负有贡献的责任，因而能实质地影响该组织的经营能力及达成的成果，那么他就是一位管理者。”① 请你思考德鲁克对管理者的这种认识与传统观点对管理者的认知有什么不同，换言之，两者强调的内容有何不同。

一些人可能认为，管理职能仅由组织等级的最高层行使。实际上，管理工作必须在组织的各个层次展开，也就是说，其涉及的层次包括从执行总裁到一线管理人员的所有人员。尽管组织中的层次结构可以被划分为若干垂直结构层次，但通常只引用三个层次，即高层管理、中层管理和基层管理，因此，可将管理者相应地分为三个层次，即高层管理者、中层管理者和基层管理者。管理职位的多少通常随管理层次的不同而变化。在大多数组织中，基层管理职位最多，中层管理职位较少，高层管理职位最少。这样，管理层次就构成了一种金字塔式结构，如表 1–9 和图 1–4 所示。

表 1–9 组织管理人员层次

管理者类型	职责描述	具体任务
高层管理者（Top Manager），也叫战略管理者	处于组织的最高层，是对整个组织的管理负有全面责任的人，主要职责是制定组织的总目标、总战略，掌握组织的大政方针并评价整个组织的绩效。	建立宏伟目标，达成群体共识；制定战略计划，调整组织分工；汇集各项资源，进行合理配置；提出核心理念，塑造企业文化。
中层管理者（Middle Manager），也叫战术管理者	处于承上启下层面，贯彻执行高层管理者所制定的重大决策，监督和协调基层管理者的工作。与高层管理者相比，中层管理者特别注重日常的管理工作。	建立工作团队，明确人员分工；规范工作程序，建立管理标准；加强计划管理，实施日常考核；激发下属动力，培育下属能力。

① ［美］彼得·德鲁克：《卓有成效的管理者》，7 页，北京，机械工业出版社，2005。

续前表

管理者类型	职责描述	具体任务
基层管理者（First-line Manager），也叫运作管理者	处于一线管理者地位，给下属的基层操作者分派具体工作任务，直接指挥和监督现场作业活动，保证各项任务的有效完成。	建立工作关系，明确下属任务；制定作业方法，明确工作标准；进行工作指导，加强检查培训；实施工作改善，不断发展创新。

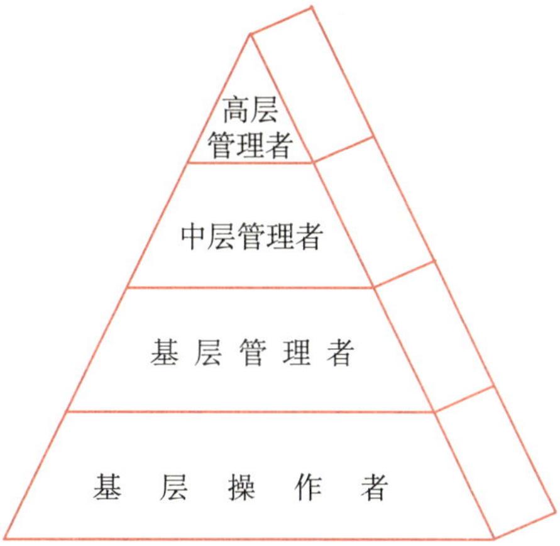

图 1-4　组织人员与管理者层次

高层管理者、中层管理者和基层管理者在工作特性表现上也有一定的差异，具体如表 1-10 所示。

表 1-10　各层次管理者的工作特性和内容

工作特性	高层管理者	中层管理者	基层管理者
经营方针	重要	适当考虑	不重要
管理目标	适当考虑	重要	重要
考虑管理活动的时间范围	5 年以上	1 年	每日
工作活动范围	极为广泛	全部工作职能	单项工作职能
复杂程度	非常复杂	不太复杂	简单易行
工作计量	困难	不困难	较易
工作内容	计划、政策、战略	按计划实施	最终活动
采用信息来源	组织外部	组织内部	组织内部
智力特征	创造性	有效性	业务性
人数	少数	适当人数	多数

课堂思考 1–3

蒋华是某地新华书店邮购部经理，该邮购部每天要处理大量的邮购业务。在一般情况下，登记订单、按单备货、发送货物等都是由部门中的业务人员承担的。但在前一段时间里，接连发生了多起 A 要的书发给了 B、B 要的书却发给了 A 之类的事，引起了顾客极大的不满。今天又有一大批书要发送，蒋华不想让这种事情再次发生。你认为邮购部经理属于哪一层次的管理者？其主要职责是什么？邮购部经理是否应该亲自核对这批书？

知识链接 1–4

各类 Chief Officer

首席执行官（Chief Executive Officer，CEO）这个职位是西方发达国家，主要是美国对企业第一经理人的称呼，与我国的总经理 / 总裁（General Manager/President）在本质上是一致的。在中英文中可以互译，都是企业的第一雇员，是为董事会和股东服务的。任何 CEO 都不能凌驾于董事会之上。[①] 另外，还有 COO、CFO、CTO、CIO、CHRO、CBO、CCO，如表 1–11 所示。

表 1–11　各类 Chief Officer

类型	英文全称	中文翻译
COO	Chief Operating Officer	首席运营官
CFO	Chief Finance Officer	首席财务官
CTO	Chief Technology Officer	首席技术官
CIO	Chief Information Officer	首席信息官
CHRO	Chief Human Resource Officer	人力资源总监
CBO	Chief Business Officer	首席商务官
CCO	Chief Communication Officer	首席沟通官

管理者按照领域还可分为综合管理者（General Managers）和职能管理者（Functional Managers）：综合管理者指的是负责管理整个组织或者组织中某个部分的全部活动的管理者，职能管理者指的是仅仅负责管理组织中某类活动或者业务的管理者，如图 1–5 所示。

① 参见周永亮：《中国企业前沿问题报告》，82 页，北京，中国社会科学出版社，2001。

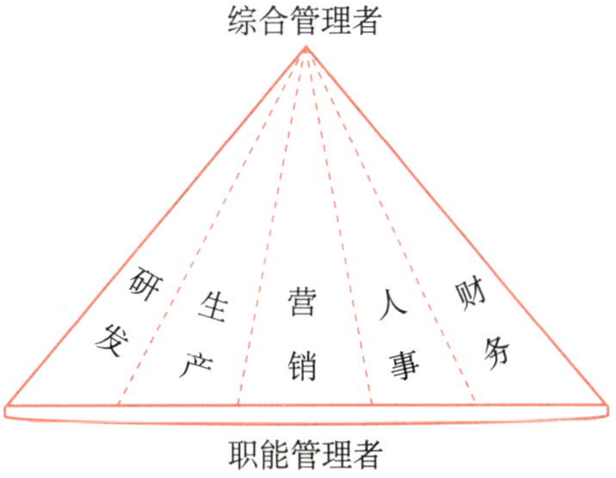

图 1–5　综合管理者与职能管理者

综上，我们可以从组织的横、纵两个视角来分辨不同的管理者，纵向是指组织的层次，横向是指管理者所从事的工作内容，用以区分为管理者的层次和类型。

二、管理者的角色

（一）管理者的角色划分

作为一名管理者，必须明确自己的角色。管理者角色（Management Roles）是指特定的管理行为类型，它实际上是指管理者在管理活动中的责任，或者说是管理者在管理活动中的立场。美国著名管理学家彼得·德鲁克于 1955 年首先提出了管理者角色这个概念。20 世纪 60 年代末，加拿大管理学家亨利·明茨伯格（Henry Mintzberg）经过认真研究，指出管理者无论做什么都可以通过考察管理者在工作中所扮演的角色来恰当地描述，管理者扮演着 10 种不同但高度相关的角色，这 10 种角色可以进一步合成为 3 类，美国管理学家斯蒂芬·P. 罗宾斯将之总结如表 1–12 所示。

扫一扫

管理者的角色

表 1–12　不同层次的管理者角色的分配①

角色类型		内容描述	特征活动
人际关系方面角色（Interpersonal Roles）	1. 挂名首脑（Figure Head）	作为组织的代表，行使一些具有礼节性质的职责。	迎接来访者、签署法律文件、出席社区的集会或宴请重要客户等。
	2. 领导者（Leader）	负责激励下属，承担人员配备、培训以及有关的职责，对所在组织的成败负重要责任。	实际上从事所有的有下级参与的活动。
	3. 联络者（Liaison）	维护自行发展起来的外部关系和消息来源，从中得到帮助和信息。	发感谢信，从事外部委员会工作，从事其他有外部人员参加的活动。

① 参见［美］斯蒂芬·P. 罗宾斯：《管理学》（第 9 版），10 页，北京，中国人民大学出版社，2004。

续前表

角色类型		内容描述	特征活动
信息传递方面角色（Informational Roles）	4. 监听者（Monitor）	寻求和获取各种内部和外部的信息，以便透彻地理解组织与环境。	阅读期刊和报告，与有关人员保持私人接触。
	5. 传播者（Disseminator）	管理者把特别的信息向他的组织内传播，将所获取的信息发布出去，传递给有关员工。管理者有时也因特殊目的而隐藏特定的信息。	举行信息交流会，用打电话的方式传达信息。
	6. 发言人（Spokesperson）	管理者把组织的信息向组织所处的环境传播，把相关信息传递给组织以外的人。	向董事和股东说明组织的财务状况和战略方向，向消费者保证组织在切实履行社会义务，以及让政府官员对组织遵守法律的良好表现感到满意。
决策制定方面角色（Decisional Roles）	7. 企业家（Entrepreneur）	寻求组织和环境中的机会，制定“改进方案”以发起变革。	制定战略，检查会议决议执行情况，开发新产品、提供新服务或发明新工艺等。
	8. 混乱驾驭者 / 故障排除者（Disturbance Handler）	在组织受到威胁时，管理者要处理紧急情况。	平息客户的怒气，同不合作的供应商进行谈判，调解员工之间的争端等。
	9. 资源分配者（Resource Allocator）	负责资源在项目之间的分配，这一角色决定组织向哪一方向发展。	调度、授权，开展涉及金钱、时间、信息等方面的活动，安排下级的工作。
	10. 谈判者（Negotiator）	在主要的谈判中作为组织的代表，这一角色表现为管理者在他感到有必要时代表组织同外界打交道。	与员工、供应商、客户或其他组织进行谈判。

需要说明的是，明茨伯格所阐述的角色并不完整，如管理人员的评估、战略评估等工作并没有被涵盖其中，有待进一步完善和补充。但这种角色分类的方法对于认识和了解管理者的角色有一定的借鉴作用。

管理者角色理论与管理职能理论并不冲突。如资源分配者角色、企业家角色属于计划职能，人际关系方面的三种角色则属于领导职能。当然，这两种理论毕竟是有区别的，如明茨伯格所言：“这也许首先反映了提出问题的方法；它也许还反映了这一事实，即（管理职能）研究者所研究的是经理对于他们职务的感觉，而不是职务本身。”① 管理者角色理论的价值在于为我们更精确地认识管理者究竟在做什么提供了一种可行的分析框架。

① ［加］亨利 · 明茨伯格：《经理工作的性质》，34 页，北京，团结出版社，1999。

课堂思考 1-4

请针对以下管理者角色进行识别：

1. 某大学聘请若干院士为兼职教授，校长为受聘院士颁发聘书；
2. A企业欲与B企业建立战略联盟，A企业总经理主动与B企业总经理进行协商；
3. 某饭店决定开展金钥匙服务活动，总经理在动员大会上作动员演说；
4. 某地区遭受雪灾，地方领导到现场慰问受灾群众；
5. 某大学主管招生工作的校长在会议上传达教育部招生工作会议精神；
6. A 企业与 B 企业联合召开新闻发布会，两企业董事局主席宣布当年 10 月 1 日两企业正式合并；
7. 董事会上，总经理做报告，向各位董事简要介绍各种进行中的规划；
8. 某企业总经理接待一个来访团体，介绍本企业的发展历史和现状；
9. 某企业总经理经常性地与供应商、主要客户等进行会晤。

（二）管理者的角色变动

组织是各种各样的，管理者扮演角色的侧重点也有所差异，这就是管理者角色的变动。

（1）组织的规模有大小之别，管理角色有差异表现。如图 1-6 所示，大组织管理者主要处理的是组织内部事务，他们的首要角色是资源分配者。相比之下，小组织管理者的首要角色是发言人，他们需要花费大量的时间和精力处理组织的外部事务，如筹措资源，寻找发展机会，等等。

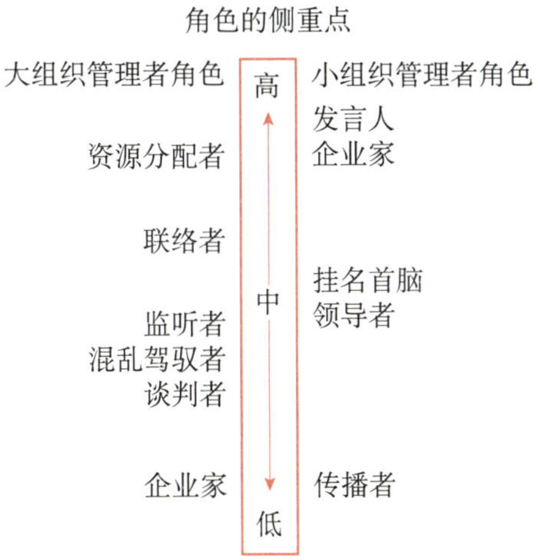

图 1-6　组织规模与管理者角色

（2）管理者层次有高中低之别，管理角色有差异表现。如前表 1-7 所示，不同层次的管理者虽具有的管理职能是相同的，即均从事计划、组织、领导和控制工作，但他们在每项工作上所花费的时间是不同的。

（3）管理者的价值取向有别，管理角色有差异表现（见表 1–13）。管理者不同的价值取向，如倾向于晋升速度、倾向于工作绩效，会导致其在工作中的侧重点的差异。

表 1–13　管理者的价值取向与管理角色

类型	传统管理（%）	沟通（%）	人力资源管理（%）	网络联系（%）
成功的管理者	13	28	11	48
有效的管理者	19	44	26	11
一般的管理者	32	29	20	19

知识链接 1–5

成功的管理者与有效的管理者

弗雷德·卢桑斯（Fred Luthans）和他的副手研究了 450 多位管理者，发现他们大都从事以下四种活动：传统管理，即决策、计划和控制；沟通，即交流例行信息和处理文书工作；人力资源管理，即激励、惩戒、调解冲突、人员配备和培训；网络联系，即社交活动、政治活动和与外界交往。不同的管理者花在这四项活动上的时间和精力显著不同。成功的管理者（以晋升速度作为标志）与有效的管理者（以工作成绩的数量和质量以及下级对其满意和承诺的程度为标志）在对各种活动强调的重点上有显著的不同：维护网络关系对成功的管理者的相对贡献最大；从事人力资源管理对成功的管理者的相对贡献最小。而在有效的管理者中，沟通的相对贡献最大，维护网络关系的贡献最小。这对晋升是基于绩效的传统假设提出了挑战。它生动地说明，社交和施展政治技巧对于在组织中获得更快的提升起着重要的作用。

三、管理者的素质

管理者的素质，就是管理者所具有的先天生理条件以及通过后天的学习与社会实践所形成的、在管理活动中经常起作用的各内在要素的总和，如表 1–14 所示。

表 1–14　管理者素质

素质类型	内容
品德素质	“上德不德，是以有德；下德不失德，是以无德。”① 坚定理想信念，提升道德境界，追求高尚情操，品格正直、坚守正道、弘扬正气。

① 曾仕强：《曾仕强详解道德经·德经》，3 页，北京，民主与建设出版社，2016。

续前表

素质类型	内容
知识素质	广博的科学文化知识，扎实的专门业务知识。即具有“T”形知识结构，科文知识越广越好，管理知识越深越好。
能力素质	多谋善断的思维能力，调兵遣将的组织能力，循循善诱的协调能力，畅通无阻的交流能力。
身心素质	健全的人格，健康的体魄。

知识链接 1-6

《孙子兵法·计篇》对“将”的界定

《孙子兵法·计篇》云：“将者，智信仁勇严也。”即一个管理者应具备：智（专业知识、生活常识、人生阅历）；信（自信于己、施信于人、取信于民）；仁（体恤下属、以己推人、给人机会）；勇（勇于冒险、敢于说不、勇于认错）；严（严于律己、严格要求、赏罚分明）。

课堂思考 1-5

司马光曾按德才差别将人分为四类：“才德全尽（完美无缺）谓之‘圣人’，才德兼亡（都没有）谓之‘愚人’，德胜才谓之‘君子’，才胜德谓之‘小人’。”他认为，用人时要想办法得到圣人和君子；如果得不到圣人和君子的话，那么“与其得小人，不若得愚人”。司马光强调有才无德者断不可用。那么，请你谈谈为什么有才无德者不能用？

四、管理者的技能

技能（Skill）是一种把知识转化为行动，最终获得理想结果的能力。显然，为驾驭管理工作的挑战性，管理者需要具备很多技能。美国管理学专家、哈佛学者罗伯特·L. 卡茨（Robert L.Katz）在《哈佛商业评论》上发表的论文《能干的管理者应具有的技能》中提出管理者需要具备 3 种技能，即技术技能（Technical Skills）、人际技能（Human Skills）和概念技能（Conceptual Skills），如表 1-15 所示。

扫一扫

管理者的技能

表 1–15　管理者技能

技能类型	含义描述	特征表现
技术技能	技术技能是指从事自己管理范围内的工作所需的技术和方法。	专业知识、经验；技术、技巧；程序、方法、操作与工具运用熟练程度。
人际技能①	人际技能是指与组织中上下左右的人打交道的能力。	观察人、理解人、掌握人的心理规律的能力；人际交往、融洽相处、与人沟通的能力；了解并满足下属需要、进行有效激励的能力；善于团结他人，增强向心力、凝聚力的能力等。
概念技能	概念技能是指对事物的洞察、分析、判断、抽象和概括的能力。	对复杂环境和管理问题的观察、分析能力；对全局性的、战略性的、长远性的重大问题进行处理与决断的能力；对突发性紧急处境的应变能力等。其核心是一种观察力和思维力。

管理故事 1–1

看到别人看不到的：曹操迎汉献帝的意义

三国时期，西凉兵攻破长安，汉献帝从长安出逃，各路诸侯听闻后多不管不顾，未响应勤王护驾的号召。其中，袁绍也没看出占据大义名分的深意，谋士许攸看透此乃千载难逢的机会而力劝袁绍奉诏勤王，谋士田丰却持反对态度，此举使得袁绍下定决心对汉献帝不予理会。

诸侯中唯独曹操千里奔袭赶往芒砀山附近，当时有这么一段精彩的对话。荀彧说："探子来报，袁绍没有前来救驾。"曹操在马背上长出一口气，马上轻松起来，笑着对荀彧等人说："人昏庸到这个地步，真是叫人喜欢啊！"由此可见，一代枭雄曹操的战略眼光绝非常人所及，注定要成功。曹操能看到别人看不到的机会，洞穿未来二十年的事情，从此每战都师出有名，正义之师替大汉天子举兵讨贼，振臂一呼，应者云集。所以说，曹操是东汉末年最聪明的大政治家。

上述 3 种技能是各个层次的管理者都需具备的，只不过不同层次的管理者对这 3 种技能的需求程度不同而已。图 1–7 清晰地说明了管理者层次和管理者技能之间的关系。

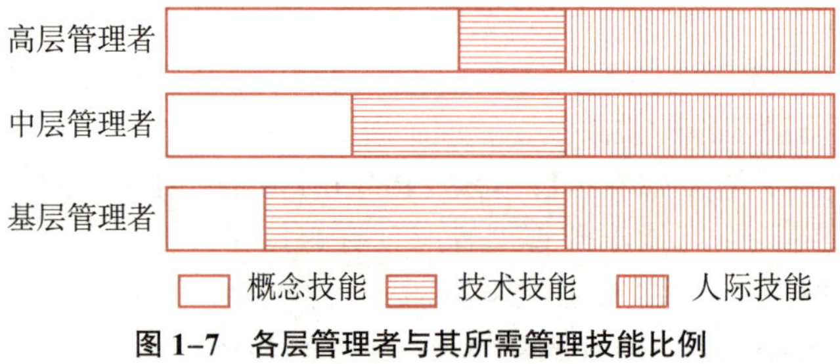

图 1–7　各层管理者与其所需管理技能比例

① 情商（Emotional Intelligence）是人际技能的重要组成因素之一。学者兼咨询专家丹尼尔·戈尔曼（Daniel Goleman）将情商定义为"有效管理我们自己和我们的人际关系的能力"。

管理故事 1-2

秀才买柴

唐朝末年，兵荒马乱，物资奇缺。有一个秀才去集市买柴火过冬，正巧一个老农挑着柴火走过来，秀才忙招手对老农说："荷薪者过来！"老农虽然听不懂"荷薪者"三个字，但是听懂了"过来"，于是把柴火担到秀才面前。秀才问道："其价几何？"老农不大懂这句话，但是听到"价"，于是告诉秀才价钱。秀才又说："外实而内湿，烟多而焰少，请损之。"（这些柴火外面看起来是干的里面却是湿的，烧的时候，一定会浓烟多而火焰小的，你便宜一点卖吧。）老农愣了半天，心想："我辛苦打来的柴火，你让我'损'了？"于是，老农挑着柴火就走了。寒风中的秀才看着远走的老农好不郁闷。

这个故事告诉我们，管理者平时最好用简单的语言、易懂的言辞来传达信息，而且对说话的对象、时机要有所掌握，有时过分的修饰反而达不到目的。

模块三　管理环境认知

一、组织环境概述

（一）组织与环境的关系

根据系统论的观点，组织是一个开放的系统而非封闭的系统，组织与所处的环境发生着持续的相互作用（见表 1-16）。

表 1-16　组织与环境的关系

关系类型	内容描述
环境对组织的影响	环境对组织的形成、发展和灭亡有着重大的影响。环境是组织生存的前提，任何管理活动均在一定的环境中进行，其既为组织提供生存与发展的机会，又对组织起制约作用，给组织生存造成某种不利的威胁；环境的特点及其变化必然制约管理活动的方向和内容的选择。不同的、变化的环境要求管理者采用不同的管理方式，不存在简单的和普遍适用的管理原则。
组织对环境的影响	组织与环境的关系，不是组织对环境做出单方面的适应性反应，组织可以积极、主动地适应环境，甚至影响和改变环境，创造和开拓新的环境，建立组织与环境新的相互作用关系。另外，组织对环境的反作用也有消极的一面，即对环境的破坏，这种消极的反作用又会影响组织的正常活动和发展。

（二）组织环境的概念与类型

组织环境，是指存在于社会组织内部与外部的影响管理实施和管理效果的各种力量、条件和因素的总和。实践中，管理者既非无能，亦非万能，各组织均受限制管理者行为的内外部能量的约束，因此，组织环境也称管理环境。组织环境的具体类型如表 1–17 所示。

表 1–17 组织环境类型

<table>
<tr><th>环境类型</th><th colspan="2">内容描述</th></tr>
<tr><td>内部环境</td><td colspan="2">内部环境（Internal Environment），是指组织内部的各种影响因素和资源的总和，是组织系统运转的内部基础。组织资源包括人、财、物、技术、信息等，可分为有形资源和无形资源两大类。</td></tr>
<tr><td rowspan="2">外部环境</td><td>一般环境</td><td>一般环境（General Environment），又称宏观环境，是由外部环境的宏观因素组成的，这些因素构成了管理者的决策背景。一般环境包括经济环境、政治法律环境、社会文化环境、科技环境、自然环境等。</td></tr>
<tr><td>具体环境</td><td>具体环境（Specific Environment），又称微观环境，是由组织实体、团队以及与组织互动并有业务往来的各种人构成的，这些环境因素是组织进行日常活动时直接产生的。具体环境通常被描述为利益相关者（Stakeholders）。具体环境包括顾客、供应商、竞争者、特殊利益群体（包括工会、消协、绿色和平组织等）等。</td></tr>
</table>

近年来，企业经营面对的两个重要变化是国际竞争的加剧和跨国自由贸易的增加，因此，全球环境对于组织来说十分重要，其环绕在其他所有影响环境的最外圈。

（三）组织环境的特点

组织环境的特点如表 1–18 所示。

表 1–18 组织环境的特点

特点	内容描述
客观性	组织环境是客观存在的，有着自己的运行规律和发展趋势，而且它的存在客观制约着组织的活动。
系统性	组织环境是一个系统，表现为组织环境的整体性。组织的外部环境和内部环境构成了不同层次的子系统，任何子系统都要遵循它所处的更大系统的运动规律，并不断进行协调和运转。管理者的管理活动就是在这种整体性的环境背景中进行的。
动态性	组织环境的各种因素是不断变化的，各种组织环境因素又在不断重新组合，不断形成新的组织环境。

知识链接 1-7

组织环境的四种形式

美国社会学家汤普森（James D.Thompson）依据环境复杂性（Complexity，环境所含因素的多寡及其相似程度）和环境动态性（Dynamism，环境所含因素发展变化的速度及其可预测程度），将组织环境分为四种形式，如表 1-19 和图 1-8 所示。

表 1-19　组织环境不确定性分析

类型	内容描述
低不确定性	即简单和稳定的环境。组织环境中的构成要素相对较少，而且这些要素不发生变化或仅有缓慢的变化。在这种复杂程度和动态程度都比较低的环境中，企业经营就面临低不确定性。
较低不确定性	即复杂和稳定的环境。随着组织所面临环境要素的增加，环境的不确定性程度会相应升高。大量的不同质要素的存在，无疑使企业的经营管理工作复杂化。但要是环境各构成要素能基本保持不变或变化缓慢，处于这种复杂但相对稳定状态中的环境通常只有中等偏低的不确定性。
较高不确定性	即简单和动态的环境。有些组织所面临的环境复杂性并不高，但由于环境中某些要素发生动荡或难以预见的变化，因此环境的不确定性明显升高。
高不确定性	即复杂和动态的环境。当组织面临许多不同质的环境要素，而且经常有某些要素发生重大的变化，且这种变化很难预料时，这种环境的不确定性程度最高，对组织管理者的挑战最大。

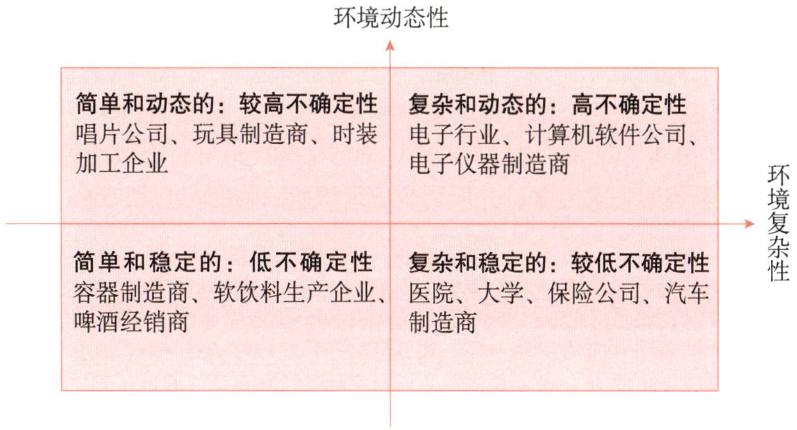

图 1-8　组织环境的四种形式

二、组织环境分析

（一）组织内部环境分析

组织内部环境分析的目的、内容、方法主要如表 1–20 所示。

表 1–20　组织内部环境分析的目的、内容、方法

项目	内容描述
目的	在于掌握组织的历史及当下状况，明确组织自身具有的优势和劣势。有助于组织制定有针对性的战略计划，有效统筹利用资源，充分利用组织优势；同时，采取有效措施改进组织劣势，抑或力避组织劣势，发挥组织优势。
内容	包括组织结构、组织文化、资源条件、价值链、核心能力以及组织成长阶段分析等。
方法	包括资源竞争价值分析、经营力分析、内部管理分析、组织业绩分析、组织自我评价、价格成本分析、竞争地位分析、战略运行效果分析、核心竞争力分析、价值链构造与分析、组织活力分析等。一般来说，这些分析方法可以归纳为两大类，即纵向分析和横向分析： （1）纵向分析，在于分析组织各方面职能的历史演化，从而发现组织在哪些方面得到了加强和发展，在哪些方面有所削弱。根据纵向分析的结果，在历史分析的基础上对组织各方面的发展趋势做出预测。 （2）横向分析，在于将组织的情况与行业平均水平作比较。通过横向分析，组织可以发现相对于行业的平均优势和劣势，这种分析对组织的经营来说更具有实际意义。

（二）组织外部环境分析

1. 一般环境分析的 PEST 分析法

一般环境包括那些围绕在企业周围的、难以控制的因素。以一般环境会对企业产生什么影响作为出发点来考虑问题是非常重要的。企业必须适应周围的环境，即达到利益相关者的期望遵循所在社会法律和道德准则的要求、成为对员工具有吸引力的企业等。宏观环境分析中的关键要素包括政治环境（Politics）、经济环境（Economy）、社会环境（Society）、科技环境（Technology），这四个因素的英文第一个字母组合起来是 PEST，所以，一般环境分析也被称为 PEST 分析（见表 1–21）。可用这种方法客观地分析企业所处的外部环境，强调对企业组织产生影响的关键因素，并识别企业组织所面临的机会和威胁。

表 1–21　组织外部环境 PEST 分析

环境类型	内容描述
政治环境	政治环境是指影响企业制定战略、实施战略和控制战略的各种政治变量、政策变量和法律制度，包括政治制度、政治体制、政府稳定性、法律环境、政府干预、政治稳定性。
经济环境	经济环境是指构成影响企业战略制定、战略实施和战略控制的各种经济变量及经济政策，国家和地方经济发展状况和速度、国民经济结构、通货膨胀率大小、市场机制的完善程度、利率水平的高低等。这些既可能形成企业的发展机会，又可能对企业造成威胁。

续前表

环境类型	内容描述
社会环境	社会环境是指影响企业战略制定、战略实施的各种社会因素，包括人口压力与就业预期、人口迁移与人口年龄分布、价值观与社会文化氛围。值得指出的是，自然环境是人类最基本的活动空间和物质来源，其变化与人类活动休戚相关。当下，自然资源的短缺、污染以及人们观念的转变正日益受到企业的关注。
科技环境	科技环境是指企业所处的社会环境中的科技要素及与该要素直接相关的各种社会现象的集合，包括社会科技水平、社会科技力量、国家科技体制、国家科技政策与科技立法。

2. 具体环境分析的五力模型分析法

企业在日常的生产经营过程中更多的情况是面对具体的环境，这要求企业随时根据环境的变化决定其生产、经营的战术和具体策略，因此，企业具体环境分析也成了企业环境分析的重点。常用的具体环境分析方法主要是哈佛大学教授迈克尔·波特（Michael Porter）在《竞争优势》一书中提出的行业竞争分析方法。按照迈克尔·波特的观点，一个行业的激烈竞争，其根源在于其内在的经济结构。在一个行业中存在五种基本竞争力量，即现有竞争者、潜在进入者、供应商、顾客及替代品，这五种基本竞争力量的现状、消长趋势及其综合强度，决定了行业竞争的激烈程度和行业的获利能力。同时，这五种基本竞争力量的作用是不同的，问题的关键是在该行业中的企业应当找到能较好地防御这五种竞争力量的位置，甚至对这五种基本竞争力量施加影响，使它们有利于本企业。如表 1–22 和图 1–9 所示。

表 1–22　环境的竞争性分析

主要因素	内容描述
现有竞争者	大部分行业中的企业，相互之间的利益都是紧密联系在一起的，作为企业整体战略一部分的各企业竞争战略，其目标都在于使自己的企业获得相对于竞争对手的优势，所以，在实施中就必然会产生冲突与对抗现象，这些冲突与对抗就构成了现有企业之间的竞争。现有企业之间的竞争常常表现在价格、广告、产品介绍、售后服务等方面，其竞争强度与许多因素有关。
潜在进入者	潜在进入者在给行业带来新生产能力、新资源的同时，希望在已被现有企业瓜分完毕的市场中赢得一席之地，这就有可能会与现有企业发生原材料与市场份额的竞争，最终导致行业中现有企业盈利水平降低，严重的话，还有可能危及这些企业的生存。竞争性进入威胁的严重程度取决于两方面的因素，这就是进入新领域的障碍大小与预期现有企业对于进入者的反应情况。进入障碍主要包括规模经济、产品差异、资本需要、转换成本、销售渠道开拓、政府行为与政策（如国家综合平衡统一建设的石化企业）、不受规模支配的成本劣势（如商业秘密、产供销关系、学习与经验曲线效应等）、自然资源（如冶金业对矿产的拥有）、地理环境（如造船厂只能建在海滨城市）等方面，这其中有些障碍是很难借助复制或仿造的方式来突破的。预期现有企业对进入者的反应情况，主要是采取报复行动的可能性大小，取决于有关厂商的财力情况、报复记录、固定资产规模、行业增长速度等。总之，新企业进入一个行业的可能性大小，取决于进入者主观估计进入所能带来的潜在利益、所需花费的代价与所要承担的风险这三者的权衡情况。

续前表

主要因素	内容描述
供应商	供应商主要通过其提高投入要素价格与降低单位价值质量的能力，来影响行业中现有企业的盈利能力与产品竞争力。供方力量的强弱主要取决于其所提供给买方的是什么投入要素，当供方所提供的投入要素的价值构成了买方产品总成本的较大比例、对买方产品生产过程非常重要或者严重影响买方产品的质量时，供方对于买方的潜在讨价还价力量就大大增强。一般来说，满足如下条件的供方会具有比较强大的讨价还价能力：供方所在行业为一些具有比较稳固市场地位而不受市场激烈竞争困扰的企业所控制，其产品的买方很多，以至于每个买方都不可能成为供方的重要客户；供方的产品各具有一定特色，以至于买方难以转换或转换成本太高，或者很难找到可与供方产品相竞争的替代品；供方能够方便地实现前向一体化，而买方难以实现后向一体化。
顾客	顾客主要通过其压价与要求提供较高的产品或服务质量的能力，来影响行业中现有企业的盈利能力。一般来说，满足如下条件的顾客可能具有较强的讨价还价能力：顾客的总数较少，而每个顾客的购买量较大，占了卖方销售量的很大比例；卖方行业由大量相对来说规模较小的企业所组成；顾客所购买的基本上是一种标准化产品，同时向多个卖方购买产品在经济上也完全可行；顾客有能力实现后向一体化，而卖方不可能实现前向一体化。
替代品	两个处于不同行业的企业，可能会由于所生产的产品互为替代品而产生竞争行为，这种源自替代品的竞争会以各种形式影响行业中现有企业的竞争战略：第一，现有企业产品售价以及获利潜力的提高，将由于存在能被用户方便接受的替代品而受到限制；第二，由于替代品生产者的侵入，现有企业必须提高产品质量，或者通过降低成本来降低售价，或者使其产品具有特色，否则其销量与利润增长的目标就有可能受挫；第三，源自替代品生产者的竞争强度，受产品买方转换成本高低的影响。总之，替代品价格越低、质量越好、用户转换成本越低，其所能产生的竞争压力就强，而这种来自替代品生产者的竞争压力的强度可以具体通过考察替代品销售增长率、替代品厂家生产能力与盈利扩张情况来加以描述。

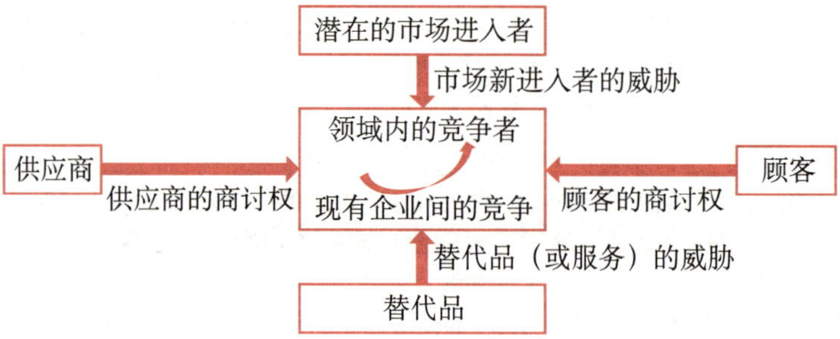

图 1–9　五力分析模型

（三）内外部环境综合分析

任何组织的经营过程，实际上是不断在其内部环境、外部环境及其经营目标三者之间寻求动态平衡的过程。管理要通过组织内部的各种资源和条件来实现，因此，组织必须分析其内部环境，即分析组织自身的能力和限制，找出组织的优势和劣势。同时，要分析组织面临的外部环境。SWOT 分析法是优势（Strengths）、劣势（Weaknesses）、机会（Opportunities）、威胁（Threats）分析法的简称，是由哈佛商学院的肯尼斯·安德鲁斯（Kenneth Andrews）教授于1971年在其《企业战略概念》一书中提出的最常用的内外部环境综合分析技术，如表1–23所示。

表1–23 SWOT分析法

因素	内容描述
优势（S）	优势是指一个企业超越其竞争对手的能力，或者指企业所特有的能提高企业竞争力的因素。例如，当两个企业处在同一市场或者说它们都有能力向同一顾客群体提供产品和服务时，如果其中一个企业有更高的盈利率或盈利潜力，那么，我们就认为这个企业比另外一个企业更具有竞争优势。
劣势（W）	劣势是指一个企业所缺少或做不好的东西，或指某种对企业不利的条件。
机会（O）	机会是影响企业战略的重大因素。企业管理者应当确认每一个机会，评价每一个机会的成长和利润前景，选取那些可与企业财务和组织资源匹配、使企业获得的竞争优势的潜力最大的最佳机会。
威胁（T）	在企业的外部环境中，总是存在某些对企业的盈利能力和市场地位构成威胁的因素。企业管理者应当及时确认威胁企业未来利益的因素，作出评价并采取相应的战略行动来抵消或减轻它们所产生的影响。

把SWOT分析中的四个维度综合起来考虑，即可以构造SWOT分析矩阵，如表1–24所示。

表1–24 SWOT分析矩阵

内部环境 / 外部环境	优势（S） S_1 S_2 S_3 如在管理、营销、经营、财务、研发等方面的优点	劣势（W） W_1 W_2 W_3 如在管理、营销、经营、财务、研发等方面的缺点	（S+W）
机会（O） O_1 O_2 O_3 如目前与将来的经济条件、政治和社会变化、新产品、服务和技术等	SO组合 极大–极大化 增长型战略	WO组合 极大–极小化 扭转型战略	（S+W）O组合
威胁（T） T_1 T_2 T_3 如经济萧条或业务周期的冲击、人口特征或社会消费方式的不利变动、新竞争对手或替代品的出现等	ST组合 极小–极大化 多元化或一体化战略	WT组合 极小–极小化 紧缩或防御型战略	（S+W）T组合
（O+T）	S（O+T）组合	W（O+T）组合	（S+W）（O+T）组合

在完成环境因素分析和 SWOT 矩阵的构造后，便可以制定出相应的行动计划。制定计划的基本思路是：发挥优势因素，克服劣势因素，利用机会因素，化解威胁因素；考虑过去，立足当前，着眼未来。运用系统分析的综合分析方法，将排列与考虑的各种环境因素相互匹配并加以组合，可以得出一系列公司未来发展的可选对策，如表 1-25 所示。

表 1-25　SWOT 组合类型

组合类型	内容描述
优势-机会（SO）	SO 战略是一种发展企业内部优势与利用外部机会的战略，是一种理想的战略模式。当企业具有特定方面的优势，而外部环境又为发挥这种优势提供有利机会时，可以采取该战略。例如，良好的产品市场前景、供应商规模扩大和竞争对手有财务危机等外部条件，配以企业市场份额提高等内在优势，可成为企业收购竞争对手、扩大生产规模的有利条件。
劣势-机会（WO）	WO 战略是利用外部机会来弥补内部劣势，使企业克服劣势而获取优势的战略。企业在发展中会遇到一些外部机会，但由于企业存在一些内部劣势而妨碍其利用机会，因此可采取措施先克服这些劣势。例如，若企业劣势是原材料供应不足和生产能力不够，从成本角度看，前者会导致开工不足、生产能力闲置、单位成本上升，而加班加点会导致一些附加费用。在产品市场前景看好的前提下，企业可利用供应商扩大规模、新技术设备降价、竞争对手财务危机等机会，实现纵向整合战略，重构企业价值链，以保证原材料供应，同时可考虑购置生产线来克服生产能力不足及设备老化等缺点。通过克服这些劣势，企业可进一步利用各种外部机会，降低成本，取得成本优势，最终赢得竞争优势。
优势-威胁（ST）	ST 战略是指企业利用自身优势，回避或减轻外部威胁所造成的影响。例如：竞争对手利用新技术大幅度降低成本，给企业造成很大成本压力；材料供应紧张，其价格可能上涨；消费者要求大幅度提高产品质量；企业还要支付高额环保成本；等等。这些都会导致企业成本状况进一步恶化，使之在竞争中处于非常不利的地位，但若企业拥有充足的现金、熟练的技术工人和较强的产品开发能力，便可利用这些优势开发新工艺，简化生产工艺流程，提高原材料利用率，从而降低材料消耗和生产成本。另外，开发新技术产品也是企业可选择的战略。新技术、新材料和新工艺的开发与应用是最具潜力的成本降低措施，同时它可提高产品质量，从而回避外部威胁的影响。
劣势-威胁（WT）	WT 战略是一种旨在减少内部劣势，回避外部环境威胁的防御型战略。当企业存在内忧外患时，往往面临生存危机，降低成本也许可以成为改变劣势的主要措施。当企业成本状况恶化，原材料供应不足，生产能力不够，无法实现规模效益，且设备老化，使企业在成本方面难以有大作为时，企业将被迫采取目标聚集战略或差异化战略，以回避成本方面的劣势及其带来的威胁。

SWOT 分析法运用于企业成本战略分析，可使企业发挥优势，利用机会克服劣势，回避风险，获取或维护成本优势，将企业成本控制战略建立在对内外部因素分析及对竞争势态的判断等基础上。而若要充分认识企业的优势、机会、劣势和威胁，价值链分析和标杆分析等均可为其提供方法与途径。

模块四　管理学认知

一、管理学的主要特点

管理学是一门系统地研究组织管理活动的普遍规律、基本原理和一般方法的科学，是人们对管理进行实践思考、系统思考且理论化的结果。作为一门独立的科学，管理学的主要特点如表 1–26 所示。

表 1–26　管理学的主要特点

特点	内容描述
一般应用性	一方面，凡是有人的地方就有管理，各类社会组织都需要管理，管理具有一般性，人们在管理实践中总是有意或无意地用到管理学的知识，因此，管理学具有一般性。另一方面，管理学是实践活动的总结和概括，从实践中来，又要回到实践中去，与社会实践密切相关。换言之，人们学习、研究管理学正是为了改进和提高管理水平，做好管理工作，发展生产力，因此，管理具有应用性。
综合多学科性	从管理内容的角度看，管理学是建立在自然科学与技术、社会与人文科学知识基础上的，学好管理学，需懂得逻辑学、数学、经济学、会计学、心理学、生理学、行为学、哲学等多学科的知识；在方法上，管理学需要综合运用现代社会科学、自然科学和技术科学的成果，来研究管理活动中普遍存在的基本规律和一般方法。因此，管理学是一门多学科综合的学科。
历史发展性	一方面，因为有了人后才有管理实践活动，所以管理是历史的产物，管理学是对前人的管理实践活动、管理思想、管理理论的总结、扬弃和发展。另一方面，从管理实践活动中发展出来的管理学伴随着科学技术的进步和发展而进步和发展，新的理论和方法不断涌现。

二、管理学的研究方法

管理学在其发展过程中产生了一系列的研究方法，从早期的传统的经验性研究方法，到现代多学科的研究方法，形成了管理学的研究方法体系。

（一）传统研究方法

传统研究方法详见表 1–27。

表 1–27　传统研究方法

方法名称	内容描述
归纳法	归纳法就是对一系列典型的事物进行观察分析，找出各种影响因素之间的因果关系，从中总结事物发展变化的一般规律，这种从典型到一般的研究方法也称实证研究。鉴于影响管理活动的相关因素很多，许多单个因素对管理系统的影响程度很难量化，所以归纳法的运用相当广泛。运用归纳法一定要注意选好典型，调查对象应有足够的数量，即尽可能多地选取样本。
试验法	试验法是人为地为某一试验创造一定的条件，并观察试验结果，再与未给予这些试验条件的对比试验（对照组）的实际结果进行比较分析，从中寻求外加条件与试验结果之间的因果关系，找出其中某些普遍适用的规律。如梅奥主持的经典试验——霍桑试验。
演绎法	演绎法是对某些较复杂的管理问题，可从某种概念出发，运用某种逻辑推理和统计分析的方法，找出各变量之间的相互关系，建立某种相关的数学和经济模型，反映管理活动简化了的事实。管理学中常见的模型有预测模型、决策模型、库存模型等。演绎法的运用和发展，进一步加强了数学与管理学的结合，大大促进了管理学定量分析方法的推广，特别是计算机技术的迅速发展，也使得运用演绎法处理管理问题的速度、精度以及使用范围都得到了进一步的改善和加强。

（二）现代研究方法

现代研究方法主要是定量化的、规范化的研究方法，这些方法具有严格的规范要求，具有可检验证实性、逻辑一致性、知识可积累性和方法简练性，同时又体现了多学科的移植交叉性，详见表 1–28。

表 1–28　现代研究方法

方法名称	内容描述
系统科学方法	这一类方法基于一般系统论的基本思想和原理，强调系统的整体性、连续性及系统与环境的有机关联性，系统的动态性、有序性、目的性。主要包括系统理论方法、泛系统理论方法、灰色系统理论方法、参量系统理论方法、结构理论方法、层次分析理论方法、和谐理论方法等。
控制论、系统论方法	这一类方法基于控制论和信息论的基本思想，强调系统状态的控制、反馈，信息的传输、处理、存储等。主要包括系统论、信息论、智能论方法等。
系统的自组织理论方法	这一类方法的核心就是系统运动、发展和演化问题，尤其是揭示自然界或人类社会中各类系统自发形成具有充分组织性的有序结构的内在机制。主要包括混沌理论、超循环论、突变论方法等。
相似理论方法	这一类方法主要包括系统动力学方法、比较方法论、周期学方法等。
数学、统计学方法	这一类方法主要包括概率论、数理统计、模糊数学、离散数学、运筹学方法等。
其他方法	主要包括决策科学、经济学、心理学、未来学方法等。

当然，上述划分只是相对的。各种方法之间是互为支持的，如系统科学方法的广泛应

用要以各种数学方法为基础，而应用数学方法解决管理问题又要以系统科学思想进行指导。另外，由于现代管理学横跨社会科学和自然科学，因此现代管理学研究方法论的发展总趋势必然是融合社会科学方法论和自然科学方法论。但管理学研究对象的复杂性决定了管理领域中总会有科学方法无法解决的问题，科学方法（规范的研究方法）将无法取代非科学的方法，正所谓："管理学的科学性会逐渐提高，但永远也不会成为一门像自然科学一样的十足的科学。"

知识链接 1-8

构建中国特色管理学体系

构建中国特色管理学体系，需要准确把握新发展阶段，全面贯彻新发展理念，弘扬不唯洋、不唯书、只唯实的学风文风，聚焦新时代、大场景、真问题，关注管理的时代化和中国化趋势，深入挖掘和提炼中国制度情境下的管理实践创新和理论故事，全面总结管理学理论在中国发展的现实道路，推动构建中国管理学的国际话语权，从而为新时代高质量发展提供有价值的本土管理学理论供给，并为丰富世界管理学研究积极贡献中国理论与中国智慧。

三、管理学的学习与研究

第一，管理的重要性决定了学习、研究管理学的必要性。

管理是有效地组织共同劳动所必需的。随着生产力和科学技术的发展，人们逐渐认识到管理的重要性，管理也日益表现出它在社会中的地位与作用。一方面，管理是促成社会经济发展的最基本的、关键的因素，管理与科学、技术三足鼎立成为促进现代社会文明发展的三大支柱，先进的管理与先进的科学技术是推动现代社会发展的两个轮子。另一方面，管理本身就是一种经济资源，作为"第三生产力"的管理能力，即组织经济的能力，比丰富的资源与先进的技术更重要。先进的技术，要有先进的管理与之相适应，否则，落后的管理就不能使先进的技术得到充分发挥。

第二，学习、研究管理学是培养管理人员的重要路径之一。

判定管理是否有效的标准是管理者的管理成果。通过实践可验证管理是否有效，因此，实践是培养管理者的重要一环，而学习、研究管理学也是培养管理者的一个重要环节。只有掌握扎实的管理理论与方法，才能更好地指导实践，并加快管理者的成长速度。目前，我国的管理人才，尤其是优秀的管理人才是缺乏的。因此，学习、研究管理学，培养高质量的管理者是当务之急。

第三，学习、研究管理学能够适应未来发展的需要。

随着社会的发展，专业化分工更加精细，社会化大生产日益复杂，而日新月异的社会将需要更加科学的管理。因此，比起过去和现在，管理在未来的社会中将处于更加重要的地位。

单元小结

管理就是在特定环境下，对组织所拥有的资源进行有效的计划、组织、领导和控制，以达到既定的组织目标的过程。管理具有二重性，即与生产力相联系的自然属性和与生产关系相联系的社会属性；管理还是科学性与艺术性的有机统一。管理计划、组织、领导和控制各职能间相互关联、交叉和渗透，构成一个管理循环，计划职能是管理的首要职能。管理的主体是管理者，管理者是从事管理活动，担负计划、组织、领导和控制职能以实现组织目标的人。按照不同的管理层次，管理者可划分为高层管理者、中层管理者和基层管理者。处于不同层次的管理者具有相应的管理技能。在管理活动中有 10 种 3 类特定管理者角色。组织与环境之间是相互作用的，组织是一个既受环境影响又影响环境的开放系统。组织环境特征分析是从不确定性、成长性、竞争性、合作性等角度对所赖以生存和发展的环境进行分析。

管理学是一门系统地研究管理活动的普遍规律、基本原理和一般方法的科学。它作为一门独立的科学，具有一般应用性、综合多学科性和历史发展性的特点。管理学的研究方法有归纳法、试验法和演绎法等传统研究方法以及系统科学方法、系统的自组织理论方法、相似理论方法等现代研究方法。管理的重要性决定了学习、研究管理学的必要性，学习、研究管理学是培养管理人员的重要路径之一，学习、研究管理学能够适应未来发展的需要。

核心概念

管理	管理要素	管理职能	管理者	管理者角色
管理者素质	管理者技能	管理环境	五力分析模型	SWOT 分析

管理实训

实训一　组建模拟公司

实训目的

1. 提升学生学习的兴趣，提高学生的沟通、协作能力。
2. 培养学生初步运用管理基础知识建立现代组织的能力。
3. 熟悉管理者的角色，培养管理者的技能。

实训方法与要求

1. 把全班按 6～8 人为标准进行分组，自由组合，组建“某某有限责任公司”，共同商议、提出富有创意且符合法律规定的公司名称、公司标识、公司之歌、公司章程等，以后将以模拟公司为单位开展学习、交流、竞赛（从第一单元开始，每个单元均有实训，需以小组为单位进行），并建立公司及各成员“学习积分卡”。

2. 各模拟公司进行经理竞聘，先进行公开演讲，然后投票选出公司经理。

3. 设计各部门、人员分工和权力分配，要求人人有事做、事事有人担；模拟公司实行经理负责制，模拟公司成员团结协作。

4. 各模拟公司将完成的任务形成文字、影像、图片等资料，在课堂上展示并交流。

5. 学期末，整理一学期实训材料并装订成册，为小组学期末作业，视每个模拟公司的完成情况，作为小组平时考核和判定的重要依据。

实训二　调查与访问——管理者的职责与技能

实训目的

访谈一位你认为成功的管理者，了解他（她）的职位、工作职责，特别是胜任该职务的知识基础、管理素质与技能，以及目前工作中所面临的严峻挑战。结合实际，加深对管理职能的感性认识与理解，初步培养认知与自觉养成现代管理者素质的能力，初步认识管理者所处的环境和面临的挑战。

实训方法与要求

1. 在调查访问之前，每组需根据课程所学知识，经过讨论制定调查访问的主题，并把具体步骤和主要问题计划好，具体可参考下列问题：企业中主要有哪些管理工作，各属于哪种管理层次？这些管理工作的职责和权力分别是什么？做好这些管理工作需要哪些知识和技能，如何培养这些知识和技能？

2. 利用课余时间实施调查，写出 800 字左右的调查报告。

3. 以模拟公司为单位提交和陈述调查报告，交流体会。

4. 由教师根据调查报告及课堂报告表现综合评分。

管理应用

1. 假设你刚刚被聘为一家国际会计公司的审计组主管。对于拥有 4 年职业经验的你来说，你觉得自己在技术上完全能胜任这份工作，但这是你第一次被正式任命为管理者，而你面对的情况有点复杂，这个团队有 12 个人，他们的地域、文化背景和以往工作经历都大不相同。你的工作量巨大，而且你有很大的业绩压力。你将怎样面对挑战，利用必要的管理技能和相关的能力来成功地管理你的团队，以获得高水平的经营业绩呢？

2. 运用 SWOT 分析法，对高职院校毕业生就业的外部环境和内部环境进行全面剖析，为高职院校毕业生就业探讨出多渠道的解决方案。

管理游戏

杯子有多大

游戏目的

认识安排工作及管理时间的方法。

游戏道具

一次性杯子、沙子、小石头、大石头。

游戏程序

1. 演示先装满一杯水，然后放入大石头、小石头、沙子，水溢出来的情景。
2. 演示先装满一杯沙子，然后放入大石头、小石头，没有空间装的情景。
3. 演示先装满一杯小石头，然后放入大石头，没有空间装的情景。
4. 演示先放满一杯大石头，然后放入小石头、沙子、水的情景。
5. 围绕“管理”“时间”“程序”“计划”“习惯”“授权”“效果”等关键词，以公司为单位，总结和分享游戏给你的启示，并提供书面报告。

游戏拓展

时间是公平的，对每个人而言，每天都是完整的 24 小时。然而不容置疑的是，的确有能够与时间赛跑并获胜的人。故可以说，时间计划的魅力不可抵挡，此即统筹的力量。卓有成效的管理者知道，追求时间高效利用的努力是永无止境的，整合时间并将腾出大块时间以备重要任务之需十分重要。请你填写下列时间安排象限（见图 1–10），时间单位可选取周、月、学期乃至学年。

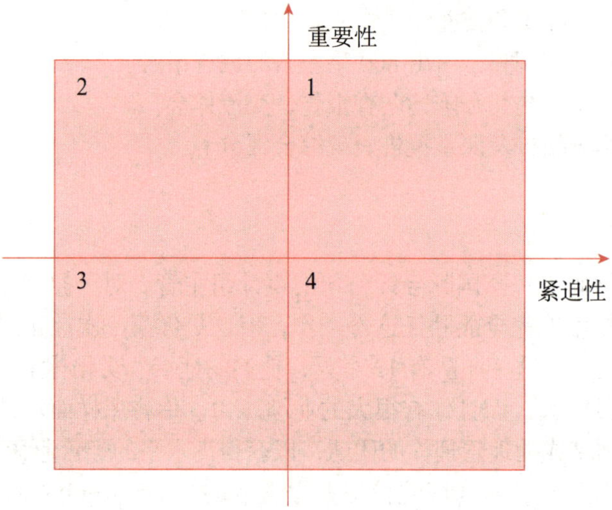

图 1–10　时间安排象限

第二单元 管理理论的形成和发展

弗雷德里克·泰勒（Frederick W.Taylor，1856—1915），美国古典管理学家、科学管理理论的主要倡导人，被誉为"科学管理之父"。泰勒一生致力于科学管理，科学管理理论的核心是管理要科学化、标准化；倡导精神革命，劳资双方利益一致。主要著作有：《计件工资制》《车间管理》《科学管理原理》。

管理箴言

管理的主要目的应该是使雇主实现最大限度的富裕。要取得劳动效率，必须取得雇主与工人之间的合作。

——弗雷德里克·泰勒

在管理方面，没有什么死板和绝对的东西，这全是尺度问题……原则是灵活的，是可以适用于一切需要的。问题在于懂得如何运用它们。这是一门很难掌握的艺术。它要求智慧、经验、判断和对尺度的掌握。由机智和经验合成的掌握尺度的能力是管理者主要的才能之一。

——亨利·法约尔

它（注：指理想行政组织体系理论）乃是对人类行使支配的已知方式中，最为理性者。在明确性、稳定性、纪律的严格性及可依赖性方面，它都比其他形式的组织优越。

——马克斯·韦伯

学习目标

通过本单元内容学习，你应该达到以下学习目标并完成能力训练任务：

<table>
<tr><td rowspan="2">学习目标</td><td>素质目标</td><td>知识目标</td><td>能力目标</td></tr>
<tr><td>（1）树立“以我为主”学习其他优秀文化的意识，强化本土文化意识，力求富有中国心、饱含中国情、充满中国味，坚定文化自信；
（2）敬畏权威，但不迷信权威，养成遵章守则、爱岗敬业、诚信奉献和进取创新等职业品格和行为习惯。</td><td>（1）了解我国古代、外国早期的管理思想；
（2）掌握泰勒科学管理理论的主要内容及其对管理学的贡献和不足；
（3）掌握法约尔的一般管理理论的主要内容和贡献；
（4）掌握韦伯的理想行政组织体系理论的主要内容和贡献；
（5）掌握霍桑试验及人际关系理论的主要内容；
（6）熟悉“管理理论的丛林”各学派的主要代表人物及其主要观点；
（7）熟悉现代管理理论发展的新思潮。</td><td>（1）能够从管理思想的角度认识管理实践；
（2）能够运用管理理论分析和处理实际管理问题。</td></tr>
<tr><td>能力训练任务</td><td colspan="3">（1）参观本地不同类型的组织，了解相应的管理理论的应用；
（2）设定自主创业项目，根据所学知识提出管理措施；
（3）模拟角色，根据你在某组织中的角色，分析应该如何管理；
（4）集体讨论如何在工作中运用梅奥的人际关系理论；
（5）观看电影《摩登时代》片段，感受科学管理思想。</td></tr>
</table>

内容体系

任何事物的产生和发展均有一个历史过程，管理理论也概莫能外，如表 2-1 所示。我们不应也不能低估历史的智慧和价值。重温管理理论的演进过程，有助于理解管理理论的产生背景，有助于厘清管理理论的发展脉络，有助于跟踪管理理论的发展趋势，更有助于在更高层面上用管理理论来指导和服务管理实践。

表 2-1　管理理论的产生与发展脉络

时间跨度	管理阶段	管理理论
远古至 19 世纪末	传统管理阶段	管理理论的孕育与萌芽
20 世纪初至 20 世纪 30 年代	古典管理理论阶段	泰勒的科学管理理论、法约尔的一般管理理论、韦伯的理想行政组织体系理论
20 世纪 30 年代至 20 世纪 60 年代	行为科学阶段	早期的人际关系学说、后期的行为科学理论
20 世纪 60 年代至 20 世纪 80 年代	现代管理阶段	管理理论的丛林
20 世纪 80 年代至今	当代管理阶段	波特的竞争战略理论、哈默与钱皮的企业流程再造理论、圣吉的学习型组织理论

一般认为，真正意义上的管理科学以 19 世纪末 20 世纪初为肇始，是随着资本主义工业的发展而逐步形成和发展起来的，以泰勒的科学管理理论的出现为标志，至今已历经古

典管理理论阶段、行为科学阶段、现代管理阶段、当代管理阶段。当然，此四阶段并非是截然分开的，更不是前一阶段结束，下一阶段才告开始。事实上，各种管理理论的产生虽有先后之分，但产生之后却呈现并存发展之势且相互影响，同时，其间也存在继承、借鉴关系。

模块一　传统管理阶段（远古至 19 世纪末）认知

一、早期管理实践与管理思想

从人类社会产生到 18 世纪，人类为了谋求生存而自觉不自觉地进行着管理活动和管理实践，其范围是极其广泛的。管理在埃及金字塔的建造、中国万里长城的修筑、罗马帝国的崛起以及 14 世纪威尼斯商业的繁荣过程中起着重要的作用。但当时的人们仅凭经验去管理，尚未对经验进行科学的抽象和概括，没有形成科学的管理理论。早期的一些著名的管理实践和管理思想大都散见于中国、埃及、希腊和意大利等国的历史典籍和诸多宗教文献之中。

知识链接 2-1

管理实践、管理思想与管理理论

管理实践活动自古有之，只要存在人类的集体劳动，就存在对该种集体劳动的管理。而只要存在对人类集体劳动的管理，就会有人对管理实践活动进行思考，进而在此基础上形成某种管理思想，是故管理思想古已有之。然而，系统化的管理理论则是伴随着西方工厂制度的出现而出现的。总之，管理实践中产生管理思想，管理思想系统化为管理理论，管理理论再运用于管理实践；管理实践验证管理理论，管理理论反映管理思想，管理思想影响管理实践。三者关系如图 2-1 所示。

扫一扫

管理实践、管理思想与管理理论

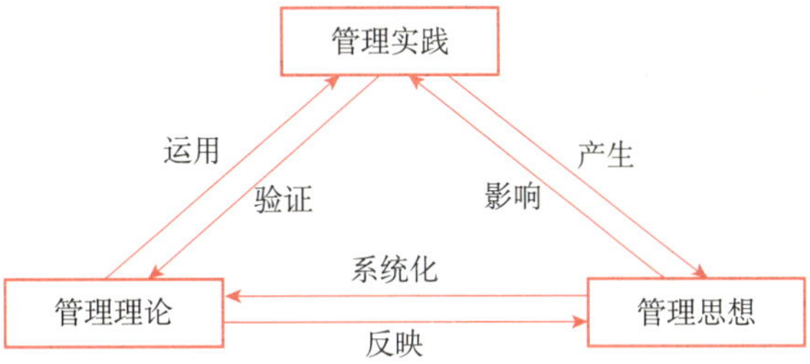

图 2-1　管理实践、管理思想与管理理论三者关系图

二、经验管理与管理理论萌芽阶段

欧洲资本主义的萌芽虽产生于 14、15 世纪，然而至 18 世纪末期，欧洲才逐渐成为世界工业的中心。英国及其他资本主义国家相继出现的工业革命（Industrial Revolution）使以机器为主的现代意义上的工厂成为现实，工厂以及公司的管理越来越突出，管理方面的问题越来越多地被涉及。这个时期的代表人物有亚当·斯密（Adam Smith，1723—1790）、罗伯特·欧文（Robert Owen，1771—1858）、查尔斯·巴贝奇（Charles Babbage，1792—1871）等，如表 2–2 所示。

表 2–2　亚当·斯密、罗伯特·欧文和查尔斯·巴贝奇简介

代表人物	简介
亚当·斯密	英国经济学家，代表作是 1776 年出版的《国民财富的性质和原因的研究》（简称《国富论》）。他以制针业为例说明了劳动分工（Labor Division）给制造业带来的变化，并从 3 个方面说明了分工的经济效益："第一，劳动者的技艺因业专而日进；第二，由一种工作转换到另一种工作，通常须损失不少时间，有了分工，就可以免除这种损失；第三，许多简化劳动和缩减劳动的机械的发明，使一个人能够做许多人的工作。"① 斯密认为经济现象是基于具有利己主义目的的人们的活动所产生的。斯密的经济人观点后来成为资本主义管理理论的重要依据之一。
罗伯特·欧文	英国空想社会主义者和杰出的企业家，提出在工厂生产中要重视人的因素，认为人是环境的产物，用在工人身上的钱可以获得 50%～100% 的报酬，而用在机器上的钱只能获得 15% 的报酬。人们称其为"现代人事管理之父"。欧文在人事管理方面的理论与实践，为后来的行为科学理论产生了很大的影响。
查尔斯·巴贝奇	英国剑桥大学教授，著名的数学家和机械学家。1832 年，他发表了著作《论机器和制造业的经济》，对劳动分工使生产率提高的原因作了进一步分析，解释为 7 个方面的原因：（1）节省了学习所需要的时间；（2）节省了学习期间所耗费的材料；（3）节省了从一道工序转到下一道工序所需要的时间；（4）经常从事某一工作，肌肉能够得到锻炼，不易引起疲劳；（5）节省了改变工具、调整工具所需要的时间；（6）重复同一操作，技术熟练，工作速度快；（7）注意力集中于单一作业，便于改进工具和机器。为调动劳动者的积极性，巴贝奇提出了工资加利润分享制度。巴贝奇对管理思想作出了重大贡献，为后来古典管理理论的形成提供了一定的思想依据。

① ［英］亚当·斯密：《国民财富的性质和原因的研究》（上卷），8 页，北京，商务印书馆，1972。

模块二　古典管理理论阶段（20 世纪初至 20 世纪 30 年代）认知

通常认为，古典管理理论形成于 19 世纪末 20 世纪初的欧美，其基于经济人假设，侧重于从管理职能、组织方式等方面研究效率最大化问题，而对人的心理因素很少考虑或根本不去考虑。其间，在美国、法国、德国分别活跃着具有奠基人地位的管理大师、古典理论家（Classical Theorists），他们是“科学管理之父”泰勒（Frederick Winslow Taylor，1856—1915）、“管理理论之父”法约尔（Henri Fayol，1841—1925）以及“组织理论之父”马克斯·韦伯（Max Weber，1864—1920）。古典管理理论时期的这三位大师虽有共性，却也各有特色，如图 2–2 所示。进一步言之，如果说泰勒是以新教徒的执着和认真，把企业管理导向科学，法约尔是以高瞻远瞩的睿智，构建了管理学的宏观大厦，那么，韦伯就是以哲学家式的冷峻和严密，创立了组织理论。三人均无愧于管理学界的大师称号。

扫一扫

古典管理理论形成的背景

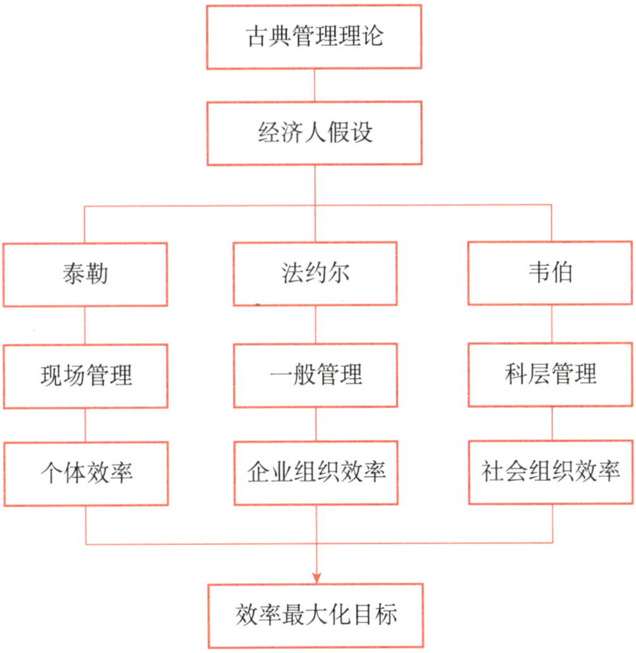

图 2–2　古典管理理论效率图

一、科学管理理论

扫一扫 泰勒的科学管理试验

扫一扫 泰勒的科学管理理论

泰勒进行了著名的搬运铁块试验、铁砂和煤炭的铲掘试验、金属切削试验，创立了科学管理理论，具体内容如表 2–3 所示：

表 2–3　泰勒的科学管理理论

<table>
<tr><th>要素</th><th colspan="2">内容描述</th></tr>
<tr><td>泰勒其人</td><td colspan="2">泰勒是古典管理理论在美国的代表。在米德维尔（Midvale）钢铁公司，泰勒当过普通工人、车间管理员、机工班长、负责全厂维修的总技师以及总工程师，对产业工人的操作动作进行了搬运铁块试验、铁砂和煤炭的铲掘试验和金属切削试验，开创了科学管理理论，被尊称为“科学管理之父”。科学管理就是通过对动作与动作使用时间的研究，找到科学规范动作以提高生产效率的方法，即应用科学方法确定从事工作的最佳方式。反映其科学管理思想的著作是 1911 年出版的《科学管理原理》一书。</td></tr>
<tr><td rowspan="3">科学管理理论的指导思想</td><td colspan="2">管理的中心问题——如何提高单个工人的生产效率。</td></tr>
<tr><td colspan="2">提高效率的手段——用科学化的、标准化的管理方法代替旧的经验管理。</td></tr>
<tr><td colspan="2">科学管理的实质——是一场全面的心理变革，即要求管理人员和工人双方在精神上和思想上进行彻底变革。</td></tr>
<tr><td rowspan="5">科学管理理论的主要内容</td><td>工作定额原理</td><td>泰勒认为，雇主和工人之间之所以发生矛盾，是因为双方都没有明确日工作量是多少。要对工人的工作时间和工人在工作中的操作动作进行科学的计算，制定出合理的日工作量，按照日工作量标准，给予工人相应的劳动报酬。有了这样的工作量标准，工人可以发挥他的能力，多干多得，雇主也可以多得利润，双方都有利可图。</td></tr>
<tr><td>合理用人原理</td><td>泰勒认为，要提高劳动生产率，必须为工作挑选第一流的工人（First-class Workers）。第一流的工人是适合其作业而又努力工作的人，其包括两个层面：一是该工人的能力最适合他所从事的工作，二是该工人内心里愿意从事这项工作。</td></tr>
<tr><td>标准化原理</td><td>泰勒认为，工人应该在标准化的环境中，用标准化的工具，进行标准化的操作。</td></tr>
<tr><td>刺激性的差别计件工资原理</td><td>泰勒认为，要调动工人的积极性，应当实行刺激工资制度，即以标准定额为基础，以工人实际表现为依据，实行差别计件制。其具体做法是：制定标准工资率，完成定额的，按标准工资率 100% 付给；没完成的按 80% 付给；超额完成的按 125% 付给。</td></tr>
<tr><td>计划与执行分离原理①</td><td>泰勒认为，应当按科学的方法使管理者与操作者在职能上分开，管理工作称为计划职能，工人劳动称为执行职能。管理者应当专门进行定额、计划、控制等管理工作；现场工人则从事执行的职能，按照计划部门制定的操作方法和指示，使用标准工具从事实际作业，不得自行改变计划。</td></tr>
</table>

① 经验主义学派在管理实践方面的一个很大贡献，就是德鲁克针对泰勒制重视动作分解而忽视工人劳动兴趣、把计划与执行分开等方面的弊端，于 1954 年提出的目标管理（简称 MBO）的设想。目标管理综合了以工作为中心和以人为中心的管理技能及管理制度，能使管理人员和广大员工在工作中实行自我控制，满足自我实现的需要，因而也同时能实现企业的目标。

续前表

要素		内容描述
科学管理理论的主要内容	职能工长制原理	泰勒认为，这是一种“职能管理”，即将管理工作予以细分，使每个管理者只承担一项或两项管理职能。
	管理例外原理	泰勒认为，管理者一方面应当依据职能原则进行管理，另一方面又必须实行例外原则，即组织的高级管理人员将一般事务交由下级处理，自己只保留对重要的例外事务进行处理的权力。
对科学管理理论的评价	进步性	第一次使管理从经验上升为科学；讲求效率的优化思想和调查研究的科学方法。
	局限性	对工人的看法错误；仅重视技术，不重视人和社会的因素；仅解决了个别具体工作的作业效率问题，而没有解决企业作为一个整体如何经营和管理的问题。

管理故事 2-1

丙吉问牛

据《汉书·丙吉传》记载，汉宣帝时有位宰相叫丙吉。一日丙吉出巡，路遇杀人事件，他没有理会。看见一头牛在路边不断喘气，却立即停了下来，刨根究底地询问。随从都觉得奇怪，问他为什么不理会人命关天的大事情，却如此关心一头喘气的牛。丙吉说，路上杀人自有地方官吏去管，不必我去过问，而牛喘气异常，则可能是发生了牛瘟，这种事情地方官吏一般不太注意，因此我须亲自过问。

这则史称“丙吉问牛”的故事极耐人深思。如把“杀人事件”看成一般例行事务，那么此案例实际上就是一个例外管理的典型。“杀人事件”的处理实际上已制度化、流程化，并有专门的司法机构负责处理，作为宰相完全可让他们去解决。相反，牛喘气作为一种偶发性的例外事务，由于缺乏制度化、流程化的解决方式，并且没有专门负责的组织机构，就容易被忽视而造成严重的后果。丙吉这种放手流程内和例行性事务、专注流程外和例外事务的管理思想，对企业管理及其他工作有着很深的启示。

课堂思考 2-1

1912 年 1 月 25 日，泰勒在调查科学管理委员会的众议院特别委员会上作证时曾就科学管理发表演说，并在演说中 4 次提及“合作”。请结合漫画《协同》（见图 2-3），谈谈你是如何理解科学管理的实质的。具体演说材料参见本单元管理实训（本书第 54 页）。

图 2-3　漫画《协同》

泰勒的科学管理理论在 20 世纪初得到了广泛的传播和应用，影响很大。在其同时代和以后的年代，对科学管理理论和实践作出重大贡献的管理学者，还有卡尔·巴思（Carl G.Barth，1860—1939）、亨利·甘特（Henry L.Gantt，1861—1919）、弗兰克·吉尔布雷斯（Frank B.Gilbreth，1868—1924）、莉莲·吉尔布雷斯（Lillian Moller Gilbreth，1878—1972）、哈林顿·埃默森（Harrington Emerson，1853—1931）、亨利·福特（Henry Ford，1863—1947）等。

知识链接 2-2

流水生产与福特主义

流水生产是指生产对象按照一定的工艺路线，有次序地通过各个工作地，并按照统一的生产速度完成工业作业的生产过程。美国人亨利·福特（见图 2-4）在泰勒的单一工序动作研究基础之上，进一步对如何提高整个生产过程的效率进行了研究，充分考虑了大量生产的优点，规定了各个工序的标准时间定额，使整个生产过程在时间上协调起来，创建了第一条流水生产线——福特汽车流水生产线。这一创举使每辆汽车的装配时间由 12 小时 20 分，压缩到 1 小时 30 分，使 T 型车生产总量一共达到了 1 500 万辆，缔造了一个至今仍未被打破的世界纪录。这一新的生产方式使汽车成为一种大众产品，它不但革新了工业生产方式，而且对现代社会和文化产生了巨大的影响，一些社会理论学家称之为“福特主义”。

图 2-4　亨利·福特

二、一般管理理论

扫一扫

一般管理理论

法约尔的一般管理理论如表 2–4 所示：

表 2–4　法约尔的一般管理理论

<table>
<tr><th>要素</th><th colspan="3">内容描述</th></tr>
<tr><td>法约尔其人</td><td colspan="3">法约尔是西方古典管理理论在法国的杰出代表。1860 年，法约尔从法国里昂的圣艾蒂安高等矿业学院以矿业工程师的身份毕业后，进入法国一流矿业公司——高芒特里-福尔尚布德，一干就是一辈子。法约尔长期从事高层管理工作，担任总经理职务长达 30 年。法约尔实践经验丰富、视野开阔、观点全面、思考深入，其管理理论是以大组织为整体作为研究对象，且认为其管理理论不仅适用于工商企业，还可用于政府、教会、慈善团体和军队等，人称“管理理论之父”，其管理思想主要凝结于 1916 出版的《工业管理与一般管理》这部经典著作中。[①]</td></tr>
<tr><td rowspan="22">一般管理理论的主要内容</td><td rowspan="7">1. 区分经营与管理（见图 2–5）</td><td rowspan="6">法约尔认为，经营与管理是两个不同的概念，经营包括六种活动，而管理只是其中一种。</td><td>（1）技术活动，即从事生产、制造与加工；</td></tr>
<tr><td>（2）商业活动，即进行购买、销售与交换；</td></tr>
<tr><td>（3）财务活动，即对资本进行筹集与运用；</td></tr>
<tr><td>（4）会计活动，即存货盘点、核算成本、进行统计；</td></tr>
<tr><td>（5）安全活动，即维护设备与保护职工的安全；</td></tr>
<tr><td>（6）管理活动，即进行计划、组织、指挥、协调和控制。</td></tr>
<tr><td colspan="2">法约尔概括并分析了管理的五大要素或五大职能，具体为：（1）计划；（2）组织；（3）指挥；（4）协调；（5）控制。</td></tr>
<tr><td colspan="3">2. 阐述管理教育与建立管理理论的必要性</td></tr>
<tr><td rowspan="14">3. 提出管理中具有普遍意义的 14 项原则</td><td>（1）劳动分工</td><td>分工通过使员工效率更高而增加产量</td></tr>
<tr><td>（2）职权</td><td>管理者必须能够发出指令，职权给予他们此权力</td></tr>
<tr><td>（3）纪律</td><td>员工必须服从和尊重组织治理的规则</td></tr>
<tr><td>（4）统一指挥</td><td>每位员工应该从同一位上级处接受指令</td></tr>
<tr><td>（5）统一领导</td><td>组织应该只有一份引导管理者和员工的行动计划</td></tr>
<tr><td>（6）个人利益服从整体利益</td><td>任何员工或员工群体的利益不能超越组织整体的利益</td></tr>
<tr><td>（7）报酬</td><td>员工必须得到公平的报酬</td></tr>
<tr><td>（8）集中</td><td>即下属参与决策的程度</td></tr>
<tr><td>（9）等级制度</td><td>即从管理的最高层级到最低层级的权力链</td></tr>
<tr><td>（10）秩序</td><td>人员和材料必须在正确的时间到达正确的位置</td></tr>
<tr><td>（11）公平</td><td>管理者必须对下属宽容并公平</td></tr>
<tr><td>（12）人员稳定</td><td>管理层要制定有序的人事计划，确保补充职位空缺</td></tr>
<tr><td>（13）首创精神</td><td>被允许首创和施行计划的员工会投入很大努力</td></tr>
<tr><td>（14）团队精神</td><td>提升团队精神会在组织中创建和谐与统一</td></tr>
</table>

① 英国管理学家厄威克曾在《管理备要》一书中指出：“亨利·法约尔是直至本世纪上半叶为止，欧洲贡献给管理运动的最杰出的人物。”

续前表

要素		内容描述
对一般管理理论的评价	进步性	管理思想的系统性和理论性更强，把管理学引入了课堂；从经营活动中独立出管理活动；管理的14项一般原则，现在仍然为许多人所推崇；为管理科学提供了一套科学的理论构架；一般管理理论后来成为管理过程学派的理论基础。
	局限性	管理原则缺乏弹性，以至于有时实际管理工作者无法完全遵守。

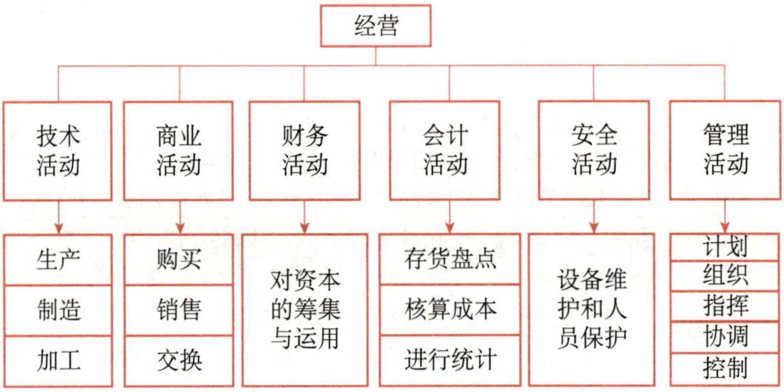

图2-5　经营与管理活动图

课堂思考2-2

法约尔提出的有效管理的14条原则，在今天是否依然有效？

知识链接2-3

法约尔的跳板原则（法约尔桥）

如图2-6所示：A代表这个组织的最高领导——总经理，按照组织系统，F与P之间发生了必须由两者协议才能解决的问题，F必须将问题向E报告，E再向D报告，如此层层由下而上直到A，再由上而下到达P，然后P将研讨意见向O报告，层层上报到A，再经过B、C……最后回到F。这样往返一趟，既费时又误事，所以法约尔提出做一个“跳板”，使F与P之间可以直接商议解决问题，再分头上报。

如果F想与P联系，他可以直接联系，而不用向上级报告（F通过E到A）以及按顺序由A向下传递给P。但是这种联系只有当等级中所有各方都同意而且上级人员随时都了解情况的时候才能进行：E与O同意各自的下属F和P直接联系，就“捍卫了等级原则”；F与P分别向各自的上级汇报了情况，“整个情况就完全合乎规则”。因此，“跳板”原则使得横向联系不仅可以迅速有效地进行，而且既不使路线负担过重，又维护了统一指挥原则、捍卫了等级原则。法约尔的等级制度倾向于所有的员工安排均有明确的等级机构，但他也意识到上下级之间存在沟通问题，因此，他也提倡适当的横向联系。

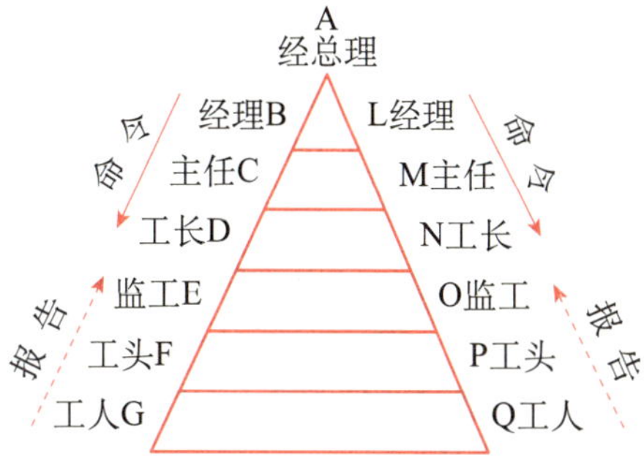

图 2–6　法约尔的跳板原则

三、理想行政组织体系理论

韦伯的理想行政组织体系理论如表 2–5 所示：

表 2–5　韦伯的理想行政组织体系理论

要素	内容描述
韦伯其人	韦伯是德国社会学家、经济学家和德国古典管理理论的代表人物。理想行政组织（Ideal Bureaucracy）体系理论[①]是指通过职务或职位而不是通过个人或世袭地位来管理。“理想的”并不是指最合乎需要的，而是指现代社会最有效和最合理的组织形式。他的理论主要反映在其代表作《社会组织与经济组织理论》一书中。
理想行政组织体系理论的基础	有社会组织的地方就有统治和管理，有统治和管理就得有统治的道理，人们服从统治的道理就构成了权威。任何一种组织都是以某种形式的权威为基础的。权威能消除混乱，带来秩序，实现组织目标，推进社会发展。韦伯是对权威进行理论剖析的第一人，他认为组织与权威的关系密切，任何一种形式的组织都以某种形式的权威作为基础，没有权威，组织就失去了其存在的条件，这就是著名的权威理论。韦伯对权威进行了历史的考察，认为正当的（或称为合法的）权威不外乎三种历史形态，即传统型权威、魅力型权威、法理型权威。传统型权威是一种最古老的权威形式，来自习俗、惯例、经验、祖训等。在由传统权威支配的社会组织中，统治者依照传统形成的组织规则来治理臣民，芸芸众生对长官的服从来自传统赋予长官的固有尊严。这种社会组织就是人们常说的家长制。传统型权威支配下的社会组织有三种亚形态，即族长制、世袭官僚制与封建制。魅力型权威又可称为超人权威或神授权威，它建立在非凡人格、英雄气概、创业奇迹的基础上，也就是说它来自对领袖个人魅力的崇拜。魅力型权威的核心是个人崇拜，这种组织所依赖的往往是某种信仰，而不是强制性因素。法理型权威又可称为法定权威，是建立在规章制度和行为规则的合法性基础之上的。法理型权威是由传统社会走向现代社会的必然产物，是理性追求的体现，是现代社会最为普遍的权威类型，其他两种权威最终会向这种权威演变。

① 韦伯的理想行政组织体系理论又被称为“官僚制”（在德语中无贬义色彩）或“科层制”。在管理学中，“官僚制”的概念范畴得到了极大的扩展，泛指以分部–分层、集权–统一、指挥–服从等为特征的当代普遍的组织形态。

续前表

要素	内容描述	
理想行政组织体系理论的特点	规章制度	制定明确的规章制度以规范管理者和员工的行为，确保统一性。
	职业导向	组织中的管理者是专业的公职人员，而不是该组织的所有者，他们领取固定的薪金，并在组织中谋求自身的发展。
	正规选择	根据通过教育和训练所获得的技术资格或通过正式考试来挑选组织中的所有成员。
	劳动分工	把各种工作分解成简单、明确的各项常规化任务，明确规定每一个人的权力和责任。
	权力体系	各种公职和职位按权力等级排列，上一级的人指挥和控制下一级。
	非人格化	组织的规章制度是组织中的每个人都必须遵守的，它不受个人情感和个人背景的影响。
	总之，韦伯以德国政府科层制为研究对象创立的组织管理理论，其基于规章制度，规划职业导向，经过正规选择，进行劳动分工，建立权力体系，实施非人格化管理。	
对理想行政组织体系理论的评价	明确而系统地指出了有效维系组织和目标达成的基础是理性，即合法的权力。这种强调制度、能力、知识的行政组织理论，为社会发展提供了一种高效、理性的管理体制。	

模块三 行为科学阶段（20 世纪 30 年代至 20 世纪 60 年代）认知

行为科学阶段主要研究个体行为、团体行为与组织行为，重视研究人的心理、行为等对高效率地实现组织目标的影响作用。行为科学阶段分前后两个阶段：前期的主要成果有乔治·梅奥（George E.Mayo，1880—1949）的人际关系学说；后期的主要成果则表现在有关人的需要、动机、行为方面的理论，有关人的特性方面的理论，以及有关领导方面的理论。

一、早期的人际关系学说

行为科学的发展是从人际关系学说开始的，而人际关系学说则源起于梅奥领导的在芝加哥西方电气公司（Western Electric，朗讯科技公司的前身）霍桑工厂进行的霍桑试验（Hawthorne Experiments/Studies）。

该试验的目的是探索影响劳动生产率的因素。试验从 1924 年开始到 1932 年结束，前后历经两个回合、四个阶段、八年时间。通过试验，梅奥取得了大量的一手材料，撰写了《工业文明的人类问题》一书，于 1933 年出版，标志着人际关系学说的诞生。梅奥与霍桑试验的内容如表 2–6 所示：

扫一扫

梅奥与霍桑试验

表 2–6　梅奥与霍桑试验

要素	内容描述	
霍桑试验	两个回合： 第一个回合是从 1924 年 11 月至 1927 年，在美国国家科学委员会的赞助下进行； 第二个回合是从 1927 年 4 月至 1932 年 5 月，由梅奥主持进行。 四个阶段： （1）车间照明试验（1924.11—1927.4）； （2）继电器装配试验（1927.4—1929.6）； （3）访谈计划试验（1928.9—1930.5）； （4）电话线圈装配工试验（1931—1932）。 扫一扫 霍桑试验	
人际关系学说的主要内容	（1）社会人理论：职工是“社会人”，而非“经济人”。 （2）士气理论：工作态度的改变，即工作士气的提高，是提高生产效率的关键。 （3）非正式群体理论：企业中存在“非正式组织”。 （4）人际关系型领导理论：新的领导能力在于提高职工的满意度。	
对梅奥人际关系学说的评价	进步性	梅奥注意到研究人的需要与激励，强调非正式组织在管理中的重要作用，他的人际关系理论为管理思想的发展开辟了新的领域，也为管理方法的变革指明了方向，并引起了管理上的一系列改革。
	局限性	过分强调非正式组织的作用。
		过分强调感情的作用，似乎职工的行动主要受感情和关系的支配。
		过分否定经济报酬、工作条件、外部监督、作业标准的影响。

课堂思考 2–3

梅奥的有关人际关系学说的主要观点，与泰勒的科学管理理论有何区别？

二、后期的行为科学理论

后期的行为科学理论主要包括：有关人的需要、动机、行为方面的理论，即激励理论，具体包括内容激励理论、过程激励理论和行为改造理论；有关人的特性方面的理论，其中有代表性的理论主要有麦格雷戈的 X–Y 理论、阿吉里斯的不成熟–成熟理论、沙因的人性假设理论等；有关领导方面的理论，影响较大的有勒温的领导方式理论、利克特的领导方式理论、布莱克和穆顿的管理方格理论、坦南鲍姆和施密特的领导行为连续统一体理论、菲德勒的领导权变模型、赫塞和布兰查德的情景领导理论、豪斯和米切尔等人的路径–目标理论等。

上述理论将在本书第五单元做详细论述。

模块四 现代管理阶段（20 世纪 60 年代至 20 世纪 80 年代）认知

在西方，只是到了 20 世纪，特别是到了 20 世纪 40 年代，才开始对管理进行系统研究。最早一批著作多由富有实际经验的管理人员撰写，如泰勒、法约尔、穆尼、厄威克① 等人，可是到了 20 世纪 60 年代初期，管理方面的学术论著如雨后春笋般出现，成为各种管理理论和管理学派盘根错节的一片丛林。孔茨在其 1961 年发表的《管理理论的丛林》一文中指出：管理理论已经形成了 6 个主要学派，即管理过程学派、人类行为学派、经验主义学派、社会系统学派、决策理论学派、管理科学学派，孔茨称其为管理理论的丛林。1980 年，孔茨在《再论管理理论的丛林》一文中对管理理论学派进行重新梳理，将更加繁荣茂盛的管理理论学派分为 11 个学派，分别为管理过程学派、人际关系学派、群体行为学派、经验主义学派、社会协作系统学派、社会技术系统学派、系统理论学派、决策理论学派、管理科学学派、权变理论学派、经理角色学派，如表 2–7 所示。

扫一扫

管理理论丛林

表 2–7　11 个管理理论学派及其观点

学派类型	学派理论观点内容描述
管理过程学派	这一学派认为管理是一个包括计划、组织、领导、控制等若干职能的过程，认为管理是在组织中通过别人或同别人一起完成工作的过程。该学派把它的管理理论建立在 7 条基本信念的基础上，其开山鼻祖是法约尔，当代最著名的代表人物是美国的哈罗德·孔茨和西里尔·奥唐奈（Cyril O'Donnell）。

① 穆尼（J.D.Mooney），美国高级管理人员和管理学家，是管理过程学派的集大成者，其研究方法注重过程分析，与自然科学方法类似，他的理论因为其科学性而被人们广泛接受；林德尔·厄威克（Lyndall F.Urwick），英国著名管理学家，主要贡献是把科学管理理论系统化，把泰勒、法约尔、穆尼等人的理论联系起来，综合出一套科学的逻辑框架。

续前表

学派类型	学派理论观点内容描述
人际关系学派	这一学派是从20世纪60年代的人类行为学派演变来的。该学派认为既然管理是通过别人或同别人一起去完成工作，那么，对管理学的研究就必须围绕人际关系这个核心来进行。该学派把有关的社会科学原有的或新近提出的理论、方法和技术用来研究人与人之间和人群内部的各种现象，从个人的品性动态一直到文化关系，无所不涉及。该学派注重管理中“人”的因素，认为在人们为实现其目标而结成团体一起工作时，他们应该互相了解。该学派的代表人物主要有乔治·梅奥、亚伯拉罕·马斯洛、弗雷德里克·赫茨伯格、道格拉斯·麦格雷戈（Douglas M.McGregor）和库尔特·勒温（Kurt Lewin）。
群体行为学派	这一学派是从人类行为学派中分化出来的，因此同人际关系学派关系密切，甚至易于混同，但它关心的主要是群体中人的行为，而不是人际关系。该学派以社会学、人类学和社会心理学为基础，而不是以个人心理学为基础，它着重研究各种群体行为方式，从小群体的文化和行为方式，到大群体的行为特点，都在其研究之列，其理论也常被叫做“组织行为学”。该学派的最早代表人物也是梅奥，后来还有德裔美国人库尔特·勒温和美国的克里斯·阿吉里斯（Chris Argyris）。
经验主义学派	经验主义学派，亦称经验学派，该学派的主要管理思想是：有关企业管理的科学应该从企业管理的实际出发，特别是以企业的管理经验为主要研究对象，将其加以理论化和概括化，然后传授给管理人员或向企业经理提出实际的建议。这一学派通过分析经验（常常就是案例）来研究管理，其依据是，管理学者和实际管理工作者通过研究各式各样的成功和失败的管理案例，就能理解管理问题，自然地学会有效管理。该学派的主要代表人物有彼得·德鲁克、欧内斯特·戴尔（Ernest Dale）、小艾尔弗雷德·P. 斯隆、威廉·纽曼（William Newman）等。
社会协作系统学派	这一学派与行为学派关系密切而且常常互相混同，其把有组织的企业看成是一个受文化环境的压力和冲突支配的社会有机体，这对管理的理论和实际工作人员都是有帮助的。另外，该学派对组织职权的制度基础的认识，对非正式组织的影响的认识等，对我们的帮助更大。该学派的创始人是切斯特·巴纳德（Chester Irving Barnard）。巴纳德还有其他一些颇有教益的见解，如他的关于激励的经济性的思想、把社会学认识引入管理实践之中等。
社会技术系统学派	这一学派认为企业中的技术系统（如机器设备和采掘方法）对社会系统有很大的影响，个人态度和群体行为都受到人们在其中工作的技术系统的重大影响。因此，该学派认为，必须把企业中的社会系统同技术系统结合起来考虑，而管理者的一项主要任务就是确保这两个系统相互协调。该学派的创始人是特里司特（E.L.Trist）及其在英国塔斯托克研究所的同事。
系统理论学派	这一学派是以系统为基础来研究管理，强调任何组织都是由若干子系统所构成。企业的经营系统可以划分为战略子系统、协调子系统和作业子系统；在管理工作上，强调通过各个子系统之间的协调，以实现组织大系统的整体优化。该学派的主要代表人物是美国的弗莱蒙特·卡斯特（Fremont E.Kast）和詹姆斯·罗森茨韦克（James E. Rosenzweig）。

续前表

学派类型	学派理论观点内容描述
决策理论学派	这一学派管理思想的基本观点是企业管理问题的主要研究对象不是作业而是决策；决策贯穿管理全过程，管理就是决策；应该按“令人满意”的准则来决策，而不是按“最优”准则来决策。决策理论学派在切斯特·巴纳德创立的社会协作系统学派中也作出了杰出的贡献。后来，以社会协作系统理论为基础，一些人吸收了行为科学、系统论、运筹学和计算机科学的有关成果，创立了决策理论学派。该学派的代表人物是美国的经济学家和社会学家赫伯特·西蒙与詹姆斯·马奇（James G.March）。
管理科学学派	这一学派把管理看成是一个数学模型和程序的系统（尽管各种管理理论学派都在一定程度上应用数学方法），一些知名的运筹学家或运筹分析家就属于这个学派。他们的一个永恒的信念是，只要管理，或组织，或计划，或决策，是一个逻辑过程，就能用数学符号和运算关系来予以表示。该学派的主要方法就是模型，借助于模型可以把问题用它的基本关系和选定目标表示出来。由于数学方法大量应用于最优化问题，因此，可以说，它同决策理论有着很密切的关系，但编制数学模型决不限于决策问题。该学派的代表人物是美国的埃尔伍德·伯法（Elwood S. Buffa）。
权变理论学派	这一学派也称为权变学派、因地制宜学派，强调在企业管理中，没有什么一成不变、普遍适用的、最好的管理理论和管理方法，企业管理必须随着企业所处的内外条件变化而随机应变。管理者应做什么以及怎么做，要取决于所处的环境条件，即当时的既定情况。该学派的主要代表人物有研究组织结构的汤姆·伯恩斯（Tom Burns）、琼·伍德沃德（Joan Woodward）和保罗·劳伦斯（Paul R.Lawrence），研究人性论的约翰·莫尔斯（John Morse）和杰伊·洛希（Jay W.Lorsch），以及研究领导方式的弗雷德·菲德勒（Fred E.Fiedler）、罗伯特·豪斯（Robert J.House）、弗雷德·卢桑斯（Fred Luthans）等。权变理论学派的理论基础是“超 Y 理论”。
经理角色学派	这一学派主要通过观察经理的实际活动来明确经理角色的内容，是较新的一个学派，同时受到管理学者和实际管理者的重视。该学派的产生和发展得益于代表人物亨利·明茨伯格的推广。明茨伯格系统地研究了不同组织中 5 位总经理的活动并得出结论，总经理们并不按人们通常认为的那种职能分工行事，即只从事计划、组织、协调和调控工作，而是还从事许多别的工作。明茨伯格根据他自己和别人对经理实际活动的研究，认为经理扮演着 10 种角色。

孔茨于 1961 年提出的 6 个管理理论学派与 1980 年再总结的 11 个管理理论学派间的关系如图 2–7 所示。

孔茨认为：尽管各个管理学派彼此独立、观点各异、方法不同，但其基本目的是相同的，在其历史渊源及论述内容上都存在相互影响和交叉重合，研究方法上更有共通之处。正是基于这一观点，孔茨认为管理“走出丛林”是可能的。

哈罗德·孔茨与管理理论的丛林

1961年《管理理论的丛林》中的学派	1980年《再论管理理论的丛林》中的学派	备注
1.管理过程学派	1.管理过程学派	原有保留
2.人类行为学派	2.人际关系学派	一分为二
	3.群体行为学派	一分为二
3.经验主义学派	4.经验主义学派	原有保留
4.社会系统学派	5.社会协作系统学派	一分为三
	6.社会技术系统学派	一分为三
	7.系统理论学派	一分为三
5.决策理论学派	8.决策理论学派	原有保留
6.管理科学学派	9.管理科学学派	原有保留
	10.权变理论学派	新增
	11.经理角色学派	新增

图 2–7　管理理论学派比较图

知识链接 2–4

中国式管理

中国式管理这一概念由中国台湾的曾仕强教授提出。中国式管理是指在中国管理哲学的基础上妥善运用西方现代管理科学，并充分考虑中国人的文化传统以及行为心理特性，以达成更为良好的管理效果的一种管理方法。它强调管理就是修己安人的过程。它以“安人”为最终目的，更具有包容性；以易经为理论基础，合理地因应“同中有异，异中有同”的人事现象；主张从个人的修身做起，然后才有资格来从事管理，而事业只是修身、齐家、治国的实际演练。

模块五　当代管理阶段（20 世纪 80 年代至今）认知

扫一扫

当代管理理论

20 世纪 80 年代以来，当代管理理论的最新发展当数竞争战略理论、企业流程再造理论和学习型组织理论，如表 2–8 所示。

表 2–8　当代管理理论

理论类型	内容描述
竞争战略理论	迈克尔·波特（Michael E.Porter）是竞争战略理论的代表人物，他于 1980 年出版的《竞争战略》和 1985 年出版的《竞争优势》，成为企业战略管理（Strategic Management）方面的经典著作。波特的竞争战略理论强调行业选择的重要性，强调外部环境对企业战略制定的决定作用。波特提出了五力分析（Five Forces Analysis）模型，并在此基础上明确提出在与五种竞争力量的抗争中蕴涵的三类成功型战略思想，即总成本领先战略、差异化战略和集聚战略，企业的其他战略都以此为基础，根本目的就是确立企业在竞争中的优势。
企业流程再造理论	20 世纪 80 年代为企业再造时代，该理论的创始人是迈克尔·哈默（Michael Hammer）与詹姆斯·钱皮（James Champy），他们认为企业为在产品与服务质量、顾客满意度、生产与管理成本、员工工作效率等绩效评价的关键指标上能够得到显著改善，应以工作流程为中心，重新设计企业的经营、管理及运作方式，进行所谓的“再造工程”。美国企业从 80 年代起开始了大规模的企业重组革命，日本企业也于 90 年代开始进行所谓第二次管理革命，这十几年间，企业管理经历着前所未有的、脱胎换骨的变革。
	哈默和钱皮在《企业再造》一书中，归纳了业务流程再造的四个关键词：彻底的（Radical）、根本的（Fundamental）、显著的（Dramatic）、流程（Process）。提出了当今企业面临的“3C”力量：顾客（Customer），竞争（Competetion），变革（Change）。
学习型组织理论①	20 世纪 80 年代末以来，信息化和全球化浪潮迅速席卷全球，顾客的个性化、消费的多元化决定了企业只有适应不断变化的消费者的需要，在全球市场上争得顾客的信任，才有生存和发展的可能。这一时代，管理理论研究主要针对学习型组织（Learning Organization）而展开。管理咨询大师彼得·圣吉（Peter Senge）在 1990 年出版的《第五项修炼：学习型组织的艺术与实践》中更是明确指出企业唯一持久的竞争优势源于比竞争对手学得更快更好的能力，学习型组织正是人们从工作中获得生命意义、实现共同愿景和获取竞争优势的组织蓝图。
	彼得·圣吉认为，一个组织要想成为学习型组织，必须掌握以下五项核心的修炼：自我超越（Personal Mastery），在生命中产生和延续创造力；改善心智模式（Improving Mental Models），改变长期累积的对事物认知的模式；建立共同愿景（Building Shared Vision），使组织能培养组织内的成员主动而真诚地奉献和投入；团队学习（Team Learning），发展团队成员整体搭配和实现共同目标能力的过程；系统思考（Systems Thinking），一套具有完整知识体系且实用的思考框架。

① 学习型组织这一概念的提出可追溯到 20 世纪 70 年代，1977 年，美国哈佛大学的克里斯·阿吉里斯在《哈佛商业评论》上发表了《组织中的双环学习》一文，首次提出“组织学习”的概念，并于 1978 年与 D.A. 舍恩（D.A.Schon）合著《组织学习：行动透视理论》一书，详细并正式界定了“组织学习”的概念，同时对“组织学习”的类型进行了划分，即划分为适应性学习、单环学习及创造性学习。从 20 世纪 80 年代开始，在企业界和管理思想界出现了推广和研究学习型组织的热潮，并风靡全球。随着彼得·圣吉《第五项修炼：学习型组织的艺术与实践》的出版，学习型组织理论发展到一个新高度。

课堂思考 2-4

想一想，在班级管理中，应该如何应用学习型组织这种管理模式？

知识链接 2-5

传统组织与学习型组织的区别

传统组织与学习型组织的主要区别见表 2-9。

表 2-9　传统组织与学习型组织的区别

比较内容	传统组织	学习型组织
对变革的态度	事情能运转就不改变它	如不改变，则运转不了
对新思想的态度	不能付诸实践就不理它	如一再为实践所证明就算不上什么新思想
谁对创新负责	研究与开发部门	组织中的每一个人
主要的担心	犯错误	不学习、不改进
竞争优势	产品和服务	学习能力、知识和专业技能
管理者的职责	控制其他人	推动和支持其他人

综合上述诸阶段，管理理论的发展历程大致呈现如下脉象：（1）从总结具体经验到阐述一般原理；（2）从“经济人”假设到“社会人”假设、“复杂人”假设；（3）从以定性分析为主，到定性、定量分析相结合；（4）从学派分化、百家争鸣到相互综合发展。

单元小结

管理实践活动自古有之，只要存在人类的集体劳动，就存在对该种集体劳动的管理。而只要存在对人类集体劳动的管理，就会有人对管理实践活动进行思考，进而在此基础上形成某种管理思想，是故管理思想亦古已有之。从远古至 19 世纪末，为传统管理阶段，是管理理论的萌芽时期。20 世纪初至 20 世纪 30 年代，为科学管理阶段，主要有泰勒的科学管理理论、法约尔的一般管理理论、韦伯的理想行政组织体系理论。泰勒以新教徒的执着和认真，把企业管理导向科学；法约尔以高瞻远瞩的睿智，构建了管理学的宏观大厦；韦伯以哲学家式的冷峻和严密，创立了组织理论。20 世纪 30 年代至 20 世纪 60 年代，为行为科学阶段，分前后两个阶段：前期的主要成果有梅奥的人际关系学说；后期的主要成果则表现在有关人的需要、动机、行为方面的理论，有关人的特性方面的理论，有关领导方面的理论。20 世纪 60 年代至 20 世纪 80 年代，为现代管理阶段，主要表现为管理理论的丛林。孔茨在其 1961 年发表的《管理理论的丛林》一文中指出，管理理论已经形成了 6 个主要学派。1980 年，孔茨在《再论管理理论的丛林》一文中对管理理论学派进行重新梳理，将更加繁荣茂盛的管理理论学派分为 11 个学派。20 世纪 80 年代至今，为当代管理阶段，在知识经济和信息化的驱动下，管理手段出现了新变化，管理理论也出现了新的发展趋势，影响较大的理论有波特的竞争战略理论、哈默与钱皮的企业流程再造理论、圣吉的学习型组织理论。

核心概念

管理实践	管理理论	传统经验管理	科学管理	例外原理
等级链	法约尔桥	官僚制	霍桑试验	社会人
非正式组织	战略管理	学习型组织	心智模式	企业流程再造

管理实训

有关管理大师及其思想的演讲

实训目的

1. 增强对管理理论的感性认识。
2. 提高运用管理理论分析实际管理问题的能力。

实训方法与要求

1. 可围绕泰勒 1912 年 1 月 25 日在调查科学管理委员会的众议院特别委员会上作证时的演说进行演讲；也可围绕自己搜集的泰勒同时代人对科学管理理论的贡献进行演讲，可选择的范围为卡尔·巴思、亨利·甘特、弗兰克·吉尔布雷斯、莉莲·吉尔布雷斯、哈林顿·埃默森、亨利·福特等。

2. 由模拟公司的经理和教师共同根据各模拟公司的课堂表现综合评分。

附：泰勒的演说内容。

扫一扫

泰勒的演说内容

管理应用

1. 请分析《丁谓建宫》（见图 2-8）的故事所蕴含的管理思想。

祥符中禁火，时丁晋公主营复宫室，患取土远。公乃令凿通衢取土，不日皆成巨堑。乃决汴水入堑中，诸道木排筏及船运杂材，尽自堑中入至宫门。事毕，却以斥弃瓦砾灰壤实于堑中，复为街衢。一举而三役济，省费以亿万计（《梦溪笔谈·权智》）。

图 2-8　丁谓建宫

2. 以编写《管理学基础》教材为例绘制甘特图（可借助相关软件绘制，如 Excel、Visio）。

需要说明的是，教材编写工作按流程一般可细分为制定课程标准，制定教材大纲，规定编写格式，收集资料，各单元模块内容编写、修改与校对，统稿，相关材料编写与修改，专家评审，打印装订与送审以及其他辅助工作等几项工作任务。假设此教材共分 10 个模块，共有 5 人负责内容编写，需将教材分为两大部分，前 5 个模块为第一部分，每人负责 1 个模块，后 5 个模块为第二部分，同样是每人负责 1 个模块。若编写时间以周（W）为单位，编写工作共持续22周，按每周5天工作制，每部分的编写工作完成后才能进行校对，第一部分编写工作完成后，校对人员进行校对，而编写人员则同时开始第二部分的编写，当完成第一部分校对后，由于第二部分的编写工作还未完成，校对人员则可以进行教材相关材料如课程设计标准等内容的编写，以充分利用人力并节省时间。

管理游戏

交换钞票

游戏目的

使学生认识到“思想”的重要性，认识到“思想决定行为，行为形成习惯，习惯决定性格，性格决定命运”，在学生中培养自由交换思想的氛围。

游戏程序

1. 从一名学生那里借人民币 10 元纸币一张。

2. 用一只手把这张纸币举到一个显眼的位置，再从另一名学生那里借人民币 10 元纸币一张。

3. 把从第二名学生那里借来的人民币还给第一名学生。

4. 把从第一名学生那里借来的人民币还给第二名学生。

5. 教师向学生询问：“这样他们中是否有人因此而比以前更富有了？”

6. 向学生指出，与此相反，如果人们交换的是两个观点的话，那么每个说出自己观点的人乃至所有的人都会在经验上变得比以前更加丰富。

游戏拓展

是什么因素阻碍我们与他人分享有用的或者精辟的看法？是什么力量鼓励我们在会议、研讨班和发言中与别人分享自己的看法？许多人不愿意和他人分享意见和想法是因为害怕因此而失去什么。如果你认识到这种分享只会让你获得而决不会失去，你就会变得乐于和他人分享。所以说，把你的忧伤拿出来，你的忧伤因此而减少一半；把你的快乐拿出来，它就会增加一倍。

第三单元 计划职能

赫伯特·西蒙（Herbert Simon，1916—2001），一生涉足多个学科及研究领域，拥有多所学校的政治学、科学、法学、哲学、经济学等9个博士头衔，是“管理决策理论”的创始人；1975年与艾伦·纽厄尔共同荣获计算机科学最高奖——图灵奖；1978年荣获诺贝尔经济学奖，是管理学界唯一的诺贝尔经济学奖获得者。主要著作有：《管理行为》（1947年出版的重要代表作）《管理决策新科学》《人类活动中的理性》《经济学和行为科学中的决策理论》等。

管理箴言

在没出现不同意见之前，不作出任何决策。

——小艾尔弗雷德·斯隆

目标管理的最大好处是，它使管理者能够控制他们自己的成绩。这种自我控制可以成为更强烈的动力，推动他尽最大的努力把工作做好。

——切斯特·巴纳德

假如你知道目标是什么，MBO便有用。但90%的情况并非如此。

——彼得·德鲁克

管理的工作不外是决策，其次就是落实执行。

——杨千一

夫未战而庙算胜者，得算多也；未战而庙算不胜者，得算少也。多算胜，少算不胜，而况于无算乎！吾以此观之，胜负见矣。

——《孙子兵法·计篇》

一家企业最重要的三项东西：愿景、企业文化与策略。

——张忠谋

学习目标

通过本单元内容学习，你应该达到以下学习目标并完成能力训练任务：

<table>
<tr><td rowspan="2">学习目标</td><td>素质目标</td><td>知识目标</td><td>能力目标</td></tr>
<tr><td>（1）树立问题意识，强化问题思维，突出问题导向，善于发现问题、提出问题、研究问题、回答问题，遇到问题冷静思考，冲破思想观念束缚，养成运用理性、客观、辩证的思维方式积极推动问题解决与科学决策的良好习惯；
（2）增强时间意识，提升个人对时间的知觉和敏感度，在计划或目标问题上养成“以终为始”的思维模式；
（3）树立全局观念、长期观念，保持战略定力，把方向、谋大局，既要胸怀远大计划，又要脚踏实地奋斗，既要敢想敢为，又要善作善成；
（4）增强制定计划的科学性，以及具备为实现既定目标而积极进取、不惧失败的意志品质，保持计划本身的适应性和计划执行的应变性统一。</td><td>（1）理解决策的含义、类型及在管理中的作用；
（2）理解决策的原则；
（3）熟悉各种决策的应用条件；
（4）重点掌握定性决策方法和定量决策方法；
（5）理解计划的概念、特征、类型及编制过程；
（6）掌握计划作为管理首要职能的重要性；
（7）熟悉现代计划的主要方法；
（8）掌握目标管理的含义、制定过程及优缺点。</td><td>（1）能够根据实际情形，区分决策的类型；
（2）能够运用常用的决策方法进行决策；
（3）能够运用网络计划法，绘制网络计划图、确定关键路线和关键工序等；
（4）能够运用滚动计划法编制计划。</td></tr>
<tr><td>能力训练任务</td><td colspan="3">（1）参观本地不同类型的组织，了解相应的决策与计划活动；
（2）分别剖析一个行政单位、事业单位和企业单位，总结其决策程序和计划部门岗位的设置；
（3）选择特定的组织，模拟决策者和计划者的角色；
（4）了解你所在的学校决策的情况并评价其合理性；
（5）仿真演练基层计划和战术计划的制定。</td></tr>
</table>

内容体系

党的二十大报告指出：必须坚持问题导向。问题是时代的声音，回答并指导解决问题是理论的根本任务。习近平同志指出：“要有强烈的问题意识，以重大问题为导向，抓住关键问题进一步研究思考，着力推动解决我国发展面临的一系列突出矛盾和问题。”对于人们而言，永远都会有“问题”出现，而只要有“问题”，就需作出“决策”。日常生活或工作中，人人可为决策者；而对于各类组织的管理者而言，决策是其管理工作之核心的、基本的要素。决策和计划关系密切：决策是计划的前提，计划是决策的逻辑延续。决策为计划任务安排提供依据，计划则为决策所选择的目标活动的实施提供组织保证。在实际工作中，决策与计划是相互渗透的：决策制定过程中，不论是对优势或劣势的分析，还是在方案选择时关于各方案执行效果或要求的评价，实际上都孕育着决策的实施计划。反过来，计划的编制过程，既是决策的组织落实过程，也是决策的更为详细的检查和修订过程。

模块一　决策认知

扫一扫

决策的概念与特点

一、决策的概念与特点

决策（Decision Making）是管理工作中十分重要的内容。那么，究竟什么是决策，决策具有哪些特点？详见表 3–1。

表 3–1　决策的概念与特点

要素	内容描述	
决策的概念	周三多	决策是指组织或个人为了实现某种目标而对未来一定时期内有关活动的方向、内容及方式的选择或调整过程。
	赫伯特·西蒙	管理就是决策，决策是管理的核心，贯穿管理的全过程。
	布赖恩·琼斯（Bryan Jones）	决策是指管理者通过分析各种备选方案，对面临的机会或威胁作出反应，作出关于特定的组织目标和行动方案的决定。
	路易斯（P.S.Lewis）、古德曼（S.H.Goodman）、范特（P.M.Fandt）	决策是管理者识别并解决问题以及利用机会的过程。决策的主体是管理者，其本质是一个过程，其目的是解决问题和（或）利用机会。
决策的特点	目的性	决策的目的是解决某个问题或实现一定的组织目标。没有目标则无从决策，而没有问题则无须决策，解决问题的过程即为实现目标的过程，决策通过解决某些问题达成目标。
	可行性	决策是针对未来的实际组织活动进行选择、作出决定的，因此，决策所作的若干个备选方案应是切实可行的，如果不能保证未来方案实施的可行性，再好的方案也只能是一纸空文，决策要实现的目标也只是空中楼阁。
	选择性	决策的两个过程，一为“策”，即制定方案；一为“决”，即选择方案。决策的实质是选择，没有选择就没有决策。决策必须具有两个以上的备选方案，通过比较评定来进行选择。换言之，“多方案选择”是科学决策的基本前提和重要原则，如果无法制定方案或只有一个方案，那就失去决策的意义了。
	过程性	决策既非单纯的“出谋划策”，又非简单的“拍板定案”，而是一个多阶段、多步骤的分析判断过程，是一个提出问题、分析问题和解决问题的系统分析过程，绝非瞬间行动。
	满意性	选择组织活动的方案通常根据的是满意化准则而不是最优化准则。
	动态性	决策不仅是一个过程，而且是一个不断循环的过程。作为过程，决策是动态的，没有真正的起点，也没有真正的终点。

知识链接 3-1

预测与决策

预测（Forecasting）是从方法论的角度探寻事物演变的规律，研究如何提高科学预见性的一种手段。预测是决策的基础和前提，决策是预测的服务对象和实践机会，没有科学的预测就没有科学的决策，预测与决策相辅相成，不可偏废。预测侧重于对客观事物的科学分析，决策侧重于对有利时机的科学选择；预测是客观分析，决策是领导艺术；预测提供可能方案，决策选择最佳方案。诚如法国未来学家 H. 儒佛尔所言："有效预测是英明决策的前提，没有预测活动，就没有决策的自由。"管理者的有效预测，可以为企业创造价值，此即儒佛尔定律。

课堂思考 3-1

你是如何理解斯隆的"在没有出现不同意见之前，不作出任何决策"这句话的？

本书认为，狭义的决策是指管理者对行动目标和手段等的一种选择或者抉择；而从广义上讲，决策不仅指管理者于某一瞬间作出明确、果断的决定，还应囊括在该决定作出前的一系列准备活动及该决定作出后所采取的具体措施以落实决策的方案。因此，决策是指这样一个全过程，而不仅仅是最终选定某个方案的那一个步骤。

关于决策应遵循的原则，众说纷纭：一说包括准全原则、可行性原则、优选原则、系统性原则、利用"外脑"原则、追踪监控原则；一说包括整体优化原则、科学性原则、可行性原则、满意决策原则、适应性原则、集体性原则。

管理故事 3-1

麦穗理论

古希腊哲学大师苏格拉底的三个弟子曾就怎样才能找到自己理想的伴侣的问题求教于他。苏格拉底并没有直接给出答案，而是让他们走麦田埂，只许前进，且仅给一次机会，选摘一支最大最好的麦穗。

第一个弟子刚走了几步，看见一支又大又漂亮的麦穗，就高兴地摘下了。但他继续前进时，发现前面有许多比他摘的那支更大更好的，只得遗憾地走完了全程。

第二个弟子吸取了教训，每当他要摘时，总是提醒自己，后面还有更大更好的。当他快到终点时才发现，机会全错过了。

第三个弟子吸取了前两位的教训，当他走到三分之一时，即分出了大、中、小三类，再走三分之二时验证是否正确，等到最后三分之一时，他选择了属于大类中的一支美丽的麦穗。虽说这一支不一定是最大最好的，但他满意地走完了全程。

知识链接 3-2

决策的原则为何是满意而不是最优?

决策的“满意”原则是针对“最优”原则提出的。“最优”的理论及假设是把决策者作为完全理性化的人，决策是以“绝对理性”为指导，按“最优化准则”形成的结果。但是，处于异常复杂和多变环境中的组织及决策者，要对未来一个时期作出“绝对理性”的判断，必须具备以下条件：（1）决策者对相关的一切信息能完全掌握；（2）决策者对于未来的外部环境和内部条件的变化能准确预测；（3）决策者对可选择的方案及其后果能完全知晓；（4）决策不受时间和其他资源的约束。这四个条件对任何决策者，无论是个人还是集体，也无论他们的素质有多高，都不可能完全具备。因此，他们的决策不可能是“最优化”的，而且只能要求是“令人满意”的或“足够好”的。这里讲的“满意”决策，就是能够满足合理目标要求的决策。具体来讲，它包括以下内容：（1）决策目标追求的不是使组织及其期望值达到理想的完美，而是使组织能够得到切实的改善，实力得到增强；（2）决策备选方案不是越多、越复杂越好，而是要达到能够满足分析对比和实现决策目标的要求，能够较充分地利用外部环境提供的机会，并较好地利用内部资源；（3）决策方案选择不是要求避免一切风险，利用一切可以利用的机会，而是对可实现决策目标的方案进行权衡，做到“两利相权取其大、两弊相权取其小”，风险可以承受。

决策贯穿于管理者的所有管理活动中，在计划、组织、领导、控制的管理职能中存在一系列决策，如表 3-2 所示。

表 3-2 决策与管理基本职能的关系

职能	内容描述
计划	组织的使命是什么？组织的年度目标和长期目标应该是什么？实施什么战略能最好地实现这些组织目标？
组织	按照什么原则进行组织设计？如何进行组织的纵向、横向与职权结构设计？ 采用什么样的组织结构形式来实现组织战略？组织何时应实行变革？
领导	在一定的环境中，采用什么领导方式最有效？如何激励员工努力工作？怎样保持组织沟通渠道畅通？
控制	组织中的哪些活动需要控制？如何实现有效控制？如何选择控制方式？

课堂思考 3-2

你是如何理解西蒙的“管理就是决策，决策是管理的核心，贯穿管理的全过程”这句话的？

二、决策的影响因素

扫一扫

决策的影响因素

一般而言，决策受环境因素、组织因素、决策问题、决策主体等多方面因素的共同影响，并且这些因素的影响是不可分割和相互联系的，有时某类因素的影响占主要方面，有时可能其他因素的影响占主要方面，如表 3–3 所示。

表 3–3　决策的影响因素

因素	内容描述
环境因素	组织是在一定环境中运行的，决策者必受环境因素的影响。一方面，环境的特点影响组织活动选择。在稳定的环境中，决策的调整机会不多，作一些计划任务下达即可；在不稳定的环境中，组织会对其经营活动需要较频繁地依据环境的变化作相应的调整。另一方面，对环境的习惯反应模式也影响组织的活动选择。对于相同的环境，不同的组织可能作出不同的反应，而这种调整组织与环境关系的模式一旦形成，则会趋于稳定，继而影响或限制决策者对方案的选择。
组织因素	组织决策会受到组织自身的影响和制约。组织对决策的影响，首先主要是通过组织文化来制约组织及其成员的行为及行为方式，偏向保守、怀旧的组织文化与具有开拓和创新气氛的组织文化，显然决策结果迥然不同。其次，组织的信息化程度对决策的影响主要体现在对决策效率的影响上。再次，组织过去的决策总是有形地影响现在的决策，过去的决策对现在决策的影响大小主要视其与决策者关系的紧密程度而定。
决策问题	问题的紧迫性及重要性都对决策有一定的影响。美国学者威廉 · R. 金和大卫 · I. 克里兰把决策划分为时间敏感型决策和知识敏感型决策两类。相对于知识敏感型决策，时间敏感型决策对时间的要求比较严格，这类决策的执行效果主要取决于速度，所以管理者应该充分认识时间对决策的影响作用，并充分利用有限的时间作出正确的决策。
决策主体	决策主体——决策者是影响决策过程的关键因素。决策者对决策的影响，主要是通过决策者的价值观、知识水平、战略眼光、领导能力、对待风险的态度等各种因素产生作用的。也就是说，决策的过程就是对决策者的一种全面检验。

管理故事 3–2

没有调查，就没有发言权，更没有决策权

调查研究是做好各项工作的基本功，调查研究的过程就是科学决策的过程。只有踏实地调查研究，了解和掌握真实情况，真研究问题，把管理中的真问题发现出来，研究真问题，在深入分析思考上下功夫，去粗取精、去伪存真，由此及彼、由表及里，才能找到解决问题的办法，才能为制定正确决策提供坚实基础。习近平总书记指出，“调查研究是谋事之基、成事之道。没有调查，就没有发言权，更没有决策权”。2019 年 3 月 4 日，习近平总书记在参加全国政协十三届二次会议文化艺术界、社会科学界委员联组会时讲：“哲学社会科学包括文化文艺不接地气不行，要解释现实的社会问题，开什么处方治什么病，

首先要把是什么病搞清楚。要把好脉，中国身体怎么样，如果有病是什么病，用什么药来治，对这心里要透亮透亮的。号脉都号不清楚，那治什么病？

知识链接 3–3

知觉定式

创新性问题解决的一大障碍在于，人们倾向于以他们曾经遇到过的问题为基础来定义现在的问题，即现在问题的定义和解决方案的提出受过去经验的限制，此种限制被称为知觉定式（Perceptual Stereotyping）。知觉定式并非完全不好，人们并不是要完全避免从过去的经验中或从历史的错误中学习，但基于过去经验的承诺有时会阻碍人们以全新的视角来看待问题，甚至会阻碍人们解决某些问题。以下面的问题为例：

图 3–1　鲁迅文集

架子上并排摆有 4 卷鲁迅文集（见图 3–1）。每一卷除封皮外约有 5 厘米厚，封面和封底均有 0.4 厘米厚。一只书虫从第 1 卷的第 1 页开始吃，直到第 4 卷的最后 1 页，这只书虫吃了至少多少厘米厚的书？

解决这个问题是相对简单的，但你需克服知觉定式障碍方可获得正确答案。

三、决策的类型

扫一扫

决策的类型

按照不同的划分标准，可以将决策划分为不同的类型。

（一）按决策的层次性划分

按决策的层次性划分，可以将决策划分为战略决策、战术决策和执行决策，如表 3–4 所示。

表 3–4　战略决策、战术决策和执行决策

决策类型	内容描述	实例
战略决策（Strategic Decision Making）	包括确定组织目标方针、组织机构的调整、企业产品的更新换代、技术改造等涉及组织全局的长期性、方向性的决策。	作出战略决策的管理者通常是高层管理者，如董事会、CEO 和总经理等。
战术决策 / 管理决策（Tactical Decision Making）	为保证企业总体战略目标的实现而解决局部问题的重要决策。	作出战术决策的管理者通常是中层管理者，如事业部经理、分公司经理和部门经理等。
执行决策 / 业务决策	是指为解决日常工作和作业任务中的问题所作的决策。	作出执行决策的管理者通常是基层管理者，如各事业部门、分公司和部门的管理者等。

（二）按决策的程序性划分①

按决策的程序性划分，可以将决策划分为程序化决策和非程序化决策，如表 3-5 所示。

表 3-5 程序化决策和非程序化决策

决策类型	内容描述	实例
程序化决策 / 重复性决策 / 定型化决策 / 常规决策（Programmed Decision Making）	是指有关常规的、反复发生的问题的决策。	企业：处理工资单。大学：处理入学申请。医院：准备诊治病人。政府：采购国产轿车。
非程序化决策 / 一般性决策 / 非定型化决策 / 非常规决策（Non-programmed Decision Making）	是指偶然发生的或首次出现的而又较为重要的非重复性决策。	企业：引入新的产品。大学：建立新的教学设施。医院：对地方疾病采取措施。政府：解决禽流感问题。

（三）按决策的群体性划分

按决策的群体性划分，可以将决策划分为群体决策和个人决策，如表 3-6 所示。

表 3-6 群体决策和个人决策

决策类型	内容描述	特点
群体决策（Group Decision Making）	是指至少有两人参与决策过程的决策方式。	时效性较弱、质量性较强、稳定性较强、责任性较弱、可执行性较强、民主性较强、效益性较弱、冒险性较强。
个人决策（Personal Decision Making）	是指只有一人参与决策过程的决策方式。	时效性较强、质量性较弱、稳定性较弱、责任性较强、可执行性较弱、民主性较弱、效益性较强、冒险性较弱。

知识链接 3-4

为什么群体决策比个人决策更容易冒险？②

根据 1961 年麻省理工学院史托纳的发现，群体决策比个人决策更加冒险。这主要由三方面因素决定：其一是责任分散的作用，群体中每个人承担的责任较轻，责任不明确，因而易使决策走极端；其二是少数人的作用，由于少数水平较低但又比较有权势的人控制，群体中的成员的水平得不到发挥，因而容易让群体作出少数人所主张的决定，导致决策失败；其三是社会比较的作用，因为害怕他人认为自己懦弱，群体成员常提出比个人单独决策时更具冒险性的方案，促使群体决策冒险转移现象出现。

① 赫伯特·西蒙将企业经营活动分为例行性活动和非例行性活动，由此区分为程序化决策和非程序化决策，是故与此二者相对应的计划分别被称为程序化计划和非程序化计划。

② 参见叶雅阁、刘涌康：《决策科学手册》，天津，天津科技翻译出版公司，1989。

（四）按决策的初始性划分

按决策的初始性划分，可以将决策划分为初始决策和追踪决策，如表 3–7 所示。

表 3–7 初始决策和追踪决策

决策类型	内容描述
初始决策（Initial Decision Making）	是指组织对从事某种活动或从事该种活动的方案所进行的初次选择。主要是确定未从事的活动或新的活动的方向、目标、方针及方案。
追踪决策（Trace Decision Making）	是指在初始决策的基础上对组织活动方向、内容和方式的重新调整。追踪决策具有四个特点：回溯分析，非零起点，双重优化，心理效应。

（五）按决策的确定性划分

按决策的确定性划分，可以将决策划分为确定型决策、风险型决策和不确定型决策，如表 3–8 所示。

表 3–8 确定型决策、风险型决策和不确定型决策

决策类型	各方案未来的自然状态	各自然状态的结果	各自然状态出现的概率
确定型决策（Certainty Decision Making）	只有一种	可计算	确定（100%）
风险型决策（Risk Decision Making）	有多种	可预测	可预测
不确定型决策（Uncertainty Decision Making）	有多种	可预测	未知

（六）按决策的科学性划分

按决策的科学性划分，可以将决策划分为经验决策和科学决策，如表 3–9 所示。

表 3–9 经验决策和科学决策

决策类型	内容描述
经验决策（Experiential Decision Making）	是指决策者主要根据其个人或群体的知识、智慧、阅历和直觉判断等人的素质因素而作出的决策。
科学决策（Scientific Decision Making）	是指决策者通过理性思考和分析，依据科学的决策过程和科学依据而作出的决策。

四、决策的过程

面对如此众多的挑战，怎样才能作出好的决策呢？这涉及决策过程的问题。决策过程

（Decision Making Process）是以确认并诊断问题始，至评估结果止的一系列活动，如表 3-10 所示。

表 3-10　决策的过程

步骤	内容描述	举例
步骤 1 识别并确认问题——问题是什么？	决策的第一步是找到问题，目前状态与希望状态间的差距即为潜在机会或问题。识别并确认问题只是开始，问题并不总是简单的，真正的问题常常为表象所掩盖，不要把问题本身和问题的表现混淆，这是一个需要搜集、处理并仔细分析信息的步骤。对问题最初的界定将在很大程度上影响最终解决的办法，问题找错，一错百错。	某高等职业技术学院实训室的台式计算机陈旧，运行速度跟不上当前正常实训教学要求，产生了目前状态和希望的状态之间不平衡的状况，这就是问题。
步骤 2 确定决策目标及其标准——应该做什么？	决策是为了解决问题，在这一步中，识别和确认问题后，就要确定决策目标，目标体现的是组织想要获得的结果，目标必须十分明确，否则决策将是盲目的。目标越明确，对决策实施后的结果越容易评估。决策标准是决策过程中应遵循的原则或操作规范，在相关标准不是同等重要的情况下，决策者必须对项目给予权重，使其在决策中具有正确的优先级。	在上例中，决策的目标是采购能满足学院正常教学需求的台式计算机。而实现决策目标的决策标准在此例中就可以选择为计算机的尺寸、价格、配置、售后服务、重量、屏幕类型等方面，并可依重要性分别赋予权重值：尺寸（5）、价格（6）、配置（10）、售后服务（7）、重量（2）、屏幕类型（3）。在设定权重时，可赋予最重要的标准权重系数为 10。
步骤 3 开发备选方案——准备做什么？	一旦机会或问题被正确地识别出来，管理者就要提出达到目标和解决问题的各种方案。在这一步中，管理者要根据过去的经验产生一些备选方案，备选方案包括既有方案，也包括专门定制的方案。拟定备选方案是决策的基础工作。	在上例中，确定多种品牌的特定型号的计算机作为备选，如联想（Lenovo）ThinkCentre E74 等。
步骤 4 分析和选择方案——决定做什么？	对所拟定的每一个行动方案，应从定性和定量两个方面加以分析评估，明确各个方案的利弊，从而为方案选择打下基础。在决策的过程中，决策者当然要作出最后的选择，即作出一个满意的决策。	在上例中，经征求计算机专家意见并查阅最新计算机数据信息，给出每种品牌型号计算机各项决策标准以分值，该分值乘以该决策标准的权重系数，得出该决策标准的数值，将其累计相加汇总排序，以得分最高者作为最终确定方案。

续前表

步骤	内容描述	举例
步骤 5 执行决策方案——实际做什么？	一旦选出了合适的方案，就必须采取相应的行动来执行方案，只有通过具体的行动切实解决了问题，事情才会出现新的进展。没有得到实施的决策只不过是一种智力练习。管理者不仅要有作出决策的决心和创造力，而且要有执行方案的能力和意愿。	在上例中，将决策结果传递给学院资产处等相关部门和人员，购买联想扬天 M4000e 若干台。
步骤 6 评估结果与信息反馈——做得怎么样？	决策的最后一步是评估结果，这意味着要搜集关于决策运行状况的信息。如果没有对实施结果进行评估，决策过程就不能视为全部完成。如果预期的结果没有达到，或者出现了不希望看到的负面效应，就必须采取相应的矫正行动。从这种意义上看，评估是管理控制的一种形式。如果发现前期所选择的方案不合适，就需要重新进行评估并返回前面的步骤。	在上例中，联想扬天 M4000e 购置后，评估是否满足了学院当前正常实训教学诉求。如果评估结果反映需求没有得到最大化的满足，就需要追溯决策的全过程，予以调整或改正。

关于决策过程，可参考本单元图 3-6。

管理故事 3-3

谁来挂铃铛？

某地的一群老鼠，深受一只凶狠无比、善于捕鼠的猫所苦。于是老鼠们聚集一堂，讨论如何解决这个心腹大患。老鼠们颇有自知之明，知道并没有猎杀猫的勇气，只不过想探知猫的行踪，早做防范。一只老鼠的提议立刻引来满场的叫好声，它建议在猫的身上挂个铃铛。在一片叫好声中，有一只不识时务的老鼠突然问道：“那么，谁来挂铃铛？”

五、决策的方法

（一）定性决策方法

定性决策方法，又称决策的软方法，是建立在心理学、社会学、创造学等社会科学基础上的，一种凭借个人的学识、经验、能力、智慧及直觉等来进行决策的方法。此法更多地适用于战略决策、非程序化决策、不确定型决策等。

1. 头脑风暴法

头脑风暴法（Brain Storming），亦称思维共振法，是现代创造学的创始人、美国学者亚历克斯·奥斯本（Alex Faickney Osborn）于 1939 年首次提出、1953 年正式发表的一种激发创造性思维的方法。头脑风暴是产生新观点的一个过程；头脑风暴是“一个团体试图通过聚集成员自发提出的观点，以为一个特定问题找到解决方法的会议技巧”；头脑风暴是一系列激励和引发新观点的特定的规则和技巧。头脑风暴法仅是产生思想的过程，但不能提供决策。

扫一扫

头脑风暴法

采用头脑风暴法组织群体决策时，应确定专家会议的最佳人数和会议举行的时间。经验表明，专家小组规模以 10～15 人为宜，会议时间以 30～60 分钟效果最佳。主持者应以明确的方式向所有与会专家阐明问题、规则，且一般不发表意见，由与会专家自由提出方案。

为使与会专家畅所欲言，互相启发和激励，达到较高效率，必须严格遵守下列规则，如表 3-11 所示。

表 3-11　头脑风暴法规则

规则	内容描述
规则 1：禁止批评现有观点	对现有观点的批评不仅占用宝贵的时间和脑力资源，而且容易使与会专家人人自危，发言更加谨慎保守从而遏制新观点的诞生。要到头脑风暴会议结束时才对观点进行评判。不要暗示某个想法不会有作用或它有一些消极的副作用。所有的想法都有潜力成为好的观点，或者能够启发他人产生新的想法。
规则 2：鼓励狂热和夸张的观点	由于害怕犯错误，人们不敢提出这类观点，他们感到这些想法可能被认为是“错误”或“愚蠢”的。逐渐地，人们不仅仅失去了宝贵的想象力和创造力，而且会对其他人提出的这类观点持怀疑和批评打击的态度。只有通过鼓励和禁止批评，才能够创造出适宜头脑风暴的环境。奥斯本也发现“愚蠢”观点的产生由于改变了其他成员的思维方式，因此可以激发出非常有用的观点。
规则 3：追求观点的数量而不是质量	单纯追求观点的质量容易拘泥于某一个有创意的观点，将时间和精力集中在对其的完善和修补上，而忽视了其他观点和思路的开发，也不容易调动所有成员的积极性。头脑风暴强调所有的活动应该以“在给定的时间内提炼出尽可能多的观点”为指导原则。如果头脑风暴会议结束时有大量的观点，那就更可能发现一个非常好的观点。
规则 4：提倡在他人提出的观点之上建立新观点	即建立在其他人的观点之上并且进行扩展。尝试把另外的思想加入每个观点之中，使用其他人的观点来激发自己的观点，结合一些提出的观点来探索新的可能性。
规则 5：主张每个人和每个观点都有相等的价值	每个人都有有效的观点，对情形和解决方法也都有独特的视角。在头脑风暴会议里，总是可以提出观点，纯粹只是为了激发其他人，而不仅是作为最终的观点。鼓励每个人参与，即使需要把观点写在纸上后递交上去。

知识链接 3-5

查尔斯·兰姆

英国作家查尔斯·兰姆在《伊利亚随笔》中指出："过多地吸取别人的独创思想就限制了自己本来拥有的那一份思维能力的发展，陷入别人的思路之中，就如同在别人的庭院里迷路一样，这又像一个身材高大的仆人挽着你走路，他步子大，你步子小，非常吃力。"在思维的王国里，本来是最不应该有障碍、最自由之处，而事情就是这么矛盾，偏偏思维之足最容易走上别人踏出的路，这样也就导致了平庸。我们必须警惕这种倾向，办法之一就是让头脑风暴来得更猛烈一些。

2. 德尔菲法

德尔菲法（Delphi Method）是20世纪40年代由O.赫尔姆和N.达尔克首创，经过T. J.戈登和兰德公司进一步发展而成的。1946 年，兰德公司首次运用这种方法进行预测并获得成功，后来该方法被迅速广泛采用。[①] 实施德尔菲法，首先要针对要讨论的问题，选择需要咨询的专家（一般 20 人左右为宜）并与专家建立直接联系，主要方式是匿名函询（因此该法也称专家意见法、函询调查法）。通过函询整理各位专家的意见，经过分析整理后再次发给各位专家实施第二轮函询，这样经过多次（三四轮）反馈，最终形成一个比较一致的、令人满意的收敛性意见。如图 3-2 所示。

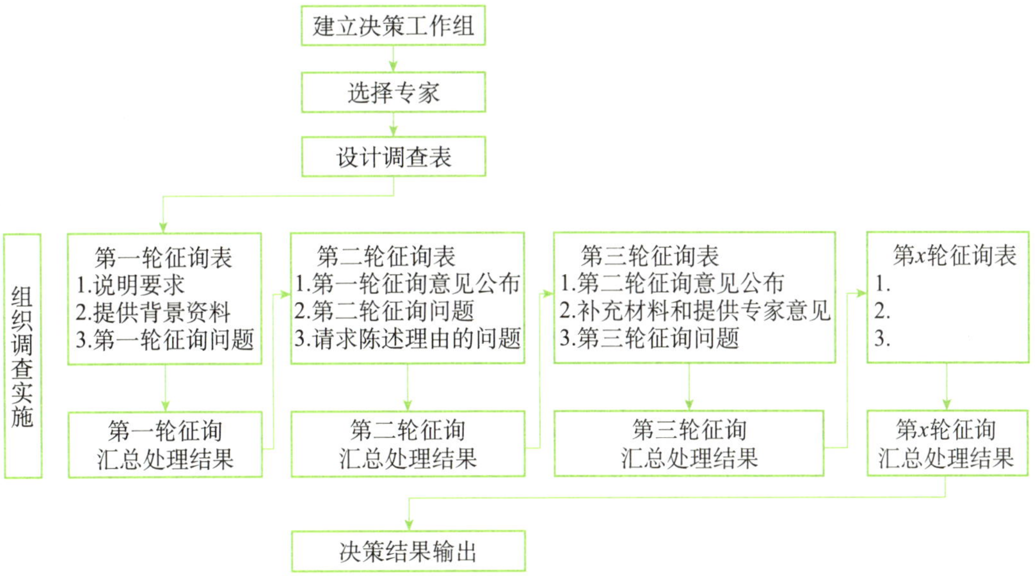

图 3-2　德尔菲法

① 德尔菲法是借用希腊历史遗址德尔菲神庙之名。在古希腊，德尔菲神庙是太阳神阿波罗经常出没的地方，由于阿波罗有很强的预测未来的能力，因此德尔菲神庙便成为预告未来的神谕之地。

德尔菲法的应用必须坚持以匿名函询的形式进行，以免个人意见受到他人的左右；此外，为确保趋于一致，要经过反复多次的意见征询。该方法手续繁、耗时长、费用大，而且对专家的要求较高。但这种方法有着其独特的优点：既依靠了专家，又避免了专家会议方式的不足，如减少了因迷信权威而使自己的意见随大流，或是因不愿当面放弃自己的观点而固执己见的现象。

3. 名义小组技术

在群体决策中，如果对问题的性质不完全了解且意见分歧严重，则可采用名义小组技术（Nominal Group Technique）。在这种技术下，小组成员互不通气，也不在一起讨论、协商，小组只是名义上的，这种名义上的小组可以有效地激发个人的创造力和想象力。

在这种技术下，通常遵循以下步骤：第一，领导说明问题；第二，在进行群体讨论前，每个人先写下自己对于解决问题的想法并一一表述，直到所有想法都记录在案，但在表述和记录过程中，不允许进行讨论；第三，群体对每个想法开始讨论，进行评价；第四，群体成员独自对想法进行排序，最终选择人数最多、位居第一的方案。当然，管理者最终仍有权决定是接受还是拒绝这一方案。

除了以上介绍的几种方法之外，定性决策方法还有道斯矩阵分析法、经营单位组合分析法、政策指导矩阵法、戈登法等。

（二）定量决策方法

定量决策方法，又称决策的硬方法，是运用数学的决策方法，其核心是把同决策有关的变量与变量、变量与目标之间的关系，用数学关系表示，即建立数学模型，然后通过计算求出答案，以便使决策者从中优选的一种决策方法。此法在战术决策、程序化决策、确定型决策、风险型决策和不确定型决策中应用广泛。

扫一扫

确定型决策之盈亏平衡

1. 确定型决策方法

确定型决策是指决策者在环境和条件非常确定的情况下所作出的决策，其特征如表 3-12 所示。

表 3-12　确定型决策的特征

特征	内容描述
特征一	存在决策者希望达到的一个明确的目标。
特征二	存在两个以上可供选择的行动方案。
特征三	每个方案只存在一个确定的自然状态。
特征四	不同行动方案在确定的自然状态下的结果是确定的，其损益值可以计算出来。

由于这种决策对未来的自然状态以及各方案的结果都是已知的和肯定的，故称为确定型决策。属于确定型决策方法的主要有量本利分析法、线性规划法、ABC 分析法和经济订购批量法（Economic Order Quantity，EOQ）等。较常用的量本利分析法，又称盈亏平衡法、

保本分析法，即根据与决策方案相关的业务量（产量、销售量、销售额）、成本和利润之间的相互依存关系进行综合分析，用来预测利润、控制成本、规划生产的分析方法。

变动成本和固定成本是盈亏平衡法中的重要概念，其含义、特点如表 3–13 所示。

表 3–13　变动成本与固定成本

	变动成本	固定成本
含义	与产量变化成正比变化的成本，如原材料、燃料动力费、计件工资、按产量计提的固定资产折旧费。 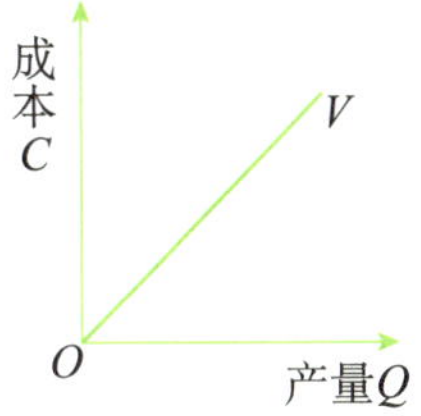 	在一定的时间、一定的产量范围内，不随产量变动而变动（相对固定）的成本，如计时工资、按年限计提的固定资产折旧费用、车间经费、企业管理费中与产量无关的部分。 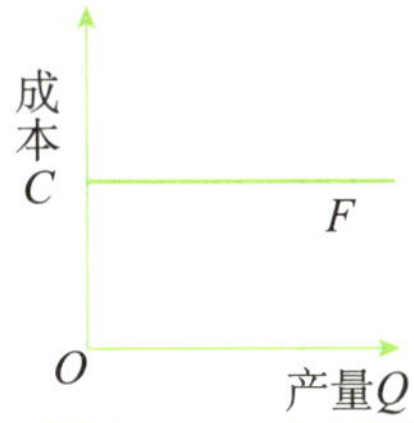
特点	单位产品的变动成本不随产量的变动而变动。 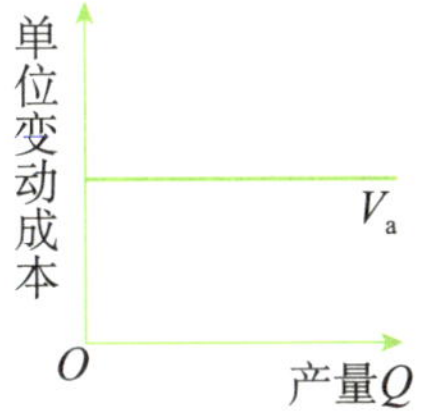 	单位产品的固定成本随着产量的增加而减少（呈反比变化）。 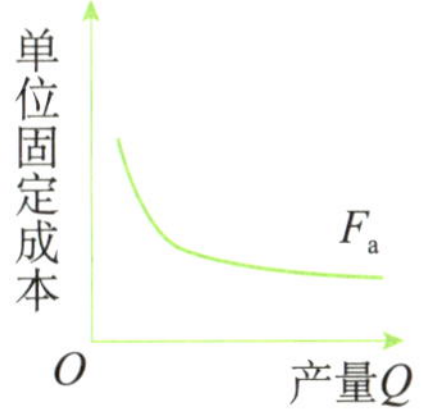
公式	$V=V_a \cdot Q$	F

盈亏平衡法的核心是确定盈亏平衡点（Break Even Point）或保本点，即企业不盈不亏时的销售额或总成本额，为总成本曲线和总收入曲线相交之点，如图 3–3 所示。

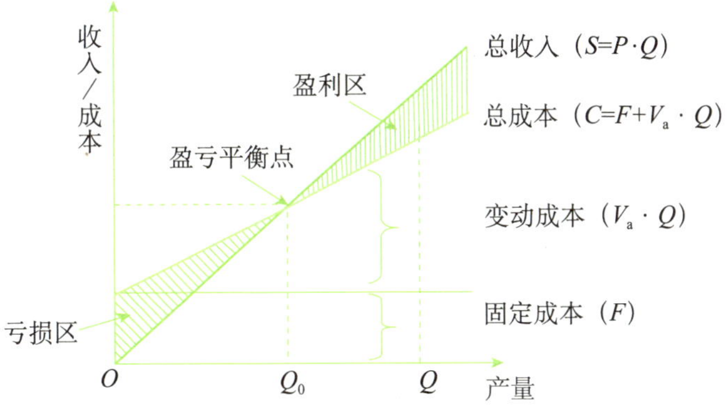

图 3–3　盈亏平衡法图示

明确了上述关系，便可采用下列公式逐一进行计算，以求得盈亏平衡点和盈利目标的销售量与销售额，如表 3–14 所示。

表 3–14　盈亏平衡法中的各公式

变量	公式	注解
总成本 C	$C=F+V_a\cdot Q$	F 为固定成本、Q 为产量、V_a 为单位变动成本、P 为销售单价、L 为经营安全率
总收入 S	$S=P\cdot Q$	
利润 M	$M=S-C=P\cdot Q-(F+V_a\cdot Q)$	
盈亏平衡点产量 Q_0	$C=S$ 时，$P\cdot Q_0=F+V_a\cdot Q_0$ $Q_0=F/(P-V_a)$	
盈亏平衡点销售额 S_0	$S_0=P\cdot Q_0=F/(1-V_a/P)$	
盈利目标为 M' 时的产量 Q' 与销售额 S'	$M'=P\cdot Q'-(F+V_a\cdot Q')$ $Q'=(F+M')/(P-V_a)$ $S'=P\cdot Q'$	
盈利目标为 M' 时的单位变动成本 V_a	$M'=P\cdot Q'-(F+V_a\cdot Q')$ $V_a=(P\cdot Q'-M'-F)/Q'$	
经营安全率 L	$L=(Q'-Q_0)\cdot 100\%/Q'$	

现以例 1～例 3 来说明盈亏平衡法的具体应用。

【例 1】某企业产品的销售单价为 10 万元 / 台，单位变动成本为 6 万元，固定成本为 400 万元。

试求：（1）盈亏平衡点的产量为多少？

（2）盈亏平衡点的销售额为多少？

（3）若完成 200 台，能否盈利，盈利额是多少？

（4）若目标利润为 1 000 万元，则销售量应该达到多少？

解：（1）盈亏平衡点产量为：

$$Q_0=F/(P-V_a)=400/(10-6)=100\text{（台）}$$

（2）盈亏平衡点销售额为：

$$S_0=F/(1-V_a/P)=400/(1-6/10)=400\times5/2=1\,000\text{（万元）}$$

或者 $S_0=P\cdot Q_0=10\times100=1\,000$（万元）

（3）因为计划产量为 200 台，大于盈亏平衡点产量，所以能够盈利，盈利额为：

$$M'=P\cdot Q'-(F+V_a\cdot Q')=10\times200-(400+6\times200)=400\text{（万元）}$$

（4）目标利润为 1 000 万元时：

$$Q'=(F+M')/(P-V_a)=(400+1\,000)/(10-6)=350\text{（台）}$$

【例 2】某企业销售一种产品，单价为 100 元，固定成本为 10 万元，根据市场预测，2022 年销售量为 8 000 件，如果要实现目标利润 2 万元，则单位变动成本应控制在多少？

解：该产品的单位变动成本应控制在：

$$V_a=(P\cdot Q'-M'-F)/Q'=(100\times8\,000-20\,000-100\,000)/8\,000=85\text{（元）}$$

【例 3】某企业总固定成本为 20 万元，产品单位变动成本为 20 元，销售单价为 30 元，2022 年实现利润 9 万元。请依据表 3-15 判断该企业经营状态如何。

表 3-15　衡量企业经营安全状态标准

经营安全率（%）	>30	25～30	15～25	10～15	<10
经营状态	安全	较安全	不太安全	警惕	危险

解：$Q_0=F/(P-V_a)=200\,000/(30-20)=20\,000$（件）

$Q'=(F+M')/(P-V_a)=(200\,000+90\,000)/(30-20)=29\,000$（件）

$L=(29\,000-20\,000)\times100\%/29\,000=31.034\,5\%$

$L>30\%$，该企业经营状况为安全。

2. 风险型决策方法

风险型决策是指决策者在自然状态不能完全确定的情况下，只能根据几种不同自然状态可能发生的概率进行的决策。由于这种决策是以事先估计的概率为依据的，最后出现的实际情况不一定与预先估计的概率完全符合，因此无论采用哪一种方案，都要承担一定的风险，故称为风险型决策，其特征如表 3-16 所示。

表 3-16　风险型决策的特征

特征	内容描述
特征一	存在决策者希望达到的一个明确的目标。
特征二	存在两个以上可供选择的行动方案。
特征三	存在不以决策者的意志为转移的两种以上的自然状态。
特征四	决策者虽然对未来可能出现的自然状态不能确定，但可以估计出其出现的概率。
特征五	不同行动方案在不同自然状态下的损益值可以计算出来。
特征六	每一种决策方案在执行过程中，由于存在不同自然状态下的不可控因素，因此没有一种确定的结果，可能出现几种不同的结果，决策标准主要是损益值。

常用的风险型决策方法是图解方式的决策树法，也称序列决策法，是利用树形图来对方案进行决策的方法。决策树由节点和分支构成，如表 3-17 所示。

表 3-17　节点符号与意义

要素类型	内容描述
决策节点	表示需要人的主观选择的事项，一般用符号“□”表示，从它引出的分支叫方案分支，每一条分支表示一个方案，在分支上标明 A_i。
状态节点	表示与人的主观想法无关的不确定性条件，一般用符号“○”表示，从它引出的分支叫状态分支或概率分支，每一条分支表示一个结局，在分支上注明状态及其发生的概率 P_i。
结果节点	一般用符号“△”表示，将不同的方案在各种自然状态下取得的效果标注于结果节点的右端。

我们以决策节点为根，以方案分支、状态分支为枝，以结果节点为叶，这样就构成了一棵决策树。决策树的绘制步骤如表 3–18 所示。

表 3–18 决策树法的一般步骤

步骤	内容描述
绘制决策树形	根据题意，由树根出发，到树叶为止，由左至右画出决策树。
计算各方案期望值	由树叶向树根方向，由右至左逐步计算各状态节点和决策节点的期望效益值，并将其数值标在各节点上方。
剪枝决策	从树叶方向，在每一层的决策节点上对各种可行方案进行优选，保留最优一层次方案，并对其他方案进行剪枝，标以符号“‖”，直到树根为止，这样就选出了最优方案。

决策树法有单级决策和多级决策之分，单级决策需要作一次决策，通常只有一个决策点；多级决策则需要分阶段决策，至少应有两个决策点。

现以例 4 说明单级决策的具体应用。

【例 4】因承办 2022 年北京冬季奥运会除雪车、雪橇及高山滑雪之外的所有雪上项目，张家口这座“小透明”的塞外城市在冬奥会的光环下迎来高光时刻。云峰集团为抓住这一得天独厚的商机，拟在云顶滑雪公园场馆附近投资兴建一处滑雪场。滑雪场的规模取决于游客的数量，而游客的数量多少又取决于当年的降雪量。当地气象部门的数据显示，在过去的 10 年间，有 3 年是大雪、5 年是中雪、2 年是小雪。据此，云峰集团设计了三个方案：

方案一：新建大型滑雪场，需要投资 500 万元。如果下大雪，每年可得利润 100 万元；如果下中雪，每年可得利润 40 万元；如果下小雪，每年亏损 50 万元。

方案二：新建小型滑雪场，需要投资 250 万元。如果下大雪，每年可得利润 60 万元；如果下中雪，每年可得利润 25 万元；如果下小雪，每年亏损 5 万元。

方案三：将集团原有的一片球场改建为滑雪场，只需要投资 100 万元。如果下大雪，每年可得利润 40 万元；如果下中雪，每年可得利润 10 万元；如果下小雪，每年也能够得到利润 1 万元。

在暂时先不考虑税收和资金的时间价值的情况下，若土地的使用期为 20 年，云峰集团运用决策树分析法应该如何选择？

解：（1）绘制决策树，如图 3–4 所示：

（2）计算各方案期望值：

方案 1（状态节点①）的期望收益为：

$$E_1=[100\times0.3+40\times0.5+(-50)\times0.2]\times20-500=300\text{（万元）}$$

方案 2（状态节点②）的期望收益为：

$$E_2=[60\times0.3+25\times0.5+(-5)\times0.2]\times20-250=340\text{（万元）}$$

方案 3（状态节点③）的期望收益为：

$$E_3=[40\times0.3+10\times0.5+1\times0.2]\times20-100=244\text{（万元）}$$

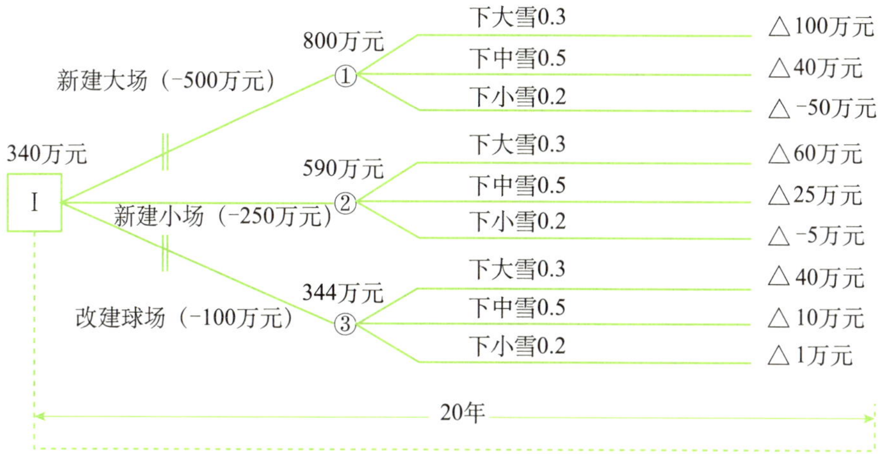

图 3-4　决策树图

（3）剪枝决策：

比较 E_1、E_2 与 E_3，选择方案 2 最好，即新建小场。

现以例 5 说明多级决策的具体应用。

【例 5】某生产企业为扩大其旗下某产品的生产，拟建立新厂。根据市场行情预测，该产品未来销路好的概率为 0.8，销路差的概率为 0.2。现有三个方案可供企业选择：

方案 1：新建大厂，需投资 400 万元。据初步估计，销路好时，每年可获利 150 万元；销路差时，每年亏损 40 万元。使用期限为 10 年。

方案 2：新建小厂，需投资 200 万元。据初步估计，销路好时，每年可获利 60 万元；销路差时，每年仍可获利 40 万元。使用期限为 10 年。

方案 3：先建小厂，3 年后若销路好则再扩建大厂，但需追加投资 300 万元，使用期限为 7 年，估计每年可获利 180 万元。

请问：在这三个方案中，哪个方案最好？

解：（1）绘制决策树，如图 3-5 所示。

（2）计算各方案期望值：

方案 1（状态节点①）的期望收益为：

$$E_1=[150\times0.8+(-40)\times0.2]\times10-400=720\text{（万元）}$$

方案 2（状态节点②）的期望收益为：

$$E_2=[60\times0.8+40\times0.2]\times10-200=360\text{（万元）}$$

方案 3（状态节点③）的期望收益为：

$$E_3=(60\times0.8\times3+960\times0.8+40\times0.2\times10)-200=792\text{（万元）}$$

至于方案 3，由于状态节点④的期望收益为 $E_4=180\times7-300=960$（万元），状态节点⑤的期望收益为 $E_5=60\times7=420$（万元），$E_4>E_5$，所以销路好时，扩建比不扩建好。

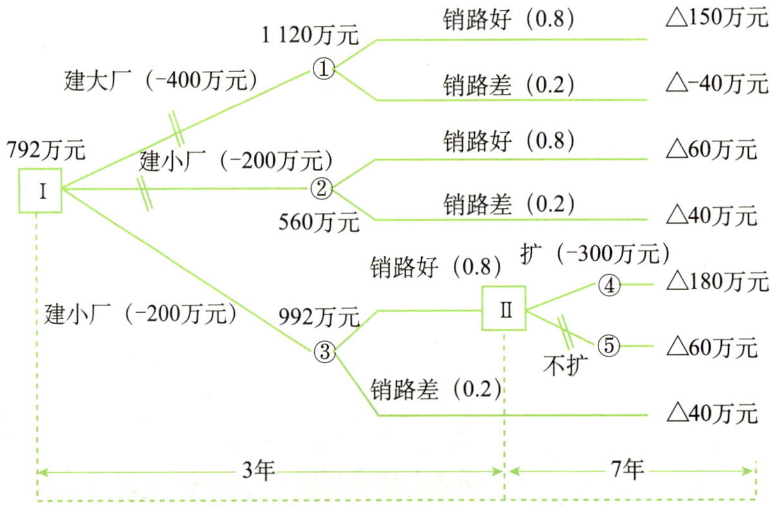

图 3–5　决策树图

（3）剪枝决策：

比较 E_1、E_2、E_3，选择方案 3 最好，可以获得 792 万元的收益。

3. 不确定型决策方法

不确定型决策是指决策者在自然状态完全不能确定的情况下进行的决策。它与风险型决策的主要区别在于风险型决策虽然对两种以上的自然状态在未来究竟出现哪一种情况不能确定，但其出现的概率可以预先估计出来，而不确定型决策则无法预先估计或预测。所以，在不确定型决策中，由于无法估计方案实施后的结果，因此决策很大程度上取决于决策者的主观判断和实际经验，取决于决策者对风险的态度。由于决策者各具特点，便有不同的评选标准，因此会产生多种具体的决策方法。其特征如表 3–19 所示。

表 3–19　不确定型决策的特征

特征	内容描述
特征一	存在决策者希望达到的一个明确的目标。
特征二	存在两个以上可供选择的行动方案。
特征三	存在两个以上不以决策者的意志为转移的自然状态，其出现的概率未知。
特征四	各个不同行动方案在不同自然状态下的损益值只是可以估算出来。
特征五	由于不知道每种自然状态出现的概率，因此在比较不同方案的经济效益时，只能根据主观选择的一些原则进行决策。

常用的不确定型决策方法有乐观法、悲观法、后悔值法、折中法、平均法，其内容如表 3–20 所示。

表 3–20　不确定型决策的种类

类型	内容描述
乐观法	也称好中求好准则、大中取大法，适用于乐观、敢于冒险的决策者。即找出每个方案在各种自然状态下的最大损益值，取其中大者，所对应的方案即为合理方案。
悲观法	也称坏中求好准则、小中取大法、华尔德法，它是悲观保守者偏爱的方法。即找出每个方案在各种自然状态下的最小损益值，取其中大者，所对应的方案即为合理方案。
后悔值法	也称萨凡奇准则，即从后悔值最小的角度考虑问题。最大收益和实际选取方案的收益值之差就是后悔值。此法要求首先找出各方案的最大后悔值，再选择其中数值最小的方案作为合理方案。
折中法	又称赫威兹准则、乐观系数准则，是悲观法和乐观法的折中。即决策者给定一个乐观权重系数 α（则 $1-\alpha$ 就是悲观系数），求解各方案最大收益值和最小收益值的加权平均值，并选择加权平均值最大的方案作为合理方案。
平均法	又称莱普勒斯法、等概率法，即决策者假定各种状态发生的概率是相同的（当有 n 种有限的自然状态时，假定每种情况发生的概率为 $1/n$），以此为权数计算各行动方案的期望收益，选取期望收益最大的方案作为合理方案。

现以例 6 说明几种不确定型决策方法的具体应用。

【例 6】以【例 4】兴建滑雪场规模的方案选择为例，假如我们缺失气象部门过去 10 年间的气象数据，现要求列出决策损益表，并运用非确定型决策方法进行决策，即分别运用乐观法、悲观法、后悔值法、折中法（假设乐观系数 $\alpha=0.7$）、平均值法进行决策。

解：根据【例 4】案例内容，损益表见表 3–21：

表 3–21　损益表

自然状态 / 损益值 / 方案	下大雪	下中雪	下小雪
方案一：新建大场	100	40	–50
方案二：新建小场	60	25	–5
方案三：改建球场	40	10	1

（1）乐观法（见表 3–22）：

表 3–22　各方案在乐观法下的决策损益值

自然状态 / 损益值 / 方案	下大雪	下中雪	下小雪	最大收益值
方案一：新建大场	100	40	−50	100
方案二：新建小场	60	25	−5	60
方案三：改建球场	40	10	1	40

在表 3–22 中，方案一、二、三的最大收益值依次为 100 万元、60 万元和 40 万元，因此，根据大中取大法则，max（100, 60, 40）=100，应选择方案一，即新建大场。

（2）悲观法（见表 3–23）：

表 3–23　各方案在悲观法下的决策损益值

方案＼损益值＼自然状态	下大雪	下中雪	下小雪	最小收益值
方案一：新建大场	100	40	−50	−50
方案二：新建小场	60	25	−5	−5
方案三：改建球场	40	10	1	1

在表 3–23 中，方案一、二、三的最小收益值依次为 −50 万元、−5 万元和 1 万元，因此，根据小中取大法则，max（−50, −5, 1）=1，应选择方案三，即选择改建球场。

（3）后悔值法（见表 3–24）：

表 3–24　各方案在后悔值法下的决策损益值

方案＼损益值＼自然状态	下大雪	下中雪	下小雪	最大后悔值
方案一：新建大场	100−100=0	40−40=0	1−（−50）=51	51
方案二：新建小场	100−60=40	40−25=15	1−（−5）=6	40
方案三：改建球场	100−40=60	40−10=30	1−1=0	60

在表 3–24 中，方案一、二、三的最大后悔值依次为 51 万元、40 万元和 60 万元，因此，根据大中取小法则，max（51, 40, 60）=40，应选择方案二，即新建小场。

（4）折中法（见表 3–25）：

表 3–25　各方案在折中法下的决策损益值

方案＼损益值＼自然状态	下大雪（假设乐观系数 α=0.7）	下中雪	下小雪（假设悲观系数 α=0.3）	折中收益值
方案一：新建大场	100	40	−50	55
方案二：新建小场	60	25	−5	40.5
方案三：改建球场	40	10	1	28.3

在表 3–25 中，方案一、二、三的折中收益值依次为 55 万元、40.5 万元和 28.3 万元，因此，根据大中取大法则，max（55, 40.5, 28.3）=55，应选择方案一，即新建大场。

（5）平均值法（见表 3–26）：

表 3–26 各方案在平均值法下的决策损益值

自然状态/损益值/方案	下大雪	下中雪	下小雪	平均收益值
方案一：新建大场	100	40	−50	30
方案二：新建小场	60	25	−5	26.67
方案三：改建球场	40	10	1	17

在表 3–26 中，方案一、二、三的平均收益值依次为 30 万元、26.67 万元和 17 万元，因此，根据大中取大法则，max（30, 26.67, 17）=30，应选择方案一，即新建大场。

模块二 计划认知

一、计划的概念

在组织管理中，计划工作承上启下。一方面，计划工作是决策的逻辑延续，为决策所选择的目标活动提供实施保证；另一方面，计划是组织、领导和控制管理活动的基础，是组织内不同部门、不同成员的行动依据。一个组织的计划能力决定其适应未来技术发展和市场竞争的变化能力。无论组织所处现实情境与预期目标有多么遥远，计划工作能明确实现预期目标的路径和方法。诚如哈罗德·孔茨所言：“计划工作就是预先决定做什么，如何做和谁去做，计划工作就是在我们所处的地点和要去的地方之间铺路搭桥。”“计划工作就像一座桥梁，它把我们所处的此岸和我们要去的彼岸连接起来，以克服这一天堑。”计划的概念、分析视角及性质如表 3–27 所示。

扫一扫

计划的概念

表 3–27 计划的概念、分析视角及性质

要素	内容描述
计划的概念	计划（Planning）是指管理人员为组织确定、选择适当的目标和行动的过程，是决策的组织落实过程。计划通过将企业在一定时期内的任务分解给企业的每个部门、环节和个人，从而不仅为这些部门、环节和个人在该时期的工作提供了具体的依据，而且为决策目标的实现提供了切实的保证。

续前表

<table>
<tr><th colspan="2">要素</th><th>内容描述</th></tr>
<tr><td rowspan="4">分析视角</td><td rowspan="2">动名词视角</td><td>动词意义的计划是指计划管理工作，包括确定未来目标、分解目标、为实现目标预先进行的行动安排与进度规定，以及行动结果的控制等活动。</td></tr>
<tr><td>名词意义的计划是指实施计划管理工作的书面文件，即用文字和指标等形式所表述的，组织在未来一定时期的目标与行动内容安排的管理文件。</td></tr>
<tr><td rowspan="2">广狭义视角</td><td>广义的计划是指为实现组织的目标，制定计划、执行计划和检查计划的执行情况三个紧密衔接的工作全过程。</td></tr>
<tr><td>狭义的计划仅指制定计划，根据组织的外部环境、内部条件，通过科学的调查预测，权衡客观的需要和主观的可能，提出在一定时期内组织所需达到的具体目标及实现目标的程序，即书面形式的计划制定。</td></tr>
<tr><td rowspan="5">计划的性质</td><td colspan="2">哈罗德·孔茨和西里尔·奥唐奈对计划特征的描述有如下四个方面：</td></tr>
<tr><td>目的性</td><td>计划是一个确定目标和评估实现目标最佳方式的过程。每一个计划及其派生计划都旨在促使企业或各类组织的总目标和一定时期目标的实现。</td></tr>
<tr><td>首位性</td><td>计划工作相对于其他管理职能处于首位。把计划工作摆在首位的原因有二：其一，从管理过程的角度来看，计划工作先于其他管理职能，而且在某些场合，计划工作是付诸实施的唯一管理职能，计划工作的结果可能得出一个决策，即无须进行随后的组织工作、领导工作及控制工作等；其二，计划工作影响和贯穿于组织工作人员配备、指导和领导工作及控制工作中。</td></tr>
<tr><td>普遍性</td><td>虽然计划所涉及的范围、时间随各级主管人员的职权不同而有差异，但是计划工作却是一个组织中各级主管人员的共同职能。</td></tr>
<tr><td>效率性</td><td>计划工作的任务，不仅要确保实现目标，而且要从众多方案中选择最优的资源配置方案，以实现合理利用资源和提高效率的目标。</td></tr>
</table>

课堂思考 3-3

人们常认为“有没有计划无所谓”，“计划跟不上变化”，“计划只是高层或者计划部门的事，和其他人员没什么关系”。你同意上述观点吗？对于计划的作用和意义你是如何理解的？

二、计划的类型

管理者在组织内部制定的计划存在差别，是因为它们处于组织的不同层次，时间长短不同，计划职能各异，明确程度有别，等等。计划的具体类型如表 3-28 所示。

表 3–28　计划的类型

分类标准	分类结果	内容描述
按计划的层次	可分为战略计划、战术计划、作业计划	战略计划是为实现组织战略目标而制定的设置发展方向、指导资源配置、决定行动步骤的计划，其作用在于确立组织的全局目标，寻求组织在环境中的定位，决定组织的基本目标和基本政策；战略计划往往由组织的高层管理者制定。战术计划具体规定了实现全局目标的细节，其以时间为中心，将战略计划中的基本目标和基本政策转化为确定的目标和政策，规定达到各种目标的具体时间，进一步确定计划期的具体指标，明确工作流程，分配任务和资源，确定权力和责任等；战术计划往往由中层管理人员制定。作业计划关注如何实施战术计划以及完成作业目标；作业计划由基层管理人员制定。
按时间期限	可分为长期计划、中期计划、短期计划	一般而言，一年内可以完成的计划称为短期计划，如年度计划、季度计划都是短期计划；一年至五年可以完成的计划称为中期计划；五年以上可以完成的计划称为长期计划。当然，这种划分不是绝对的，会因组织的规模和目标的特性而有所不同。如我国的“南水北调”工程，即使是短期计划也需要两年以上的时间。
按计划职能	可分为组织计划、生产计划、财务计划、市场开拓计划	组织计划是为了完成管理目标所进行的组织设计；生产计划是为完成生产目标，从原材料到产品的转换所作出的程序安排；财务计划是关于如何筹资和资本如何使用，以便有效地促进组织的业务活动的计划；市场开拓计划是企业为了扩大市场份额、增加销量而作出的计划。
按计划明确程度	可分为指向性计划、具体性计划	指向性计划也可称为指导性计划，一般只规定一些指导性的目标、方向、方针和政策等，并由高层决策部门制定，适用于战略计划、中长期计划等。具体性计划具有非常明确的目标和措施，具有很强的可操作性，一般由基层制定，适用于总计划下的专业计划或具体的项目计划，如新产品开发计划、技术改造计划等。
按计划针对的对象范围	可分为综合性计划、专业性计划	综合性计划是对业务经营过程中各方面活动所作的全面规划和安排；专业性计划是对某一专业领域的职能工作所作的计划，它通常是综合性计划某一方面内容的细化。

三、计划的层次体系

面向未来和面向行动是计划的两大显著特征。哈罗德·孔茨和海因茨·韦里克从抽象到具体将计划划分为一种层次体系，如表 3–29 所示。

表 3–29　计划的层次体系

计划层次	内容描述
使命（Mission）：理念性计划	使命也称宗旨或目的，是一个组织的基本定位、一个组织存在的理由，回答的是“我是谁”的问题，它决定了一个组织做什么、不做什么，反映了组织的选择，也表达了组织的承诺。一个组织只有明确自己的使命，才能够着力去“做正确的事”，没有明确使命的组织，往往是混乱的或趋于混乱的，最终分崩离析是必然的。组织使命的确定并不是一劳永逸、一成不变的，当然，频繁地更换组织使命也不可取。另外，组织在确立使命时，要避免把目的和手段相混淆。
目标（Objective）：方向性计划	企业的使命需要转化为企业各管理层次的具体目标。目标是未来一段时间内要达到的目的，是管理者和一切成员的行动指南。每个管理人员都应该有明确的目标，并负责实现这些目标。目标具有如下特征：差异性、多元化、层次性、时间性。
战略（Strategy）：长远性计划	战略是为了回答使命和目标而对发展方向、行动方针以及资源配置等提出的总体规划或路径选择。人们常把战略看成是事关组织全局的方案、谋略或韬略。它通常规定组织的长远发展方向、发展重点、组织的行为方式，以及资源分配的优先领域，是组织制定各类具体规划、计划的重要依据。①
政策（Policy）：陈述性计划	政策是组织在决策或处理问题时，用来指导和沟通思想与行动的宽泛的指导方针和明文规定。政策有助于将一些问题事先确定下来，避免重复分析，有助于主管人员进行授权。政策作为评价方案的指南，在决策时具有一定程度的自由处置权。在制定和执行政策时，必须坚持连续性和完整性。
规则（Rule）：限制性计划	规则是一种简单的计划，它是对具体场合和具体情况下允许或不允许采取某种特定行动的规定。规则和程序就其实质而言，旨在抑制思考。
程序（Procedure）：步骤性计划	程序是行动的实际指导，详细指出处理具体问题时的例行方法和步骤，规定未来达到某一目标所需行动的先后次序。一般来说，程序就是办事手续，程序和规则两者都是强制性的；与政策相比，程序包含更多的具体行动，组织通常有很多不同的程序，用以完成许多不同的任务。
规划（Programme）：综合性计划	组织的规划是一份综合性的、粗线条的、纲要性的计划，规划可以是以上诸计划形式的复合体，通常还包括预算。规划是一种典型的计划形式，它规定组织在未来一定时期内的发展目标，为实现这一目标所需要遵循的战略（路径选择）、政策，以及任务分配、主要的步骤和所需资源等。规划可大可小，大的如一项重要的设备投资规划，小的如班组长鼓励下属士气的激励计划。
预算（Budget）：数字性计划	预算作为一种计划，是以数字表示预期结果的一种报告书，它勾勒出未来一段时期的现金流量、费用收入、资本支出等的具体安排。

① 参见罗岷：《现代管理学》，167 页，成都，西南财经大学出版社，2002。

知识链接 3-6

使命陈述示例

使命陈述示例见表 3-30。

表 3-30 若干公司的使命陈述

公司名称	使命陈述
阿里巴巴	让天下没有难做的生意。
海尔	用户首选的第一竞争力的美好居住生活解决方案服务商。
华为	丰富人们的沟通和生活，提升工作效率。
惠普	为人类的幸福和发展作出技术贡献。
麦肯锡	帮助杰出的公司和政府更为成功。
耐克	体验竞争、获胜和击败对手的感觉。
迪士尼	让人们快乐。
索尼	体验发展技术、造福大众的快乐。
沃尔玛	给普通百姓提供机会，使他们能与第一夫人买到同样的东西。

知识链接 3-7

规划的内容

规划的内容见表 3-31。

表 3-31 规划的内容

要素	所要回答的问题	内容
前提	计划在何种情况下实施？	预测、假设、实施条件
目标	做什么？	最终结果、工作要求
目的	为什么要做？	理由、意义、重要性（形势和任务分析）
战略	如何做？	基本方法、主要战术
责任	谁来做？做好做坏的结果？	人选、奖罚措施
时间表	何时做？	起止时间、进度安排
范围	涉及哪些部门或地域？	组织层次或地理范围
预算	需要投入多少资源？	费用、代价
应变措施	万一……怎么办？	最坏情况下的计划

四、计划的工作过程

因为计划是一个决策过程，所以计划过程与决策过程相似，图 3–6 列出了决策过程对应的计划过程，表 3–32 列出了计划步骤的具体内容。

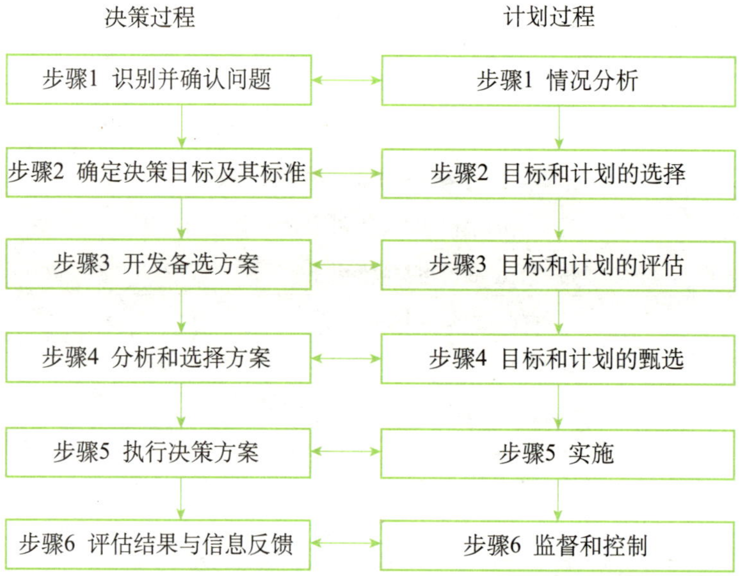

图 3–6　决策过程与计划过程的比较

表 3–32　计划的步骤

步骤	内容描述
情况分析	计划从情况分析开始。情况分析是指在一定的时间和资源的限制下，计划制定者收集、解释并概括所有与计划相关的信息。一项完整的情况分析要研究过去事件、分析现有条件并估计未来的可能趋势。情况分析着重于正在影响组织内部或工作单位的因素，为与开放系统保持一致，还要检查来自外部环境的影响。这一步骤的结果是确认和诊断计划的假设、存在的问题。严格来讲，情况分析不是计划工作过程的一个组成部分，但却是计划工作的真正起点，在估计机会的基础上，确定可行性目标。
目标和计划的选择	在情况分析的基础上，计划的过程应该产生未来要实现的可供选择的目标以及为达到这些目标所制定的可供选择的计划。这个过程具有很强的创造性。目标是管理者想要达到的目的或最终结果，目标应是明确的、具有挑战性的并是可以实现的。计划是管理者为达到目标所采取的行动和方法，这一步骤至少应明确为达到每一个目标应采取的行动、需要的资源和可能遇到的困难。

续前表

步骤	内容描述
目标和计划的评估	接下来，决策者必须对每一个可选目标和计划的优势、劣势和潜在的效果进行评估。决策者必须对这些目标按优劣进行排序，甚至去掉一些不值得进一步思考的目标。同时，管理者还需要考虑那些为满足具有较高优先性的目标而设计的备选方案。
目标和计划的甄选	评估过程对优先次序进行识别，并在各种目标和计划之间进行权衡，由决策者进行最后的选择。经验判断总是起到重要的作用。
实施	管理者一旦选定了目标和计划，就必须实施计划以实现既定目标。即便是做好的计划，如果被束之高阁，必将一无是处。管理者和员工必须对计划有明确的了解，有实施计划所需的资源和动机。如果管理者和员工都参与了计划制定的过程，实施阶段就会更加富有成效和效率。
监督和控制	这是计划过程的最后一个步骤，尽管有时被忽略，但却是最基本的步骤。因为计划是进行中的、不断重复的过程，所以管理者必须依据各个工作单位不同的目标和计划对它们的实际完成情况进行持续的监督。此外，管理者还必须开发控制系统，使组织能够在计划没有被很好地执行或情况发生变化的时候采取更正行动。

五、计划的工作原理

扫一扫

计划的工作原理

计划作为一种基本的管理职能活动，有自己的规律，自然也应有自己的原理。计划的工作原理主要有限定因素原理、许诺原理、灵活性原理和改变航道原理，如表 3–33 所示。

表 3–33　计划工作的原理

名称	内容描述
限定因素原理	所谓限定因素，是指妨碍组织目标实现的因素，也就是说，在其他因素不变的情况下，仅仅改变这些因素，就可以影响组织目标的实现程度。限定因素原理可以表述为：管理者越是能够了解对达到目标起主要限制作用的因素，就越能够有针对性地、有效地拟定各种行动方案。限定因素原理又被形象地称作“木桶理论”。限定因素原理表明：管理者在制定计划时，必须全力找出影响计划目标实现的主要限定因素或战略因素，有针对性地采取得力措施。
许诺原理	在计划工作中选择合理的期限应当有某些规律可循。许诺原理可以表述为：任何一项计划都是对完成各项工作所作出的许诺，因而，许诺越大，实现许诺的时间就越长，实现许诺的可能性就越小。这一原理涉及计划期限问题。一般来说，经济上的考虑影响计划期限的选择。由于计划工作和所依据的预测工作是很费钱的，因此如果在经济上不合算的话，就不应把计划期限定得太长。当然短期计划也有风险，那么合理的计划期限如何定呢？关于合理的计划期限的确定问题体现在许诺原理上，即合理的计划工作要确定一个未来的时期，这个时期的长短取决于实现决策中所许诺的事物所必需的时间。

续前表

名称	内容描述
灵活性原理	计划必须具有灵活性，即当出现意外情况时，有能力改变方向而不必花太大的代价。灵活性原理可以表述为：计划的灵活性越大，由于未来意外事件引起损失的危险性就越小。必须指出，灵活性原理就是制定计划要留有余地，至于执行计划，则一般不应有灵活性。当然，灵活是有一定限度的，它的限制条件是：（1）不能总是以推迟决策的时间来确保计划的灵活性；（2）使计划具有灵活性是要付出代价的，甚至由此而得到的好处可能补偿不了它的费用支出，这就不符合计划的效率性；（3）在有些情况下往往根本无法使计划具有灵活性。为了确保计划本身具有灵活性，在制定计划时，应量力而行，不留缺口但要留有余地。本身具有灵活性的计划又称为“弹性计划”，即能适应变化的计划。
改变航道原理	计划制定出来后，计划工作者就要管理计划，促使计划的实施，而不能被计划所“管理”，不能被计划框住，必要时可以根据当时的实际情况做必要的检查和修订。因为未来情况随时都可能发生变化，制定出来的计划就不能一成不变。尽管在制定计划时预见了未来可能发生的情况，并制定了相应的应变措施，但正如前面所提到的，一是计划不可能面面俱到，二是情况总在不断变化，三是计划往往赶不上变化，总有一些问题是不可能预见到的，所以要定期检查计划。如果情况已经发生变化，就要调整计划或重新制定计划，就像航海家一样，必须经常核对航线，一旦遇到障碍就可绕道而行。故改变航道原理可以表述为：计划的总目标不变，但实现目标的进程（即航道）可以因情况的变化而随时改变。这个原理与灵活性原理不同，灵活性原理是使计划本身有适应性，而改变航道原理是使计划执行过程具有应变能力，为此，计划工作者就必须经常检查计划，重新调整、修订计划，以达到预期的目标。

课堂思考 3–4

在实践中，著名的富含哲理的“木桶理论”，常被用来解释管理或生活中的诸多现象。然因“木桶理论”的原始表述中未涉及适用范畴和约束条件，又常被一些具有创新思维能力的学者根据环境差异对其进行演绎、引申，继而形成“木桶理论”的各种新版本。现请你选择阐述“木桶斜放理论”“木板密合理论”“铁桶理论”“木板互补理论”“大木桶理论”“木桶盛沙理论”“木盆理论”“箍桶理论”等理论的内容，同时思考要使“木桶理论”更具严密性，应当对其作出怎样的限制性规定。

六、现代计划技术与方法

扫一扫

目标管理方法

（一）目标管理方法

企业以及任何其他的社会组织，都有其之所以存在的目的或使命。这些目的或使命是通过完成一定的目标而得以实现的。目标管理

（Management By Objectives，MBO）是由美国管理学家彼得·德鲁克在总结日本企业管理实践的基础上，于 1954 年出版的《管理实践》一书中提出的，随后其在《管理：任务、责任和实践》一书中作了进一步阐述，该法迄今仍然是组织普遍遵循的一种现代管理方法。

目标管理的概念和特点如表 3-34 所示。

表 3-34　目标管理的概念和特点

要素	内容描述
目标管理的概念	目标管理是由组织的管理者和员工共同参与制定具体的、可行的且能够客观衡量效果的目标，在工作中进行“自我控制”，并努力完成工作目标的一种管理制度或方法。其基本内涵包括一切管理行为的开始（确定目标）、执行（以目标为指针）、结束（以目标的达成度来评价优劣），都以目标为准绳，让目标无时无地不存在于管理者的思想与行为中。与传统的“危机管理”“压制管理”不同，采用目标管理的管理者，不会只有在发生意外时才忙成一团，不会两只眼睛死死盯着下属而唯恐他们不按照自己的意愿去办事。所以，目标管理是以相信人的积极性和能力为基础的，运用激励理论引导员工自己制定目标、自主进行自我控制、自觉采取措施完成目标、自动进行自我评价。
目标管理的特点	目标管理通过体系进行管理。目标管理运用系统论的思想，把企业看作一个开放式系统进行动态控制。通过目标的制定和分解，在企业内部建立起纵横交错的完整目标连锁体系。企业管理工作主要是协调目标之间的关系，并考核、监督目标的完成情况。
	目标管理强调“自我控制”。目标管理既重视科学管理，又重视人的因素，充分发挥每一个员工的最大能力。在管理方法上，目标管理继承了科学管理的原理；在指导思想上，目标管理吸收了行为科学的理论，实现了两者的完美统一。大力倡导目标管理的德鲁克认为，员工是愿意负责的，愿意在工作中发挥自己的聪明才智和创造性。目标管理是一种民主的，强调员工自我管理的管理制度。目标管理的各个阶段都非常重视上下级之间的充分协调，让员工参与管理，实行管理的民主化。激励员工尽自己最大努力把工作做好，而不是敷衍了事，勉强过关。
	目标管理促使权力下放。推行目标管理，就要在目标制定之后，上级根据目标的需要，授予下级部门或个人以相应的权力。否则，再有能力的下级也难以顺利完成既定的目标，“自我控制”“自主管理”也就成了一句空话。因此，授权是提高目标管理效果的关键。推行目标管理，可以促使权力下放。
	目标管理重视成果。目标管理中，对目标要达到的标准、成果评定的方法都规定得非常具体、明确。按照成果优劣分成等级，反映到人事考核中，作为晋级、升职、加薪的依据。实行目标管理后，由于有了一套完善的目标考核体系，就能够根据员工实际贡献的大小如实地评价员工的表现，克服以往凭印象、主观判断等传统的管理方法的不足。

目标管理主要由目标建立、目标实施、目标成果评价三个阶段形成一个周而复始的循环。预定目标实现后，又要制定新的目标，进行新一轮循环，如表 3-35 所示。

表 3–35　目标管理的步骤

阶段	内容描述
目标建立	目标建立是目标管理实施的第一阶段，这是保证目标管理有效实施的前提，主要是指建立组织总目标和对总目标进行分解展开。建立组织总目标是指根据组织的宗旨，充分研究组织的外部环境和内部条件，分析可供利用的机会和面临的威胁以及组织自身的优势和弱点，通过上级管理者的意图与员工意图的上下沟通，对目标项和目标值反复商讨、评价、修改，取得统一意见，最终确定组织一定时期特定的总目标。对总目标进行分解展开的方法是自上而下的层层展开和自下而上的层层保证，经由此法在上下级的目标之间形成一条“目标–手段”链，总目标是分目标的目的，分目标是总目标的保证，这也正是目标纵向性的表现。
目标实施	建立了组织自上而下的目标体系之后，组织中的成员就要紧紧围绕确立的目标、赋予的责任、授予的权力，运用固有的技术和专业知识，为实现目标寻找最有效的途径。为保证目标的顺利实现，目标管理强调在目标实施过程中的权力下放和自我控制，这样，作为上级的管理者就可以腾出时间和精力，抓重点的综合性管理。同时，下属人员也会产生强烈的责任感，在工作中发挥自己的聪明才智和创造性，针对自己的不足，积极寻求自我提高的途径，进而力争达到自己的目标。当然，在目标实施过程中，上级管理者并不是可以撒手不管，他们的综合性管理工作主要体现在指导、协助、检查、提供信息以及创造良好的工作环境等方面。由于职工的个人目标和各级管理人员的策略目标是以整个企业的战略目标为依据的，因此当职工的个人目标和各级管理人员的策略目标实现时，企业的战略目标也就实现了。
目标成果评价	通过评价，肯定成绩，发现问题，奖优罚劣，及时总结目标执行过程中的成绩与不足，以此完善下一个目标管理过程。对各级目标的完成情况，要按事先规定的期限，定期进行检查和评价，以确认成果和考核业绩，并与个人的利益和待遇结合起来。目标成果评价一般实行自我评价和上级评价相结合的方式，共同协商确认成果。作为自我控制的一种手段，在目标管理中，自我评价非常受重视。通过评价把这一个周期中总结出来的经验和教训应用到目标管理的下一个周期中去，以便不断地提高目标管理工作的质量。目标成果评价要注意以下几点：第一，首先进行自我评价；第二，上级评价要全面、公正；第三，目标成果评价与人事管理相结合；第四，及时反馈信息，这是提高目标管理水平的重要保证。

目标管理的层次如图 3–7 所示。

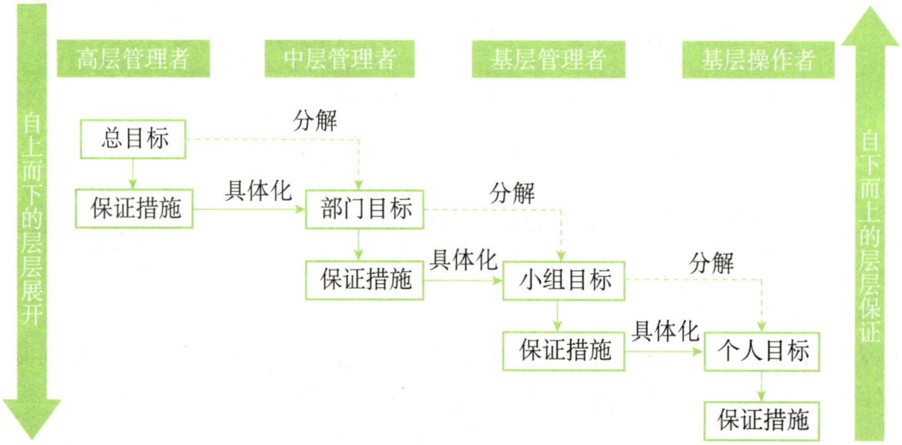

图 3–7　目标管理的层次

目标管理的优点如表 3–36 所示。

表 3–36　目标管理的优点

优点	内容描述
形成激励	当目标成为组织的每个层次、每个部门和每个成员未来时期内欲达到的一种结果，且实现的可能性相当大时，目标就成为组织成员的内在激励。特别是当这种结果实现时，组织还有相应的报酬，目标的激励效用就更大。从目标成为激励因素来看，这种目标最好是组织每个层次、每个部门及组织每个成员自己制定的目标。
有效管理	目标管理方式的实施可以切切实实地提高组织管理的效率。目标管理方式比计划管理方式在推进组织工作进展、保证组织最终目标完成方面更胜一筹，因为目标管理是一种结果式管理，不仅仅是一种计划的活动式工作。这种管理迫使组织的每个层次、每个部门及每个成员首先考虑目标的实现，尽力完成目标。因为这些目标是组织总目标的分解，所以当组织的每个层次、每个部门及每个成员的目标完成时，也就是组织总目标实现之时。在目标管理方式中，一旦分解目标确定，且不规定各个层次、各个部门及组织各个成员完成各自目标的方式、手段，就会给大家在完成目标方面一个创新的空间，这就有效地提高了组织管理的效率。
明确任务	目标管理的另一个优点就是使组织各级主管及成员都明确了组织的总目标、组织的结构体系、组织的分工与合作及各自的任务。这些方面职责的明确，使得主管人员也知道，为了完成目标必须给予下级相应的权力，而不是大权独揽，小权也不分散。另外，许多着手实施目标管理方式的公司或其他组织，通常在目标管理实施的过程中会发现组织体系存在的缺陷，从而帮助组织进行改造。
自我管理	目标管理实际上也是一种自我管理的方式，或者说是一种引导组织成员自我管理的方式。在实施目标管理过程中，组织成员不再只是做工作、执行指示、等待指导和决策，他们此时已成为有明确规定目标的单位或个人。一方面，组织成员参与了目标的制定，并取得了组织的认可；另一方面，组织成员在努力工作实现自己的目标过程中，除目标已定以外，如何实现目标则是他们自己决定的事。从这个意义上看，目标管理至少可以算作自我管理的方式，是以人为本的管理的一种过渡性试验。
有效控制	目标管理方式本身也是一种控制方式，即通过目标分解后的实现最终保证组织总目标实现的过程就是一种结果控制的方式。目标管理并不是目标分解下去便没有事了，事实上组织高层在目标管理过程中要经常检查、对比目标，进行评比，看谁做得好，如果有偏差就及时纠正。从另一个方面来看，一个组织如果有一套明确的可考核的目标体系，那么其本身就是进行监督控制的最好依据。

哈罗德·孔茨认为目标管理尽管有许多优点，但也有许多不足，对这样的不足如果认识不清，有可能导致目标管理的不成功。目标管理最主要的不足如表 3–37 所示。

表 3–37　目标管理的不足

不足	内容描述
强调短期目标	大多数的目标管理中所指的目标通常是一些短期目标：年度的、季度的、月度的……短期目标比较具体，易于分解，而长期目标比较抽象，难以分解。此外，短期目标易迅速见效，长期目标则不然。所以，在目标管理方式的实施中，组织似乎常常强调短期目标的实现而对长期目标并不关心。这样一种理念若深入组织的各个方面、组织所有成员的脑海中和行为中，将对组织发展产生不利影响。

续前表

不足	内容描述
目标设置困难	真正可用于考核的目标很难设定，组织实际上是一个产出联合体，它的产出是一种联合的、不易分解出谁的贡献大小的产出，即目标的实现是大家共同合作的成果，这种合作中很难确定你已做多少，他应做多少，因此，确定可度量的目标也就十分困难。一个组织的目标有时只能定性地描述，尽管我们希望目标可度量，但实际上度量是困难的。例如，组织后勤部门有效服务于组织成员，虽然可以采取一些量化指标来度量，但即使完成了这些指标，也可以肯定地说未必达成了“有效服务于组织成员”这一目标。
无法权变	目标管理执行过程中，目标是不可以改变的，因为这样做会导致组织的混乱。事实上，目标一旦确定就不能轻易改变，也正是因为如此，组织运作缺乏弹性，无法通过权变来适应变化多端的外部环境。中国有句古话叫做“以不变应万变”，许多人认为这是僵化的观点，非权变的观点，实际上不变的不是组织本身，而是客观规律，掌握了客观规律就能应万变，这实际上是真正的更高层次的权变。

在 20 世纪 80 年代和 90 年代，SMART 原则成了流行的目标管理的特定要求：Specific（具体的），目标不能是模糊的和宽泛的；Measurable（可以衡量的），目标必须是可以衡量的；Achievable（可以达到的），目标不能太简单，也不能不可实现；Realistic（现实性），目标具有现实性；Time-related（有时间限制的），目标有时间期限。

（二）网络计划技术

扫一扫

网络计划图解析

编制项目进度计划常采用甘特图[①]（Gantt Chart，或称横道图、条状图）来表示。甘特图简单明了、形象直观，但不适用于大型和复杂信息工程项目的建设和监理工作。因为甘特图不反映各项工作之间的逻辑关系，所以难以确定某项工作推迟对完成工期的影响，当实际进度与计划有偏差时也难以调整。另外，甘特图虽然直观清晰，但只是计算的结果，而一项工作什么时候开始，什么时候结束，却是需要通过计算来实现的，甘特图并没有给出好的算法。网络计划技术可以有效解决这些问题。

网络计划技术（Network Planning Technique，NPT）是通过网络计划图明确地表示一项计划任务的进度安排并反映组成计划的各项活动（或各道工序）及其作业之间的相互关系和影响因素；在网络分析的基础上计算网络时间，确定关键路线；利用时差不断改善网络计划，综合考虑时间与资源的优化方案，制定出较为科学的网络计划；同时，在计划执行过程中，通过信息反馈进行监督与控制，以保证达成预定的计划目标。换言之，NPT 是一种以数理统计为基础，以网络分析为内容，以电子计算机为手段，具有动态概念和快速说明的计划管理方法。NPT 产生于美国，主要有两个起源：一个是美国杜邦公司和兰德公司于 1957 年联合研究提出的“关键路线法”（Critical Path Method，CPM）；另一个是由美国海军特种计划局于 1958 年发明成功的“计划评审技术”（Program Evaluation and Review

① 一般认为甘特的贡献有二，即甘特图和计件奖励工资制（又称任务加奖金制）。甘特图是一种用线条表示的计划图表；而计件奖励工资制着眼于工人工作的集体性，与泰勒的着眼于工人个人的差别计件工资制不同。

Technique，PERT）。CPM 和 PERT 大同小异，都是用网络计划图表达计划，故统称为 NPT。

CPM 和 PERT 是独立发展起来的计划方法。两者的主要区别在于：CPM 是以经验数据为基础来确定各项工作的时间，而 PERT 则把各项工作的时间作为随机变量来处理。所以，前者往往被称为肯定型网络计划技术，而后者往往被称为非肯定型网络计划技术。前者是以缩短时间、提高投资效益为目的，而后者则能指出缩短时间、节约费用的关键所在。因此，将两者有机结合，可以获得更显著的效果。由于信息工程项目建设过程中不可预见的因素较多，如新技术、需求变化、到货延迟，以及政策指令性影响等，因此，整体工程进度计划与控制大多采用非肯定型网络计划，即 PERT 网络模型。

下面以 PERT 为例介绍网络计划技术的基本内容。

网络计划图是由工序 / 工作 / 活动 / 作业、事件 / 事项 / 节点、路线 / 线路三个主要部分和辅助部分组成，用来表示工作的开展顺序及其相互依赖、相互制约关系的有向、有序的网状图形，如表 3–38 所示。

表 3–38　工序、事件和路线

<table>
<tr><th>要素</th><th colspan="2">内容描述</th></tr>
<tr><td rowspan="3">工序 / 工作 / 活动 / 作业</td><td colspan="2">工序是由计划任务分解成的具体活动或工作，或是从一个事件达到下一个事件之间必须完成的工作或作业。这些工序可以是脑力的劳动，也可以是体力的劳动，完成工序则需消耗资源和占用时间。工序一般用箭线“$\longrightarrow$”表示，箭杆上方标明工序名称（或其代码），下方标明该工序所需时间，箭头表示工序活动方向，即 $(i)\xrightarrow[\text{持续时间}]{\text{工序名称}}(j)$。需要指出的是，虚工序表示该项活动不消耗资源也不占用时间（即工作的时间为零），只表示前后工序的衔接关系和活动的方向，便于应用计算机去进行识别运算。虚工序用虚箭线“------►”表示，即 (i)------►(j)。</td></tr>
<tr><td>紧前工序 / 紧后工序 / 平行工序</td><td>在网络计划图中，相对于某工序而言，紧排在该工序之前的工序称为紧前工序，紧排在该工序之后的工序称为紧后工序，可与该工序同时进行的工序称为平行工序。</td></tr>
<tr><td>先行工作 / 后续工作</td><td>相对于某工作而言，先行工作是指从网络计划图的第一个节点（起点节点）开始，顺着箭线方向经过一系列箭线与节点到达该工作为止的各条通路上的所有工作；后续工作则指从该工作之后开始，顺着箭线方向经过一系列箭线与节点到达网络计划图的最后一个节点（终点节点）的各条通路上的所有工作。</td></tr>
<tr><td>事件 / 事项 / 节点</td><td colspan="2">事件一般用圆圈“○”（或方块“□”）表示。事件是指活动的开始、结束的时间点（瞬间），或前后工序的交结点，是不连续的和易于识别的确定的时刻，是活动必经的环节，故又称节点，分为始点事件、终点事件和中间事件。事件不消耗资源，也不占用时间，如“试验开始”“设计批准”和“装配完成”等。为了便于识别，对网络计划图内每一个“○”或“□”从左向右依次编号。</td></tr>
<tr><td>路线 / 线路</td><td colspan="2">路线是指从始点事件顺着箭线到达终点事件的各条通道。一个网络计划图有很多条路线，每条路线上各项活动所需时间的总和就是这条路线的长度，其中耗时最长的路线就是关键路线（Critical Path）。关键路线所需时间代表整个网络计划的计划总工期；关键路线上的工作都称为关键工作；关键路线没有时间储备，关键工作也没有时间储备；在网络计划图中关键路线至少有一条；当管理人员采取某些技术组织措施时，缩短关键工作的持续时间就可能使关键路线变为非关键路线。</td></tr>
</table>

绘制网络计划图一般应遵循以下规则，如表 3–39 所示。

表 3–39　绘制网络计划图的规则

规则	内容描述
有向性	各项活动顺序排列，从左到右，不能反向。
无回路	箭线不能从一个事件出发，又回到原来的事件上。
箭线首尾都必须有节点	不允许从一条箭线中间引出另一条箭线。
两点一线	两个节点之间只允许画一条箭线，若出现几项活动平行或交叉作业，应以虚箭线表示。
事件编号	从小到大，从左到右，不能重复。
源汇合一	每个网络中，只能有一个始点事件和一个终点事件。如果出现几道工序同时开始或结束，可用虚箭线同网络始点事件或终点事件连接起来。

我们利用事件和活动这两个基本要素就可以规定出构成整个计划的各项活动或工序的先后顺序，从而形成所需要的从始点事件到终点事件的具有多条线路的网络计划图。最简单的网络计划图如图 3–8 所示：

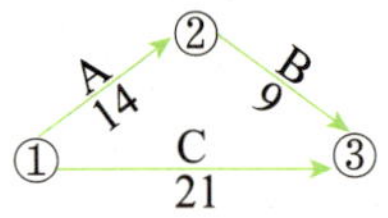

图 3–8　最简单的网络计划图

图 3–8 中：①表示网络的始点事件，②表示网络的中间事件，③表示网络的终点事件。②既代表 A 工序的结束，又代表 B 工序的开始。图 3–8 表明，为达成事件③所表示的最终任务，就必须完成 A、B、C 三项单独的工序，其中 A 工序又必须在 B 工序之前完成，而 A 工序和 B 工序则与 C 工序同时进行，14、9、21 分别是完成 A、B、C 工序所需要的时间。由此可见，网络计划图反映了计划工作的内在规律。

【例 7】某办公楼建设的主要工序代号、工序名称、节点编号、作业时间以及工序间关系（紧前工序）如表 3–40 所示：

表 3–40　某办公楼建设的主要工序及其时间估计

工序代号	工序名称	节点编号		作业时间（天）	紧前工序
		i	*j*		
A	审查设计和批准施工	1	2	10	—
B	挖地基	2	3	6	A
C	建立屋架和砌墙	3	4	14	B
D	建造楼板	4	5	6	C

续前表

工序代号	工序名称	节点编号		作业时间（天）	紧前工序
		i	j		
E	安装窗户	4	7	3	C
F	搭屋顶	4	6	3	C
G	室内布线	7	8	5	D、E、F
H	安装电梯	8	9	5	G
I	铺地板和嵌墙板	5	9	4	D
J	安装门和内部装饰	9	10	3	I、H
K	验收和交接	10	11	1	J

根据表 3-40 中的数据及关系，绘制网络计划图，如图 3-9 所示：

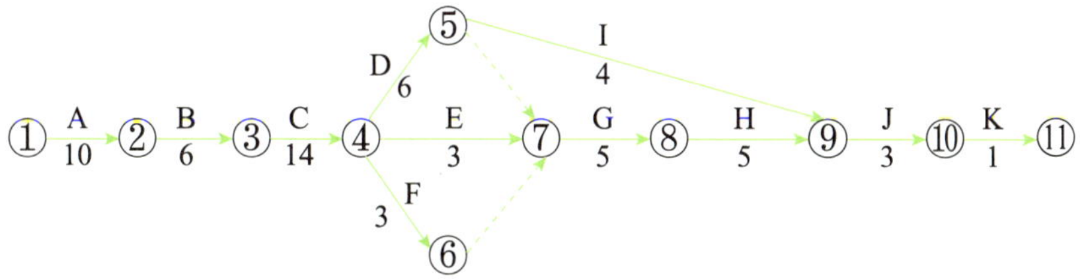

图 3-9　办公楼建设的网络计划图

【例 8】某图书出版的主要工序代号、工序名称、节点编号、作业时间以及工序间关系（紧后工序）如表 3-41 所示：

表 3-41　图书出版的主要工序及其时间估计

工序代号	工序名称	节点编号		作业时间（天）	紧后工序
		i	j		
A	正文印刷	1	2	4	C
B	封面、插图印刷	1	3	5	D、E
C	折页、压页	2	4	5	F、H
D	封面、插图干燥、裁切	3	4	8	F、H
E	制作精装封面	3	5	5	I
F	套贴	4	6	5	G
G	配、订、包、切	6	7	5	—
H	精装书芯加工	4	5	7	I
I	上精装封面、压书	5	7	4	—

（1）根据表 3–41 中的数据及关系，绘制网络计划图，如图 3–10 所示：

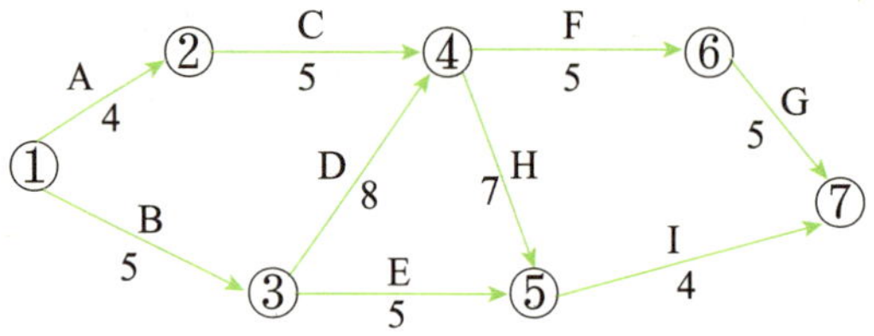

图 3–10　图书出版的网络计划图

（2）估计和计算每项活动的完成时间。

路线 1：①→②→④→⑥→⑦ =4+5+5+5=19（天）

路线 2：①→②→④→⑤→⑦ =4+5+7+4=20（天）

路线 3：①→③→④→⑥→⑦ =5+8+5+5=23（天）

路线 4：①→③→④→⑤→⑦ =5+8+7+4=24（天）

路线 5：①→③→⑤→⑦ =5+5+4=14（天）

（3）确定关键路线和关键工序。

从图 3–10 可知路线 4 耗时最长，是关键路线，故关键工序是：B、D、H、I。

（三）滚动计划法

滚动计划法的相关内容如表 3–42 所示。

表 3–42　滚动计划法

要素	内容描述
滚动计划法的基本思想	滚动计划法是一种动态编制计划的方法，与静态计划法相比，它不是等计划全部执行之后再重新编制下一个时期的计划，而是在每次编制或调整计划时，均将计划向前推移，即向前滚动一次。滚动计划法适用于计划期限较长、不确定因素较多的情况。这种方法对于距现在较远时期的计划编制得较粗，只是概括性的，以便以后根据计划因素的变化而调整和修正，而对较近时期的计划制定得比较详细、具体。这种“近细远粗”计划的连续滚动，既切合实际，又有利于长远目标的实现，同时使计划具有弹性，便于根据新时期、新情况，把握时机，避免风险。
对滚动计划法的评价	滚动计划法不仅使计划更加切合实际，而且使战略计划的实施更加切合实际。战略计划是指应用于整体组织的，为组织未来较长时期（通常为 5 年以上）设立总体目标和寻求组织在环境中的地位的计划。由于人们无法对未来的环境变化作出准确的估计和判断，因此计划针对的时期越长，不准确性就越大，其实施难度也越大。滚动计划相对缩短了计划时期，加大了计划的准确性和可操作性，从而是战略计划实施的有效方法。
	滚动计划法使长期计划、中期计划与短期计划相互衔接，短期计划内部各阶段相互衔接。这就保证了即使由于环境变化出现某些不平衡，也能及时地进行调节，使各期计划基本保持一致。
	滚动计划法大大加强了计划的弹性，这在环境剧烈变化的时代尤为重要，它可以提高组织的应变能力。

【例 9】某企业在 2019 年制定了 2020—2024 年的五年计划，如采用滚动计划法，到 2020 年底，根据当年计划完成的实际情况和客观条件变化，对原先制定的五年计划进行必要的调整，在此基础上再编制 2021—2025 年的五年计划，以此类推、不断滚动。每次调整时，保持原计划期限不变，只将计划期限顺序向前推进一个滚动期，或者说平移一个滚动期，则滚动计划图的编制如图 3-11 所示。

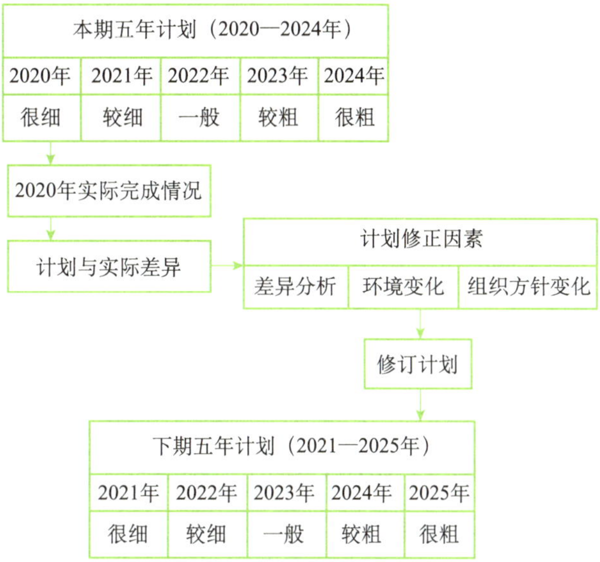

图 3-11　滚动计划图

单元小结

决策是企业管理者工作中核心的、基本的要素，决策贯穿于管理者的所有管理活动，在计划、组织、领导、控制的管理职能中存在一系列决策。决策具有目的性、可行性、选择性、过程性、满意性、动态性。决策的原则是满意，而不是最优。决策不仅包括管理者于某一瞬间作出的明确、果断的决定，还囊括在该决定作出前的一系列准备活动及该决定作出后所采取的具体措施以落实决策的方案的全过程中。决策的影响因素有环境因素、组织因素、决策问题、决策主体。决策的类型是多种多样的，可依决策的层次性、程序性、群体性、初始性、确定性和科学性而进行不同的划分。决策分为 6 个步骤，即识别并确认问题、确定决策目标及其标准、开发备选方案、分析和选择方案、执行决策方案、评估结果与信息反馈。定性决策方法包括头脑风暴法、德尔菲法、名义小组技术等，定量决策方法包括确定型决策方法、风险型决策方法和不确定型决策方法。

在组织管理中，计划工作承上启下。计划是指管理人员为组织确定、选择适当的目标和行动的过程，是决策的组织落实过程。计划具有目的性、首位性、普遍性和效率性。计划可按计划的层次、时间期限、计划职能、计划明确程度、计划针对的对象范围进行划分。

哈罗德·孔茨和海因茨·韦里克从抽象到具体将计划划分为一种层次体系：使命、目标、战略、政策、规则、程序、规划、预算。因为计划是一个决策过程，所以计划过程与决策过程相似，分为情况分析、目标和计划的选择、目标和计划的评估、目标和计划的甄选、实施、监督和控制。计划工作的原理有限定因素原理、许诺原理、灵活性原理和改变航道原理。现代计划技术与方法主要有目标管理方法、网络计划技术和滚动计划法。

核心概念

预测	决策	战略决策	非程序化决策	确定型决策
风险型决策	不确定型决策	盈亏平衡点	计划	使命
愿景	目标管理	滚动计划法	计划评审技术	关键路线

管理实训

计划与决策

实训目的

通过针对所提供的决策项目撰写决策方案，提高学生的决策能力，培养学生对决策方案分析评价的能力，并掌握决策的程序。

实训方法与要求

1. 请每个模拟公司的经理抽签决定决策项目。

2. 按照决策程序和方法拟定决策方案，并于模拟公司内部检查与评价拟定方案的决策质量。

3. 以模拟公司为单位提交和陈述决策方案，并在课堂上交流。

4. 由教师根据决策方案及课堂报告表现综合评分。

5. 建议决策的项目：

（1）假如你是班长，就怎样抓好一个班级建设草拟一份计划书；

（2）请为自己的班级策划一次周末联欢活动，草拟计划书；

（3）计划在 3·15 消费者权益日策划一次街头宣传活动，请你制定一份策划书；

（4）如果你想承包一家校园超市，请你就怎样经营策划草拟一份计划书；

（5）请你为校园“十佳歌手大赛”进行策划；

（6）请你为高职学院学生会体育部将要进行的足球比赛制定一份计划书；

（7）最近某班频繁发生违纪现象，请制定一个整顿纪律的工作方案；

（8）假如你所在寝室同学之间关系不和，寝室卫生较差，请你就如何改变这种局面草拟一份计划书；

（9）如果你所在的班级学生厌学，学习气氛不浓，请你制定一份激励全班同学努力学习的方案；

（10）学生会举行校内大规模校园文化活动，需要你去拉赞助，请制定一份工作方案。

管理应用

1. 头脑风暴法可分为个人头脑风暴法、小组头脑风暴法、默写式头脑风暴法、卡片式头脑风暴法和三菱式头脑风暴法等。其中，默写式头脑风暴法，又称“635 法”，由德国人鲁尔在奥斯本的基础上修改所得。会议由 6 人参加，坐成一圈，要求每人在 5 分钟内在各自的卡片上写出 3 个设想，然后由左或向右传给相邻的人，每个人接到卡片后，在第二个 5 分钟内再写出 3 个设想，然后再传递下去。如此传递 6 次，半小时内可以完成，大约可产生 108 个设想。请分组讨论，用默写式头脑风暴法为下面的决策项目寻求解决方案：

你和你的同学试图决定在职教园区的中心地带开一家餐馆。困扰你们的问题是，这个地带已经存在多家餐馆，而且它们能够提供各种价位、不同种类的餐饮服务。假设你们拥有开设任何类型餐馆的足够资金，那么你们需要决定的是开一家什么样的餐馆最有可能成功。

2. 假设你是一名管理培训师，受邀在当地一家小企业联合会的午餐会上做一个简短的发言。你的演讲主题是“怎样利用目标管理来改善计划制定和控制”。你打算告诉他们什么？为什么？

管理游戏

沙漠求生

游戏目的

1. 考查公司团队中个人决策的准确性。

2. 考查公司团队中个人的领导能力和沟通能力。

游戏背景

6 月 15 日，有一架飞机在沙漠中发生意外，你和其他生还者面临生死存亡的选择。

背景 1：事发在当天上午 10 点，飞机要在沙漠紧急着陆；着陆时，机长和副机长意外身亡，余下你和一群人幸运地没有受伤。

背景 2：出事前，机长无法通知任何人有关飞机的位置；不过从指示器知道距离起飞的城市有 120 千米，而距离最近的城镇在西北偏北 100 千米处，该处有个矿场。

背景 3：该处除仙人掌外，全是荒芜的沙漠，地势平坦。失事前，天气预报报告气温达 108 华氏度（约 42 摄氏度）。

背景 4：你穿着简便：短袖 T 恤衫、长裤、短袜和皮鞋。口袋中有十多元硬币、五百多元纸币、香烟一包、打火机一个和圆珠笔一支。

你需要按照你所认为的重要顺序对给出的 15 项物品进行排序（最重要的排序为 1，最不重要的排序为 15），以能成功获救为目的。

游戏程序

1. 不允许讨论，以个人的意见列出应取物品的先后顺序（1 ～ 15）；

2. 公司内每个人都选好以后，再进行小组讨论，列出全组应取物品的先后顺序，小组排序应控制在 15 分钟以内。

游戏材料

如表 3–43 所示。

表 3–43 “沙漠求生”记分表

物品名称	个人排序	小组排序	专家排序	诊断项目		
				个人与小组差异	小组与专家差异	个人与专家差异
1. 1 支闪光信号灯（内置 4 节电池）						
2. 1 把军刀						
3. 1 张该沙漠区的飞行地图						
4. 7 件大号塑料雨衣						
5. 1 个指南针						
6. 1 个小型量器箱（内有温度计、气压计、雨量计等）						
7. 1 把 45 口径手枪（装有子弹）						
8. 3 个降落伞（有红白相间图案）						
9. 1 瓶维生素（100 粒装）						
10. 10 加仑饮用水						
11. 1 个化妆镜						
12. 7 副太阳眼镜						
13. 2 加仑伏特加酒						
14. 7 件厚衣服						
15. 1 本《沙漠动物》百科全书						
合计						

第四单元 组织职能

小艾尔弗雷德·斯隆（Alfred Pritchard Sloan，Jr.，1875—1966），美国企业家，通用汽车公司第八任总裁，提出了一种被称为“集中政策控制下的分散经营”的组织结构模式，该模式是事业部制组织结构的雏形。主要著作有：《我在通用汽车的岁月》。

管理箴言

若拿走我的财产——但留给我这个组织，五年之内，我就能卷土重来。

——小艾尔弗雷德·斯隆

组织是一群互相依赖共同争取资源的联盟，单一企业的生存决定于彼此间的依赖关系。

——吴思华

管理的特点就是变革——迅速的、不断的、根本的变革。唯一不变的事就是变革。

——弗莱蒙特·卡斯特

授权就像放风筝，部属能力弱线就要收一收，部属能力强了就要放一放。

——林正大

用人不在于如何减少人的短处，而在于如何发挥人的长处。

——彼得·德鲁克

我深信，如果公司内部变革的速度赶不上外部变革的速度，失败就是不可避免的，只不过是时间早晚的问题。

——杰克·韦尔奇

学习目标

通过本单元内容学习，你应该达到以下学习目标并完成能力训练任务：

	素质目标	知识目标	能力目标
学习目标	（1）树立团队精神，融入组织文化，增强协作意识，提高组织忠诚度和凝聚力，肩负社会责任及历史使命； （2）养成个人服从组织的基本职业素质，树立个人和组织相互赋能、共生共长的正确的新发展理念； （3）主动识变应变求变，树立“拼”的精神、“闯”的劲头和“实”的作风，积极应对新时代的新问题新挑战。	（1）掌握组织设计的内容和总原则； （2）掌握组织部门化和工作专业化的基本原则； （3）掌握管理幅度的概念及影响因素； （4）熟悉职权配置的途径和方法； （5）掌握组织及组织结构的含义、特点及影响因素； （6）掌握组织结构的类型及其各自的优缺点、适用范围； （7）熟悉人员配备的原理、选聘、考评和培训； （8）了解组织变革的含义、动因、内容和流程。	（1）能够模拟组织工作的基本过程； （2）能够发挥非正式组织的作用； （3）能够进行授权、集权和分权； （4）能够设计常见的组织结构； （5）能够分析组织变革的动因、征兆及阻力。
能力训练任务	（1）参观本地不同类型的组织，分析其组织结构； （2）针对当地的某一企业，进行科学的职务设计； （3）选择某一熟悉的组织，尝试授权、集权和分权； （4）结合实际，拟定一个组织变革的方案； （5）观看电影《杜拉拉升职记》，感知其中蕴涵的有关企业内部福利待遇、企业的招聘制度、个人职业生涯规划等的知识。		

内容体系

组织是继计划之后管理的重要职能之一。计划是管理的首要职能，是企业管理成功的关键。有效的管理以目标为中心，并坚定不移地围绕目标开展各项工作。组织的目标、计划制定出来以后，一个重要的问题就是如何使它们变为现实。这就要求管理者按照组织计划、目标设计出合理的、高效的并足以保证组织计划、目标实现的组织结构，合理安排、配备人员，并适时进行组织变革，以保证组织目标的顺利实现。

模块一　组织与组织设计认知

扫一扫

组织的界定

一、组织的界定

著名组织学家切斯特·巴纳德认为，由于生理的、心理的、物质的、社会的限制，人们为了达到个人的和共同的目标，就必须合作，于是形成了群体，群体又发展为组织，是为组织产生的缘起。当然，组织的概念如同管理的概念一样具有见仁见智的特性，如表 4–1 所示。

表 4–1　不同学者视角下的组织概念

学者	内容描述
切斯特·巴纳德	有意识地加以协调的两个或两个以上的人的活动或力量的协作系统。
J. D. 曼尼	组织就是为了达到共同目的的所有人员协力合作的形态。
哈罗德·孔茨	正式的有意形成的职务结构或职位结构等。
A. 布朗	组织就是为了推进内部各成员的活动，确定最好、最有效果的经营目的，最后规定各种成员所承担的任务及各成员间的相互关系。

在管理学中，“组织”一词亦多从“词性”上区分，即静态意义上的名词 Organization 和动态意义上的动词 Organizing，如表 4–2 所示。

表 4–2　静态与动态意义上的组织

状态	内容描述	备注
静态地看为实体（Entity）：Organization	组织是为了达到某些特定目标，经由分工与合作及不同层次的权力、责任制度而构成的人的集合。	这个概念具有三层含义：组织必须具有目标；组织必须有分工与协作，分工与协作关系是由组织目标限定的；组织要有不同层次的权力与责任制度，形成组织结构。
动态地看为过程（Process）：Organizing	组织是指为有效实现活动或系统的目标，建立组织结构，配备人员，使组织协调运行的一系列活动。	其主要内容包括：组织结构的设计；适度和正确授权；人力资源管理；组织文化建设。

课堂思考 4–1

剧场里的观众是否构成组织，为什么？剧场里的全体工作人员是否构成组织，为什么？

理查德·L. 达夫特（Richard L.Daft）认为组织的作用可以归纳为七个方面，如表 4–3 所示。

表 4–3　组织的作用

作用	内容描述
作用一	整合所有的资源以达到期望的目标和结果。
作用二	有效地生产商品和提供服务。
作用三	为创新提供条件。
作用四	运用以计算机为基础的现代制造技术。

续前表

作用	内容描述
作用五	适应并影响变化的环境。
作用六	为所有者、顾客和雇员创造价值。
作用七	适应多样化、伦理、职业形态以及雇员的激励与协调等进一步的挑战。

现实生活中，组织可以按照不同的标准进行分类，如表 4–4 所示。

表 4–4　组织的类型

分类标准	类型
按组织的性质划分	经济组织、政治组织、文化组织、军事组织、宗教组织和学术组织
按利益受惠划分	互利性组织、营利性组织、服务组织和公益组织
按组织人数或生产能力划分	大型组织、中型组织和小型组织
按组织与外部的关系划分	独立组织和非独立组织
按组织的形成方式划分	正式组织和非正式组织

正式组织（Formal Organization）是企业刻意设计的角色结构，非正式组织（Informal Organization）是相对于正式组织而言的，且产生于正式组织内部。正式组织与非正式组织的成员是交叉混合的，如图 4–1 所示。

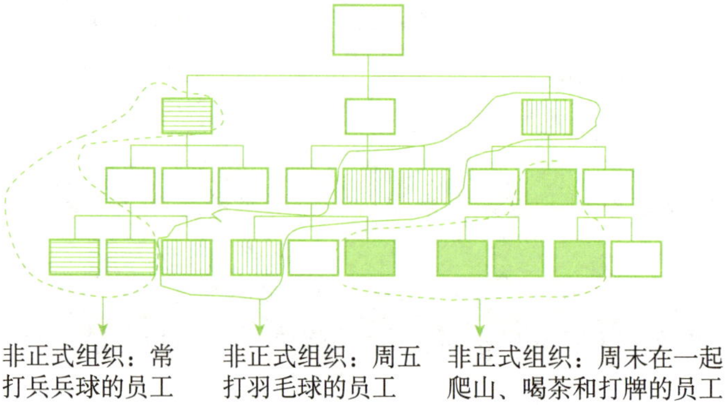

图 4–1　正式组织中的非正式组织

正式组织和非正式组织的区别如表 4–5 所示。

表 4–5　正式组织与非正式组织的区别

分类标准	正式组织	非正式组织
形成原因	为了实现共同目标而有意识地组织起来	因人们的性格、爱好、交往、感情等逐渐形成，并无自觉的共同目标

续前表

分类标准	正式组织	非正式组织
表现形式	是有形的组织，表现为组织图、职位说明书、组织手册等	是无形的组织，无任何成文的表现形式
成员范围	按组织设计规定的层次、部门，配备合格的人员，人数相对稳定	自愿结合，不受正式组织规定的层次、部门、职务等的限制，人数不定
行为标准	以效率逻辑为标准，制定有明确的方针、程序、规章制度，要求严格执行	以感情逻辑为标准，只有不成文的约定，如有违反，则受到疏远或排斥
领导者的产生方式	按有关规定选拔产生	自然产生，多是团体中交往最多者或威望最高者

对待非正式组织的态度应该是：承认非正式组织的存在，因势利导，趋利避害，最大限度地发挥非正式组织的积极作用并抑制其消极作用，巧妙地将其转化为促进组织目标实现方向的作用力。

二、组织结构设计的界定

扫一扫

组织结构设计的界定

从狭义上讲，组织（职能）工作是指建立健全组织体系的过程；从广义上讲，组织（职能）工作是指从组织结构建立，到组织运行、组织变革，以及组织目标实现的全过程。组织工作的核心是组织结构设计。组织结构（Organization Structure）是指组织内部各级各类职务[①]的权责范围、联系方式和分工协作的整体框架，是组织能够保持有效运行、完成经营管理任务的体制基础。组织结构描述了组织的框架体系，组织结构的基本特征可通过复杂性（Complexity，指组织的分化程度）、正规化（Formalization，指组织依靠规则、程序来引导和控制员工行为的程度）、集权化（Centralization，描述了决策制定权在组织内的分布情况）三个概念进行描述。[②]

组织结构设计（Organization Structure Design）就是对组织内的层次、部门和职务职权进行合理的划分。具体地说，就是把为实现组织目标而需完成的工作划分为若干性质不同的业务工作，然后把这些工作组合成若干部门，部门内部形成层次并配置各部门的职责和职权，以及协调部门和部门之间的各项活动，如图 4-2 所示。组织结构设计的目的是：通过创构柔性灵活的组织，动态地反映外在环境变化的要求，并且能够在组织演

① 职务是组织中承载相同或相似职责或工作内容的若干职位的总和，职务设定是将任务组合起来构成一项完整职务的过程。职务设定的方法通常有职务专业化、职务轮换、职务扩大化、职务丰富化和工作团队。值得指出的是，职务扩大化是增加水平方向的内容，也就是增加职务的数量、范围等，其目的是通过消除单调乏味的重复操作以使工作变得多样化，其本身却并没增加责任感；而职务丰富化则是针对职务扩大化的缺点而做的改良，也就是让操作者对工作拥有较大的控制权，乃至参与某些通常由其管理者承担的职责，其目的在于把挑战性、重要性和成就感注入下级的例行性工作中，使他们对工作不会产生厌倦感。

② 参见［美］斯蒂芬·罗宾斯：《管理学原理》（第 4 版），229 页，北京，中国人民大学出版社，1997。

化成长的过程中，合理配置组织的各类资源；协调好组织中部门与部门之间、人员与任务之间的关系，使员工明确自己在组织中应有的权力和应担负的责任。[①] 组织结构设计的直接成果是组织图（Organization Chart）、职位说明书（Position Description）和组织手册（Organization Manual）。

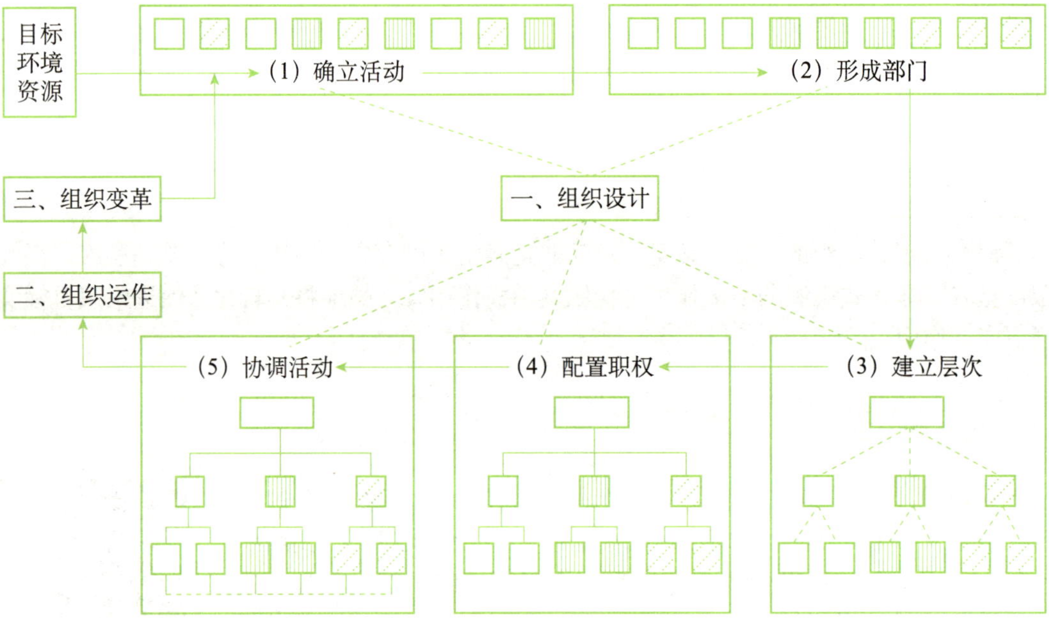

图 4–2　组织结构设计

组织结构设计应贯彻的原则如表 4–6 所示。

表 4–6　组织结构设计的原则

原则	内容描述
目标一致性原则	这是组织结构全部设计工作的出发点和归宿点。一方面，组织设计是一种手段，其目的是更好地实现企业的经营任务和目标。组织结构及其每一部分的构成，都应当有特定的任务和目标，并且这些任务和目标应当服从实现企业整体经营目标的要求。“所有的事物都是为着一个目的而具有某种秩序”（亚里士多德语）。另一方面，立足经营任务和目标实现的好坏，又是衡量组织设计是否正确有效的最终标准。
专业化分工与协作原则	组织结构应能充分反映为实现组织目标所必需的各项任务和工作分工，以及相互之间的协调。为此，要做到分工合理，协作明确。
管理幅度原则	管理幅度过大、过小都有问题。

① 参见周三多：《管理学——原理与方法》（第 2 版），150 页，上海，复旦大学出版社，2007。

续前表

原则	内容描述
统一指挥和权力制衡原则	统一指挥：一个下属人员只应接受一个领导人的命令，即命令一元化原则。权力制衡：无论哪一级领导人，其权力运用必须受到监督——执行与监督权分离。在组织设计或调整时，应注意处理好以下关系：正确处理直线经理与职能经理的关系；在同一层次的领导班子中，必须明确主辅关系；一级管一级（指挥链）。企业高层领导一定要保证行政指挥权的统一，同时在企业高层组织中必须形成权力制衡机制。
责权利对等原则①	责、权、利三者之间不可分割，是协调、平衡和统一的。权力是责任的基础；责任是权力的约束，有多大的权力就要承担多大的责任；利益的大小决定了管理者是否愿意担负责任以及接受权力的程度，对额外的责任必须给予额外的利益。
因事设职与因人设职相结合原则	因事设职是指根据岗位要求，选择最符合工作能力要求的人上岗，适用于工作量大且独立或工作性质要求专职的情况，它着眼于发挥每一个人的特长。因人设职是指根据个人的各方面能力设置相应岗位，适用于工作量较少且可以兼顾的情况。

课堂思考 4–2

“三个和尚没水喝”的典故众所周知，“三个丑裨将，胜过诸葛亮”的故事也时有传说。试问：是什么导致这两种截然不同的组合效果？或者说，为什么整体可能大于各部分之和，也可能相反？

课堂思考 4–3

因人设职与因事设职有何区别？

模块二　组织设计的横向、纵向与职权结构认知

合理的组织结构设计的核心在于正确地处理下述三个问题：形成部门——横向结构，建立层次——纵向结构，配备职权——职权结构。

扫一扫

组织设计的横向结构

一、组织设计的横向结构——部门设计

组织横向结构设计主要解决管理与业务部门的划分问题，反映了组织中的分工协作关系。组织的部门化（Departmentalization）是

① 责任、权力和利益如同等边三角形的三个边，是对等的。但能力却可看作这个等边三角形的高，换言之，能力略低于责任，这样会使管理者产生一种压力，使工作更富有挑战性，这一点对中低层管理者而言尤为明显。

根据一定的标准将若干岗位组合在一起的过程。组织的部门化是劳动分工在组织内部的体现。常见的组织部门化类型有职能部门化、产品 / 服务部门化、过程部门化、顾客部门化和地域部门化。

（一）职能部门化

职能部门化（Functional Departmentalization）是依据所履行的职能来组合工作和划分部门，如财务部门和人力资源部门。根据不同的活动来划分工作是一种传统的组织工作方式，如图 4–3 所示。

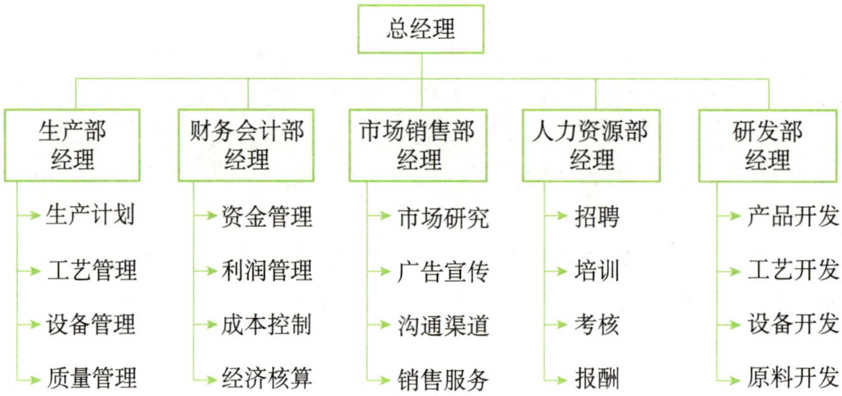

图 4–3　职能部门化

（二）产品 / 服务部门化

产品 / 服务部门化（Product / Service Departmentalization）是依据产品 / 服务来组合工作和划分部门。如果一项产品 / 服务极其重要，使得创造或提供该产品 / 服务的部门几乎可以成为独立的公司，那么产品 / 服务部门化就非常重要。拥有一个成功产品，生产这个产品的组织单位就成为一个部门，如海尔公司的洗衣机部，如图 4–4 所示。

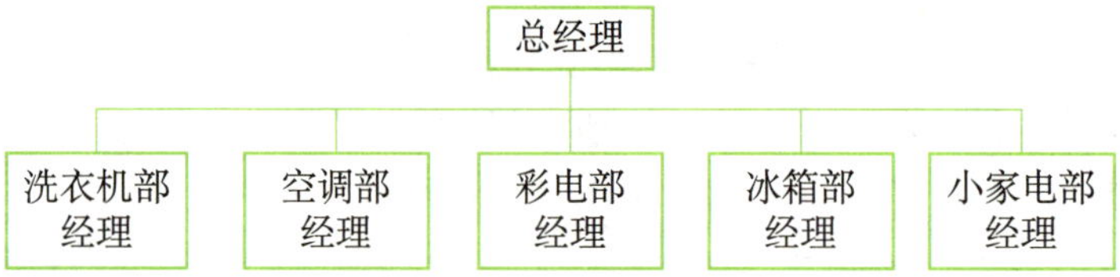

图 4–4　产品 / 服务部门化

（三）过程部门化

过程部门化（Process Departmentalization）是依据产品或顾客流来组合工作，使各项工作活动沿着处理产品或为顾客提供服务的工艺过程的顺序来组织。过程部门化的优点在于管理者能依据生产专业技术有效地实施管理，缺点是造成了一定的人员重复和浪费。过程部门化一般出现在生产制造型企业中，如图 4–5 所示。

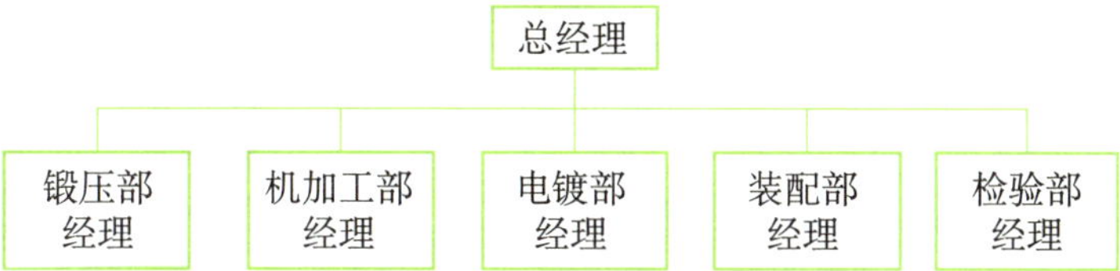

图 4–5　过程部门化

（四）顾客部门化

顾客部门化（Customer Departmentalization）是依据共同的顾客来组合工作，是基于顾客需求的一种组织结构。当某一顾客群体的需求和其他顾客群体差异较大时，组织常常会采用顾客部门化。很多大型商场都建立了根据顾客年龄和性别划分的部门，如图 4–6 所示。

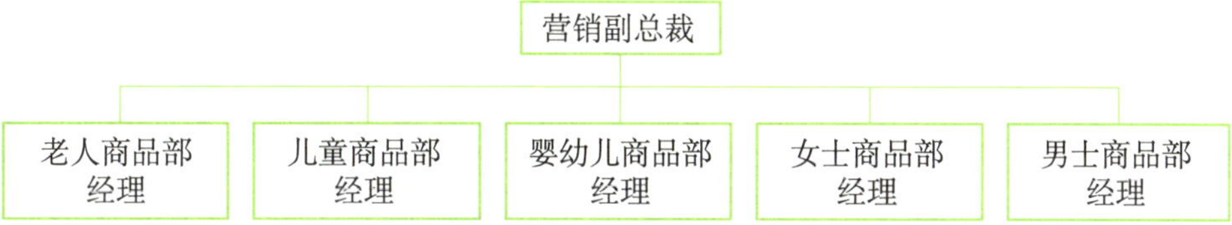

图 4–6　顾客部门化

（五）地域部门化

地域部门化（Geographic Departmentalization）是按照地理区域进行工作的组合和部门划分。在这种组织结构下，在一个给定的地理区域里，所有的公司活动都归一个经理主管。地域部门化的一个主要优点就是可以根据当地情况作出决定，跨国企业的良好运作依赖于地域部门化的组织结构。地域部门化的缺点在于成本和人力的重复导致开支很大。与产品 / 服务部门化相同，地域部门化使得高层管理人员在管理控制各地域部门的业绩时存在困难。市场部经常采用地域部门化方法，销售力量可分布到西部、北部、中部、南部和东部，如图 4–7 所示。

图 4–7　地域部门化

二、组织设计的纵向结构——层次设计

组织纵向结构设计主要解决管理层次的划分与职权分配问题，反映组织中的领导隶属关系。设计组织的纵向结构，首先，根据企业的具体条件，正确规定管理幅度；其次，在这个数量界限内，考虑影响管理层次的其他因素，科学地确定管理层次；最后，在此基础上，进行职权配置，从而建立基本的纵向结构。

扫一扫

组织设计的纵向结构

（一）管理幅度与管理层次

管理幅度、管理层次及二者关系如表 4–7 所示。

表 4–7　管理幅度、管理层次及二者关系

要素	内容描述
管理幅度（Span of Administration）	又称控制幅度（Span of Control），是指管理者直接指挥和有效控制的下属人员的数量。
管理层次（Administrative Levels）	是指组织内部从最高一级管理组织到最低一级管理组织的组织等级数量。
管理幅度与管理层次的关系	管理层次受到组织规模和管理幅度的影响，它与组织规模成正比：组织规模越大，所包括的成员越多，管理层次就越多。在组织规模一定的条件下，管理层次与管理幅度成反比：主管所能直接控制的下属越多，管理层次就越少；若管理幅度减少，则管理层次增加。

若某组织最基层的操作者有 4 096 人，当管理幅度分别为 4、8 和 16 时，则其管理层次分别为 6、4 和 3，如图 4–8 所示。

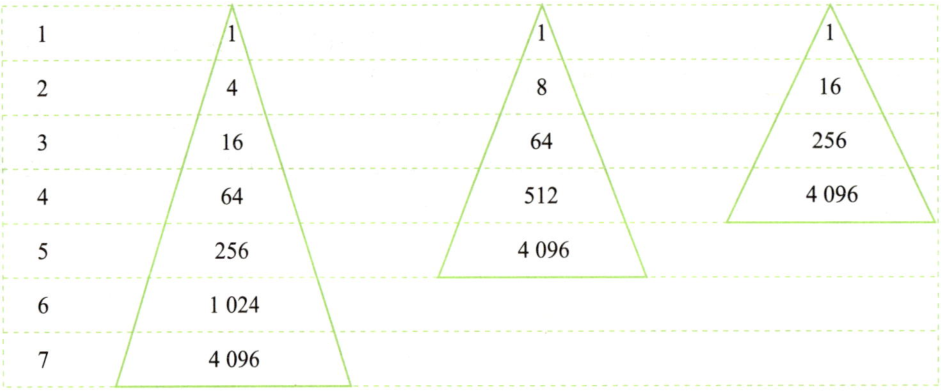

（a）
管理幅度=4
管理层次=6，组织层次=7
管理人员（1～6）=1 365人

（b）
管理幅度=8
管理层次=4，组织层次=5
管理人员（1～4）=585人

（c）
管理幅度=16
管理层次=3，组织层次=4
管理人员（1～3)=273人

图 4–8　管理幅度与管理层次关系图

影响有效管理幅度的因素主要有：管理者的素质与能力；被管理者的素质与能力；组织环境和组织自身的变化速度；工作本身的性质与类别；组织沟通的方式；协调方式与协调工作量；等等。

管理故事 4-1

杰克·韦尔奇的活力曲线

活力曲线是美国通用电气公司（GE）进行员工评价的重要方法，由前 CEO 杰克·韦尔奇提出，被认为是建立一个伟大组织的全部秘密。GE 要求旗下每家公司的领导对其团队进行区分：哪些人属于最好的 20%（A 类），哪些人属于中间的 70%（B 类），哪些人属于最差的 10%（C 类）……故该方法又被称为员工评价的“20-70-10”法则或 ABC 员工评价方法。活力曲线是一条动态的曲线，领导者须随时掌握那 20% 和 10% 的人的姓名和职位，以实施准确的奖惩措施，进而带动中间状态的 70% 的人。韦尔奇指出，活力曲线之所以在 GE 能发挥作用，是因为 GE 建有一种绩效文化，在这种绩效文化里，人们可以在任何层次上进行坦率沟通和回馈，坦率和公开是这种绩效文化的基石。韦尔奇并不主张在不具备这种绩效文化基础的企业组织里强行使用活力曲线。

（二）扁平结构与高耸结构

管理层次与管理幅度的反比关系决定了两种基本的组织结构形态：扁平结构与高耸结构。扁平结构（Flat Structure）是指管理层次少而管理幅度大的一种组织结构形态，高耸结构（Tall Structure）是指管理层次多而管理幅度小的一种组织结构形态。扁平结构和高耸结构的优缺点如表 4-8 所示。

表 4-8　扁平结构和高耸结构的优缺点①

优缺点	扁平结构	高耸结构
优点	（1）信息纵向传递速度快，密切了上下级关系	（1）管理严密
	（2）管理费用低	（2）分工明确
	（3）被管理者有较大的主动性、积极性和满足感	（3）上下级易于协调
缺点	（1）主管不能对下属进行充分而有效的指导和监督	（1）影响信息传递速度，可能失真
	（2）上下级协调较差，同级间相互沟通困难	（2）影响积极性
		（3）容易使计划的控制工作复杂化

管理思想史上有许多学者对管理幅度问题进行过定性和定量的研究。1933 年，法国管

① See S.P.Robbins and M.Coulter，*Management*，7th ed.，Prentice Hall，2002，p.17.

理专家格拉丘纳斯（V.A.Graicunas）发表了他多年的研究结论：当管理幅度呈算术级数增长时，主管需要协调的关系呈几何级数增长，具体计算公式为：

$$C=n\left(2^{n-1}+n-1\right)$$

式中，n 为下属人数，C 为各种关系的数目。这里的各种关系有三类：直接的单一关系、直接的多数关系和交叉关系。

根据上述公式可得表 4–9：

表 4–9　下属人数与关系数

下属人数（n）	1	2	3	4	5	6	7	8	9	10	……
关系数（C）	1	6	18	44	100	222	490	1 080	2 376	5 210	……

例如：A 管理者有 B、C、D 三个下属，那么 A 管理者和其下属之间的各种关系数就有 18 种，具体见表 4–10。

表 4–10　A 管理者和其下属之间的各种关系

具体表现	关系类型		
	直接的单一关系	直接的多数关系	交叉关系
1	A 与 B	A 与 B 接触时，C 在场	B 与 C
2	A 与 C	A 与 B 接触时，D 在场	B 与 D
3	A 与 D	A 与 B 接触时，C、D 都在场	C 与 D
4		A 与 C 接触时，B 在场	C 与 B
5		A 与 C 接触时，D 在场	D 与 B
6		A 与 C 接触时，B、D 都在场	D 与 C
7		A 与 D 接触时，B 在场	
8		A 与 D 接触时，C 在场	
9		A 与 D 接触时，B、C 都在场	
小计	3 种关系	9 种关系	6 种关系
总计	18 种关系		

三、组织设计的职权结构——职权设计

扫一扫

组织设计的职权结构

组织结构提供了一个按照一定逻辑建立的组织框架，但这个组织框架不会自己运行，它需要组织中的人员通过这个组织框架按照一定的运行规则来推动组织运行，这些运行规则就是组织制度。管理者凭借其权力在组织中制定和推行这些组织制度，以使组织在良好的状态下有效运行。在不同的管理层次中，每个管理者都具有自己的权力。

权力是影响人对被影响人的影响力。职权是权力的一种形式，是指拥有职位而具有的影响力；职权来源于组织中的正式职位，是构成组织结构的重要因素。与职权相对应的是职责，是指担当组织职位而必须履行的责任。职权是履行职责的必要条件与手段，职责则是行使职权所要达到的目的和必须履行的义务。

（一）职权划分

管理者如何有效地运用权力取决于他们对权力的理解和运用。组织中的职权分为直线职权、参谋职权和职能职权三种形式，如表 4–11 所示。

表 4–11　直线职权、参谋职权和职能职权

形式	内容描述
直线职权（Line Authority）	直线职权即指挥权，是指管理者指挥其下属工作的权力。正是这种上下级关系贯穿于组织的最高层到最低层，从而形成指挥链（Chain of Command）。在组织指挥链上的管理者一般都拥有直线职权，即他们既接受上级指挥，又指挥下级。
参谋职权（Staff Authority）	参谋职权即指导权，是指某个职位、某个部门所拥有的包括提供咨询、建议等辅助性的权力。参谋的种类有个人与专业之分。前者即参谋人员，他们是直线人员的咨询人，协助直线人员执行某项职责。专业参谋，常为一个单独的组织或部门，即通常所说的“智囊团”（Think Tank）或“顾问班子”。它聚合了一些专家，运用集体指挥，协助直线主管开展工作。典型的参谋职权的特点是，参谋人员或参谋部门只对直线主管负责，没有指挥权，是一种辅助性职权。
职能职权（Functional Authority）	职能职权“介于直线职权与参谋职权之间，是组织职权的一个特例”①，是某个职位、某个部门所拥有的原属于直线主管的那部分权力。它是一种有限的权力，只有在被授权的职能范围内才有效。

直线职权意味着作出决策、发布命令并付诸实施，是协调组织资源、保证组织目标实现的基本权力。参谋职权仅意味着协助和建议的权力，是保证直线主管人员正确决策的重要条件。职能职权由于是直线职权的一部分，因此也具有直线职权的特点，但其职权范围小于直线职权。同时，职能职权的行使者多为具有业务专长的参谋人员，因此有助于提高业务活动的效率。三者之间的关系示例如图 4–9 所示。

课堂思考 4–4

直线职权和参谋职权之间产生冲突的原因是什么？你认为应如何正确处理直线人员和参谋人员之间的关系？

① 杨文士：《管理学原理》，208～209 页，北京，中国人民大学出版社，1994。

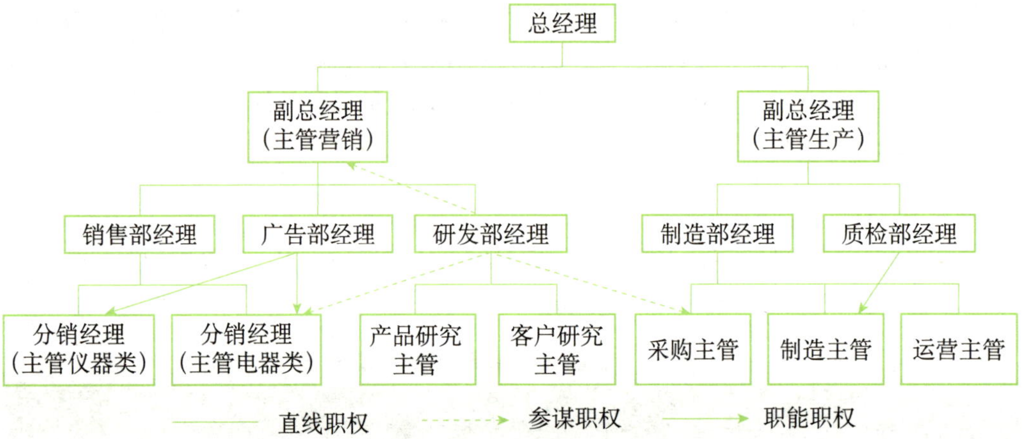

图 4-9　直线职权、参谋职权和职能职权关系图示例

管理故事 4-2

习近平的权力观

马克思主义经典作家认为历史是由人民创造的，因此一切权力理所应当属于人民，人民才是全部权力的源泉。进入新时代，面对中华民族伟大复兴战略全局和世界百年未有之大变局，习近平总书记以马克思主义权力观为基础，继承中华民族传统文化中的民本思想、清官意识、慎独意识和家国情怀，对权力的主体观、价值观、行使观以及制约观做了系统阐释，贯穿其中的一条主线就是始终以人民为中心。诚如其在中央党校县委书记研修班学员座谈会上的讲话中指出的那样："我们的权力是党和人民赋予的……要正确行使权力，依法用权、秉公用权、廉洁用权，做到法定职权必须为，法无授权不可为，保持如临深渊、如履薄冰的谨慎，做到心有所畏、言有所戒、行有所止，处理好公和私、情和法、利和法的关系。"①

（二）职权运行方式

组织中的职权运行方式主要有两种：其一为集权与分权，其二为授权。

集权（Centralization）与分权（Decentralization）是组织层级化设计中的两种相反的权力纵向分配方式。职权的集中和分散是一种趋向性，是一种相对的状态。组织中的权力较多地集中在组织的高层，即为集权；权力较多地下放给基层，则为分权。在现代组织管理中，已无绝对意义上的集权与分权，两者的划分是相对的，如图 4-10 所示。

一方面，集权有利于组织实现统一指挥、协调工作和更为有效的控制；另一方面，会加重上层领导者的负担，从而影响决策质量，并且不利于调动下级的积极性。而分权的优缺点则与集权相反。因此，某种程度的集权对组织来讲是必要的，某种程度的分权同样是组织所需要的。

① 参见《习近平谈治国理政（第 2 卷）》，北京，外文出版社，2017。

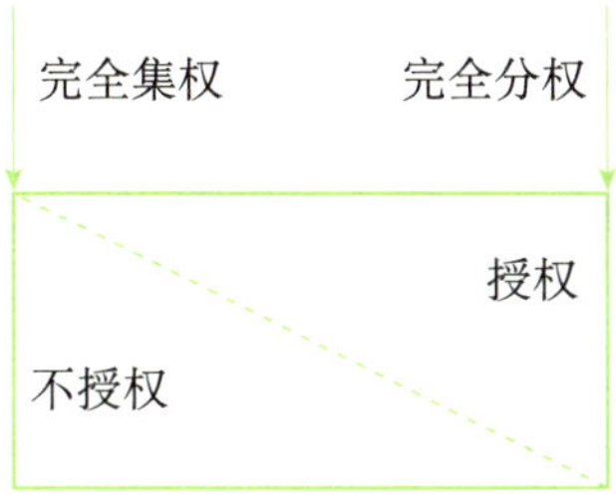

图 4–10　集权与分权图

衡量一个组织的集权或分权的程度，主要有下列几项标准，如表 4–12 所示。

表 4–12　衡量组织集权和分权的标准

标准	内容描述
决策的数量	组织中较低管理层次作出的决策数目越多，则分权程度越高；上层作出的决策数目越多，则集权程度越高。
决策的范围	组织中较低层次决策的范围越广，涉及的职能越多，则分权程度越高；上层决策的范围越广，涉及的职能越多，则集权程度越高。
决策的重要性	组织中较低层次作出的决策越重要，影响面越广，则分权程度越高；下级作出的决策越次要，影响面越窄，则集权程度越高。
对决策的控制程度	如果组织中较低层次作出的决策，上级要求审核的程度越低，则分权程度越高；如果上级对下级的决策根本不要求审核，则分权的程度最高；如果作出决策之后必须立即向上级报告，则分权的程度就低一些；如果必须请示上级之后才能作出决策，则分权的程度就更低。下级在作决策时需要请示或照会的人越少，其分权程度就越高。

明茨伯格和蔡尔德（J.Child）通过研究，列出了被确认为对组织集权和分权程度有重要影响的一些因素，如表 4–13 所示。

表 4–13　影响集权与分权程度的因素

更集权化	更分权化
环境稳定	环境复杂且不确定
低层管理者不具有高层管理者那样作出决策的能力与经验	低层管理者拥有作出决策的能力与经验
低层管理者不愿介入决策	低层管理者要求参与决策
决策的影响大	决策的影响小
企业正面临危机或失败的危险	企业文化容许低层管理者对所发生的事拥有发言权
企业规模大	企业各部门在地域上相对分散
企业战略的有效执行依赖于高层管理者对所发生的事拥有发言权	企业战略的有效执行依赖于低层管理者的参与以及制定决策的灵活性

授权（Delegation of Authority）是指上级委授给下属一定的权力，使下属在一定的监督

下，有相当的自主权和行动权。授权是管理者将自己的部分决策权或工作负担转授给下属的过程，是组织规模扩大的必然结果，意味着在上级和下属之间建立起某种形式的职权关系，具体表现为授权者对被授权者有指挥和监督的权力，被授权者对授权者有报告及完成任务的责任。在授权过程中，授权者不能把责任转嫁给别人，即授权并不意味着授责，更不等于有意识地推卸责任，这是授权的绝对原则。

授权的过程由以下三个步骤构成，见表 4–14。

表 4–14　授权的三个步骤

步骤	内容描述
第一步	将任务委派给下属，并明确应当取得的成果。
第二步	将完成任务所必需的职权授予下属。
第三步	使下属承担起对所接受的任务、成果要求和职权的义务，也就是要使下属认可或同意由上级所授予的任务或职权，并作出完成任务的承诺。

授权与分权虽然都与职权下放有关，但两者是有区别的：授权主要是权力的授予与责任的建立，仅指上下级之间的短期的权责授予关系；而分权则是在组织中有系统地授权，这种权力可以根据组织的规定较长时期地留在中下级管理人员手里。分权是组织最高管理者的职责，授权则是各个层次的管理者都应掌握的一门艺术。分权是授权的前提和基础，授权是实行分权的主要手段。

管理故事 4–3

巫马期的“星治”与宓子贱的“琴治”

鲁国的单父县缺少县长，国君请孔子推荐一名学生，孔子推荐了巫马期。巫马期上任后十分努力与勤奋，披星戴月、废寝忘食，兢兢业业工作了一年。结果单父县大治，不过，巫马期却因劳累过度而病倒。国君请孔子再推荐一名学生，孔子推荐了宓子贱。宓子贱弹着琴、唱着曲就到了单父县，到任后就在自己的官署后院建了一个琴台，终日鸣琴，身不下堂，日子过得是有滋有味、有情有调。一年下来，单父县依然大治。后来，巫马期很想和宓子贱交流工作心得，便找到了宓子贱。见宓子贱尚不足三十，有着健康的身体和充沛的精力，巫马期感觉到了压力。巫马期带着崇拜的眼神，羡慕地握着宓子贱的手说：“你比我强，你有个好身体啊，前途无量！看来我要被自己的病耽误了。”宓子贱听完巫马期的话，摇摇头说：“我们的差别不在身体，而在于工作方法。你做工作靠的是自己的努力，可是事业那么大、事情那么多，个人力量毕竟有限，努力的结果只能是勉强支撑，最终伤害自己的身体；而我用的方法是调动能人给自己做工作，事业越大可调动的人就越多，调动的能人越多事业就越大，于是工作越做越轻松。”

这个故事启示我们领导者要善于授权，领导者可以不必擅长某些专业领域的工作，但一定要能调动那些专业人士为自己工作。

知识链接 4-1

善负小虫蝜蝂与刘备授权促诸葛亮“鞠躬尽瘁，死而后已”

唐宋八大家之一的柳宗元，在其名篇《蝜蝂传》中，对喜负重物的小虫——蝜蝂有生动描写：“蝜蝂者，善负小虫也。行遇物，辄持取，卬其首负之。背愈重，虽困剧不止也。其背甚涩，物积因不散，卒踬仆不能起。人或怜之，为去其负。苟能行，又持取如故。又好上高，极其力不已。至坠地死。”在文学家笔下，蝜蝂“勤劳”无比，擅长背负重物，但它的悲剧也在于此：什么都做，什么都要，不知放下和舍弃，最终一事无成。

刘备因关羽被杀，一怒之下不顾众人反对攻打吴国。结果被火烧连营，大军惨败。刘备气愤加伤痛，再有年事已高，自感时日不多，便找来丞相诸葛亮说：“君才十倍曹丕，必能安国，终定大事。若嗣子可辅，辅之；如其不才，君可自取。”亮大惊，跪于地发誓定用心辅助少主，并保证“鞠躬尽瘁，死而后已”。刘备临死前还对阿斗说：“汝与丞相从事，视之如父。”此举涉及管理中的授权。刘备的“托孤遗言”让诸葛亮感受到领导对自己的看重，这种看重所化成的动力力促诸葛亮成为“鞠躬尽瘁，死而后已”的千古忠臣。其实管理并不难，只要领导有识人的眼光，并懂得真正的授权，管理好领导层就能管理好下一层，整个团队就能在一层层的领导号召下齐心同力，为共同的目标而奉献一己之力。刘备的行为即符合这一逻辑，“搞定”诸葛亮后，设想后主与丞相同心，丞相与将军同心，副将与将军同心，基层领导与副将同心，士兵与基层领导同心，就能形成层层相扣的团队凝聚力，军队治理便可实现真正的“不管而管，不治而治”。

模块三 组织设计的基本形式认知

由于每一个组织的目标、所处的环境、所拥有的资源存在较大的差异，因此其相应的组织结构也必然会有所区别。有多少个组织，就会有多少种组织结构，但各种组织结构之间会有很大的相似性。按照组织所处环境的差异可将组织结构分为两种基本形式：机械型组织结构（Mechanistic Organization Structure）和有机型组织结构（Organic Organization Structure）。前者主要包括直线制结构、职能制结构、直线职能制结构、事业部制结构，后者主要包括矩阵制机构、立体多维型结构、控股型结构、网络型结构等。

知识链接 4-2

内组织与外组织[1]

工业文明时代的组织形式是内组织，资源在组织内部，组织与管理力量主要指向组织内部，所以称之为内组织；信息文明时代的组织形式是外组织，几乎没有内部资源，资源在组织外部，组织功能就是把外部资源组织起来，组织与管理的力量主要指向组织外部，所以称为外组织。例如：世界上最大的出租汽车服务公司 Uber，组织内部无车辆、无司机，就是一个平台，或者说是一套理念外加一套软件。概言之，内组织是工业文明的产物，它的组织资源是相对封闭的；外组织是信息文明的产物，它对所有愿意与它链接的外部资源开放。企业是经济组织，其功能就是把资源有效组织起来以达成目标，企业内部的资源总是有限的，企业外部的资源才是无限的，把外部无限的资源用于企业经营，这是信息文明时代的基本特点。

一、直线制结构

直线制结构（Linear Structure），又称简单结构（Simple Structure），是只建立上下垂直部门、不设参谋部门的一种组织结构形式。“直线”是指在这种组织结构下，职权直接从高层开始向下“流动”（传递、分解），经过若干个管理层次达到组织最低层。具体内容如表 4-15 和图 4-11 所示。

表 4-15　直线制结构表

类型	特征	优点	缺点	适用组织
直线制结构	（1）最早、最简单的一种集权式组织结构形式，又称军队式组织结构； （2）组织中的各种职务按垂直系统直线排列，各级主管人员对下级拥有直线的一切职权，每一个人只能向一个直接上级报告； （3）不设专门的职能机构，至多有几名助手协助最高管理者工作。	结构简单、权力集中，责任分明，命令统一，联系简捷，决策迅速，办事效率高，比较容易维护纪律和秩序。	（1）所有管理职能集中于一人，当组织规模较大时，由于个人的知识、能力、精力有限而难以深入、细致、周到地考虑所有管理问题，因此，管理就比较粗放，易产生失误； （2）组织中的成员只注意上情下达，每个部门只关心本部门的工作，因而部门间的横向联系与协调比较差； （3）难以在组织内部培养出全能型、熟悉组织情况的管理者。	适用于没有必要按职能实行专业化管理的小型组织或现场的作业管理。

① 参见冯大力：《管理的逻辑》，296～297 页，成都，四川人民出版社，2018。

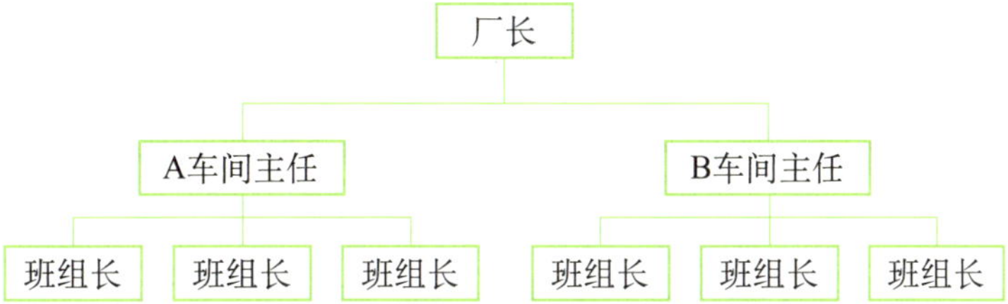

图 4–11　直线制结构图

二、职能制结构

职能制结构（Functional Structure），又称多线型组织结构，最早是由泰勒提出并在米德维尔钢铁公司以职能工长制的形式加以采用的。“职能”是指在这种组织结构下发挥职能机构的专业化管理作用。具体内容如表 4–16 和图 4–12 所示。

表 4–16　职能制结构表

类型	特征	优点	缺点	适用组织
职能制结构	（1）采用专业分工的管理者，代替直线型组织中的全能型管理者；	（1）能够适应现代组织技术比较复杂和管理分工较细的特点；	（1）由于专业化分工，妨碍了组织中必要的集中领导和统一指挥，形成了多头领导；	比较适用于中小型组织，现代企业一般不采用。
	（2）组织内除直线主管外，还相应地设立一些组织机构，分担某些职能管理的业务，这些职能机构有权在自己的业务范围内向下级单位下达命令和指示；	（2）能够发挥职能机构的专业化管理作用，因而能够发挥专家的作用，减轻上层主管人员的负担。	（2）各职能部门容易过分强调本部门的重要性而忽视与其他部门的配合、忽视组织的整体目标；	
	（3）下级直线主管除了接受上级直线主管的领导外，还必须接受上级职能机构在其专业领域的领导和指示。		（3）不利于明确划分直线人员和职能科室的职责权限，容易造成管理的混乱；	
			（4）加大了最高主管监督协调整个组织的工作负担。	

三、直线职能制结构

直线职能制结构（Line–Functional Structure）是一种将直线人员的直线领导与参谋人员的业务指导相结合的组织结构形式，它是现代工业企业中最常见、最普遍的组织结构形式。具体内容如表 4–17 和图 4–13 所示。

扫一扫

直线职能制

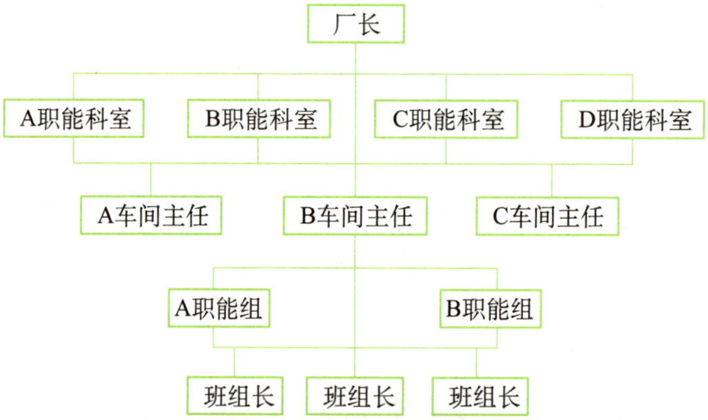

图 4–12　职能制结构图

表 4–17　直线职能制结构表

类型	特征	优点	缺点	适用组织
直线职能制结构	（1）直线部门和人员在自己的职责范围内有决定权，对其所属下级的工作进行指挥和命令，并负全部责任；	（1）综合了直线制结构和职能制结构的优点，既保证了集中统一指挥，又能够发挥专家业务管理的作用；	（1）当职能参谋部门和直线部门之间目标不一致时，容易产生矛盾，致使上层主管的协调工作量增大，管理费用增加； （2）各部门自成体系，不重视信息的横向沟通，工作容易重复；	对中小型组织比较适用，但对于规模较大、决策时需要考虑较多因素的组织则不太适用，目前仍被我国大多数企业采用。
	（2）职能部门和人员仅是直线主管的参谋，只能对下级机构提供建议和业务指导，没有指挥和命令的权力。	（2）其职能高度集中，职责明确，秩序井然，工作效率高，整个组织也具有较高的稳定性。	（3）如果授予职能部门的权力过大，容易干扰直线指挥命令； （4）当组织规模扩大时，组织层次增多，各信息传递路线较长，反馈较慢，难以适应环境的迅速变化。	

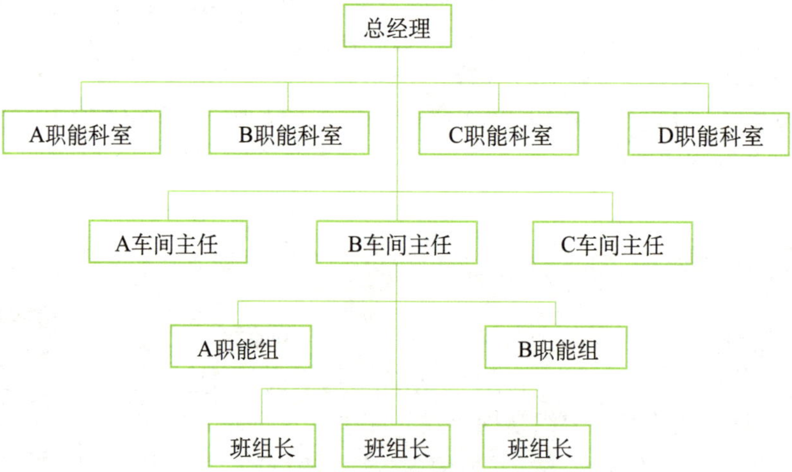

图 4–13　直线职能制结构图

四、事业部制结构

事业部制结构（Divisional Structure），其正规名称是联邦分权制（Federal Structure），雏形出现于 1920 年皮埃尔·杜邦对公司的改组，正式诞生于 1923 年斯隆在通用汽车公司的全面实践，广泛推广于 1950 年以后通用电气公司的组织革新。事业部制的经典模式是由斯隆创立的，所以人们常常把它称为斯隆模式。对这一模式作出权威性理论论证的是德鲁克。具体内容如表 4–18 和图 4–14 所示。

扫一扫
事业部制

表 4–18　事业部制结构表

类型	特征	优点	缺点	适用组织
事业部制结构	（1）“集中决策，分散经营”，即组织最高层集中决策，事业部独立经营；	（1）组织最高层摆脱了具体的日常管理事务，有利于集中精力做好战略决策和长远规划；	（1）由于机构重复，造成了管理人员的浪费； （2）由于事业部独立经营，各事业部之间要进行人员互换就比较困难，相互支援较差；	适用于规模较大的组织。
	（2）是组织领导方式上由集权制向分权制转化的一种改革。	（2）组织最高层与事业部的责、权、利划分比较明确，能较好地调动管理人员的积极性，提高管理的灵活性和适应性； （3）有利于培养管理人才。	（3）各事业部主管人员考虑问题往往从本部门出发，各事业部之间独立的经济利益会引起相互间激烈的竞争，可能发生内耗； （4）由于分权易造成忽视整个组织的利益、协调比较困难的情况，也可能出现架空领导的现象，从而削弱领导对事业部的控制。	

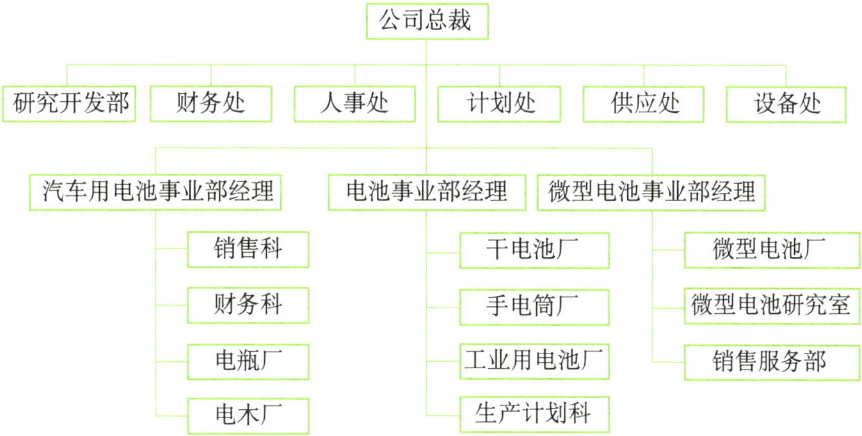

图 4–14　事业部制结构图

知识链接 4–3

组织研究的两条基础原则

1919—1920 年，斯隆撰写了关于通用汽车公司的组织研究报告。该研究报告是针对通用汽车公司的各事业部尾大不掉的问题而提出的。斯隆并没有简单地认为集权的方式能够解决问题，相反，他认为应以各事业部的自治为前提加强公司总部对各事业部的协调控制。斯隆认为，该研究报告的基础是下面的两条原则：（1）各事业部首席执行官的职责不应受到限制。各个以首席执行官为负责人的组织都应该具备各项必要的职能，从而保障它能够主动、合理地充分发展。（2）为了保证整个公司的合理发展和适度控制，绝对需要将一些职能集中起来行使。表面看来，这两条原则相互矛盾，实际上，它们不仅不矛盾，而且互相促进。各事业部的自治有利于形成真正的一致，公司总部行使部分职能，有利于加强各事业部的竞争力，反过来又巩固其自治能力。正是因为认真地贯彻了这两条原则，斯隆自豪地说：从此“通用汽车幸福地处于绝对集权与绝对分权之间”。

五、矩阵制结构

扫一扫

矩阵制结构

有时企业同时有几个项目需要进行，每个项目要求配备不同专长的技术人员或其他资源。为了加强对项目的管理，每个项目在总经理的领导下由专人负责。因此，在直线职能制结构的纵向领导系统的基础上，又出现了一种横向项目系统，形成了纵横交错的矩阵结构。企业同时按多个（通常是两个）维度组织其业务活动，就会形成矩阵制结构。矩阵制结构（Matrix Structure）是由两套管理系统组成的组织结构，即纵向的职能管理系统和横向的项目系统。职能部门经理对涉及其职能的所有项目活动进行计划和控制，项目经理从各个职能部门调集所需要的人员，对整个项目有关的所有职能领域进行计划和控制。具体内容如表 4–19 和图 4–15 所示。

表 4–19 矩阵制结构表

类型	特征	优点	缺点	适用组织
矩阵制结构	（1）打破了传统的一个员工只有一个上司的命令统一原则，使一个员工属于两个甚至两个以上的部门。	（1）各行各业人员为了一个目标在一个组织内共同工作可以互相启发、相互帮助，有利于人才的培养，克服“近亲繁殖”现象。	（1）由于这种组织形式是实行纵向、横向联合的双重领导，如处理不当，会由于意见分歧而在工作中造成冲突和相互推诿的现象。	一般适用于外部环境变化剧烈，组织需要处理大量信息、

续前表

类型	特征	优点	缺点	适用组织
矩阵制结构	（2）矩阵型组织也可以称为非长期固定性组织，它是为完成某一项目，由各职能部门抽调人员组成项目经理部，该项目经理部包括项目所需要的各类专业人员，当项目完成后，各类人员另派工作，此项目经理部即不复存在。	（2）纵向的各职能部门加强了配合和信息交流，克服了直线职能制横向联系差、缺乏弹性的缺点。 （3）按项目划分的横向系统，具有较大的机动性和适应性，能随项目的开工、结束而成立、解散。 （4）各专业人员来自各职能部门，既可比较经济地利用各种专业人员和其技能，又可节省组织成本。	（2）组织关系较复杂，对项目负责人的要求较高。 （3）克服缺点的办法是：授予项目经理全面的职权；独立预算；项目经理与职能经理共同制定进度与确定重点，如有矛盾，提交上一级解决。	分享组织资源的要求特别迫切的情况，特别是设计开发、研究、基建等组织。

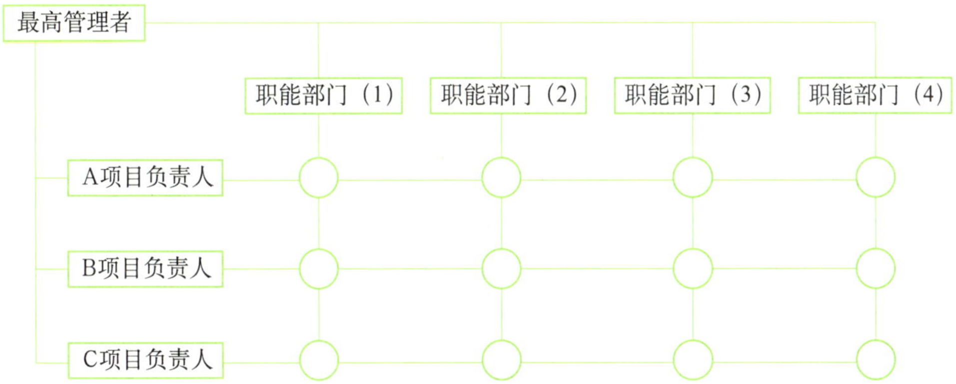

图 4–15　矩阵制结构图

六、组织结构的发展

这里主要介绍立体多维型结构、控股型结构和网络型结构。

（一）立体多维型结构

立体多维型结构（Solid–Multidimensional Structure）是矩阵制结构形式和事业部制结构形式的综合发展。它由三类管理系统组成：一是按产品（项目或服务）划分的事业部，是产品利润中心；二是按职能（如市场研究、生产、技术、质量管理等）划分的专业参谋机构，是职能利润中心；三是按地区划分的管理机构，是地区利润中心。具体内容如表 4–20 和图 4–16 所示。

表 4-20　立体多维型结构表

类型	特征	优点	缺点	适用组织
立体多维型结构	（1）它是矩阵制结构形式和事业部制结构形式的综合发展； （2）由三类管理系统组成； （3）每一类系统都不能单独作出决定，而必须由三方代表通过共同协调才能采取行动。	（1）促使每个部门都能从整个组织的全局来考虑问题，从而减少产品、职能、地区各部门之间的矛盾； （2）即使三者之间有摩擦，也比较容易统一和协调。	由于任何问题都必须由三方协商，管理效率较低，有时甚至会贻误有利机遇。	最适用于跨国公司或规模巨大的跨地区公司。

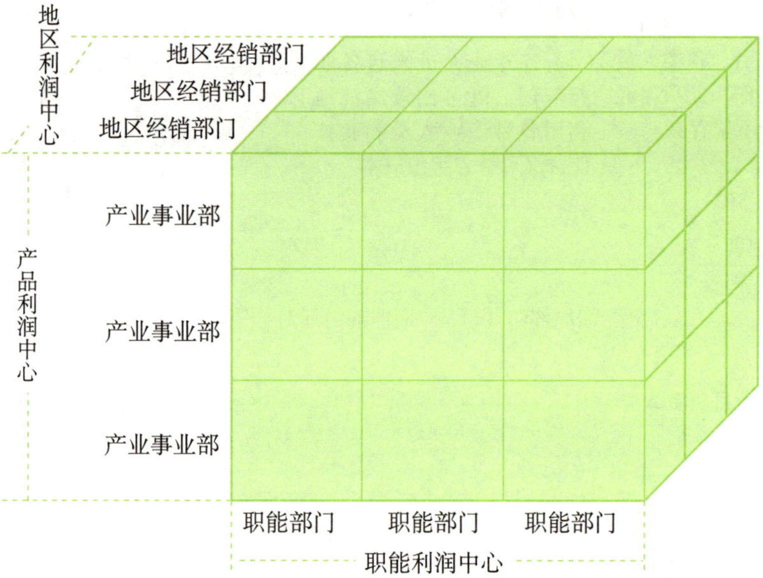

图 4-16　立体多维型结构图

（二）控股型结构

控股型结构（Holding Structure）是在非相关领域开展多种经营的企业所常用的一种组织结构形式。由于所经营业务的非相关性，因此大公司不对这些业务经营单位进行直接的管理和控制，而代之以产权关系为纽带对其进行持股控制。如图 4-17 所示，母公司或集团公司处于企业集团的核心层，故称之为集团的核心企业。相应地，各子公司、关联公司、协作公司就是围绕该核心企业的集团紧密层、半紧密层、松散层的组成单位。

控股型结构建立在企业间资本参与关系的基础上。母公司与它所持股的企业单位之间不是上下级之间的行政管理关系，而是出资人对被持股企业的产权管理关系。母公司作为大股东，对持股单位进行产权管理控制的主要手段是：凭借所掌握的股权向子公司派遣产权代表和董事、监事，通过这些人员在子公司股东会、董事会、监事会中发挥积极作用而影响子公司的经营决策。

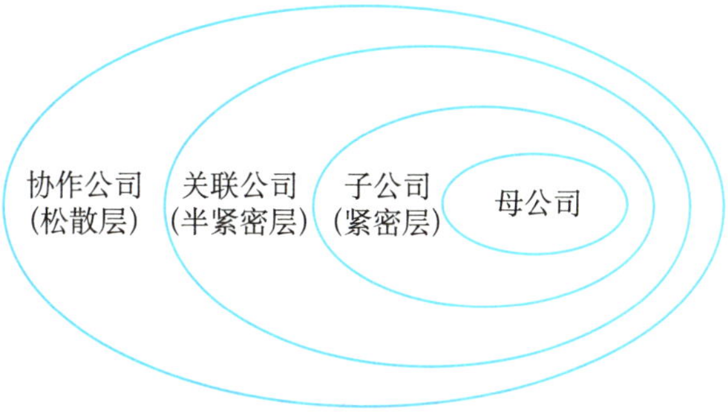

图 4–17 控股型结构图

（三）网络型结构

采用网络型结构（Network Structure）的组织是通过一个中央核心来运作的，这个核心借由关系网与外部承包商及提供基本服务的供应商相联系。对组织来说，传统模式是自己拥有所有的东西，新模式则是组织仅仅拥有企业所必需的或者核心的业务单元，同时运用战略联盟和外包（Outsourcing）来提供剩余的部分。如图 4–18 所示。

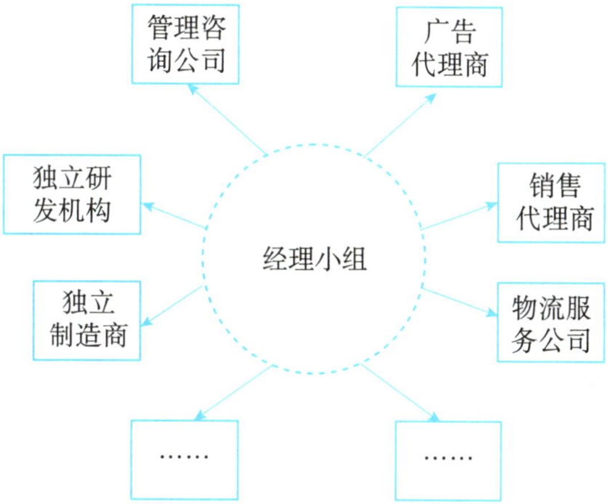

图 4–18 网络型结构图

信息技术的创新性应用增加了网络型结构的潜在优势。对于组织内部而言，组织可只雇用少量全职员工，组织系统结构精简且高效；对于组织外部而言，组织可寻求优秀资源，把专门的业务外包出去。而网络型结构的潜在劣势则主要在于与新型管理责任的要求不符合。企业或组织的业务越多、越复杂，要维系的承包商和各种联盟关系也越多、越复杂，如果其中任何一环出现问题，则整个系统都要承担后果，而且外包行为可能导致缺乏控制力和忠诚度，因此必须对外包进行战略控制和指导，并控制外包结果。

课堂思考 4-5

请结合华为公司的实践，就美国学者钱德勒提出的“目标决定企业战略，战略决定组织结构”这一著名论断，谈谈你的想法。

模块四 组织中的人员配备认知

组织设计仅为系统的运行提供了可供依托的框架。框架要能发挥作用，还需要由人来操作。因此，在设计了合理的组织机构和结构的基础上，还需要为这些机构的不同岗位选配合适的人员。人员配备是组织设计的逻辑延续，这项工作的主要内容和任务是：通过分析人与事的特点，谋求人与事的最佳组合，实现人与事的不断发展。

扫一扫

组织中的人员配备

知识链接 4-4

杂诗一首（清·顾嗣协）

骏马能历险，犁田不如牛，坚车能载重，渡河不如舟。
舍长以就短，智者难为谋，生材贵适用，慎勿多苛求。

一、人员配备的概念与任务

人员配备是根据组织结构中所规定的职务的数量和要求，对所需要的各类人员进行恰当而有效的选择、使用、考评和培训的职能活动。① 人员配备的任务可以从组织和个人这两个角度进行考察。人员配备是为每个岗位配备适当的人，首先满足组织的需要。同时，人员配备是为每个人安排适当的工作，因此要考虑满足组织成员个人的特点、爱好和需要。人员配备工作不仅表现在要用好现有人员上，而且要能够为组织的发展做好人力资源上的准备。这种准备包括多个方面，如表 4-21 所示。

① 从广义上而言，人员配备包括管理人员的配备和非管理人员的配备，但管理学意义上的人员配备侧重于对管理人员进行恰当而有效的选拔、考评、培训，其目的是配备合适的人员去充实组织机构中所规定的各项职能，以保证组织的有效运行，进而实现组织既定的目标。

表 4–21 人员配备的任务考察

考察角度	内容描述
从组织的角度考察	通过人员配备使组织系统开动运转；为组织发展准备管理人才力量；维持成员对组织的忠诚。
从成员的角度考察	通过人员配备使每个人的知识和能力得到公正的评价、承认和运用；使每个人的知识不断发展，素质和能力不断提高。

人员配备的重要性：人员配备是组织有效活动的保证；人员配备是组织发展的准备。

二、人员配备的原则

人是组织活动的关键资源，合理用人、用好人是组织生存和发展的重要环节之一，也是衡量人员配备有效与否的重要标准之一。做好这项工作必须遵循几个重要的原则，如表 4–22 所示。

表 4–22 人员配备的原则

原则	内容描述
因事择人原则	因事择人就是员工的选聘应以职位的空缺和实际工作的需要为出发点，以职位对人员的实际要求为标准，选拔、录用各类人员。
量才使用原则	量才使用就是根据每个人的能力大小安排合适的岗位。人的差异是客观存在的，一个人只有处在最能发挥其才能的岗位上，才能干得最好。
任人唯贤原则	任人唯贤原则就是在人事选聘方面，大公无私、实事求是地发现人才、爱护人才，本着求贤若渴的精神，重视和使用确有真才实学的人。这是组织不断发展壮大、走向成功的关键。
经济效益原则	组织人员配备计划的拟定要以组织需要为依据，以保证经济效益的提高为前提；它既不是盲目地扩大职工队伍，也不是单纯为了解决职工就业，而是为了保证组织效益的提高。
规范化原则	员工的选拔必须遵循一定的规范和程序。科学合理地确定组织员工的选拔标准和聘任程序是组织聘任优秀人才的重要保证。只有严格按照规定的程序和标准办事，才能选聘到真正愿为组织的发展作出贡献的人才。
人事动态平衡原则	所谓人事动态平衡，就是要使那些能力发展充分的人去从事组织中更为重要的工作，同时要使能力平平、不符合职务需要的人得到识别及合理的调整。这是因为处在动态环境中的组织是在不断变革和发展的，组织对其成员的要求也是不断变动的。当然，工作中人的能力和知识也是在不断地提高和丰富的。因此人与事的配合需要不断地协调、平衡，最终实现人与工作的动态平衡。

同时，人员配备需要走出一个误区，即团队中每个人均须是最出色的。其实，这样并非一定利于工作效率的提高，不同风格与特长成员之组合更能促进组织的发展与创新。

三、管理人员的选聘

员工招聘是指组织及时寻找、安置、确定、吸引并鼓励符合组织要求的人到本组织中任职和工作的过程。组织往往因规模扩充或人事变动而需要人才，从而进行招聘。

选聘管理人员，既可以考虑从内部提升，也可以考虑从外部招聘。其中，外部招聘渠道包括校园招聘、人才市场现场招聘、网络招聘和从竞争者企业挖掘等。内部提升和外部招聘的优缺点如表 4–23 所示。

表 4–23　外部招聘和内部提升的优缺点比较

<table>
<tr><th>选聘方式</th><th colspan="2">内容描述</th></tr>
<tr><td rowspan="9">外部招聘</td><td colspan="2">外部招聘是根据组织制定的标准和程序，从组织外部的众多候选人中选拔符合空缺职位要求的管理人员。</td></tr>
<tr><td rowspan="4">优点</td><td>（1）来源广泛，选择余地大，易于招到一流人才。组织可经由猎头公司将选择的范围扩展到全国乃至全球，容易百里挑一，招到一流的人才。</td></tr>
<tr><td>（2）来自外部的候选人能够为组织带来“新鲜的空气”。一方面，外部候选人会给组织带来新思想、新观念、新技术、新方法、新的价值观和新的外部关系，能帮助组织用新的方法解决一直困扰自身的问题；另一方面，外部候选人具有“外来优势”，没有“历史包袱”，往往不受条条框框约束，较少顾忌复杂的人际关系，从而为组织带来更多的创新机会，增强组织的活力。</td></tr>
<tr><td>（3）可平息或缓和内部竞争者之间的矛盾。组织中某些管理职位的空缺可能会引发内部若干竞争者的较量。如果员工发现处在同一层级上、能力相差无几的同事得到提升而自己未果，就可能产生不满情绪，这种情绪可能会带到工作上，从而影响组织任务的完成，这反而会给组织造成负面的影响。而从外部招聘则可能会使这些竞争者得到某种心理上的平衡，有利于缓和他们之间的紧张关系。</td></tr>
<tr><td>（4）人才现成，节省培训费用。组织进行外部招聘，特别是招聘高层管理人员时，往往会选择最符合条件的候选人，外部候选人应具备较高的知识、水平和素质，与空缺的职位相适应，不需要或需要较少的培训，因而可以节约培训费用。</td></tr>
<tr><td rowspan="4">缺点</td><td>（1）进入角色慢，缺乏人事基础。外部候选人对组织缺乏深入了解，可能“水土不服”，不熟悉组织内部的情况，很难快速进入角色，同时又缺乏一定的人事基础，需要较长的适应期和磨合期，才能真正开展有效的工作。</td></tr>
<tr><td>（2）对求职者无法深入了解。由于组织与外部候选人之间的信息不对称，候选人的实际工作能力与选聘时的评估能力可能存在很大的差距。</td></tr>
<tr><td>（3）影响内部员工的工作积极性。员工都希望在组织中能有不断升迁和发展的机会，当组织中出现空缺职位时，总倾向于从外部招聘管理人员，认为“外来的和尚会念经”，就会影响内部员工的积极性和士气。</td></tr>
<tr><td>（4）外部人员缺乏对组织的忠诚。一般来说，外部候选人不像内部员工那样对组织有较高的忠诚度。有时，外部候选人从原来的组织跳槽到现组织，也就有可能很快再跳槽到别的组织，且在选聘初期这种风险和成本更大。</td></tr>
</table>

续前表

<table>
<tr><th>选聘方式</th><th colspan="2">内容描述</th></tr>
<tr><td rowspan="9">内部提升</td><td colspan="2">内部提升是指组织成员的能力增强并得到充分的证实后，被委以需要承担更大责任的更高职务。它是填补组织中由于发展或伤老病退而空缺的管理职务的主要方式。</td></tr>
<tr><td rowspan="5">优点</td><td>（1）了解全面，准确性高。内部候选人在组织中工作了若干时间，组织对其个人品德、工作能力、工作业绩以及工作态度有较为深入全面的了解，因此，从内部提拔管理人员风险小、准确性高。</td></tr>
<tr><td>（2）可鼓舞士气，激励员工，增强员工对组织的忠诚度，强化组织文化的凝聚力。</td></tr>
<tr><td>（3）有利于迅速开展工作。内部候选人了解组织的各种情况，熟悉组织的文化及组织运行的特点，具有一定的人事基础，适应期比较短，可以迅速开展工作，打开局面。</td></tr>
<tr><td>（4）使组织培训投资得到回报。内部员工得到提升，担任越来越重要的职位，表明组织对其培训、教育有了回报。</td></tr>
<tr><td>（5）招聘费用低。组织对内部候选人的了解显然比外部候选人要多得多，选聘范围要小得多，因此，可以免去许多用来寻找、评价应聘者的活动，节省招聘费用。</td></tr>
<tr><td rowspan="3">缺点</td><td>（1）来源局限，水平有限。从内部现有员工中进行选聘，范围较小，候选人来源有一定的局限性，会产生“山中无老虎，猴子称霸王”“矮子里面拔将军”的现象。</td></tr>
<tr><td>（2）可能造成“近亲繁殖”的现象。从内部提升的人员往往喜欢沿袭或模仿上级的管理方法，萧规曹随，从而有可能使不良风气得以蔓延，不利于组织的创新和管理水平的提高。</td></tr>
<tr><td>（3）内部竞争，引起同事不满。在若干候选人中提升其中一名时，可能使落聘者产生不满情绪，甚至采取不合作的态度，影响工作的正常进行。</td></tr>
</table>

课堂思考 4–6

在进行外部招聘时，招聘渠道的选择十分重要。请思考常见的外部招聘渠道有哪些，这些招聘渠道各有什么优缺点，各适合何种岗位。

总的看来，选聘管理人员必须看候选人是否具有管理愿望，是否具有管理能力。

为保证招聘工作的有效性和可行性，应当按照一定的程序并通过竞争来组织招聘工作。具体如下：制定招聘决策、落实招聘计划、准备招聘材料、选择招聘渠道、填写登记表、对应聘者进行初选、对初选合格者进行知识与能力的考核、体检、选定录用员工、评价和反馈招聘效果。

招聘是组织人员配备流入的主要途径，招聘效果的好坏直接影响组织下一步的发展战略能否顺利实现。招聘的有效性，一方面可从被招聘人员的数量上考量，即招聘的结果能否满足组织在人员数量上的要求；另一方面可从招聘的质量上考量，即新员工素质是否很好地达到了组织的用人标准。组织对于普通员工的招聘，往往重于前者，而对于知识型员工的招聘，则强调后者。

四、管理人员的考评

管理人员的考评是对管理人员的工作行为与工作结果全面地、系统地、科学地进行考查、分析、评估与传递的过程。考评是评价管理人员绩效的必要手段，是选拔和培训管理人员的需要，是完善组织工作和调整管理人员职位的需要，是奖励的合理依据。考评要做到：考评依据要客观，考评方法要可行，考评时间要适当，考评结果要反馈。

考评内容如表 4–24 所示。

表 4–24　管理人员考评内容

考评方面	内容描述
工作业绩	绩效评估的出发点是管理者的工作岗位，是对管理者担当工作的结果或履行职务的工作结果的评价。只有对管理者的工作完成情况，即工作业绩的考评是公平的，考评结果才具有可比性。所以，工作业绩是考评的重点所在，也是考评的中心。而考核评价工作业绩的项目或指标可从工作数量、工作质量、工作速度、工作准确性等方面去衡量。工作业绩考评解决的是工作完成得怎么样的问题，是对完成工作的状态的评估。
工作能力	工作能力在本质上是指一个人顺利完成某次活动所必备的、影响活动效率的、稳定的个性特征，是指管理者担当工作需具备的知识、经验与技能。能力与业绩有显著的差异。业绩是外在的，能力是内在的。一般来说，能力包括必备的知识、专业技能、一般能力等。与能力测评不同，能力考核是考核管理者在工作中发挥出来的能力，考核管理者在工作过程中显示出来的能力，根据标准或要求，确定他的能力发挥得如何，以及对应于其所担任的工作、职务，能力是大还是小，是强还是弱等。
工作态度	工作态度对工作业绩影响很大，是在完成工作时所表现出来的心理倾向性，企业不能容忍缺乏干劲、缺乏热情的管理者。
个人品德	作为管理者，个人品德对胜任岗位、对员工都具有很大的影响。具备良好的道德品质，就能够做到基本客观公正地执行手中的权力；相反，品德有缺陷的人，会滥用手中的权力，进而对员工产生不良影响。尤其是在人事、财务管理岗位上的管理者，更要求具备良好的道德品质，以胜任岗位要求。

那么，谁来进行对管理人员的考评呢？一般认为，考评的主体不仅包括上级主管，还包括被考评者的下属、同事、客户以及被考评者本人。换言之，考评的方式包括上级考评、下级考评、同事考评、客户考评和自我考评。

课堂思考 4–7

你们学校在评优秀学生奖学金的过程中，对学生有哪些方面的考核？在具体执行过程中存在哪些问题？你认为应如何解决？

五、管理人员的培训

管理人员的培训是通过培训和开发项目提高管理人员能力水平和组织业绩的一种有计划的、连续的工作，目的是为管理人员提供其工作所必需的领导技能，完善其职业生涯的发展。

在现代化的生产经营过程中，进行管理人员的培训不仅是现实的需要，而且具有战略意义。具体而言，管理人员培训的目的表现在四个方面，如表 4–25 所示。

表 4–25　管理人员培训的目的

目的	内容描述
信息的传递	这是培训管理人员的基本要求。通过培训，管理人员可以了解组织在一定时期内的生产特点、产品性能、工艺流程、营销政策、市场状况等方面的情况，熟悉组织的生产经营业务。
文化的同化	每个组织都具有各自的组织文化，存在不同的价值观念、行动的基本准则等。通过培训，管理人员可以逐步了解组织文化，进而达到与组织文化同化，逐步接受组织的价值观念，自然地按照组织中普遍的行为准则有效地开展管理工作。
知识的更新	培训可以促使管理人员不断补充和更新他们的科学、文化和技术知识。
能力的发展	组织中的管理人员是职业的管理人员，必须具备职业要求的基本能力，并且能够随着科学技术的发展，不断地提高其职业能力。通过培训，管理人员在决策、用人、激励、沟通、创新等方面的管理能力可以得到提高，从而达到管理工作的要求。

管理人员培训大致可分为需求分析阶段、项目实施阶段和效果评价阶段三个阶段，如表 4–26 和图 4–19 所示。

表 4–26　管理人员培训的程序

程序	内容描述
需求分析	需求分析阶段是整个管理人员培训工作的基础，解决为什么要进行管理人员的培训和培训的内容与目标是什么的问题，并根据组织实际需求制定相应的管理人员培训目标。
项目实施	项目实施阶段是在评估需求分析阶段之后或者说在需求分析的基础上精心选择恰当的学习原则和培训方法，以及具体实施培训的过程。它解决的是怎样教、怎样学与学的条件和保障的问题。
效果评价	效果评价阶段是在需求分析阶段和项目实施阶段已圆满完成之后进行的。效果评价阶段的主要内容包括：确定衡量培训和开发工作成败的一系列指标，测定管理人员经过培训后究竟发生了哪些与工作有关的变化。

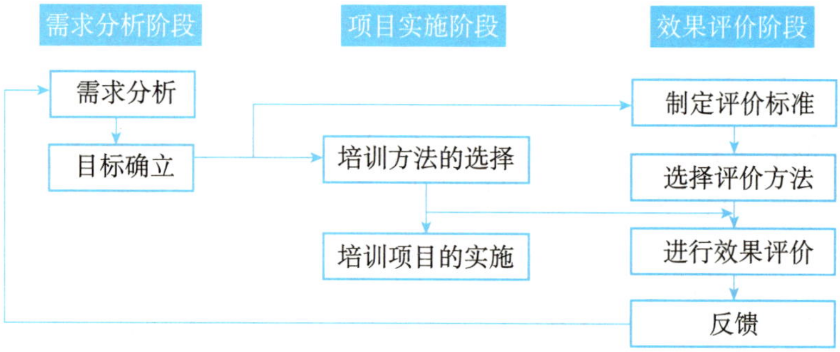

图 4–19　管理人员培训的程序

模块五　组织变革认知

迈克尔·哈默和詹姆斯·钱皮曾在《企业再造》一书中指出，“3C”力量，即顾客（Customer）、竞争（Competition）、变革（Change），是影响市场竞争最重要的三种力量，且其中尤以变革最为重要，“变革不仅无所不在，而且还持续不断，这已成了常态”。组织变革确已成为一个不容且不能回避的话题，尤其在“世界的经济与技术正面临不连续的时代”。组织变革实为组织发展过程中的一项经常性的活动，是衡量管理组织有效运转的重要标志之一。

一、组织变革的概念

组织变革（Organizational Change）是指为了提高组织适应内外部环境能力，提高组织的效能，及时对组织内部各要素结构进行的调整和改变，对不适应的部分进行改革和修正的过程。影响组织存在和其目标实现的各种因素如果发生了变化，组织就必须对其自身进行变革，以保证组织存在和其目标的实现。

扫一扫

组织变革

只有随着环境的变化而不断地对组织要素结构进行相应的调整，才能使组织维系生存和取得发展。任何组织都处于动态的社会变动中，影响组织生存及其目标实现的各种因素在变化，组织必然要通过变革以适应这些变化。组织的变革是绝对的，而组织的稳定是相对的。一般来说，组织变革的原因主要可从两个方面进行分析，如表 4–27 所示。

表 4–27 组织变革的原因

分类	组织变革的因素
组织外部环境	顾客因素、竞争因素、科技因素、经济因素、法律因素、政治因素
组织内部条件	目标因素、规模因素、技术因素、管理因素

知识链接 4–5

力场分析

力场分析（Force Field Analysis）是一种识别在某一情况下促进及阻碍改变力量的方法。通常，促进改变的动力叫正向力，阻碍改变的阻力叫负向力。应用力场分析的目的是评估达成改变的难易程度，从而制定计划来克服改变的阻力。力场分析法可用于任何管理层次，在运用立场分析法列举变革的动力和阻力时，一者可使用头脑风暴法，二者可让尽可能多的利益相关者参与其中，使之更具有代表性、更为全面。力场分析图如图 4–20 所示。

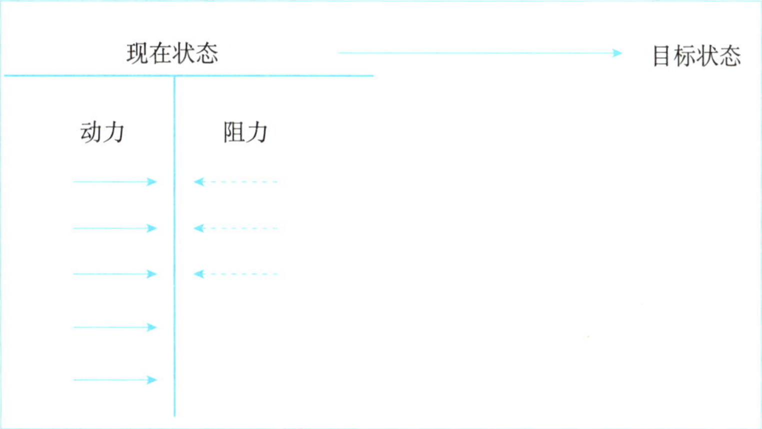

图 4–20 力场分析图

二、组织变革的内容

组织变革是组织根据外部环境和内部条件的变化，及时地改变自己的内在结构，以适应客观发展的需要，更好地实现组织目标的过程。组织变革的内容主要涉及结构变革、技术变革、产品或服务变革、战略变革、人员与文化变革等方面，如表 4–28 和图 4–21 所示。

表 4–28　组织变革的内容

变革类型	内容描述
结构变革	结构变革是指工作专门化、部门化、指挥链、管理幅度、集权化、正规化、工作再设计及整体的结构设计的改变。管理者设计组织结构不是一旦作出就一成不变的，变化了的环境要求结构作出相应的改变。管理者作为变革的推动者，就可能需要对结构进行修改。一个组织的结构是由其复杂性、正规化和集权化程度决定的。管理者可以对这些结构要素的一个或多个加以变革。例如，可将几个部门的职责组合在一起，或者精简某些纵向层次、拓展管理跨度，以使组织扁平化和减少官僚机构特征。为提高组织的正规化程度，可以制定更多的规章和制度。而通过提高分权化程度，则可以加快决策制定的过程。另一个方案是对实际的结构设计作出重大的改变。这可能包括从职能型向产品分部结构的转变，或者形成一种矩阵制结构。管理者也可能考虑重新设计职务或工作程序，或者修订职务说明书、丰富职务内容或实行弹性工作制，甚至修改组织的薪酬制度。
技术变革	技术变革是指投入转化为产出的技术，包括工作开展的方式、所使用的方法和设备的改变。泰勒的《科学管理原理》就是着重于技术变革方面的努力。科学管理是基于时间和动作研究来推进变革，以提高生产效率。今天，许多技术变革通常涉及新的设备、工具和方法的引进，以及实现自动化与计算机化等。
产品或服务变革	产品或服务变革是变革组织的产品或服务产出。产品或服务生命周期变得越来越短，组织需要不断推出新的产品或服务以满足顾客不断变化的需求，产品或服务变革意味着一个新战略的产生或者一个新市场的出现，产品或服务变革要围绕着组织的全球化，以进入高盈利、适销对路的产品或服务市场为目标。
战略变革	战略变革涉及组织的宗旨、经营方向、战略形态、经营方针和范围的调整问题，它包括组织的价值观系统、战略管理、经营政策、外部协调策略、战略信息的取得与实时监控系统的变革。
人员与文化变革	人员与文化变革是指员工的价值观、态度、期望、信仰、能力和行为等方面的变革，这种变革是在思想领域而不是结构、技术、产品或服务、战略领域。人员与文化变革的主要原因是任何变革都需要组织人员来执行和支持，同时，组织的绩效不能单靠更改组织结构、技术等来实现，还需要组织人员改变价值观和态度等。

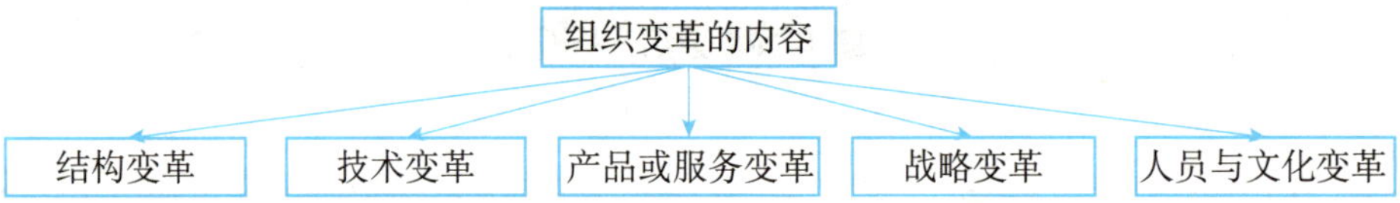

图 4–21　组织变革的内容

三、组织变革的过程

在组织变革的实践和研究过程中，不同学者对变革的过程提出了不同的理论和观点。组织变革研究领域的著名学者、计划变革理论的创始人库尔特·勒温的三阶段变革过程模型是将变革看作对组织平衡状态的一种打破，即解冻。解冻一旦完成，就可以推行组织本身的变革。但仅仅引入变革并不能确保它的持久，新的状态需要加以再冻结，这样才能使之保持一段相当长的时间。因此，再冻结的目的是通过平衡驱动力和制约力两种力量，使新的状态稳定下来。如表 4–29 和图 4–22 所示。

表 4–29 三阶段变革过程模型

过程	内容描述
解冻（Unfreezing）	解冻阶段作为实施组织变革的前奏，是创造变革的动力。解冻是在变革者清醒地认识到现行的组织结构已经不能适应组织发展的要求时，对现行模式的打破。变革必然会面临组织自身及其部分成员的抵制，因此这一阶段的主要任务是使组织及其成员认识到变革的重要性和迫切性，并使其自愿参与到组织变革过程中来。而在与那些不再发挥作用并要设法打破的结构和管理行为分开之前，要组织及成员接受一个新的未来愿景将十分困难。因此，在本阶段，组织必须通过积极引导、宣传和教育，改变员工已有的观念和态度，激励员工接受并参与改革。
变革（Changing）	变革阶段是变革措施真正落实的阶段，即变革过程中行为转换阶段。变革阶段的主要任务是指明改变的方向，实施变革，使成员形成新的态度和行为。在本阶段，变革的关键是将整个组织团结在一个凝聚人心的愿景之下。这个愿景不仅包括对组织使命、经营哲学和战略目标的某种陈述，而且旨在清晰地描绘未来理想的组织。组织要把解冻阶段激发出来的热情转化为变革的行动，通过变革行动进一步调动员工的积极性，推进组织再造和重组，发展新的价值观、态度和行为。
再冻结（Refreezing）	再冻结阶段是改革后的行为强化阶段，即把组织稳定在一个新的均衡状态，其目的是保证新的工作方式不会轻易改变，这是对支撑这一变革的新行为的强化。在变革初期，组织和其部分成员会有退回原有工作方式的倾向，因此，本阶段的主要任务是利用必要的强化方法使新的态度和行为方式固定下来，保护变革的成果。组织变革者要采取多种手段不断强化员工的价值观、行为方式、行为规范以巩固组织的新状态。

图 4–22 三阶段变革过程模型

系统管理学派的代表人物弗莱蒙特·卡斯特和詹姆斯·罗森茨韦克在他们合著的《组织与管理——系统方法与权变方法》一书中，提出了组织变革过程的六个步骤，如表 4–30 所示。

表 4–30 六个步骤变革模型

步骤	内容描述
（1）审视状态	对组织内外环境现状进行回顾、反省、评价、研究，为组织变革做准备。
（2）找出问题	识别组织内存在的问题，确定组织变革需要。

续前表

步骤	内容描述
（3）辨明差距	找出组织现状与组织期望状态之间的差距，分析所存在的问题。
（4）设计方法	提出和评定多种备选方法，经过讨论和绩效评估，确定解决问题的方法。
（5）实行变革	根据所选方法及行动方案，采取变革行动。
（6）反馈效果	从实施的结果中，评价效果，实施反馈。若有问题，找出改进的方法，再次循环，以便组织不断完善。

随着经济的全球化和信息时代的到来，企业的组织也在发生深刻的变化。自 20 世纪末以来，在发达的市场经济国家，企业的组织变得越来越扁平化、虚拟化、弹性化和人性化。组织变革是组织取得持续的生存和发展的必然选择，是在变革动力和阻力的此消彼长中推进、深化的过程。科学认识变革的原因，了解变革的过程，洞察组织变革趋势，是变革者成功变革的关键。

单元小结

由于生理的、心理的、物质的、社会的限制，人们为了达到个人的和共同的目标，就必须合作，于是形成了群体，群体又发展为组织，其静态为实体，动态为过程。组织可以按照不同的标准进行分类，具体可按组织的性质、利益受惠、组织人数或生产能力、组织与外部的关系、组织的形成方式划分。从狭义上讲，组织（职能）工作是指建立健全组织体系的过程；从广义上讲，组织（职能）工作是指从组织结构建立，到组织运行、组织变革，以及组织目标实现的全过程。组织工作的核心是组织（结构）设计。组织设计的目的是建立合理的组织结构，规范组织成员在活动中的关系。组织结构设计应贯彻目标一致性原则、专业化分工与协作原则、管理幅度原则、统一指挥和权力制衡原则、责权利对等原则、因事设职与因人设职相结合原则。组织结构设计就是对组织内的部门、层次和职权进行合理的划分，即组织设计的横向、纵向和职权结构。组织横向结构设计主要解决管理与业务部门的划分问题，反映组织中的分工协作关系。组织纵向结构设计主要解决管理层次的划分与职权分配问题，反映组织中的领导隶属关系。组织的职权为履行职责的必要条件与手段，分为直线职权、参谋职权和职能职权三种形式。组织中职权配置方式主要有两种：其一为集权与分权，其二为授权。按照组织所处环境的差异可将组织结构分为两种基本形式：机械型组织结构和有机型组织结构。前者主要包括直线制结构、职能制结构、直线职能制结构、事业部制结构；后者主要包括矩阵制结构、立体多维型结构、控股型结构、网络型结构等。组织设计仅为系统的运行提供了可供依托的框架，框架要能发挥作用，还需要由人来操作。因此，在设计了合理的组织机构和结构的基础上，还需为这些机构的不同岗位选配合适的人员。组织变革是指为了提高组织适应内外部环境的能力，提高组织的效能，及时对组织内部各要素结构进行的调整和改变，对不适应的部分进行改革和修正的过程。组织变革的原因主要可从组织外部环境、组织内部条件两个方面进行分析。组织变革的类型主要有五个方面：结构变革、技术变革、产品或服务变革、战略变革、人员与文化变革。勒温的三阶段变革过程模型分为解冻、变革和再冻结三个阶段，卡斯特和罗森茨韦克的六个步骤变革模型包括审视状态、找出问题、辨明差距、设计方法、实行变革和反馈效果六个步骤。

核心概念

组织	组织工作	组织结构设计	管理幅度	制度规范
职权配置	横向结构设计	纵向结构设计	职权	分权
集权	人员配置	人员选聘	人员培训	组织变革

管理实训

了解某企业的组织结构

实训目的

通过对一个企业的访问，了解该企业组织结构的模式及设计该组织结构的依据。

实训方法与内容

1. 在全班范围内进行统筹，不同的模拟公司寻找不同的组织结构的代表企业。

2. 各模拟公司分别访问代表企业，考察该代表企业的组织结构。

3. 分析代表企业的组织结构，分析内容包括设计组织结构的依据、该组织结构的优缺点、组织权力的划分、组织部门的划分等。

4. 各模拟公司分工撰写访问报告或小结，并与其他模拟公司交流。

管理应用

1. 费萨尔・萨姆领导着一个 7 人项目工程师小组，这个小组肩负着一项重任，因为消费者对公司电脑某个部件的不同版本的需求正在增加。萨姆发现他根本没有时间去研究每个版本的设计细节，而且到目前为止他都在尝试独自完成这个工作。小组中的两位工程师已表示有兴趣协助他完成设计。就向他人授权而言，你作为一个咨询顾问对萨姆有什么建议？①

2. 老话说："一个和尚挑水吃，两个和尚抬水吃，三个和尚没水吃。"新观点是："一个和尚没水吃，两个和尚缺水吃，三个和尚剩水吃。"现要求通过环境分析，思考应如何进行管理创新、技术创新、机制创新，转变观念，达到"三个和尚水吃不完"的目标。每个模拟公司撰写并陈述各自观点。

① 参见［美］约翰・R. 舍默霍恩：《管理学》（第 8 版），205 页，北京，中国人民大学出版社，2011。

管理游戏

授权的自我评估

游戏目的

评估每个学生对授权的认识程度。

游戏程序

评估说明：请阅读下列每一句话，并将你对该陈述的感受勾选于方框中。要提醒你的是，在作自我评估时，很容易选出“应该”选的答案，但是这样做却无法对自我了解有实质的助益。此外，并没有人会去分析你是如何作答的。因此，请试着以客观的态度，真正地审视自己。请务必每一题都作答，再计算分数。

评估题目：

1. 我虽然想要更多地授权，但我所授权的工作似乎从未依我想要的方式完成过。

□完全同意　□有些同意　□有些不同意　□完全不同意

2. 我感到自己没有时间好好地将任务授权给部属。

□完全同意　□有些同意　□有些不同意　□完全不同意

3. 我能很小心地检查部属的工作，而不让他们知道。因此，我能在任何小错误引发大问题前加以改正。

□完全同意　□有些同意　□有些不同意　□完全不同意

4. 我将工作全部授权下去，也就是在我完全不参与的情况下，让部属有机会去完成一项工作。然后，我会检查最后的结果。

□完全同意　□有些同意　□有些不同意　□完全不同意

5. 当我已经给了明确的指示，而工作却没有做对时，我会生气。

□完全同意　□有些同意　□有些不同意　□完全不同意

6. 我觉得部属不像我一样那么有使命感。因此，任何工作授权出去都不像我自己做得那么好。

□完全同意　□有些同意　□有些不同意　□完全不同意

7. 我虽然想要更多地授权，但我认为自己能比任何接受授权的人将一件事做得更好。

□完全同意　□有些同意　□有些不同意　□完全不同意

8. 我虽然想要更多地授权，但是如果对方无法把工作做好，我将会是受到指责的人。

□完全同意　□有些同意　□有些不同意　□完全不同意

9. 假如我非得将某些工作授权出去的话，我自己的工作就不会那么有乐趣了。

□完全同意　□有些同意　□有些不同意　□完全不同意

10. 每当我授权某件工作时，我总是会发现它不符合我的标准，结果我还得自己重新做一遍。

□完全同意　□有些同意　□有些不同意　□完全不同意

11. 我还没有真正地觉得授权可以节省时间。有时候花在授权与追踪上的时间比我自己去做还要多。

□完全同意　　□有些同意　　□有些不同意　　□完全不同意

12. 在授权时，我做得既清楚又明确，我会精确地说明要怎样去完成这项工作。

□完全同意　　□有些同意　　□有些不同意　　□完全不同意

13. 我不能完全如自己所愿去授权，因为我的部属缺乏所需的经验。

□完全同意　　□有些同意　　□有些不同意　　□完全不同意

14. 当授权时，我感到自己会失去掌控。

□完全同意　　□有些同意　　□有些不同意　　□完全不同意

15. 我虽然想要更多地授权，但我是十足的完美主义者。

□完全同意　　□有些同意　　□有些不同意　　□完全不同意

16. 我工作的时间比我的部属长，有时也比我自己希望的时间还长。

□完全同意　　□有些同意　　□有些不同意　　□完全不同意

17. 我可以将例行的工作交给部属做，但我觉得那些非例行的工作还是必须留在自己手上。

□完全同意　　□有些同意　　□有些不同意　　□完全不同意

18. 我发现我经常将工作带回家做。

□完全同意　　□有些同意　　□有些不同意　　□完全不同意

19. 有时我发现自己在做别人的工作（这些事是他们自己也能够做的）。

□完全同意　　□有些同意　　□有些不同意　　□完全不同意

20. 在休假或出差后，我的公文盒都会堆得满满的。

□完全同意　　□有些同意　　□有些不同意　　□完全不同意

21. 我常常会因为其他人来问我问题，或就一些特别项目向我提出请求，而将工作打断。

□完全同意　　□有些同意　　□有些不同意　　□完全不同意

22. 有时候我发现自己花在例行性工作上的时间，要多过用在计划与督导上的时间。

□完全同意　　□有些同意　　□有些不同意　　□完全不同意

23. 我有喜欢插手每一件事情的倾向。

□完全同意　　□有些同意　　□有些不同意　　□完全不同意

24. 我经常赶着在限期内完成工作，而且会亲自花很多时间在重要的工作上。

□完全同意　　□有些同意　　□有些不同意　　□完全不同意

25. 我虽然想要更多地授权，但我的老板期待我对所有的细节都非常清楚。

□完全同意　　□有些同意　　□有些不同意　　□完全不同意

游戏拓展

授权请谨记八个字：“放开双手，睁开双眼。”

第五单元 领导职能

道格拉斯·麦格雷戈（Douglas McGregor，1906—1964），美国著名的行为科学家，被誉为人际关系学派最具影响力的思想家之一，是人性假设理论创始人、管理理论的奠基人之一、X-Y 理论管理大师。主要著作有：《管理的哲学》《企业的人性面》《经理人员在技术爆炸时期的责任》。

管理箴言

Leadership, like swimming, can not be learned by reading about it.

——亨利·明茨伯格

领导是强势而不是独裁的。

——张忠谋

成功的领导来自领导者的影响力，而影响力非职权。

——肯尼斯·布兰查德

领导者不做计划，不解决问题，甚至也不组织员工。他们真正在做的事，就是带领组织预先准备以因应变革，并协助组织克服变革的阵痛。

——约翰·科特

新的领导人能带动人们行动，使追随者蜕变为领导者，使领导者又成为变革的催化剂。

——沃伦·本尼斯

企业的管理，过去是沟通，现在是沟通，未来还是沟通。

——松下幸之助

学习目标

通过本单元内容学习，你应该达到以下学习目标并完成能力训练任务：

	素质目标	知识目标	能力目标
学习目标	（1）树立基于“自然说”的人性认知观，立德为先、修身为本，依品行立足，靠素质成事，藉勤奋创业，由自律正身，塑造人格魅力； （2）养成宽心仁厚“为人”风格和追求卓越的“处事”风格，传承“知行合一“的行为规范； （3）养成激励他人和激励自我的良好习惯，增强“以人为本”的意识，时刻保持积极向上的良好心态； （4）养成敢于沟通，善于沟通与乐于沟通的良好习惯，树立同理心和换位思考的思维方式。	（1）理解领导、激励、沟通的内涵； （2）熟悉四种人性假设的内容； （3）重点掌握领导特质理论、领导行为理论和领导权变理论的主要内容及特点； （4）掌握内容激励理论、过程激励理论及行为改造理论的主要内容、特点及应用； （5）掌握沟通的概念和过程； （6）掌握正式沟通和非正式沟通的类型和特点； （7）熟悉阻碍有效沟通的因素和提高沟通效果的方法。	（1）能够培养有效领导的能力； （2）能够识别领导与管理的联系与不同； （3）能够模拟使用几种激励理论； （4）能够掌握一定的沟通技巧与技能； （5）能够运用本单元所介绍的方法解决现实管理中的问题。
能力训练任务	（1）开展虚拟公司的岗位竞聘活动； （2）邀请1～3位企业家演讲； （3）学生模拟“领导艺术情景剧”表演； （4）观看电影《阿凡达》，感受杰克身上值得职场领导者学习的诸多优点，如快速完成角色转变、谦卑的心态、战胜困难的勇气、用实力领导大家和沟通的艺术等。		

内容体系

领导是继计划、组织之后的又一项管理职能。在实际的管理工作中，即使计划完善至极、组织结构合理有效，如果没有卓有成效的领导工作去协调、影响组织成员的行动和具体指导实施组织计划，也极有可能导致管理秩序混乱、工作效率低下，最终偏离组织既定目标。领导实质上是一种影响力，领导职能的影响力完全可以借由激励和沟通环节来展现。对管理者来说，有效的激励和有效的沟通，均能提高组织成员对组织目标的实现达成度。

模块一 领导认知

扫一扫

领导与领导者

一、领导与领导者

沃伦·本尼斯（Warren Bennis）是一位受人尊敬的学者和管理专家，他曾抱怨说，太多的美国公司是“管理太多，领导太少”；美国海军上将、世界第三位程序员、Bug 发现者、编译语言创始人和现代高级程序设计语言奠基人格雷斯·霍珀（Grace Hopper）曾说，“要管理的是事务，要领导的是人”。那么，究竟什么是领导？如何界定领导者？表 5–1 给出了答案。

表 5–1　领导与领导者的定义

概念	内容描述		备注
领导（Leadership）	一般可简单地解释为影响力，或对人们施加影响的艺术或过程，从而可使人们情愿地、热心地为实现群体的目标而努力。[①]	这一定义有三层含义：第一，它揭示了领导的本质，即影响力，这种影响力能够引导人们的行为，这里的引导，是指人们以某种方式或跟随一个特定过程的行为；第二，这个定义指出了领导是一个过程，是引导人们行为的过程；第三，这个定义指出了领导的目的，领导是一项目的性非常强的行为过程，它的目的在于使人们心甘情愿地、热心地为实现组织或群体的目标而努力。	哈罗德·孔茨和海因茨·韦里克
领导者（Leader）	领导者的唯一定义就是其后面有追随者。	领导者与被领导者是各自以对方的存在而存在的，没有被领导者当然也就没有领导者了。在领导行为过程中，领导者当然要对被领导者施加影响，但此时被领导者也同样在对领导者施加影响。可见影响是相互的。因此，领导并不仅仅是单向的，即由领导者对被领导者施加影响，实际上，领导是一种双向的动态过程，即除了领导者通过指导、激励等影响被领导者外，被领导者也给领导者以信息来修正领导者的现在和未来的行动。人们的能力、感受与心态是不断演变的，领导者与被领导者的关系也必须不断修正，行动必须持续调节，因此领导是一种动态的过程。	彼得·德鲁克
总结	领导就是带领并指导大家实现一定目标的过程，而领导者是进行领导活动的人。		

人们忍受管理者，却喜欢领导者。这是个重要的真理，此语管窥一斑。那么，领导（者）与管理（者）之间究竟有何种差异呢？如表 5–2 和图 5–1 所示。

表 5–2　领导（者）与管理（者）比较

学者	管理（者）	领导（者）	备注
斯蒂芬·P. 罗宾斯	管理者是被任命的，他们拥有合法的权力，进行奖励和处罚，其影响力来自他们所在的职位所赋予的正式权力。	领导者可以是任命的，也可以是从一个群体中产生出来的，领导者也可以不运用正式权力来影响他人的活动。	在理想的情况下，所有的管理者都是领导者，即要求管理者具有利用非正式权力影响下属的能力。 扫一扫 领导和管理究竟啥关系?

① 参见［美］孔茨、奥唐奈等：《管理学》，635 页，上海，上海人民出版社，1980。

续前表

学者	管理（者）	领导（者）	备注
沃伦·本尼斯	管理者正确地做事	领导者做正确的事	
约翰·科特	管理是维持运转	领导是实现变革	根据科特的观点，领导企业和管理企业不是一回事，一个企业既要维持现有秩序，又要持续不断地变革，两者缺一不可。领导企业强调的是变革，管理企业强调的是维持。
	管理过程的三部分： 1. 计划和预算 2. 建立组织和配备人员 3. 监督和控制	领导过程的三部分： 1. 确定经营方向 2. 凝练团队 3. 激励和鼓舞	
罗纳德·海菲兹	管理是解决技术性问题	领导是解决适应性问题	
刘澜①	管理是解决技术性问题	领导是解决挑战性难题	刘澜对海菲兹的说法进行了本土式的改造，据其所言，汉语语境中的“适应”更多被理解为“被动地忍受，而不是积极地改变”，故把海菲兹的“领导是解决适应性问题”改造为“领导是解决挑战性难题”。

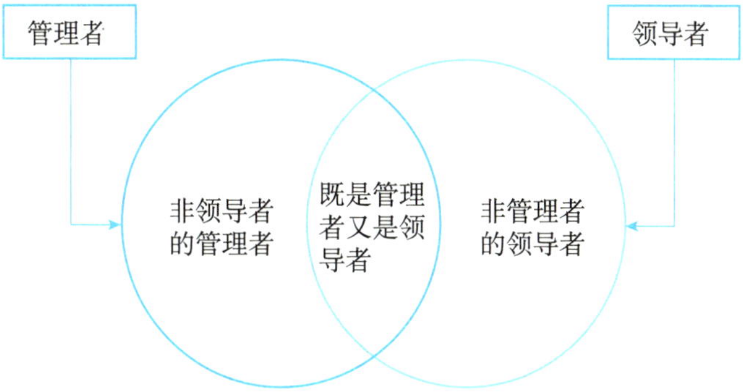

图 5-1　领导者与管理者的关系

课堂思考 5-1

无论是家庭教育，还是管理运作公司，我们皆可以从《道德经》（见图 5-2）中汲取智慧。《道德经》第十七章有言：“太上，不知有之；其次，亲而誉之；其次，畏之；其次，侮之……”学界普遍认为这是老子对管理（者）四重境界的划分。你是如何理解这四重境界的？你认为自己处于哪一层级（假如你是一名管理者）？

① 此部分内容的一些观点来自刘澜在“得到”专栏的《刘澜·北大领导力 30 讲》中的“06 讲：区分领导与管理”。

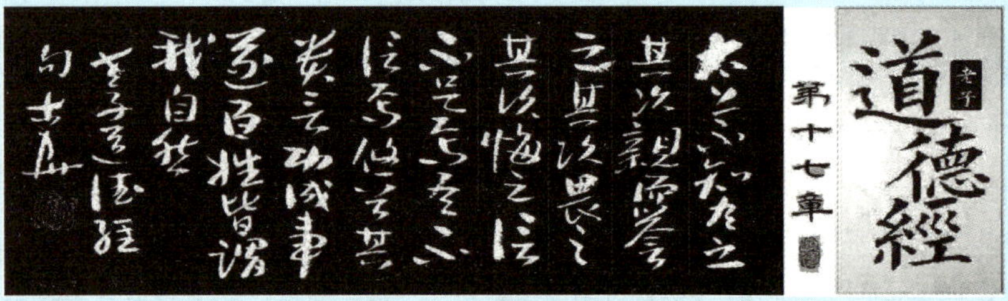

图 5-2 《道德经》书法欣赏

知识链接 5-1

职权与权力

职权（Authority）是一种合法的权力，是处于组织中某一职位上的权力，是通过组织安排的权力，与职位有关。权力（Power）是指一个人影响决策的能力，它是更广泛的权力概念的一部分，未必需要有职权才能产生权力。

权力的划分如图 5-3 所示。

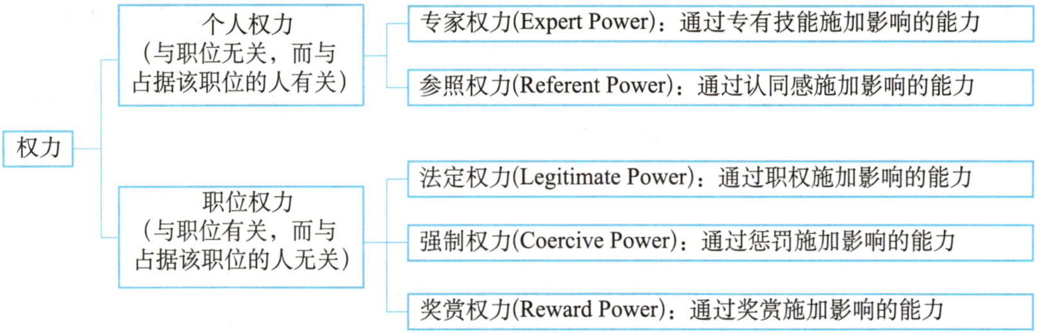

图 5-3 权力的划分

一个人具备一种还是多种权力基础？对表 5-3 中问题的肯定性回答可以回应这个问题。

表 5-3 测定各种权力来源

问题类型	结论描述
这个人可以为难他人，你总想避免惹他生气。	强制权力
这个人能给他人特殊的利益和奖酬，你知道和他关系密切是有益的。	奖赏权力
考虑到他或她的职位和你的工作职责，这个人有权力期望你服从法规的要求。	法定权力
这个人的知识和经验赢得了你的尊重，在一些事情上你会服从他的判断。	专家权力
你尊敬并喜欢这个人，乐意为他做事。	参照权力

管理故事 5-1

鹦鹉老板

一个人去买鹦鹉，看到一只鹦鹉前标示道：此鹦鹉会两门语言，售价两百元。另一只鹦鹉前则标示道：此鹦鹉会四门语言，售价四百元。该买哪只呢？两只都毛色光鲜，非常灵活可爱。这人转啊转，拿不定主意。结果突然发现一只老得掉了牙的鹦鹉，毛色暗淡散乱，标价八百元。这人赶紧将老板叫来："这只鹦鹉是不是会说八门语言？"店主说："不。"这人奇怪了："那为什么又老又丑，又没有能力，会值这个价呢？"店主回答："因为另外两只鹦鹉叫这只鹦鹉老板。"一般而论，"一头绵羊带领的一群狮子，敌不过一头狮子带领的一群绵羊"，但这个故事从另一个角度告诉我们，领导并非自己能力一定有多强，却要懂信任，懂放权，懂珍惜，这样才能团结比自己更强的力量，从而提升自己的身价；相反，许多能力非常强的人却因为过于追求完美，事必躬亲，抓小放大，最后只能做最好的公关人员或销售代表，成不了优秀的领导者。

课堂思考 5-2

比较儒家告子、孟子、荀子有关人性论的观点。

知识链接 5-2

将与帅

《后汉书》中记载的刘邦与韩信的"论将"一番对话，清晰地显示了领导者与管理者的差异。刘邦问韩信："像我这样的人，能领兵多少？"韩信说："陛下能领兵十万。""那你呢？""我是多多益善啊！""多多益善？那你为何被我所擒？""那是因为陛下虽不能领兵，却善将将（'用将'之意）。能领兵者，谓之将也；能将将者，谓之帅也。""将才"与"帅才"的差异不在于管理者与领导者在职位上的差异，而是两者之间的本质差异，即领导者凝聚、激励下属的能力。

二、人性的四种假设

领导是涉及组织中人的问题的职能，领导者要想对下级实施正确的领导，必须正确地认识和对待下级。所有的领导者都必须回答一个共同的问题：人性的本质是什么？这就是所谓的"人性假设"。人究竟是为了什么样的利益而采取行动？不同时期的管理学者和组织行为研究者提出了各自的见解，从而形成了不同的人性假设模式，如表 5-4 所示。

扫一扫

人性的四种假设

表 5-4　经济人、社会人、自我实现人和复杂人假设

类型	内容描述
经济人假设（Rational-economic Man）	管理学中经济人假设是对经济学中经济人假设的借鉴，是科学管理的人性假设基础。管理学中经济人假设认为：人是有理性的，追求自身利益最大化，人的工作动机根源于经济诱因，其目的在于获取最大的经济利益。由于经济诱因往往在组织的控制之下，因此人通常是在组织的操纵、激励和控制之下被动工作的。需要是潜在的动机，动机是意识到了的需要。经济人假设对人的主体性中的理性和动机方面进行考察。人被看作完全理性的，人的行为动机也只有经济动机。虽然在经济人假设中人是在组织的操纵和激励下进行工作的，但是，组织要实现激励就需要把人当做目的。人是目的在经济学人性假设中得到了最初的体现。个体目标和组织目标的关系已经有某种统一，这种统一是在经济利益上的统一，个体目标还没有表现出其独立性的一面，人还是组织的附属物。人的主体性和独立性还没有得到完全的承认。人的需求是多方面的，经济人假设忽视了人的非经济方面的需求和人的非理性因素，这种人性假设由于过分强调物质经济利益的刺激，而忽视了个人的主观能动性和情感因素的影响，阻碍了生产力的发展和组织效率的提高，因此，需要对人的主体性中其他需求和非理性因素进行研究和界定。
社会人假设（Social Man）	社会人假设认为：第一，人的行为并非完全理性，更多的是受欲望、情绪等非理性因素支配；第二，人是社会人，社会需要、团体归属感常是人们更重要的行为动机；第三，建立在非理性因素上的非正式组织，与正式组织相互作用，共同决定着组织的效率。社会人假设的提出不是对经济人假设的影响因素的清理，更不是对经济人假设的否定，而是对经济人假设的一种提升。社会人假设并不否定经济因素的重要性，而是说明在经济因素占次要地位的情况下，哪些因素在影响生产效率。社会人假设首次将人的情感、欲望等因素纳入人性假设的研究范围，指出了在经济需要满足的情况下，人的社会需要是影响生产力的主要因素，这已经潜在地表明了人的需要具有的层次性。并且，社会人假设已经体现了管理学人性假设与经济学人性假设的不同。管理学人性假设着重于人的全面性，经济学人性假设则注重人的抽象性。社会人假设第一次在管理学中对人的理性进行了修正：人并不是完全理性的，非理性的因素也会影响人的行为。梅奥的社会人假设的提出，表明经济因素的刺激已经不再是主要的影响人的行为的因素，之后的人性假设都朝着人的情感、欲望等非理性方向发展。社会人假设中个体目标开始具有其独立性，对个体目标的追求（人际关系、社会需要等）会影响组织目标的实现，会造成组织效率的降低。社会人假设重视人的欲望和情感，它把人的需要寄托于团体和他人，忽视了个体性的要求，这与西方文化重视个体是冲突的。之后的人性假设不再从人与组织的关系和人与人的关系的角度来考虑，而是直接规范个体的需求。人性假设没有朝重视人的社会性的方向发展，相反，个体性因素却在以后的人性假设中被广泛利用和延伸。

续前表

类型	内容描述
自我实现人假设（Self-actualizing Man）	这种人性假设的基础是马斯洛的需要层次理论。该假设认为：人的需要有低级与高级的区别，工作的目的是满足自我实现的需要，人们力求在工作上有所成就，并能够自我激励和自我控制，个人的自我实现与组织目标的实现并不冲突，只要适当调节，就能使二者达到一致。自我实现人假设已经包含人既是手段也是目的的观点，之前的各种人性假设都是把人看作实现组织目标的手段，人是为组织目标而进行生产的，没有考虑组织中人的目标，自我实现人假设首次肯定了个体目标的合理性和个体目标与组织目标之间的一致性。员工的目标和组织的目标得到了统一，员工实现组织目标就是实现个体目标，为组织作贡献的过程也是自我实现的过程。至此，工具的目的终于实现了其内在性，员工的独立性得到了较大的肯定。自我实现人假设将人的需要的层次性和多样性展示出来，它在管理学人性假设中首次肯定了人的个体性，从个体需要的层次性出发，人进行工作的动机主要是对自我的实现。需要层次理论构建了精细的需要层次结构，但这种需要还是静态的需要，在现实中人的需要是多变的，不同的时间和地点、不同的年龄段也会有不同的需要。因此，人的需要的多变性就成了人性假设所探讨的主题。
复杂人假设（Complex Man）	沙因首次对管理学人性假设进行了科学的总结，并提出了复杂人假设。该假设认为：人的需要是多种多样的，而且这些需要是时刻变化的；人的各种需要和动机，会发生相互作用；人的工作和生活条件是不断变化的，因此会产生新的需要和动机；由于人的需要不同，对于不同的管理方式会有不同的反应。沙因提出的复杂人假设，发展了自我实现人假设中人的需要，强调了个体需要的动态性和多变性，并将人的需要看作一个历史的发展过程。复杂人假设不仅体现了人的主体性，更体现了人的个性、人的复杂化。由于人的需要的多变性和个体性，在管理学实践中就不能用一种统一的人性来进行管理活动，对人性的认识要通过实证的方式来得到。另外，复杂人假设将对人性的认识、人的行为的分析向结构化方向推进，用结构的方式来理解人性。人的复杂性不能用一个层次化的需要来解释，而要用一种结构，这种结构就是影响人的行为的各种因素所构成的结构。西方管理学家约翰·莫尔斯和杰伊·洛希在沙因的复杂人假设的基础上提出的人性假设的超 Y 理论，就是对复杂人假设的一种发展。

知识链接 5–3

X–Y 理论、超 Y 理论、Z 理论、S 理论与 K 理论

道格拉斯·麦格雷戈于 1957 年 11 月在美国《管理评论》杂志上发表了《企业的人性面》（The Human Side of Enterprise）一文，提出了著名的“X–Y 理论”。1960 年，同名图书出版。X 理论假定人性本恶，于是人们的行为趋向于：（1）人的本性是讨厌工作的，只要可能，便会逃避；（2）对于人们讨厌工作的本性必须加以强迫、控制、指挥，以惩罚相威胁，迫使他们为实现组织的目标而付出适当的努力；（3）一般人宁愿受指

挥，希望逃避责任，较少有野心，对安全的需要高于一切。Y 理论则假定人性本善，于是人们的行为趋向于：（1）人的天性并非讨厌工作；（2）人们对自己所参与的目标能实行自我指挥和控制；（3）人们对获得成就的报酬中最感兴趣的是自我意识、自我实现的需要得到满足；（4）只要条件适当，人们就会主动承担甚至追求责任；（5）在解决组织、管理问题方面，许多人，而不是少数人，都具有相当丰富的想象力、创造力和独创性；（6）在现代工业生活的条件下，一般人的智慧潜能仅得到了部分的发挥。

超 Y 理论是 1970 年由美国管理心理学家约翰·莫尔斯和杰伊·洛希根据复杂人假设提出的一种新的管理理论，是有关权变理论的别称，一般以系统论为基础，并强调下列原则：（1）人们参加工作组织的需要、动机是多种多样的，但主要仍是去实现“胜任感”；（2）胜任感是多元、多层次的，故满足它的方法也是多种多样的；（3）当工作性质与组织形态适当配合时，人们的胜任感最容易被满足；（4）每当人们实现一个目标，激励起新的胜任感时，就会产生新的奋斗目标。

Z 理论是由日裔美国管理学教授威廉·大内在其 1981 年发表的名著《Z 理论——美国企业界怎样迎接日本的挑战》中提出的。威廉·大内认为：A 型组织和 J 型组织分别是具有典型意义的美国企业和日本企业，然而，战后三十余年的发展却显示，几乎所有的 A 型组织都败给了 J 型组织，故而，必须向日本企业学习。Z 理论认为，从美国的环境出发，积极地学习 J 型组织的精髓，正是形成 Z 型组织的关键所在。因此，Z 理论实质上是一种美国化了的日本企业文化和组织理论。

S 理论是由美国管理学家理查德·帕斯卡尔（Richard Pascale）和安东尼·阿索斯（Anthony Athos）提出的。

K 理论是由新西兰学者克尔·英克森（Kerr Inkson）、布莱恩·亨谢尔（Brian Henshall）、尼克·马奇（Nick Marsh）和吉尔·艾利斯（Gill Ellis）共同提出的。

三、领导理论

领导理论是研究领导有效性的理论，探究影响领导有效性的因素以及如何提高领导的有效性是领导理论研究的核心。自 20 世纪 30 年代以来，西方组织行为学家、心理学家、管理学家从不同的视角，对领导问题进行了大量研究，领导理论大致经历了领导特质理论阶段、领导行为理论阶段、领导权变理论阶段和新的领导理论阶段。

（一）领导特质理论

扫一扫

领导特质理论

从 20 世纪初到 20 世纪 30 年代，领导理论的研究主要侧重于研究领导者的性格、素质方面的特质。领导特质理论（Trait Theories of Leadership）经历了由传统的领导特质理论向现代的领导特质理论的转变。传统的领导特质理论认为领导者的素质是与生俱来的，是由遗传决定的。而始于 20 世纪 70 年代的现代领导特质理论虽然否定了传统领导特质理论的观点，但也认为有效的领导者必须具备一定的素质，只不过这些素质是在后天的实践中形成的，并且可以通过培养和训练加以造就。领导特质理论的代表观点有亨利（W.Henry）的 12 种特性品质、吉普（J.R.Gibb）的 7 种个性、拉尔弗·斯托格迪尔（Ralph Stogdill）的领导个人因素论（5 种身体特征、2 种社会性特征、4 种智力特征、16 种个性特征、6 种与工作有关的特征、9种社交特征）、爱德文·吉沙利（Edwin Ghiselli）的领导品质论[①]，以及彼得·德鲁克的5种能力论、威廉·杰克·鲍莫尔（W.J.Baumol）的领导品质论（10大条件）、日本企业界的“双 10 论”（10 项品德和 10 项能力）。我国从 20 世纪 80 年代开始对领导者的特质理论进行研究，一般认为，优秀的领导者的特质应包括政治素质、知识素质、能力素质和身心素质 4 个方面。

课堂思考 5–3

根据领导特质理论，你认为自己具备领导者的哪些特质，哪些还不具备？

知识链接 5–4

领导者特质研究路径

领导者特质研究的路径主要有二：其一是将领导者与非领导者的特质相比较，其二是把有效领导者的特质与无效领导者的特质相比较。关于第二种比较研究路径，德鲁克认为可以找到确凿的证据证明某些特质是不成功领导者的品质，这些难以胜任领导的特质可以归纳为以下 12 个方面：对别人麻木不仁，吹毛求疵，举止凶狠狂妄；冷漠，孤僻，骄傲自大；背信弃义；野心过大，玩弄权术；管头管脚，独断专行；缺乏建立一支同心协力的队伍的能力；心胸狭窄，挑选无能之辈担任下属；目光短浅，缺乏战略头脑；犟头倔脑，无法适应不同的上司；偏听偏信，过分依赖一个顾问；懦弱无能，不敢行动；犹豫不决，无法决断。

（二）领导行为理论

领导者的素质确实对组织的运作起到很大的作用，然而，领导特质理论在解释领导行为方面并不成功。迄今为止，领导特质理论还没有哪个实证研究得出了什么特质是领导者必须具备的素质。领导特质理论单纯从领导的特质来解释领导者的行为是否有效具有片面性，理由也并不充分，这是因为具备恰当的特质只能使个体更有可能成为有效的管理者，但还必须采取正确的领导行为，况且在一定的领导环境中的正确的领导行为，在另一环境

① 吉沙利在其《管理才能探索》一书中研究了 8 种个性特征和 5 种激励特征：（1）个性特征，包括才智、首创精神、洞察能力、自信心、适应性、决断能力、男性化–女性化、成熟程度；（2）激励特征，包括对工作稳定的需求、对金钱奖励的需求、对指挥别人的权力的需求、对自我实现的需求、对事业成就的需求。

中未必有效。从 20 世纪 30 年代开始，研究者开始把目光从领导者的内在特质转向对领导行为、领导环境的研究上。领导行为理论（Behavior Theories of Leadership）认为领导的作用是通过领导者的特定行为表现出来的，该理论着重考察领导者的行为对其下属成员的影响，找出领导行为中的哪些因素在影响下属成员的行为和集体的工作成效。

1. 领导风格理论

关于领导方式的研究，最早是由德裔美国心理学家、传播学的奠基人、社会心理学的先驱、艾奥瓦大学研究者库尔特·勒温进行的。勒温根据群体动力学的理念，从事群体领导风格类型与群体作业绩效关系的研究，提出了三种极端的领导工作方式，如表 5–5 所示。

表 5–5　勒温的三种极端领导方式

风格类型		特点	备注
独裁型领导（Authoritarian Leadership）	这种方式主要是靠权力和强制命令进行管理，领导者个人决定一切，布置下属执行，要求下属绝对服从。	（1）个人独断专行，组织决策完全由领导者作出，从不考虑别人的意见； （2）领导者预先安排一切工作内容、程序和方法，下属只能服从； （3）领导者单向式沟通，除了工作命令外，从不把更多的消息告诉下属，下属没有任何参与决策的机会，只能奉命行事； （4）主要靠行政命令、纪律约束、训斥惩罚来维护领导者的权威，很少或只有偶尔的奖励； （5）领导者与下属保持相当的心理距离。	哪一种领导风格最好？根据研究显示，成功的领导力很大程度取决于组织的宗旨和价值观是什么、被领导者是谁以及组织所处的实际情况。管理者对新员工可能是独裁但又友好的；对待有经验的员工可能是民主的；对待可信赖的员工则可能是放任自流的。是故，没有一种领导方式可以适用于所有的情况，也没有一种领导风格永远会有最好的表现，在某个组织中取得成功的领导者可能在另一个组织中遭受挫折。
民主型领导（Democratic Leadership）	这类领导者在采取行动方案或作出决策之前会主动听取下属意见，或者吸收下属人员参与决策制定。	（1）领导者在作出决策之前通常都要同下属磋商，若得不到下属的一致同意就不会擅自采取行动； （2）分配工作时，尽量照顾到组织每个成员的能力、兴趣和爱好； （3）对下属工作的安排并不具体，个人有相当大的工作自由，有较多的选择性与灵活性； （4）主要运用个人的权力和威信，而不是靠职位权力和命令使人服从； （5）领导者积极参加团体活动，与下级无任何心理上的距离。	
放任型领导（Laissez-faire Leadership）	这类领导者极少运用其权力影响下属，而给下属以高度的独立性，甚至达到放任自流的程度，他的职责仅仅是为下属提供信息并与企业外部进行联系，以利于下属的工作。	（1）决策多由下属自行决定，领导者不参与、不插手工作方针和政策的制定，任由群体或个人自行决定； （2）在工作中，领导者只负责给下属提供工作所需要的条件，当下属请示工作或与其商量问题时，领导者只作简略回答，而不作指示，任凭下属自行其是； （3）任务需要分工或合作时，领导者不给予具体安排，表现出放任自流的状态； （4）对工作的成绩或今后的工作设想，除非下属主动要求，否则不予任何评价或指示，也不实行奖惩。	

2. 俄亥俄州立大学的研究

在各种四分图理论中，最有名的是 1945 年美国俄亥俄州立大学研究人员霍尔平（Halpin）和维纳（Winer）根据从事先拟出的 1 000 多种领导行为特征中凝练、抽象和概括出的“关怀维度”和“定规维度”两个维度的高低之别而绘制的领导行为坐标[①]，如表 5–6 和图 5–4 所示。

表 5–6　关怀维度和定规维度

维度	内容描述
关怀维度（Consideration Structure）	代表领导者和员工之间，以及领导者与追随者之间相互信任、尊重和友谊的关系，即领导者信任和尊重下属的程度。
定规维度（Initiating Structure）	代表领导者构建任务、明察群体间的关系和明晰沟通渠道的倾向。

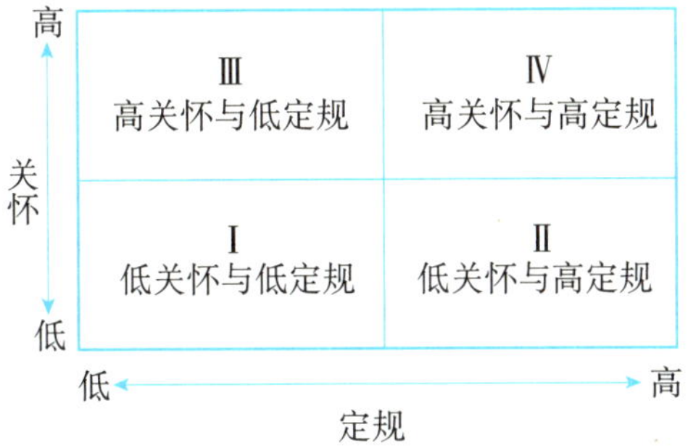

图 5–4　俄亥俄州立大学领导行为坐标

俄亥俄州立大学的这项研究发现：在两个维度方面皆高的领导者，一般更能使下属达到高绩效和高满意度，但双高型风格并不是总能产生积极的效果；其他三种组合类型的领导行为普遍与较多的缺勤、事故、抱怨以及离职有关。

3. 密歇根大学的研究

继俄亥俄州立大学之后，密歇根大学社会调查研究中心的研究由伦西斯·利克特（Rensis Likert）及其同事于 1947 年开始进行。该研究小组试图探讨群体效率如何随领导者的行为变化而变化，即确定领导者的行为特点与满意水平和工作绩效的关系。该研究小组将领导方式划分为两个维度，称为以工作为中心的领导和以人为中心的领导，如表 5–7 所示。

① 领导者关心人和关心组织的行为均可通过一定手段检测，如用“领导意见问卷”（Leadership Opinion Questionaire，LOQ）和“领导行为描述问卷”（Leadership Behavior Description Questionaire，LBDQ）调查。前者由督导或愿意知道自己行为风格的领导者填写，后者则由领导者的下属完成，以便勾勒出他们所感知的领导行为。

表 5-7　以工作为中心的领导和以人为中心的领导

维度	内容描述
以工作为中心	是一种工作导向型的领导行为，任务分配结构化，依照详尽的规定行事。
以人为中心	是一种关系导向型的领导行为，重视人的行为，利用群体实现目标，给予组织成员较大的自由选择的范围。

经过多年的研究，利克特在 1961 年出版的《管理的新模式》一书中，将领导方式归纳为四种基本模式，即专制式的集权领导、温和式的集权领导、协商式的民主领导和参与式的民主领导，如表 5-8 所示。

表 5-8　利克特的四种管理模式

类型	内容描述
专制式的集权领导	管理人员非常专横，很少信任下属，采取使人恐惧与惩罚的方法，偶尔兼用奖赏来激励下属，采取自上而下的沟通方式，决策权也只限于最高层。
温和式的集权领导	对下属有一定信任，奖赏与惩罚并用，允许一定程度的由下而上的沟通，给下属一定的决策权，但领导者仍牢牢控制着权力。
协商式的民主领导	对下属有较大信任，会采纳下属意见，主要采用奖赏，偶尔用惩罚，采取上下双向沟通的方式，赋予下属一定的决策权，并在某种情况下与下属协商。
参与式的民主领导	对下属充分信任，积极采纳下属意见，以奖赏为主，更多地从事上下级之间与同事之间的沟通，鼓励下属作出决策，并组织下属参与管理。

知识链接 5-5

阿吉里斯的不成熟-成熟理论

克里斯·阿吉里斯（Chris Argyris）在 1957 年出版了《个性与组织》一书，阐述了其发明的不成熟-成熟（Immaturity-Maturity）理论，主张有效的领导人应当帮助人们从不成熟或依赖状态转变到成熟状态。他认为一个人在由不成熟转变为成熟的过程中会发生 7 个方面的变化，如表 5-9 所示：

表 5-9　不成熟-成熟理论

不成熟	成熟
被动	主动
依赖	独立
有限的行为	多样的行为
肤浅的工作兴趣	浓厚的工作兴趣
目光短浅	目光长远
附属的地位	优越的地位
缺乏自知之明	自我意识强

阿吉里斯认为这些变化是持续的，一般正常人都会从不成熟趋于成熟，每个人随着年龄的增长有日益成熟的倾向，但能达到完全成熟的人只是极少数。同时，他发现领导方式不好会影响人的成熟：传统领导方式把成年人当成小孩对待，束缚了他们对环境的控制能力；工人被指定从事具体的、过分简单的和重复的劳动，完全是被动的，依赖性很强，主动性不能发挥，这样就阻碍了他们的成熟。

4. 领导行为连续统一体理论

针对勒温提出的三种比较极端的领导方式，一些学者则认为领导方式是多种多样的，在独裁型和放任型之间存在多种过渡类型。美国学者罗伯特·坦南鲍姆（Robert Tannenbaum）与沃伦·施密特（Warren H.Schmidt）在1958年3月至4月的《哈佛商业评论》上发表了《如何选择领导模式》一文，提出了领导行为连续统一体理论。

在管理工作中，领导者使用的权威和下属拥有的自由度之间是此消彼长的关系。在高度专制和高度民主的领导风格之间，坦南鲍姆与施密特划分出 7 种主要的领导模式，如图 5–5 所示。

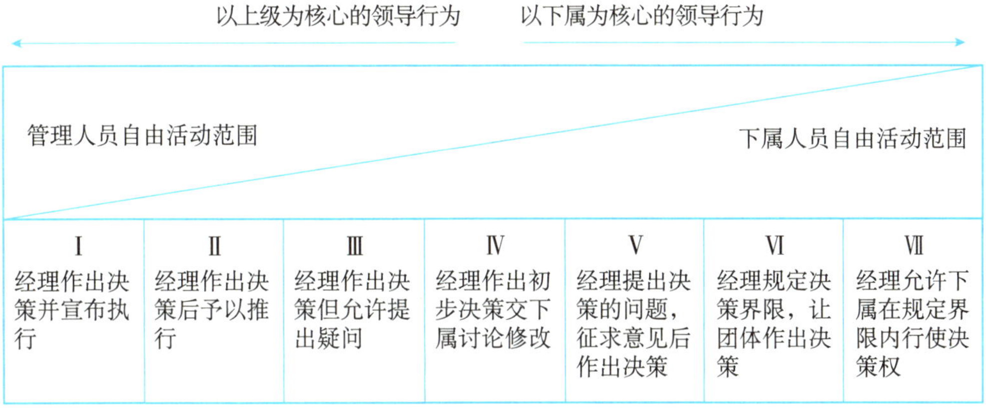

图 5–5　领导行为连续统一体理论示意图

5. 管理方格理论

在俄亥俄州立大学的研究者提出的四分图的基础上，美国得克萨斯大学教授罗伯特·布莱克（Robert R.Blake）和简·穆顿（Jane S.Mouton）于 1964 年在《管理方格》一书中提出了管理方格理论（Managerial Grid Theory）。该理论设计出一张 9 等分的网格来分析不同的领导行为方式，如图 5–6 所示。

扫一扫

管理方格理论

在图 5–6 中，有 81 种领导方式，其中典型的有 5 种，如表 5–10 所示。

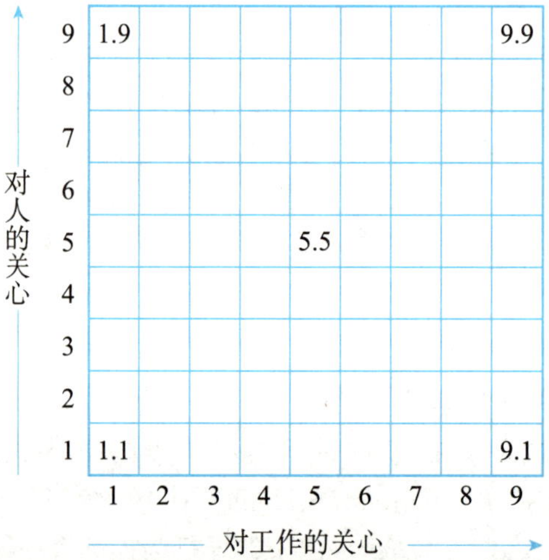

图 5–6　管理方格理论图

表 5–10　5 种典型的领导方式

类型		内容描述
1.1	贫乏型管理（Impoverished Management）	表示对人和工作都极不关心，这种方式的领导者只尽最小的努力做一些维持自己职务的工作，抱着“只要不出差错，多一事不如少一事”的态度，来最低限度地完成组织工作和维系组织成员，因而被称为“贫乏型管理”。当下属素质很高，全部为自我实现型的高成熟度的成员时，此种领导方式也是可行的，即所谓的“无为而治”。
1.9	乡村俱乐部型管理（Country Club Management）	表示领导者对人极为关心，也就是关心员工的需求是否获得满足，重视搞好关系和强调同事和下属与自己的感情，力图建立一种舒适、友好的组织氛围。但却忽视工作的进展和效果，因而被称为“乡村俱乐部型管理”。
5.5	中庸之道型管理（Middle-of-the-Road Management）	表示既对工作关心，也对人关心，两者兼而顾之，程度适中，主张适可而止。采取这种领导方式的领导者既对工作的质量和数量有一定要求，又强调通过引导和激励使员工完成任务，通过将员工的士气维持在满意水平而使其在工作中找到平衡。但是这类领导往往缺乏进取心，乐意维持现状，因而被称为“中庸之道型管理”。
9.1	任务型管理（Task Management）	表示对工作极为关心，但忽略对人的关心，也不关心员工的需求和动机并尽可能地设计一种工作环境，使人不致干扰工作的进行。这种领导者拥有很大的权力，强调有效地控制下属，努力完成各项工作，因而被称为“任务型管理”或“权威型管理”。
9.9	团队型管理（Team Management）	表示对工作和人都极为关心。这种方式的领导者能使组织的目标与个人的需求最有效地结合起来，既高度重视组织的各项工作，又能通过激励、沟通等手段，使群体在相互信任、相互尊重的基础上合作，下属人员共同参与管理，使工作成为组织成员自觉自愿的行动，从而获得高的工作效率，因而被称为“团队型管理”或“战斗集体型管理”。
总结	大多数研究者认为 9.9 型风格的管理者工作最佳，其次是 9.1 型，再次是 5.5 型、1.9 型，1.1 型最差。	

（三）领导权变理论

20 世纪 60 年代后，在领导特质理论和领导行为理论的基础上，领导理论研究进入第三阶段，即领导权变理论（Contingency Theories of Leadership）阶段。这类理论认为有效领导不仅取决于领导者的特质和行为，而且取决于特定的环境。从其内容来看，领导权变理论关注的是领导者与被领导者及领导者与环境之间的相互影响。

1. 菲德勒的领导权变理论

美国伊利诺伊大学教授弗雷德·E. 菲德勒（Fred E. Fiedler）经过 15 年的大量调查研究，在《让工作适合管理者》（1965）一文中提出了“领导方式取决于情境条件”的著名论断。他认为任何领导行为都可能是有效的，也可能是无效的，关键看它是否与情境相适应，领导者必须是具有适应能力的人。不同的领导情境需要不同的领导风格。

扫一扫

菲德勒的领导权变理论

菲德勒认为影响领导成功的关键因素之一是领导者的基本风格，故其研究是从领导风格入手的。他研究了两种领导风格，即关系导向型领导风格和任务导向型领导风格。他通过最难共事者（Least-preferred Co-worker，LPC）问卷来反映和测试领导者的领导风格。问卷由 16 组双极性问题组成，以 1～8 等级计分评估。累积分高者，说明即使对最不喜欢的共事者，也倾向于用相对积极的词汇描述最难共事者，那么他一定是关心人且宽容的领导，属关系导向型领导，即高 LPC 领导；反之，属任务导向型领导，即低 LPC 领导。LPC 问卷如表 5-11 所示。

表 5-11　LPC 问卷

快乐	8	7	6	5	4	3	2	1	不快乐
友善	8	7	6	5	4	3	2	1	不友善
拒绝	1	2	3	4	5	6	7	8	接受
有益	8	7	6	5	4	3	2	1	无益
不热情	1	2	3	4	5	6	7	8	热情
紧张	1	2	3	4	5	6	7	8	轻松
疏远	1	2	3	4	5	6	7	8	亲密
冷漠	1	2	3	4	5	6	7	8	热心
合作	8	7	6	5	4	3	2	1	不合作
助人	8	7	6	5	4	3	2	1	敌意
无聊	1	2	3	4	5	6	7	8	有趣
好争	1	2	3	4	5	6	7	8	融合
自信	8	7	6	5	4	3	2	1	犹豫
高效	8	7	6	5	4	3	2	1	低效
郁闷	1	2	3	4	5	6	7	8	开朗
坦诚	8	7	6	5	4	3	2	1	防备

经过长期研究，菲德勒把决定领导风格的主要情境因素归为三类，如表 5-12 所示。

表 5-12　三种情境因素

情境因素	内容描述
领导者与成员关系（Leader-Member Relations）	指下属对领导者的信任、喜爱、忠诚和愿意追随的程度，以及领导者对下属的吸引力。下属对领导者越尊重且乐于追随，领导者对下属的吸引力越强，则领导者与下属的关系越好，领导情境越好；反之，则越差。
任务结构（Task Structure）	指下属对工作任务的明确程度，即表明工作任务的目的、方法和绩效标准的清楚程度。这些工作任务越明确简单，下属责任心越强，则领导情境越好；反之，则越差。
职位权力（Position Power）	指领导者所处的职位具有的权威和权力的大小，或者说领导者的法定权、强制权和奖赏权的大小。权力越大，下属遵从领导者的程度越高，领导情境越好；反之，则越差。

菲德勒模型的下一步是根据三个情境变量进行评估并将领导者与情境进行匹配。领导者与成员关系或好或差，任务结构或简单或复杂，职位权力或强或弱，将三项权变变量综合起来，便得到八种不同的情境或类型，每个领导者均可在其中找到属于自己的位置。

菲德勒指出，当个体的 LPC 分数与三项权变因素的评估分数相匹配时，会达到最佳的领导效果。菲德勒对 1 200 个工作团体进行了抽样调查，对八种情境类型中的每一种，均对比关系导向型和任务导向型两种领导风格，发现在非常有利或不利的情境下，即当面对Ⅰ、Ⅱ、Ⅲ、Ⅶ、Ⅷ类型的情境时，任务导向型的领导者工作最有成效，而关系导向型的领导者则在中间状态的情境，即Ⅳ、Ⅴ、Ⅵ类型的情境中干得更好，如表 5-13 所示。

表 5-13　菲德勒的领导权变模型

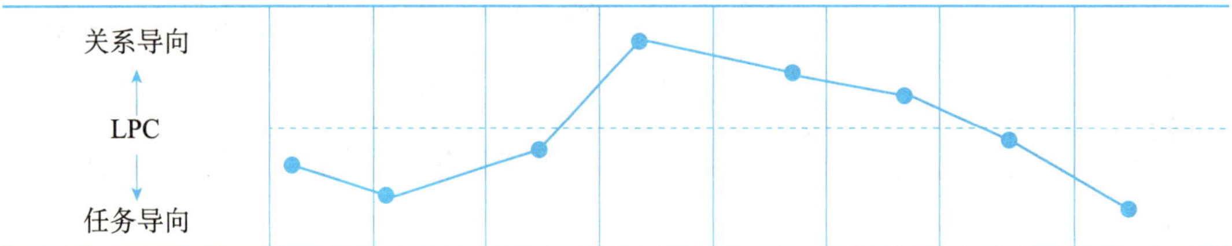

领导者与成员关系	好	好	好	好	差	差	差	差
任务结构	简单	简单	复杂	复杂	简单	简单	复杂	复杂
职位权力	强	弱	强	弱	强	弱	强	弱
情境	Ⅰ	Ⅱ	Ⅲ	Ⅳ	Ⅴ	Ⅵ	Ⅶ	Ⅷ
情境类型	好			中等			差	
领导目标	高			不明确			低	
最有效的方式	低LPC			高LPC			低LPC	

菲德勒还指出，领导者的领导风格是固定不变的。如果某领导者的领导风格导向不适合所处情境，最好的选择是将此领导者调到适合他的情境中工作，而不是改变其个性来适应情境。

2. 赫塞和布兰查德的情境领导理论

另一个应引起重视的领导权变理论是由美国管理学家科曼（A.K.Korman）于1966年首先提出的，后经美国管理学者保罗·赫塞（Paul Hersey）和肯尼斯·布兰查德（Kenneth Blanchard）以四分图理论为基础，同时吸收阿吉里斯的不成熟–成熟理论加以发展形成的情境领导理论（Situational Leadership Theory），又称领导生命周期理论（Life Cycle Theory of Leadership）。该理论将重点放在下属人员的成熟度（Maturity）上，认为领导者的领导方式必须随着下属的成熟度而加以改变，无论领导者做什么，其效果都取决于下属的活动，但是很多领导理论却忽略了下属。

扫一扫

情境领导理论

赫塞和布兰查德的情境领导理论使用的两个领导维度与菲德勒的相同：任务行为和关系行为。但赫塞和布兰查德向前更进一步，他们认为每个维度有低有高，当下属的成熟度水平逐渐提高的时候，领导者应该改变其领导行为中的任务行为和关系行为。如以任务行为（指导行为）为横轴，以关系行为（支持行为）为纵轴，便可得出一个领导风格的二维四分图，两个维度的不同组合形成四种领导风格，如表5–14所示。

表5–14　四种领导风格

类型	内容描述
S1 命令式（Telling）（高任务–低关系）	领导者告诉下属干什么、怎么干以及何时何地去干，强调指导性行为。
S2 推销式（Selling）（高任务–高关系）	领导者同时提供指导和支持。
S3 参与式（Participating）（低任务–高关系）	领导者与下属共同决策，领导者的主要角色是提供便利条件与沟通渠道。
S4 授权式（Delegating）（低任务–低关系）	领导者提供极少的指导和支持。

领导者使用哪一种领导行为更有效？这取决于下属的成熟度。赫塞和布兰查德将成熟度定义为：个体完成某一具体任务的能力和意愿的程度。该理论把下属成熟度分为四种，如表5–15所示。

表5–15　四种下属成熟度

类型	内容描述
M1	不成熟，即下属对执行某些任务既无能力又不情愿，他们既不能胜任工作又不能被信任。
M2	初步成熟，即下属缺乏能力却愿意从事必要的工作任务，他们有积极性，但缺乏足够的技能。

续前表

类型	内容描述
M3	比较成熟，即下属有能力却不愿意做领导者希望他们做的工作。
M4	成熟，即下属既有能力又愿意做领导者让他们做的工作。

图 5-7 和表 5-16 概括了情境领导理论的各项要素，清晰地表明了下属的成熟度和领导者行为之间的关系。

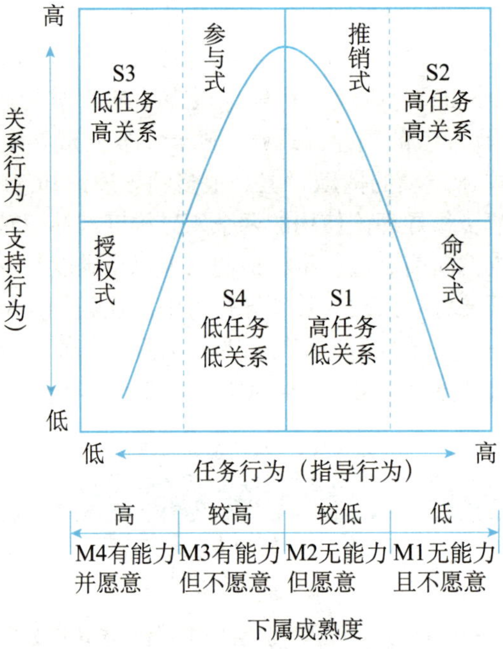

图 5-7　赫塞和布兰查德的情境领导理论

表 5-16　领导风格与下属成熟度相匹配

类型	内容描述
S1-M1	对无能力且不愿意工作的下属采用高任务-低关系的命令式领导方式。
S2-M2	对无能力但愿意工作的下属采用高任务-高关系的推销式领导方式。
S3-M3	对有能力但不愿意工作的下属采用低任务-高关系的参与式领导方式。
S4-M4	对有能力且愿意工作的下属采用低任务-低关系的授权式领导方式。

著名实战管理专家李泽尧认为，管理者究竟是采用命令式、推销式、参与式还是授权式领导方式，不是由领导方式本身决定的（领导方式本身无所谓好坏之分），而是由管理者和被管理者之间的“人格落差”——领导者成熟度和下属成熟度之间的差距决定的。[①]

① 李泽尧：《中国式管理（操作版）：TBC 企业驱动模式》，142～143 页，广州，广东经济出版社，2012。

对应不同的人格落差，相应较好的领导方式如表 5–17 所示。

表 5–17　不同人格落差下的领导方式选择

领导成熟度	领导方式				
4	命令式	命令式	推销式	参与式	领导方式
3	命令式	推销式	参与式	授权式	
2	推销式	参与式	授权式	授权式	
1	参与式	授权式	授权式	授权式	
	1	2	3	4	下属成熟度

人格落差及与其对应的四种领导方式的具体内容如表 5–18 所示。

表 5–18　人格落差及与其对应的领导方式的内容描述

领导方式	领导成熟度与下属成熟度之间的关系	内容描述
命令式	当领导的成熟度大于下属的成熟度 2 度或者 2 度以上时	指没有下属参与，只是执行上级的命令，这一领导方式又称为严父式领导。
推销式	当领导的成熟度大于下属的成熟度 1 度时	指给下属一些说明或指导，增加下属执行这项命令的自觉性，但是发出命令是毋庸置疑的。
参与式	当领导的成熟度与下属的成熟度相当时	指领导者在决策时征求、采纳下属的建议。
授权式	当领导的成熟度低于下属的成熟度时	指领导者给下属提出挑战性目标，充分相信他们能很好地达成目标，其间不作更多的干预。

3. 豪斯的路径–目标领导理论

路径–目标领导理论是权变理论的一种，由加拿大多伦多大学组织行为学教授罗伯特·豪斯（Robert J.House）最先提出，后来华盛顿大学管理学教授特伦斯·米切尔（Terence R.Mitchell）也参与了对这一理论的完善和补充。目前，这一理论已经成为最受人们关注的领导理论之一。

路径–目标领导理论认为领导者的基本任务就是发挥下属的作用，而要发挥下属的作用，就得帮助下属设定目标，把握目标的价值，支持并帮助下属实现目标，在实现目标的过程中提高下属的能力，使下属得到满足。这样，就形成了这一理论的两个基本原理，如表 5–19 所示。

表 5–19　路径–目标领导理论的两个基本原理

原理	内容描述
原理一	领导方式必须是下属乐于接受的方式，只有能够给下属带来利益和满足的方式，才能使他们乐于接受。
原理二	领导方式必须具有激励性，激励的基本思路是以绩效为依据，同时通过对下属的帮助和支持来促成绩效。也就是说，领导者要能够指明下属的工作方向，还要帮助下属排除实现目标的障碍，使其能够顺利达到目标，同时在工作过程中尽量使下属得到满足。

豪斯将领导行为分为四种，如表 5–20 所示。

表 5–20　豪斯划分的四种领导行为

类型	内容描述
指导型领导（Directive Leadership）	领导者对下属需要完成的任务进行说明，包括对他们有什么希望，如何完成任务，完成任务的时间限制，等等。指导型领导者能为下属制定明确的工作标准，并将规章制度向下属讲得清清楚楚，指导不厌其烦，规定不厌其细。
支持型领导（Supportive Leadership）	领导者对下属的态度是友好的、可接近的，他们关注下属的福利和需要，平等地对待下属，尊重下属，能够对下属表现出充分的关心和理解，在下属有需要时能够真诚地提供帮助。
参与型领导（Participative Leadership）	领导者邀请下属参与决策。参与型领导者能同下属一起探讨工作，征求他们的想法和意见，将他们的建议融入团体或组织将要执行的决策中去。
成就导向型领导（Achievement-oriented Leadership）	领导者鼓励下属将工作做到尽量高的水平。这种领导者为下属制定的工作标准很高，寻求工作的不断改进。除了对下属期望很高外，成就导向型领导者还非常信任下属有能力制定并完成具有挑战性的目标。

在现实中，究竟采用哪种领导方式，要根据下属特性、环境变量、领导活动结果的不同因素，以权变观念求得与领导方式的恰当配合。

路径–目标领导理论提出了将两类情境变量作为领导行为–结果关系的中间变量，即工作环境的权变因素（任务结构、正式权力和工作群体）和下属的权变因素（控制点、经验和知觉能力），如图 5–8 所示。

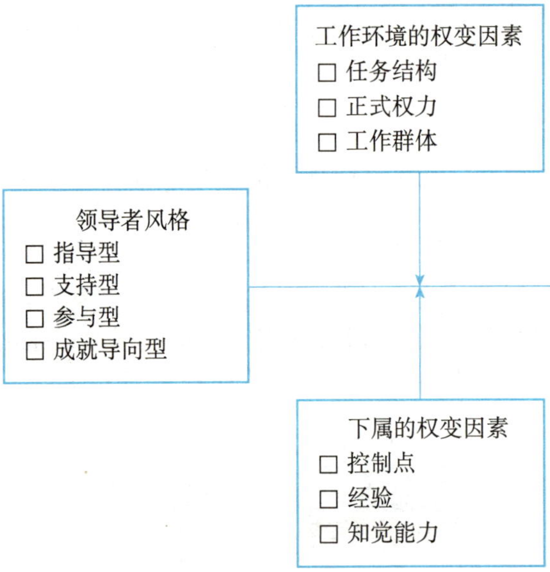

图 5–8　路径–目标领导理论

（四）新的领导理论

现代组织的领导者面临诸多前人未曾遇到的新情境，为了应对新的情境，今天的组织强调员工参与、人尽其才的领导风格，让员工参与组织管理并授权他们制定和实施决策俨然成为趋势。近年来，涌现出五种适应新情境的领导风格，如表 5–21 所示。

表 5–21　领导理论的新发展

类型	内容描述
变革型领导（Transformational Leadership）	变革型领导作为一种重要的领导理论，是从美国政治社会学家詹姆斯·麦格雷戈·伯恩斯（James MacGregor Burns）的经典著作《领袖论》开始的。变革型领导理论把领导者和下属的角色相互联系起来，并试图在领导者与下属之间创造出一种能提高双方动力和品德水平的过程。拥有变革型领导力的领导者通过自身的行为表率和对下属需求的关心来优化组织内的成员互动。同时通过对组织愿景的共同创造和宣扬，在组织内营造起变革的氛围，在富有效率地完成组织目标的过程中推动组织的适应性变革。
教练式领导（Coaching Leadership）	教练式领导指导下属如何应对其面临的特定组织的挑战，就像体育教练一样，指出下属的不当行为，并且建议他们如何纠正。成功的教练式领导者具有仔细倾听、给予情感支持和善于举例说明恰当的行为是什么等优点。
超越型领导（Super Leadership）	超越型领导向下属展示如何领导他们。成功的超越型领导者会培养出富有生产力、工作独立并且无须领导者过多关注的下属。
仆人式领导（Servant Leadership）	罗伯特·K. 格林里夫（Robert K.Greenleaf）的仆人式领导是一种存在于实践中的无私的领导哲学。仆人式领导者以身作则，乐意成为仆人，以服侍来领导；其领导的结果亦延展了其服务功能。仆人式领导鼓励合作、信任、先见、聆听以及权力的道德用途。这类领导者不一定有正式的领导职位。
创业型领导（Entrepreneurial Leadership）	创业型领导是创造一个愿景，以此号召和动员下属，并使下属承诺对战略价值创造进行发现与探索的一种领导方式。这个定义一方面强调创业型领导面临挑战的有关价值创造的资源获取、下属承诺这两个问题，它包括创造愿景以及拥有一个有能力实现愿景的支持者群体；另一方面强调对创业采取战略性思维，以便创业主动性能够增强公司持续创造价值的能力，因此创业型领导能够为公司奠定竞争优势和技术增长的基础。

管理者应该认识到，这五种领导风格不是相互排斥的，它们能够以各种方式结合起来，形成一种独特的风格，比如领导者可以同时采取教练式和创业型风格。图 5–9 描绘了这五种风格的结合。

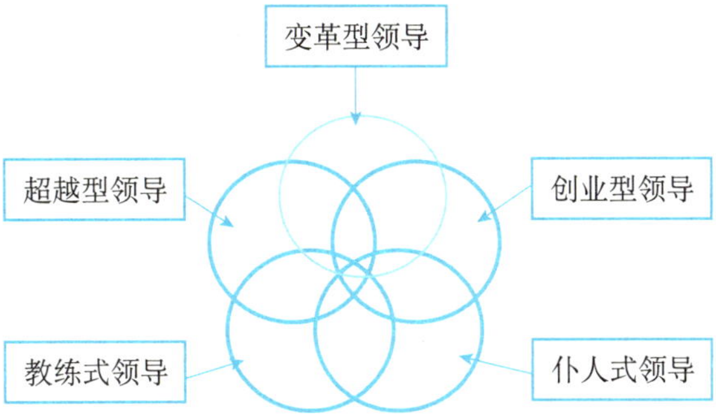

图 5–9　五种领导风格的各种结合

模块二　激励认知

激励（Motivation）是一个古老的问题，对有效激励机制的探索很可能自人类出现以来就已经开始了。在各种可能的激励机制中，恐吓与惩罚可以被看作激发人们努力的主要传统方法之一，典型的恐吓与惩罚是与肉体直接相关的，它可以通过决定“使人活”或“让人死”来控制人的行为。在工业革命之前及工业革命期间，企业是以计件工资制作为激励手段的。泰勒因其提出的计件工资制而成为激励理论的先驱者和实践者之一，虽其后改进的差别计件工资制方案由于受到工人的抵制，从未真正实施，但欣然采纳了他的同事甘特建议的绩效报酬方案。当然，在泰勒的理论中，激励仍是一个非常狭隘的概念。这种着重奖励的激励方法在霍桑试验中得到扩展，梅奥等认为管理当局如果能很好地对待雇员，了解并满足他们感情上的慰藉、安全感、和谐和归属感等需要，他们就会出于忠诚和感激而更加努力地工作。第二次世界大战以后，激励实践的重点转移到“以工作为中心的奖励”方面，其典型的激励行为包括鼓励团队的建立、鼓励决策参与、自我管理以及授权等。就目前而言，激励的发展趋势是建立具有激励特性的组织，这种趋势主要体现在学习型组织理论等前沿管理理论之中。

一、激励与需要

扫一扫

激励与需要理论

关于激励的界定，如表 5-22 所示。

表 5-22　激励的界定

要素		内容描述
激励的概念		激励，就其表面意思而言是激发和鼓励的意思。在管理工作中可以将其定义为调动人的积极性的过程，或者更完整地讲，是一个为了特定的目的而对人们的内在需要或动机施加影响，从而强化、引导、改变人们行为的反复过程。激励能够激活人的潜能，产生更高的绩效。
激励特征	目的性特征	任何激励行为都有很强的目的性，即都有一个现实的、明确的目的。因此，任何希望达到某个目的的人（尤其是对管理者而言）都可以将激励作为一种手段。激励的目的性具体表现在两个维度：（1）施加激励的人试图通过有效的手段激发人的潜能，从而更有效地实现其设定的目标。因此，激励理论隐含的一个基本假设是：每个人都有很大的潜能，但只有在特定的条件下才能释放出平常难以想象的能力。管理者的任务之一就是调动人的潜在的积极性。（2）施加激励的人试图通过激发有组织的活动来有效实现组织的目标。因此，激励理论隐含的另一个基本假设是：组织中个体的利益和目标经常是相互冲突的，而组织目标的实现需要个体之间的相互协调。因此，管理者的任务之一是激发组织成员之间的相互协调，而不是放任其自然抵消（在同样的努力程度下，创造出一种整合效应）。

续前表

要素		内容描述
激励特征	激励通过对人们的需要或动机施加影响来强化、引导、改变人们的行为	这涉及激励理论的第三个假设：人的行为是由动机来驱使的，而动机则受到人的需要的支配。人有了需要才有可能产生动机。而且，只有主导性的动机或强烈的动机才可能引发现实的、具体的行为。因此，管理者的任务就是分析和洞察员工的需要和动机，在管理中寻求适当的机会，采取适当的激励措施，对员工的某种需要及其满足该种需要的动机产生积极的影响，从而强化、引导或改变员工的某种行为，并使其个体行为与组织目标相一致。从本质上讲，激励所产生的行为是主动的、自觉的行为，而非被动的、强迫的行为。
激励特征	激励是一个持续的、反复的过程	激励不是一个即时性行为。由于组织和个体的内部、外部因素是变化的，因此一项具体任务的完成往往需要一个连续的、反复的激励过程。
激励特征	激励的效能依赖于精神力量	无论采取哪一种激励形式，成功的激励必须能够激发人们达到一种高昂的、饱满的、积极的精神状态，在这种精神状态下能够产生一种精神力量，从而加强、激发和推动人们的积极性。如果激励不能改变人们的内心状态，得到的只是人们机械、单调而且被动的行为，激励就是失败的。

激励，就是激发和鼓励人的需要和动机，引导行为指向目标的活动过程，简言之，就是调动人的积极性的过程。需要是指因缺乏或者期待某种结果而产生的一种（自我）心理状态，包括物质需要和社会需要。动机是人们从事某种活动、为某一目标付出努力的意愿，这种意愿取决于目标能否以及在多大程度上满足人的需要；动机包含决定人行为的方向（做出什么样的行为）、努力的水平（努力的程度）、坚持的水平（遇到阻碍付出多大努力以坚持自己的行为）3 个要素。行为是人们受内在意识支配而表现出来的外在行为活动。个体未被满足的需要产生动机，动机是行为产生的内在的直接原因，一种需要得到满足后，会产生新的需要，开始新的需要满足过程，这个过程周而复始、不断进行、不断升华。即未被满足的需要是激励过程的起点，需要的满足是某个激励过程的结束，如图 5–10 所示。

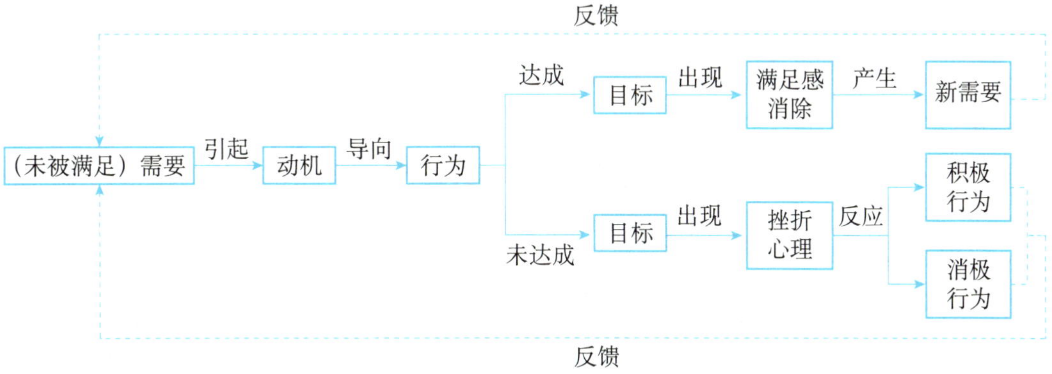

图 5–10　激励的过程

因此，管理者应善于识别下属未被满足的需要，有针对性地设置目标，通过适当的激励措施和手段，满足下属的需要并把下属的行为导向组织的实现轨道。

课堂思考 5–4

你是如何理解“授人以鱼，不如授人以渔；授人以渔，不如授人以欲”这句话的？

20 世纪初，心理学家、社会学家以及管理学家从不同角度研究了激励问题，并提出了相关理论，主要有内容激励理论、过程激励理论和行为改造理论三类。

二、激励理论之内容激励理论

内容激励理论主要分析下属的需要，认为工作的动力来自未被满足的需要，通过分析下属的内在需要，来激励其努力工作。

（一）需要层次理论

扫一扫

需要层次理论

1943 年，美国学者亚伯拉罕·马斯洛（Abraham H.Maslow）在《人类动机理论》一文中首次提出了需要层次理论（The Hierarchy of Needs Theory），把人的基本需要分为生理、安全、社交、尊重和自我实现五个层次。1954 年，他在所著的《动机与人格》一书中作了进一步的阐述，把人的需要分为生理、安全、社交、尊重、求知、求美和自我实现七个层次[①]，然而得以流传并成为经典的依然是“需要五层次说”，如图 5–11 所示。

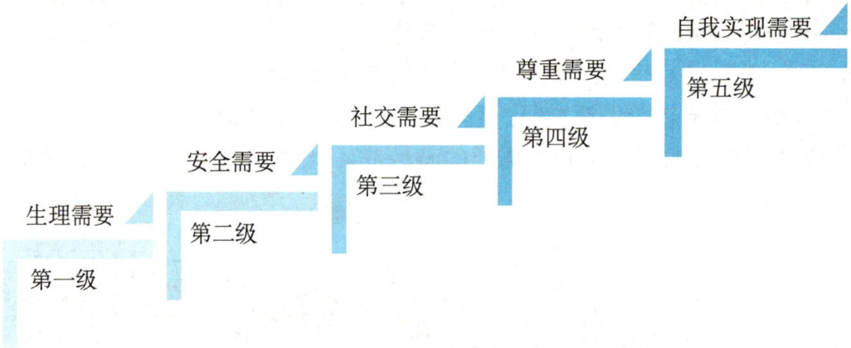

图 5–11　马斯洛需要层次理论示意图

马斯洛的需要层次理论的主要观点，如表 5–23 所示。

表 5–23　马斯洛需要层次理论的观点描述

观点	内容描述	
观点一	同一时期，一个人可能同时存在几种需要，任何一种需要都不会因为更高层次需要的发展而消失。	种类的视角

① 马斯洛认为求知、求美需要位居于尊重需要和自我实现需要之间。

续前表

观点	内容描述	
观点二	几种需要是一种有关联的层次结构，其中，生理需要、安全需要和社交需要都属于低层次需要，这些需要通过外部条件就可以满足；而尊重需要和自我实现需要则属于较高层次需要，它们只有通过内部因素才能满足，而且一个人对尊重和自我实现的需要是无止境的。	层次结构的视角
观点三	在一段时间内，总有一种需要占支配地位，对行为起决定作用，这种占支配地位的需要称为优势需要或主导性需要。	支配地位和决定作用的视角
观点四	激励是动态的，任何一种需要得到基本满足后，下一级更高层次的需要就成为主导需要。需要层次从低一层次向高一层次上升并不是突然的、跳跃的现象，而是从无到有、从少到多逐步发生的。如当生理需要仅满足 10% 时，安全需要可能根本不会出现，但当生理需要满足 25% 时，安全需要可能出现 5%。相应地，基本需要已满足的需要不再有激励作用。	动态的视角
观点五	一个国家多数人的需要层次结构，与这个国家的经济发展水平、科学技术水平、文化和民众受教育程度直接相关：在不发达国家，生理需要和安全需要居主导地位的人数占比较大，而高级需要居主导地位的人数占比较小；在发达国家则相反。同一国家的各个地区，各个时期的人们的需要层次结构随生产力水平的变化而变化。	国家的视角

在管理上应用需要层次理论，需要注意以下三方面的内容，如表 5–24 所示。

表 5–24　马斯洛需要层次理论在管理中的应用

<table>
<tr><th>内容</th><th colspan="4">内容描述</th></tr>
<tr><td rowspan="6">内容一</td><td rowspan="6">满足不同层次的需要，管理者的任务是找出不同层次需要的响应激励因素，并采取有针对性的组织措施，以引导员工的行为和实现组织目标。</td><td>内容</td><td>激励因素</td><td>组织措施</td></tr>
<tr><td>自我实现需要</td><td>成长、成就、提升</td><td>有挑战性的工作、主动创造性、在组织中提升、工作的成就</td></tr>
<tr><td>尊重需要</td><td>承认、地位、自尊、自重</td><td>工作职称、奖励增加、同事和上级承认、工作本身、责任承担</td></tr>
<tr><td>社交需要</td><td>志同道合、爱和友谊</td><td>管理的质量、和谐的工作小组、同事的友谊</td></tr>
<tr><td>安全需要</td><td>安全、保障、胜任、稳定</td><td>安全工作条件、附加的福利、普遍加薪、职业保障</td></tr>
<tr><td>生理需要</td><td>空气、食物、住处、性</td><td>暖气或空调、基本工资、工作用餐、工作条件</td></tr>
<tr><td>内容二</td><td colspan="4">内容一所示的需要层次仅是一般人的要求，管理者需要考虑不同类型的人，乃至同类中的不同个人的需要，因为其需要都是有差异的，如贫困者、知识阶层和年轻人的需要就会有差异。</td></tr>
<tr><td>内容三</td><td colspan="4">组织用于满足低层次需要的投入效益是递减的，当员工低层次的需要得到一定的满足后，组织仍保持原有的方式激励员工，效果就会很小；但如果着眼于更高层次的需要，对员工的激励可以使组织绩效得到明显的提高。</td></tr>
</table>

马斯洛需要层次理论的主要贡献在于，以结构的观点和方法论，将人的千差万别的需要归结为若干种基本需要，并且这些基本需要有其内在联系和相对重要性。但需要指出的是，研究表明马斯洛的需要层次理论也存在某些不足，不少学者对其提出了质疑、补充和修正，如对需要的五个层次的划分似乎过于机械，需要并不一定依循等级层次递增，许多行为的后果可能与满足一种以上的需要有关；也有学者指出，一个人的自我概念①会影响需要层次体系对个人动机的激励，有人满足了低层次的需要后，并非一定就会对高层次的需要有所渴求。

课堂思考 5-5

古人云“蝼蚁尚且贪生”，又云“士为知己者死”。请问你是如何理解这两句话的？

知识链接 5-6

《知足歌》与《不知足歌》

《知足歌》

人生尽受福，人苦不知足。
思量事劳苦，闲着便是福。
思量疾厄苦，无病便是福。
思量患难苦，平安便是福。
思量死来苦，活着便是福。
也不必堆金积玉，也不必高官厚禄。
看起来，一日三餐有许多自然之福。
我劝世间人，不可不知足。

《不知足歌》

终日奔波只为饥，才方一饱便思衣。
衣食两般皆具足，又想娇容美貌妻。
娶得美妻生下子，恨无田地少根基。
买得田园多广阔，出入无船少马骑。
槽头结了骡和马，叹无官职被人欺。
县丞主簿还嫌小，又要朝中挂紫衣。
若要世人心里足，除非南柯一梦西。

两则短歌从正反两方面说明了同一个道理：要知足，莫要不知足。正所谓：“知足常足，终生不辱；知止常止，终身不耻。”“祸莫大于不知足，咎莫大于欲得。”

（二）双因素理论

扫一扫

双因素理论

美国心理学家和管理咨询师弗雷德里克·赫茨伯格（Frederick Herzberg）在 1959 年与他人合著的《工作激励因素》和 1966 年出版的《工作与人性》两本著作中，提出了激励因素（Motivation Factors）理论和保健因素（Hygiene Factors）理论，简称双因素理论②（Motivation-Hygiene Theory）。赫茨伯格的观点如表 5-25 所示。

---

① 自我概念（Self Concept）为心理学术语，指一个人对自我形象的认识，这种认识的形成源于许多外部力量，如父母、教师、朋友或同事等的长期影响。

② 双因素理论是赫茨伯格最主要的成就，在工作丰富化方面，他也进行了开创性的研究。

表 5–25　赫茨伯格的双因素理论的内容

因素类型	内容描述	
激励因素	使员工感到非常满意的因素多来自工作任务本身，其往往能激发员工的责任感、荣誉感和自信心，增进员工的满意感，有助于充分、有效、持久地调动他们努力工作、积极上进。	主要是工作富有成就感、工作成绩得到社会认可、工作本身具有挑战性、能发挥自己的聪明才智、工作所赋予的发展机会和责任等。
保健因素	令员工不满意的因素往往是由外界的工作环境造成的，这些因素即使改善了也不能使员工变得非常满意，不能充分激发员工的积极性，只能消除员工的不满。	主要包括公司政策、行政管理、工资报酬、工作条件、与上下级的关系、地位和安全等方面的因素。
总结	保健因素和激励因素不是一成不变的，而是可以转化的。例如，员工的工资、奖金，如果同个人的工作绩效挂钩，会产生激励作用，变为激励因素。如果二者没有联系，即使奖金发得再多，也构不成激励。而且，一旦减少或停发，还会造成员工的不满。因此，有效的管理者不仅要注重保健因素以消除员工的不满，又要善于把保健因素转变为激励因素。	

赫茨伯格认为，导致员工满意和不满意的因素是独立地发挥作用的，而且彼此之间有着明显的差别。在赫茨伯格的视野中，激励因素能引起满意，而保健因素只能消除不满意，满意的对立面并不是不满意而是没有满意，不满意的对立面不是满意而是没有不满意，这与传统观点显然有异，如图 5–12 所示。

图 5–12　传统观点和赫茨伯格观点在满意与不满意方面的对比

（三）激励需要理论

扫一扫

激励需要理论

激励需要理论是由美国哈佛大学教授大卫·麦克利兰（David C.McClelland）及其学生在 20 世纪 50 年代提出的。麦克利兰认为，人们在生理需要得到满足以后，还有三种基本的激励需要，如表 5–26 所示。

表 5–26　麦克利兰的激励需要理论的内容

类型	内容描述
权力需要 （Need for Power）	主要指发挥影响力和控制他人的愿望。有高度权力需要的人追求领导者地位，喜欢等级分明的工作环境。这些人往往头脑冷静、性格坚强并有强烈的自信，希望他人服从自己的意志并证明自己是正确的；不甘于做普通一兵，追求高层职位的动机强烈。

续前表

类型	内容描述
归属需要（Need for Affiliation）	这是一种寻求被人喜爱和接纳，力图建立友好亲密的人际关系的愿望和要求。高归属需要的人看重人际关系的融洽和他人的评价，从与他人的交往及相互理解中获得心理满足和体验自身价值。这类人喜爱合作而非竞争过于激烈的环境，乐于参加社团活动及帮助他人，有较好的合作精神和较高的亲和力。这类人的存在对于改善组织气氛、增加凝聚力有明显作用。
成就需要（Need for Achievement）	指一种总是力求把每一件事情做到完美，取得超越他人的成就，不断获得新的成功的内驱力。高成就需要的人对工作热忱、执着，寻求具有挑战性又有现实可能性的目标，希望及时了解自己的工作成绩，从努力奋斗的过程中获得内在的成就感的满足。

麦克利兰对成就需要作了系统的研究，认为具有高成就需要的人，不仅可以自我激励，而且对组织的发展具有重要作用。他认为，自我激励的高成就需要者具有以下特征，如表 5–27 所示。

表 5–27　自我激励的高成就需要者的特征

特征	内容描述
特征一	乐于设置自己的目标，并承担风险。
特征二	采取适中程度的风险措施，既敢于冒风险，又能以现实的态度对待风险。
特征三	要求及时得到工作的信息反馈。他们喜欢那些在达到目标的过程中能得到及时和明确反馈信息的职业和工作。
特征四	注重内在激励。他们会从工作的完成中得到很大的满足，而不单纯追求物质报酬。

高成就需要者关心的是他们个人如何获得成功，而不是如何影响他人，带领大家共同完成任务。但是，管理的本质就是让别人把事情完成，优秀的管理者需要具备良好的沟通技巧、协调能力、组织能力并善于授权。因此，高成就需要者并不一定就是优秀的管理者，尤其是在大企业中。

课堂思考 5–6

假如你的面前有一粒豆子和五个靶子。你的任务是要用豆子去击靶子。靶子一个比一个远，因此一个比一个更难击中。靶子 A 很易击中，只有一步之遥，如果你击中，会得到 2 美元；靶子 B 稍远一些，约有 80% 的人能击中，报酬是 4 美元；靶子 C 报酬是 8 美元，约有一半人可以击中；很少有人可以击中靶子 D，但如果击中，报酬是 16 美元；最后，如果击中靶子 E，报酬是 32 美元，但几乎没有人能击中。现在你只有一次机会，假如你是一个高成就需要者，你会选择哪个目标一试？

（四）ERG 理论

扫一扫

ERG 理论

ERG 理论是美国耶鲁大学的克雷顿·奥尔德弗（Clayton Alderfer）在马斯洛提出的需要层次理论的基础上，进行了更接近实际经验的研究后，于 1969 年在《人类需要新理论的经验测试》一文中提出的一种新的人本主义需要理论。奥尔德弗认为，人共存在三种核心的需要，即生存（Existence）需要、关系（Relatedness）需要和成长（Growth）需要，因而这一理论被称为 ERG 理论，如表 5–28 所示。

表 5–28　ERG 理论的内容

类型	内容描述
生存需要	这种需要与人们基本的物质生存需要有关，包括衣、食、住、行以及工作组织为使其得到这些因素而提供的手段。
关系需要	这种需要是指发展人际关系的需要，主要通过工作中或工作以外与其他人的接触和交往得到满足。
成长需要	这种需要是指个人自我发展和自我完善的需要，主要通过发展个人的潜力和才能得到满足。

除此之外，他还提出了三个概念，如表 5–29 所示。

表 5–29　ERG 理论中的三个重要概念

概念	内容描述
需要满足	即在同一层次的需要中，人的某个需要只得到少量满足时，会强烈地希望得到更多的满足。这里，需要不会指向更高层次，而是停留在原有的层次，向量和质的方面发展。
需要加强	即低层次需要满足得越充分，对高层次需要的渴望就越强烈，需要将指向更高层次。
需要受挫	即高层次需要满足得越少，越会导致低层次需要的膨胀，消费支出会更多地用于满足低层次需要。

图 5–13 清晰地展示了需要层次理论、双因素理论、激励需要理论和 ERG 理论之间的关系。

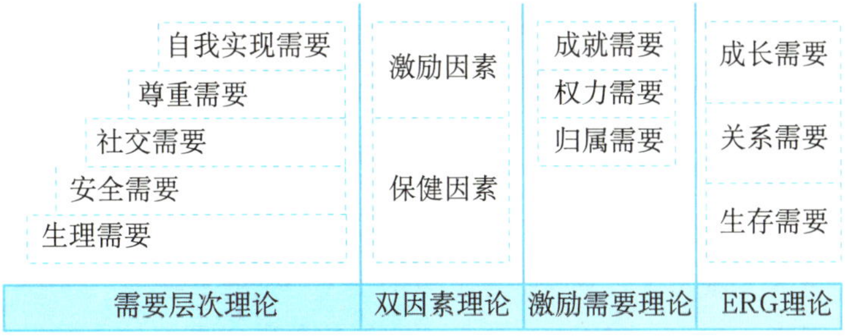

图 5–13　激励的内容理论比较图

三、激励理论之过程激励理论

过程激励理论是在内容激励理论的基础上发展而来的，它以“未被满足”的需要为出发点，研究需要和行为之间的心理过程，侧重于解释下属采取何种行为来满足需要，揭示激励力量的形成及其影响因素。

（一）期望理论

扫一扫

期望理论

期望理论（Expectancy Theory of Motivation）的基本模型最早是由托马斯（K.W.Thomas）和库尔特·勒温在 1932 年提出的，但将期望理论用于说明工作激励问题则是从美国心理学家维克多·弗鲁姆（Victor H.Vroom）开始的。1964 年，弗鲁姆在其《工作与激励》一书中提出了期望理论。弗鲁姆认为，能量会随期待而波动，期望理论很好地解释了为什么在管理中同一事物对甲有激励作用，而对乙没有激励作用。激励作用主要取决于个体对结果的喜欢程度，以及达到目标的可能性。

这一理论是围绕效价、工具值和期望值建立起来的。根据此三个变量，弗鲁姆构建了期望理论模型，即 VIE 激励模型：$M=E\times\sum(I\times V)$。具体内容如表 5-30 所示。

表 5-30　弗鲁姆的期望理论的内容

变量	内容描述
激励力（Motivation）	指激励水平的高低，表明动机的强烈程度。
期望值（Expectancy）	个人对通过努力工作会达到预期的绩效水平的认识，即是否是其“能做之事”，可表述为“我能达到工作要求的绩效水准吗”，故亦称为努力-绩效期望。期望值介于 0～1，但这一概率为个人主观判断，并非实际概率或客观概率。
工具值（Instrumentality）	个人对一定水平的绩效会带来相应的回报和其他潜在结果的认识，即是否有“回报”，可表述为“作为工作的回报我能得到什么”，故亦称为绩效-奖励期望。
效价（Value）	个人对可能的奖励结果的评价，即是否是其“愿做之事”，可表述为“得到的奖励对我有价值吗”。一般来说，对结果的价值评价越高，说明结果对员工越有价值，那么该结果就越有激励作用。

效价与期望值的不同结合，会产生不同的激励力量：

高 $M=$ 高 $E\times$ 高 V

中 $M=$ 中 $E\times$ 中 V

低 $M=$ 低 $E\times$ 低 V

低 $M=$ 高 $E\times$ 低 V

低 $M=$ 低 $E\times$ 高 V

由此可见，要使激励强度达到最大，应该是效价和期望值都高，只要在效价和期望值中有一个很低，就达不到激励员工的目的。

图 5-14 为期望理论的一个简化模型。

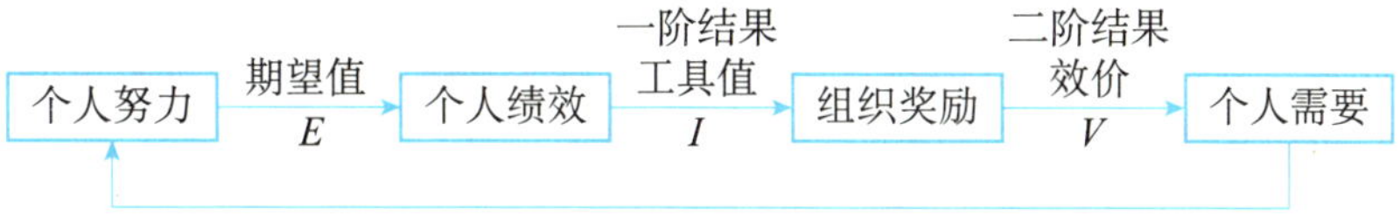

图 5-14　期望理论的简化模型

期望理论的实质是着眼于处理三个关系，如表 5-31 所示。

表 5-31　三个关系的内容

关系	内容描述
奖励-需要	第一个关系表明奖励符合个人的价值观，能够满足个人的需要。即组织奖励对个人目标和需要的满足程度，取决于个人对奖赏性回报的评价，个人对奖赏性回报的评价越高，激励作用就越大。
绩效-奖励	第二个关系表明要得到这种奖励一定要达到某种绩效，而只要达到这种绩效，就能获得这样的奖励。即个人越强烈地相信绩效会带来奖赏性回报，就越会积极努力有效地工作。
努力-绩效	第三个关系表明要达到某种绩效，需要个人的努力，而且个人相信通过自己的努力可以达到这样的绩效。即个人越是相信努力工作会得到好的绩效，则努力-绩效期望就越强，反之则减弱。

期望理论启发管理者要认识人的心理因素的影响作用，因为效价和期望值都是个人的主观判断。管理者在激励工作中必须注意：一方面应当明确员工个人的需要，设法了解某项报酬对员工到底具有多大的吸引力，并尽可能加大这种吸引力；另一方面要根据员工的能力，合理地指派工作和设定目标，使其形成通过个人努力能达到预定结果的高期望值。管理者应确保每个员工都有能力和条件得到这些结果，即尽力发现员工在技能和能力方面与工作需求之间的对称性。通常，要达到使工作的分配出现所希望的激励效果，应使工作的能力要求略高于执行者的实际能力。总之，管理者应使个人的努力程度和工作绩效与其所取得报酬奖励的大小紧密挂钩。

课堂思考 5-7

你能理解“明知山有虎，偏向虎山行”这句话吗？其与期望理论有冲突吗？假如有冲突的话，发生冲突的原因又是什么呢？

（二）公平理论

美国心理学家 J. 斯坦西・亚当斯（J.Stacey Adams）在 1965 年出版的《社会交换中的

不公平》一书中提出了公平理论（Equity Theory）。亚当斯将激励过程和社会比较直接联系在一起，故该理论也称社会比较理论。公平理论的基本观点是：一个人作出了成绩并取得了报酬以后，他不仅关心自己取得报酬的绝对量，而且关心自己所得报酬的相对量。因此，他要进行横向和纵向比较来确定自己所获报酬是否公平，他比较的是对投入产出的自我感觉，而非对投入产出的客观衡量结果，比较的结果直接影响其今后工作的积极性。

这种比较可以用表 5–32 加以说明。

表 5–32　公平理论比较结果

<table>
<tr><th>比较类型</th><th>比较结果</th><th>评价结果</th><th>紧随行为</th><th>备注</th></tr>
<tr><td>A</td><td>$O_P/I_P<O_X/I_X$</td><td rowspan="2">不公平（报酬偏低）</td><td>要求增加报酬或降低今后的努力程度（减少贡献），或要求组织减少参照对象的报酬或让其今后提升努力程度。此外，还可能重找参照对象。</td><td rowspan="8">横向比较：将自己获得的报酬与自己的贡献的比值同组织内其他人进行比较，用 A 表示。
纵向比较：将自己目前投入的努力与目前所获报酬的比值同自己过去投入的努力与过去所获报酬的比值进行比较，用 B 表示。
公式中，O（Outcome）为报酬（表现为工资、奖金、津贴、晋升、荣誉、地位等），I（Input）为贡献（表现为工作数量与质量、技术水平、努力程度等），P 为本人，X 为参照对象，H 表示过去。</td></tr>
<tr><td>B</td><td>$O_P/I_P<O_H/I_H$</td><td>工作积极性下降。</td></tr>
<tr><td>A</td><td>$O_P/I_P=O_X/I_X$</td><td rowspan="2">公平合理</td><td rowspan="2">不改变行为。</td></tr>
<tr><td>B</td><td>$O_P/I_P=O_H/I_H$</td></tr>
<tr><td>A</td><td>$O_P/I_P>O_X/I_X$</td><td rowspan="2">不公平（报酬偏高）</td><td>减少报酬（极少采取）或再自动多做些工作（增加贡献），但久而久之，其会重新评估自己，继而可能认为自己确实应得如此高的报酬，其贡献回归至原有水平。</td></tr>
<tr><td>B</td><td>$O_P/I_P>O_H/I_H$</td><td>一般不会觉得所获得报酬过高，因为其认为自己的能力和经验有了进一步的提高，故其工作积极性即使有提高也不会提高很多。</td></tr>
</table>

公平理论启发管理者不仅要关注报酬的绝对值，而且要关注报酬的相对值。因此，在激励时应力求公平，因为即使很小的主观判断的误差，也会造成严重的不公平感。同时，要对被激励者进行正确诱导，使其树立正确的公平观。

四、激励理论之行为改造理论

行为改造理论认为激励员工不需要确定和解释他们的需求，也不需要理解员工如何选择行为来满足需要，认为只要理解行为和结果间的关系，并作出改造和转化人们的行为，变消极为积极即可。

（一）强化理论

强化理论（Reinforcement Theory）的思想来源于学习理论，是美国当代著名心理学家和行为学家、哈佛大学教授布尔赫斯·F.斯金纳（Burrhus F.Skinner）在古典条件反射理论和操作条件反射理论的基础上提出的一种新行为主义理论。强化是对某种行为肯定或否定的后果（奖励或惩罚），能在一定程度上决定该行为今后是否会重复发生。换言之，行为是结果的函数，只要控制行为的后果（奖励或惩罚），就可以达到控制和预测人的行为的目的。

根据作用发挥上的差异，强化可划分为积极强化/正强化、消极强化/负强化、惩罚和消退四种，它们既可单独使用，亦可结合使用，如表5–33所示。

表5–33　四种强化方式的比较

<table>
<tr><th>激励目的</th><th colspan="2">强化方式</th><th>强化措施</th><th>行为结果</th></tr>
<tr><td rowspan="2">使所希望的行为更多发生</td><td rowspan="2">强化</td><td>积极强化/正强化</td><td>积极强化/正强化（鼓励）：使人得到合意的结果，在个体产生积极行为后，立即用物质或精神鼓励来肯定这种行为，即对该种行为给予肯定和奖赏，使这种行为得到巩固、保持、加强。在进行奖励时，应注意如下几个问题：第一，要特别注意环境气氛，显然，在隆重而热烈的环境中要比在平淡的气氛中奖励的效果更好；第二，奖励对象要真正具有先进性；第三，奖励要注意时效，显然，及时奖励比延时奖励效果要好；第四，奖励的内容应该多样化。</td><td>相同的行为会重复出现</td></tr>
<tr><td>消极强化/负强化</td><td>消极强化/负强化（趋避）：使人力图避免得到不合意的结果，当一个特定的强化能够防止个体产生自己所不希望的刺激时，即为消极强化。与惩罚不同，消极强化是为了避免产生消极后果。</td><td></td></tr>
<tr><td rowspan="2">使不希望的行为更少发生</td><td rowspan="2">弱化</td><td>惩罚</td><td>惩罚（惩戒）：使人得到不合意的结果，即在个体产生消极行为后，使行为者受到经济上或名誉上的损失，或取消行为者所喜爱的东西，从而使其减少这种行为。人们对惩罚和批评具有本能的对抗心理，为此，有效的惩罚应注意如下问题：第一，惩罚与批评的形式要合适；第二，惩罚的内容要多样化；第三，惩罚与批评要做到严中有情理。</td><td rowspan="2">相同的行为不太会重复出现</td></tr>
<tr><td>消退</td><td>消退（自然消退、冷处理、忽视）：主要有两种方式，一是对某种行为不予理睬，以表示对该行为的轻视或某种程度的否定，使其自然消退；二是对原来用正强化建立起来的，认为是好的行为，由于情势变更等原因，不再给予正强化，使其出现的可能性下降，甚至最终完全消失。</td></tr>
</table>

强化理论启发管理者把重点放在积极强化而不是惩罚上。对于不希望出现的行为，采取消退的做法有时要比惩罚更有效。尽管惩罚措施消除不良行为的速度比消退快，但其效果经常只是暂时性的，而且常常伴随负面作用，如冲突、缺勤或辞职等。

（二）归因理论

归因理论是美国心理学家海德（F.Heider）于1958年首先提出的，后由美国斯坦福大学的罗斯（L.Ross）等人加以发展。归因（Attribution）是心理学术语，指根据人的外表来对其心理状态作出解释和推论。归因理论的主要特点在于强调一个人的知觉与其行为间的关系。人们产生的动机和行为，尽管有许多起因无法被直接观察到，但人们的行为是与其认知（Cognition），尤其是知觉（Perception）密切相关的，通过分析人们的认识过程，来说明内在力量和外在力量（内因与外因）与人们所产生行为之间的关系，这就是归因理论主要解决的问题。归因理论的研究对象主要有以下三个，如表5–34所示。

扫一扫

归因理论

表5–34　归因理论的研究对象

序号	研究对象	描述
（1）	对人们心理活动的归因	研究人们心理倾向的形成及心理活动展开的影响因素。
（2）	对人们行为的归因	根据人们外在的行为和表现，对其心理活动作出推论。
（3）	对人们未来行动的归因	根据人们过去的行为表现，预测他们在以后有关的情境中将会做出什么行为。

归因理论认为，人们对过去的成功与失败，一般会有四种归因：努力、能力、任务难度和机遇。这四种因素又可按内外因、稳定性和可控性进一步分类，如表5–35所示。

表5–35　四种归因分类

序号	分类	描述
（1）	从内外因方面看	努力和能力属于内因，任务难度和机遇属于外因。
（2）	从稳定性方面看	能力和任务难度属于稳定性因素，努力和机遇属于不稳定因素。
（3）	从可控性方面看	努力是可控因素，任务难度和机遇是个人不能控制的，能力属于部分可控因素。

把成功归因于内部原因，会使人感到满意和自豪；把成功归因于外因，会使人感到幸运和感激。把失败归因于稳定因素，会使人动摇信心，降低以后的积极性；把失败归因于不稳定因素，人们会继续保持努力行为，提高以后的积极性。

归因理论给了管理者很好的启示，即当下属在工作中遭受失败或取得成功后，如何帮助他们寻找原因（归因），引导他们继续努力以争取下一次行动的成功。

五、激励理论的整合之波特–劳勒模型

前面我们逐一介绍了激励理论之内容激励理论、过程激励理论、行为改造理论，每一种理论均阐述了有关激励的某一方面的内容，现总结如表 5–36 所示。

表 5–36　激励理论的比较

理论类型	研究内容	理论代表	激励机理
内容激励理论	影响因素	需要层次理论、双因素理论、激励需要理论、ERG 理论	未被满足的需要
过程激励理论	目标选择	期望理论、公平理论	目标驱使的行为
行为改造理论	行为转换	强化理论、归因理论	满足需要

我们发现，这些理论之间既不矛盾，又互为补充。美国管理学家莱曼·波特（Lyman W.Porter）和爱德华·劳勒（Edward E.Lawler）于 1968 年提出的综合激励模型，是在期望理论基础上引申出的一个更完善的激励模型。波特和劳勒的激励模型是基于激励并不等于满足或绩效这一假定，以“工作绩效”为核心，以“激励—努力—绩效—满意感”为轴线建立起来的。他们认为，与其说满意感是工作绩效的原因，不如说是工作绩效的结果。工作绩效带来不同的奖酬，不同的奖酬又在个人心中产生不同的满意感，如图 5–15 所示。

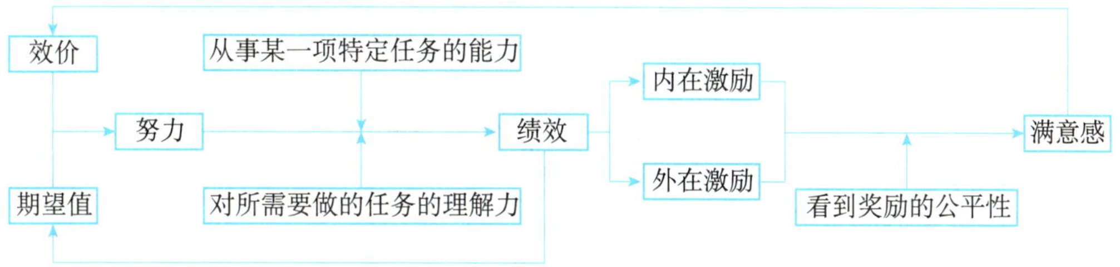

图 5–15　波特–劳勒的综合激励模型

图 5–15 中的努力是指一个人在特定情况下所付出的精力的大小，即一个人尽力到何种程度。而绩效则是努力的结果，努力的大小取决于激励力量的强弱：激励力量强，付出的努力就多；激励力量弱，付出的努力就少。按照波特和劳勒的观点，努力本身并不能完全决定绩效，绩效还要受到个人技术和能力的制约，也要受到个人对任务的明确程度的影响。对任务的明确程度是指个人是否明确认识到哪些活动是成功地完成任务所必需的，哪些是次要的，哪些是无足轻重的，哪些是毫不相关的。一个人要取得好的绩效，就必须把努力集中于那些最重要的必不可少的活动上，这样效率才会高；反之，若一个人的素质很高，技能也很强，也很努力，但是他的努力和技能没有用到关键之处，而是用到了与完成任务取得良好绩效关系甚微甚至是无关的活动上，自然是费力不讨好的。

从图 5–15 中可以看到，波特–劳勒模型包括以下内容，如表 5–37 所示。

表 5-37　波特-劳勒模型的内容

序号	内容描述
（1）	它吸收了弗鲁姆的期望理论的内容，认为对一个事物的效价和期望值的评价将决定人们为之努力的程度。
（2）	人的努力程度和个人能力、对任务的理解以及环境因素结合起来才能决定行为的后果即绩效如何。
（3）	获得绩效后，可以影响人们再次衡量完成同样事情的期望值。
（4）	绩效可以引起两种奖励：内部奖励和外部奖励。一般来说，内部奖励是无形的，如成就感、自豪感等；外部奖励是有形的，如加工资、晋升等。
（5）	组织的奖励并不一定带来满意感，因为员工还要和别人的投入产出相比，衡量奖励的公平性，如果认为是公平的，员工将感到满意；反之，则不会满意。可见该模型吸收了公平理论的内容。
（6）	满意感将对员工的效价评价起到反馈作用，如果通过努力完成一项任务后，达到绩效、受到奖励并感到满意，将会提高员工对同样任务的效价评价；反之，则会降低效价评价。

和前面的激励理论相比，波特-劳勒的激励模型是一个比较动态的模型，它描述了激励员工的一个完整的过程。而且，它恰当地吸收了公平理论和期望理论的内容，引入了更多的影响激励效果的变量，从而显得更加合理和符合实际。但是，它又是一个非常复杂的模型，正由于牵涉很多变量，因此它应用于实践比较困难。

模块三　沟通认知

一、沟通的概念

沟通（Communication）是管理工作最重要的组成部分。管理者与被管理者之间的有效沟通是任何管理艺术的精髓，良好的沟通是组织成功的关键，而“人类最大的失败在于不能获得他人的帮助及理解”。美国著名未来学家约翰·奈斯比特（John Naisbitt）曾说：“未来竞争将是管理的竞争，竞争的焦点在于每个社会组织内部成员之间及其与外部组织的有效沟通之上。”沟通在管理学家的眼中，是一种功能。丹尼尔·卡茨（Daniel Katz）和罗伯特·卡恩（Robert Kahn）认为：“……信息沟通，即交流信息情况和传达意图，是一个社会系统或组织的重要组成部分。”而哈罗德·孔茨则将沟通解释为：“信息从发送者转移到接收者那里，并使后者理解该项信息的含义。”管理专家斯蒂芬·罗宾斯把沟通看作“意义的传递和理解”，认为管理者所做的每件事都包含沟通，而且组织的管理层级越高，沟通对管理者越重要。沟通能消除管理过程中的信息不对称，能解决组织中的冲突，能提高组织的领导力，是组织实现目标的重要手段。在各类组织中，管理的有效性在很大程度上取决于良好的沟通。

知识链接 5-7

沟通的四个层次

已故著名学者曾仕强教授将沟通划分为四个层次：不沟不通、沟而不通、沟而能通、不沟而通。不沟不通，是指人们没有沟通的欲望或沟通的必要，处于不相往来的状态。从本质上讲，不沟不通算不上沟通。任何沟通进行前，都是不沟不通的状态。沟而不通，和所说内容的对错没有必然的关系，并不是说得对就“通”，说得不对就“不通”。中国人相互之间为什么不容易沟通？和面子有关系。沟而能通，是人们喜闻乐见的情况。误会也好，分歧也好，只要沟而能通，都不是问题。不沟而通，不依赖对方的言语表达，却主动地捕捉对方的肢体语言，是高度的默契，是心意的相通，是一种难得的沟通美景。

二、沟通的过程

扫一扫

沟通的过程

沟通是信息发送者把信息通过某种渠道传递给信息接收者的双向互动的过程。沟通过程一般包括 7 个步骤，如表 5-38 所示。

表 5-38　沟通的步骤

步骤	内容描述
步骤 1：信息	沟通发生之前，必须存在一个意图，即被传送的信息。这里所说的信息是一个广义的概念，它包括概念、观点、思想或问题等。发送者把头脑中的意图进行编码从而生成信息。对于有效的沟通来说，这是一个极其重要的步骤，如果没有形成可传递的信息，沟通就不可能进行。
步骤 2：编码	编码就是发送者将所要发送的信息编译成接收者能够理解的一系列可传递的符号，如语言、文字、图片、声音、身体姿势、表情动作等。信息在编码过程中受发送者的技能、态度、知识和文化程度的影响。评价发送者编码能力有 3 个标准，即“对不对”“通不通”“美不美”。
步骤 3：传输	通过适当的渠道和方式将上述信息传输给接收者。传输的方式主要有语言沟通（Verbal Communication）和非语言沟通（Non-verbal Communication）。由于发送者选择的符号种类不同，因此传输的方式也不同。不恰当的传输方式可能无法将信息准确传输给接收者，或者导致信息难以理解。因此，有效的沟通应当使符号种类与沟通方式相适应。
步骤 4：接收	接收者接收信息。接收者是信息传输过程中指向的个体，要根据信息传输的方式，选择相应的接收方式。需要注意的是，接收不等同于接受。

续前表

步骤	内容描述
步骤 5：解码	解码就是接收者将接收到的符号译成具有特定含义的信息。与编码相同，接收者解码的能力也受到其技能、态度、知识和文化程度等因素的影响。最理想的沟通依赖编码和解码的高度对称。由于发送者编码和传输能力的差异，以及接收者接收和解码水平的不同，信息的内容和含义经常被曲解甚至误解。
步骤 6：理解	理解是指接收者认知和解读信息的过程。接收到的符号经过解码以后转换成信息，接收者还要对该信息进行解读，变成自己所理解的概念、观点、思想或问题等内容，这些内容可能与信息发送者的意图一致（保真），也可能不一致（失真）。因此，准确理解信息的含义便成为沟通的关键环节之一。
步骤 7：反馈	反馈是指信息接收者将其理解的信息含义或其他信息传输给初始信息发送者的过程。信息接收者可以利用反馈来传输自己所理解的信息或传输新信息，而信息发送者需要利用反馈来核实自己所发送的信息是否被正确传输和理解。一般来说，由于沟通过程中存在许多干扰和扭曲信息传输的因素，信息失真十分严重，因此，发送者通过反馈了解信息被理解的程度是十分必要的。反馈也使得沟通成为双向互动的过程。

需要注意的是，沟通过程会受到噪声的影响。噪声是指在沟通过程中所受到的干扰，它会导致信息在传输过程中丢失或偏差。值得指出的是：一者，噪声大多来源于环境对信息传输的影响，如工作或者交流过程中被意外打断，注意力由于某种原因被临时转移等；二者，噪声存在于沟通过程的各个环节；三者，噪声阻碍沟通的有效进行，属于有效沟通障碍的一种，在沟通时应尽量排除。沟通的过程如图 5-16 所示。

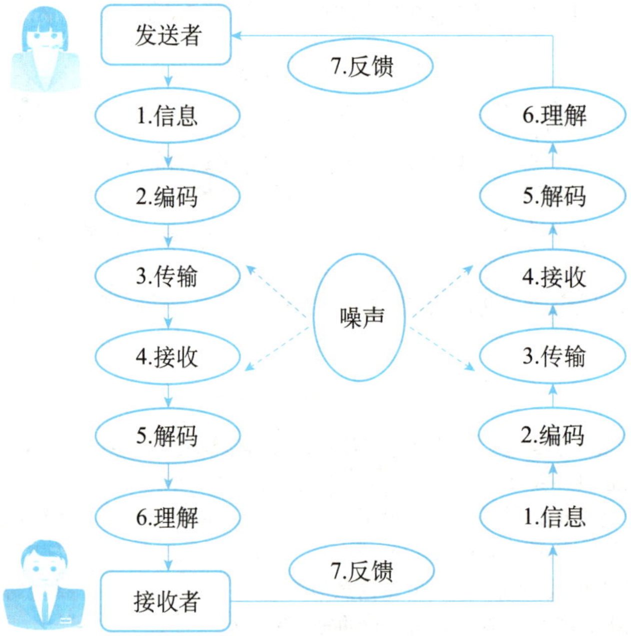

图 5-16　沟通步骤图

从沟通的过程我们可以发现，完整的信息沟通包含以下几个基本要素，即信息发送者、信息接收者、信息、信息通道、反馈和噪声。

三、沟通的方式

沟通方式是指沟通所采用的具体方法和手段。在沟通研究中，根据沟通符号的种类，可将沟通分为语言沟通和非语言沟通；根据沟通在群体或组织中的传递方向，可将沟通分为自上而下（下行）沟通、自下而上（上行）沟通、横向（平行）沟通和斜向沟通；根据沟通中的互动，可将沟通分为单向沟通和双向沟通；根据沟通的结构性和系统性，可将沟通分为正式沟通和非正式沟通。

扫一扫

正式沟通的方式

正式沟通（Formal Communication）是指按照组织结构所规定的沟通路线和程序进行信息传输和交流。它通常通过组织内部规章制度明确规定的渠道进行。通常来说，正式沟通渠道包括链式、环式、Y式、轮式和全通道式（星式）5种形式，如表5-39所示。

表5-39　正式沟通形式比较（一）

形式	内涵	优缺点	图示（以5人群体为例）
链式沟通（Chain）	又称直线型沟通，是指若干沟通参与者，从最初的信息发送者到最终的信息接收者，环环衔接，形成信息沟通的链条。	优点：传递信息的速度最快；解决简单问题的时效最高。 缺点：信息经过层层筛选，容易出现失真的现象；处于最低层次的成员只能作上行沟通，或接收失真度较大的信息；每个成员的沟通面狭窄，彼此沟通的内容分散，不易形成群体共同意见；处于最低层次的成员与处于最高层次的成员难以通气，不利于培养群体凝聚力。	
环式沟通（Circle）	又称圆周式沟通，是指一个封闭式的控制结构，在该结构中每个人都可以和两侧的人同时沟通。	优点：组织内民主气氛较浓，团体的成员具有一定的满意度，横向沟通一般使团体士气高昂。 缺点：组织的集中化程度和领导者的预测程度较低，沟通速度较慢，信息易于分散，往往难以形成中心。	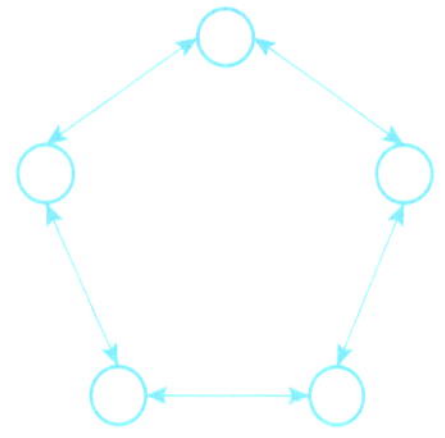

续前表

形式	内涵	优缺点	图示（以 5 人群体为例）
Y 式沟通（Y）	Y 式沟通有四个层次。这种沟通表明第二层主管与两个上级相联系，下面还有两个层次的联系。如果把图式倒过来，第二层主管则变成第三层主管，上面有两个上级，下面有两个下属。	优点：集中化程度高，较有组织性，信息传输和解决问题的速度较快，组织控制比较严格。 缺点：由于组织成员之间缺少直接和横向沟通，不能越级沟通，除节点外，全体成员的满意程度比较低，组织气氛大都不和谐；信息经过层层筛选，信息传输中间环节的操纵可能造成信息失真。	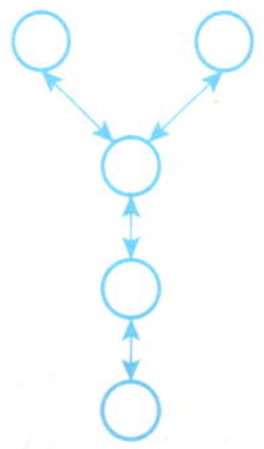
轮式沟通（Wheel）	是指信息沟通通过中间人来进行，组织中所有人都需要通过中间人来交流。	优点：集中化程度高，解决问题的速度快；解决问题的精确度高；对领导者的预测能力要求很高；处于中心地位的领导者的满意程度较高。 缺点：沟通渠道少；除处于核心地位的领导者了解全面情况外，其他成员之间互不通气，平行沟通不足，不利于提高士气；组织成员心理压力大，成员平均满意度低。	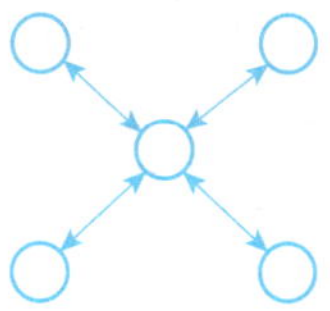
全通道式沟通（All Channel）	是指所有沟通参与者之间穷尽所有沟通渠道的全方位沟通，又称星式沟通。	优点：该网络是高度分散的，组织内的每一个成员都能同其他任何人进行直接交流，没有限制；所有成员是平等的，能够比较自由地发表意见，提出解决问题的方案；各个成员之间全面开放，彼此十分了解，组织成员的平均满意度很高，各个成员之间满意度的差距很小；组织内士气高昂，合作气氛浓厚，个体有主动性，可充分发挥组织成员的创新精神；比环式沟通的沟通渠道开阔，弥补了环式沟通难以迅速集中各方面信息的缺陷。 缺点：沟通渠道太多，易造成混乱；对较大的组织不适用，在一个较大的组织中，各成员不能都有彼此面对面的接触机会；沟通路线的数目会限制信息的接收和传输的能力；信息传输费时，影响工作效率。	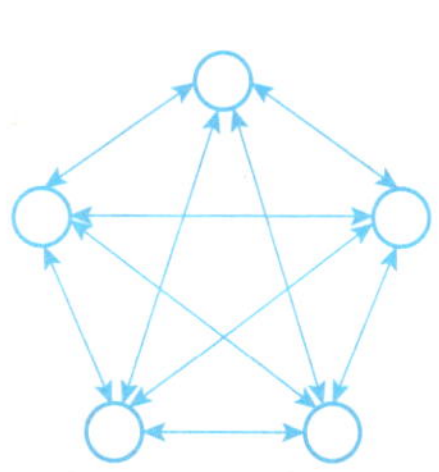

上述 5 种沟通形式各有其优缺点，如表 5–40 所示。管理人员在管理工作实践中，要进行有效的人际沟通，就要发挥其优点，避免其缺点，逐步提高组织的管理工作水平。

表 5–40　正式沟通形式比较（二）

评价标准	沟通形式				
	链式	环式	Y 式或倒 Y 式	轮式	全通道式
解决问题速度	较快	慢	较快	快	最慢
信息精确度	较高	低	较低	高	最高
组织化	慢、稳定	不易	不一定	迅速、稳	最慢、稳
领导人的产生	较显著	不发生	会易位	较显著	不发生
士气	低	高	不一定	低	最高
工作变化弹性	慢	快	较快	慢	最快

非正式沟通（Informal Communication）是指组织中在正式沟通渠道之外进行的各种沟通活动，通常是以组织成员间的交往为基础，通过组织成员的交往而产生的沟通。它是由于组织成员情感上或者动机上的需要而形成的，其沟通途径是组织内的各种社会关系，这种社会关系超越了部门、单位以及层次。非正式沟通相对于正式沟通具有较大弹性，它可以是横向沟通，也可以是斜向沟通，信息的传播速度较为迅速，可以弥补正式沟通渠道中沟通信息传输的不足。美国管理心理学家拉尔夫 · C. 戴维斯（Ralph C.Davis）对非正式沟通形式进行了研究，他对一家企业的 67 名管理人员进行了一次调查，采取顺藤摸瓜的方法对小道消息进行研究，发现有以下 4 种非正式沟通形式，如表 5–41 所示。

表 5–41　非正式沟通形式比较

形式	内涵	图示
单线式沟通	信息在个人之间相互转告，通过非正式渠道依次传递，把信息传播到最终的接收者。	
密语式沟通	由一个人告诉所有其他的人，犹如“独家新闻”。	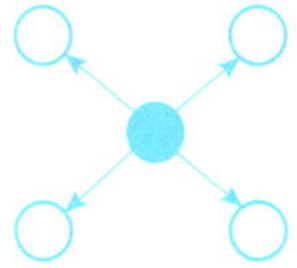
随机式沟通	碰到什么人就转告什么人，并无中心任务或选择性。	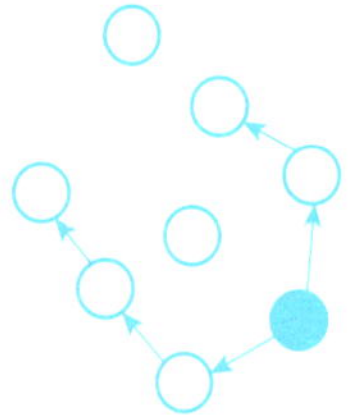

续前表

形式	内涵	图示
集群式沟通	在沟通中，可能有几个中心人物，由他们转告若干人。这种沟通方式具有某种程度的弹性，传播效率最高。	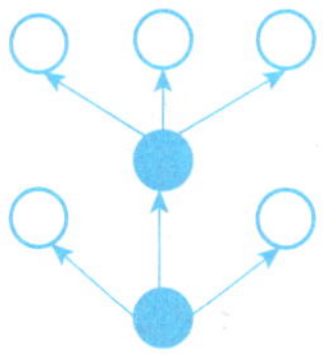

课堂思考 5-8

你生活中有没有非正式沟通？能举出例子吗？

知识链接 5-8

爱德华·霍尔的空间距离学说

非语言沟通是指不通过有声语言和书面符号进行信息传递的沟通，主要有表情（愉快、厌恶、惊奇、悲哀、愤怒、恐惧），双眼行为，肢体动作，服饰及物体的操纵，人际空间等类型。就人际空间而言，美国西北大学人类学教授爱德华·霍尔（Edward Hall）博士提出了著名的空间距离学说，如表 5-42 所示。

表 5-42　空间距离学说

区域名称	空间范围	适用范围
亲密区域（Intimate Zone）	不超过 18 英寸（约 46 厘米以下）	适用于亲密的朋友之间
个人区域（Personal Zone）	18 英寸至 4 英尺（约 46 厘米～1.22 米）	适用于亲密的工作环境或发布命令
社交区域（Social Zone）	4 英尺至 12 英尺（约 1.22 米～3.66 米）	适用于大多数商务环境
公众区域（Public Zone）	12 英尺以上（约 3.66 米以上）	适用于某些正式场合，如演讲

四、有效沟通的障碍与克服

除噪声外，还有一些因素会损害沟通的过程，成为有效沟通的障碍，这些因素详见表 5-43。

扫一扫

有效沟通的障碍与克服

表 5–43　有效沟通的障碍

因素	内容描述
过滤	过滤是指故意操纵信息以使信息显得更易被接受。过滤的程度与组织的层级数目和组织文化两个因素有关。在组织层级中，纵向层级越多，过滤的机会就越多。值得指出的是，电子邮件有助于减少信息过滤，因为沟通更加直接；组织文化则通过奖励系统或鼓励或抑制这些过滤行为，奖励越注重形式，信息发送者便越有意识地按照对方的品位调整和改变信息。
情绪	在接收信息时，接收者的感受也会影响其对信息的解释。不同的情绪感受会使个体对同一信息的解释完全不同。在极端的情绪状态下，如大喜或者大悲都可能阻碍有效的沟通。这种状态常常使我们无法进行客观而理性的思维活动，而代之以情绪的判断。
信息超载	信息超载是指信息超出人们的处理能力。在网络技术不断发展的背景下，世界的信息和知识都处于大爆炸状态，造成信息量大、信息质量差、信息价值低等问题，信息超载的现象也随之而生。
防卫	当人们感到自己受到某种威胁时，通常会以种防卫的方式作出反应，这种防卫降低了取得相互理解的可能，换言之，以暴制暴往往难以达到妥协的目标。人们对威胁的防卫通常会表现在对对方进行言语攻击、讽刺挖苦、评头论足，以及怀疑对方的动机等行为上。当一方将另一方的意思理解为威胁时，他很容易会以有碍有效沟通的方式作出反应。
语言	同样的词汇对不同的人来说含义是不一样的。年龄、受教育程度和文化背景是三个最明显的因素，它们影响一个人的语言风格及其对词汇的界定。某个群体的成员在内部沟通时使用的“行话”，即特有的专业术语或技术语言，也会产生语言问题。除此之外，即使沟通双方使用的是同一种语言，也可能存在语言使用上的不一致，因此了解每个人的语言风格将会极大地减少沟通障碍。
选择性知觉	选择性知觉是指人们根据自己的兴趣、经验和态度而有选择地去解释所看或所听的信息。在沟通过程中，接收者会根据自己的需要、动机、经验、背景及其他个人特点，有选择地去看或去听信息。解释过程中，还会把自己的兴趣和期望带进信息之中。从某种角度而言，我们不是看到事实，而是对我们所看到的东西进行解释并称之为事实。

沟通障碍的存在致使“信息漏斗”现象的产生，如图 5–17 所示。

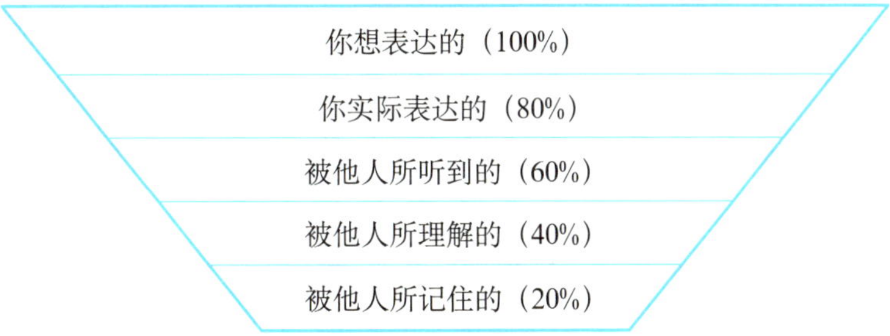

图 5–17　信息漏斗

尽管有各种各样的因素可能破坏沟通的有效性，但幸运的是，管理者可以运用一些方法来克服它们以提高沟通的有效性，如表 5–44 所示。

表 5–44 提高沟通有效性的方法

方法	内容描述
运用反馈	很多沟通问题是误解或理解不准确造成的，如果管理者在沟通中运用反馈，就会相应减少这些问题的发生。管理者获得反馈的方式包括：通过询问一些问题以确定信息是否被接收者正确地接收和理解；要求接收者用自己的话复述这一信息，以此来判断其是否理解了信息；接收者的总体评论能够使管理者了解接收者对所接收信息的反应；管理者可以寻找一些非语言线索来辨别接收者是否已经获得了正确信息。
简化用语	通过简化用语，尽量使用与接收者一致的语言方式来发送信息，这有助于增进理解。由于电子语言有可能成为沟通障碍，因此管理者应该选择措辞并组织信息，以使得信息清晰明确，易于接收者理解。有效的沟通不仅需要信息被接收，而且需要信息被理解和接受。
积极倾听	有效倾听是积极主动的而不是消极被动的。积极倾听要求倾听者集中注意力，站在说话人的角度上来了解对方所表达的内容。不善于倾听不同的声音，是组织管理者最大的无能。
控制情绪	管理者不可能始终以理性的方式与员工沟通，因为情绪可能扰乱和扭曲沟通的过程。最简单的办法就是暂停进一步的沟通直至恢复平静，使自己的情绪保持在可控状态下。
注意非语言提示	行动比语言更明确，因此很重要的一点是注意自己的行动，并确保和语言相匹配以起到强化语言的作用。非语言信息在沟通中占有很大的比重，因此沟通者应十分注意自己的非语言提示，保证它们同样也传达了所期望的信息。

知识链接 5–9

良好倾听的 10 项准则

1. 停止说话！当你说话的时候，你无法做到倾听。

2. 让谈话的人轻松随意。帮助谈话者畅所欲言，这常被称为“创造一种自由开放的环境”。

3. 向谈话者表明你愿意倾听。用眼神和行为表示你感兴趣。倾听是为了理解，而不是反对。

4. 排除干扰。对方说话时，不要心不在焉地乱涂乱画、轻拍或摆弄文件，将门关上也许会安静些。

5. 移情体量谈话者。努力站在谈话者的立场上，以便设身处地地思考。

6. 要有耐心。给谈话者足够的时间，不要打断谈话，不要中途离场。

7. 控制你的脾气。一个人在生气的时候会错误地理解字里行间的意思。

8. 温和地争论和批评。争论和批评会将谈话者逼向防御境地，他可能三缄其口或生气。不要争论，即便你赢了，实际上你还是输了。

9. 提问。提问会鼓励谈话者言无不尽，而且表明你的确在倾听。提问还有助于你进一步获得信息。

10. 停止说话！这是第一项也是最后一项准则，所有其他准则都依赖于它。造物主赋予我们两耳一口，这或许暗示我们多听少说。

单元小结

领导是一种影响力，是引导人们行为，从而使人们情愿地、热心地实现组织或群体目标的艺术过程。领导者是进行领导活动的人。领导职能是涉及组织中人的问题的职能，人性假设模式有经济人、社会人、自我实现人和复杂人假设。从20世纪初到20世纪30年代，领导理论的研究主要侧重于研究领导者的性格、素质方面的特质。从20世纪30年代开始，研究者开始把目光从领导者内在特质转向对领导行为、领导环境的研究上。关于领导方式的研究，最早是由勒温进行的，最流行的是密歇根大学的研究和俄亥俄州立大学的研究，以及在此基础上发展的管理方格理论。领导权变理论是在领导的特质理论和行为理论的基础上发展起来的。这类理论认为有效领导不仅取决于领导者的特质和行为，而且取决于特定的环境。从其内容来看，领导权变理论关注的是领导者与被领导者及环境之间的相互影响，主要有菲德勒的领导权变理论、赫塞和布兰查德的情境领导理论、豪斯的路径–目标领导理论。近年来，又涌现出五种适应新情境的领导风格：变革型领导、教练式领导、超越型领导、仆人式领导、创业型领导。

激励的实质就是通过一定的手段对人的需要或动机施加影响从而达到强化、引导、改变人的某种行为的目的，换言之，激励过程是一个强化、引导、改变人的行为的有序过程。激励理论分为：内容激励理论，包括马斯洛的需要层次理论、赫茨伯格的双因素理论、麦克利兰的激励需要理论；过程激励理论，包括弗鲁姆的期望理论、亚当斯的公平理论；行为改造理论，包括斯金纳的强化理论以及各类归因理论。美国管理学家波特和劳勒提出的综合激励模型，是在期望理论基础上引申出的一个更完善的激励模型。

沟通是管理工作最为重要的组成部分。管理者与被管理者之间的有效沟通是任何管理艺术的精髓，良好的沟通是企业成功的关键。沟通是信息发送者把信息通过某种渠道传输给信息接收者的双向互动的过程。沟通过程一般包括7个步骤：信息、编码、传输、接收、解码、理解、反馈。沟通的主要形式包括正式沟通和非正式沟通。正式沟通形式包括链式沟通、环式沟通、Y式沟通、轮式沟通和全通道式（星式）沟通5种形式。非正式沟通形式包括单线式沟通、密语式沟通、随机式沟通、集群式沟通4种形式。有些因素会损害沟通的过程，成为有效沟通的障碍，但管理者可以通过运用反馈、简化用语、积极倾听、控制情绪、注意非语言提示等方法来克服它们以提高沟通的有效性。

核心概念

领导	领导者	领导方式	领导艺术	指挥
激励	需要	激励理论	沟通	有效沟通
反馈	书面沟通	正式沟通	横向沟通	沟通障碍

管理实训

实训一　班长领导特质的凝练

实训目的

通过班长领导特质的凝练，了解作为班长应该具备什么特质，以及如何才能做好班长。

实训方法与要求

1. 班级中每位同学均从下面 60 个班长领导特质候选四字词语中选出 8 个。

八面圆通	博学笃志	不卑不亢	不浮不躁	沉稳大方	成绩优异
充满自信	大公无私	德才兼备	恩威并施	甘于奉献	敢当风险
工作认真	顾全大局	关心同学	和蔼可亲	集思广益	坚持不懈
脚踏实地	尽职尽责	精明能干	精于授权	乐观开朗	乐于助人
雷厉风行	明察秋毫	努力上进	品行端正	平易近人	勤俭节约
勤劳刻苦	求实创新	热爱集体	任劳任怨	如花似玉	善用时间
善于沟通	赏罚分明	深明大义	审时度势	思维敏捷	坦率真诚
团队协作	团结友爱	威慑力高	为人正直	温文尔雅	心胸宽广
严于律己	言而有信	以身作则	英俊阳刚	应变力强	勇敢果断
幽默风趣	有责任心	知人善任	自我克制	足智多谋	尊师重教

2. 以模拟公司为单位，各模拟公司以每个成员选出的 8 个词语出现的次数进行排序、汇总，位列前 8 位的词语入选该模拟公司的班长特质词语。每位同学的第一个成绩以自己选出的班长特质词语入选自己所在的模拟公司最终确定的班长特质词语的个数来确定，比如，某个成员自己选出的 8 个词语中有 4 个被其所在的模拟公司选中，其得分为 $4 \div 8=50\%$，即得 50 分。

3. 以班级为单位，将各模拟公司提供的每个词语出现的次数进行排序、汇总，位列前 8 位的词语入选班级的班长特质词语。各模拟公司以本模拟公司所列班长特质的词语出现在班级的班长特质词语的个数计算该模拟公司的分数，具体方式同上。将各模拟公司的分数作为该模拟公司内每位同学的第二个成绩。

4. 每位同学的最终成绩，以两个成绩的平均值为准。

5. 各模拟公司分工撰写实训小结，并与其他模拟公司交流。

6. 值得指出的是，上述 60 个词语显然有意思相近或重叠之处，不可能做到每个词语与其他词语完全区分，是故，为体现公平，需要严格考量入选的词语，即完全相同方可入选计数，不得以意思相近或重叠而折中入选计数。

实训二　企业领导者的领导方式分析

实训目的

通过去图书馆或上网查阅（如可搜寻有关由第一财经、东方卫视、唯众传播联合打造的国内第一档充满娱乐精神的高端人物脱口秀节目——《波士堂》的最新内容）三家大型国内外知名企业的最高领导者的相关资料，了解该领导者的领导方式。

实训方法与要求

1. 了解三家企业的经营状况。

2. 总结三家企业领导者的特征及其领导方式、领导风格，并根据领导理论模型进行归类。

3. 对三家企业领导者的领导方式进行比较分析。

4. 利用课余时间实施调查，写出调查报告。

5. 以模拟公司为单位提交和陈述调查报告，交流体会；或者就该领导者领导方面的内容进行演讲。

6. 由教师根据调查报告、课堂报告或者演讲表现综合评分。

管理应用

1. 请对下面有关猎人与猎狗的故事[①]进行评论与续编。

（1）一条猎狗将一只兔子赶出了窝，一直追赶它，追了很久仍没有捉到。牧羊看到此种情景，讥笑猎狗说：“你们两个之间小的反而跑得快得多。”猎狗回答说：“你不知道我们两个的跑是完全不同的！我仅为了一顿饭而跑，它却是为了性命而跑呀！”

评论：____

____

____

（2）这话被猎人听到了，猎人想：“猎狗说的对啊，那我要想得到更多的猎物，得想个法子。”于是，猎人又买来几条猎狗，凡是能够在打猎中捉到兔子的，就可以得到几根骨头，捉不到的就没有饭吃。这一招果然有用，猎狗们纷纷去努力追兔子，因为谁都不愿意看着别的猎狗有骨头吃，自己没的吃。就这样过了一段时间，问题又出现了。大兔子非常难捉到，小兔子好捉。但捉到大兔子得到的奖赏和捉到小兔子得到的奖赏差不多，猎狗们善于观察，发现了这个窍门，于是专门去捉小兔子。慢慢地，大家都发现了这个窍门。猎人对猎狗们说：“最近你们捉的兔子越来越小了，为什么？”猎狗们说：“反正没有什么大

---

① 参见木木：《猎狗的精彩故事》，载《宁波经济（财经视点）》，2005（9）；参见［美］彼得·德鲁克：《猎人与猎狗》，载《企业文化》，2006（4）。

的区别，为什么费那么大的劲儿去捉那些大的呢？”

评论：

（3）猎人经过思考，决定不将分得骨头的数量与是否捉到兔子挂钩，而是采用每过一段时间，就统计一次猎狗捉到兔子的总重量，按照重量来评价猎狗，决定一段时间内的待遇。于是猎狗们捉到兔子的数量和重量都增加了。猎人很开心。但是过了一段时间，猎人发现，猎狗们捉到兔子的数量又少了，而且越有经验的猎狗，捉到兔子的数量下降得就越厉害。于是猎人又去问猎狗们，猎狗们说：“我们把最好的时间都奉献给了您，主人，但是我们随着时间的推移会老的，当我们捉不到兔子的时候，您还会给我们骨头吃吗？”

评论：

（4）猎人作了论功行赏的决定。他分析与汇总了所有猎狗捉到兔子的数量与重量，规定如果捉到的兔子超过一定的数量，即使捉不到兔子，每顿饭也可以得到一定数量的骨头。猎狗们都很高兴，大家都努力去达到猎人规定的数量。一段时间过后，终于有一些猎狗达到了猎人规定的数量。这时，其中有一条猎狗说：“我们这么努力，只得到几根骨头，而我们捉到的猎物远远超过这几根骨头。我们为什么不能给自己捉兔子呢？”于是，有些猎狗离开了猎人，自己捉兔子去了。

评论：

（5）猎人意识到猎狗正在流失，并且那些流失的猎狗像野狗一般和自己的猎狗抢兔子。情况变得越来越糟，猎人不得已引诱了一条野狗，问它到底野狗比猎狗强在哪里。野狗说：“猎狗吃的是骨头，吐出来的是肉啊！”接着又道：“也不是所有的野狗都顿顿有肉吃，大部分最后骨头都没的舔！不然也不至于被你诱惑。”于是猎人进行了改革，使得每条猎狗除基本骨头外，还可获得其所猎兔肉总量的 $n\%$，而且随着服务时间加长，贡献变大，这一比重还可递增，并有权分享猎人总兔肉的 $m\%$。就这样，猎狗们与猎人一起努力，将野狗们逼得叫苦连天，纷纷强烈要求重归猎狗队伍。日子一天一天地过去，冬天到了，兔子越来越少，猎人的收成也一天不如一天，而那些服务时间长的老猎狗老得不能捉到兔子，但仍然在无忧无虑地享受那些它们自以为应得的大份食物。终于有一天猎人再也不能忍受，把它们扫地出门，因为猎人更需要身强力壮的猎狗……

评论：

故事还在继续……

（6）

2. 6×3交流策略的应用。

如果一件事情你只说过一次，那就等于没有说过。因此，我们可以尝试通过3种及以上的传输渠道或方式将至关重要的信息重复至少6次。例如，为了传达一种新的流程（或政策、制度、理念），你可以通过电子邮件、一对一的面谈和全体员工大会作为沟通渠道。现在，请思考：你可以通过哪3种渠道鼓励员工（或同学）告诉你某一件事情的真相？

管理游戏

聪明的小明

游戏目的

使学生明白有效倾听的重要性。

游戏程序

1. 教师念出下面一段话：

小明特别聪明，心算能力特别强。有一天，教师出了一道心算题目考他：

（1）有一辆公共汽车，车上有28个人，到了一站上了18人，下了3人；

（2）到了另一站上了5人，下了20人；

（3）然后又上了16人，下了2人；

（4）到了另一站又上了8人，下了18人；

（5）之后上了7人，下了4人；

（6）到了下一站上了2人，下了5人；

（7）最后上了6人，下了10人。

2. 这时教师停下来，不说话，望着学生，看看学生有什么反应。有学生说出了答案：“28人。”

3. 教师宣布：“不错，车上还有28人。但是，我的问题是：这辆车停了多少站？有人能答出来吗？”

游戏拓展

1. 为什么我们认真听了、努力算了，答案却是错的？我们为什么断定别人一定会问这个问题呢？

2. 我们为什么没有耐心听完教师的问题再说出答案呢？

第六单元 控制职能

左图：罗伯特·卡普兰（Robert Kaplan），平衡计分卡创始人，美国平衡计分卡协会主席，哈佛商学院研究领导能力开发的马文·鲍尔（Marvin Bower）讲座教授。

右图：大卫·诺顿（David P.Norton），平衡计分卡协会的创始人、主席兼 CEO。创办平衡计分卡协会之前，是复兴全球战略集团的创始人之一，担任总裁。更早之前曾创办诺兰·诺顿公司。

二人的合著有：《平衡计分卡：良好绩效的评价体系》《平衡计分卡的实际应用》《战略地图：化无形资产为有形成果》《平衡计分卡战略实践》《战略中心型组织》《组织协同》等。

管理箴言

Where there is no measurement, there is no management.

——罗伯特·卡普兰

控制功能在于衡量及改正下属之绩效，以确保目标及计划之完成。

——许士军

最有效并持续不断的控制不是强制，而是触发个人内在的自发控制。

——横山宁夫

控制是指按照通过计划活动而决定的政策、计划、指标或经济性原则，进行企业经营的管理活动。因此，为了控制，事先必须有计划，计划如不伴随着控制，就变得毫无意义。计划和控制是密切而不可分割的。

——占部都美

今天的企业再也不能像过去那样通过等级制度、系统、预算和其他传统的控制方法将企业团结在一起……将企业凝聚在一起的将是意识形态。

——詹姆斯·柯林斯和杰里·波拉斯

学习目标

通过本单元内容学习，你应该达到以下学习目标并完成能力训练任务：

<table>
<tr><th></th><th>素质目标</th><th>知识目标</th><th>能力目标</th></tr>
<tr><td>学习目标</td><td>（1）从自我控制开始，在计划中控制，在控制中纠偏，正确认识和把握防范化解风险，精准研判，养成善于发现问题、敢于面对问题，勇于解决问题的精神品质；
（2）提升数据思维和数字素养，养成用数据说话，基于事实进行科学“控制”的良好习惯；
（3）秉持匠心，执着品质，恪守企业生命之源，养成精益求精、脚踏实地的敬业精神，水滴石穿、久久为功的专注精神，淡泊名利、德行端正的忧乐精神。</td><td>（1）理解控制的含义及必要性；
（2）掌握控制的作用及与其他管理职能间的关系；
（3）熟悉控制的各种类型；
（4）掌握管理控制的一般过程和要求；
（5）掌握控制的技术和方法。</td><td>（1）能够区分控制与计划、管理控制与一般控制；
（2）能够模拟运用控制过程；
（3）能够区分控制的类型并能实际运用；
（4）能够灵活运用各种控制方法制定解决失控的措施。</td></tr>
<tr><td>能力训练任务</td><td colspan="3">（1）参观本地不同类型的组织，了解组织的相关控制活动；
（2）分别剖析一个行政单位、事业单位和企业单位，分析其控制过程和控制方法；
（3）针对大学生上大学的目标，分析其控制过程和可使用的控制方法；
（4）利用学校的规章制度，分析控制的作用。</td></tr>
</table>

内容体系

控制是管理的最后一项职能，是对组织的计划、组织、领导等管理活动及其效果进行衡量和校正的过程，以确保组织的目标以及为此而拟定的计划得以实现。换言之，组织目标确定后，需要层层分解并落实到组织的部门直至每名员工，然后实施。怎样使实际情况和目标保持一致，这就是控制需要做的工作。美国管理专家巴达维（M.K.Badawy）说得好：“没有控制，组织就不起作用。”亨利·西斯克（Henry L.Sisk）指出：“如果计划从来不需要修改，而且是在一个全能的领导人的指导之下，由一个完全均衡的组织完美无缺地来执行的，那就没有控制的必要了。”“企业的日常工作如果不通过有效的控制，使它在轨道上正常运转，最好的计划和决策都是要落空的。”

模块一 控制认知

自 1948 年美国数学家、通信工程师诺伯特·维纳（Norbert Wiener）发表《控制论（或关于在动物和机器中控制和通信的科学）》一文以来，控制论的思想和方法几乎已经渗透所有的自然科学和社会科学领域。人们用控制论来丰富自己的理论与方法体系，管理学也是其中之一。

在现代社会中，人、财、物等要素的组合关系是多种多样的。环境变化快、影响大，组织的运行机制、结构不断调整，再加上错综复杂的组织关系，组织要想实现既定的目标，执行为此而拟定的计划，求得在竞争中的生存和发展，不进行控制工作是不可想象的。“没有规矩不成方圆，没有控制就没有管理。”控制作为管理的重要职能之一，其目的是要确保组织的所有活动朝着目标迈进。通过控制可以及时发现问题，及时纠偏，使组织的各项活动与组织的目标和计划相一致，从而使组织活动更加有效地进行。

一、控制的概念

扫一扫

管理控制的界定

毋庸置疑，控制的概念如同管理、组织的概念一样具有见仁见智的特性，如表 6–1 所示。

表 6–1　不同学者视角下的控制概念

学者	内容描述
亨利·法约尔	在一个企业中，控制就是核实所发生的每件事是否符合所规定的计划、所发布的指示以及所确立的原则，其目的就是要指出计划实施过程中的缺点和错误，以便加以纠正和防止重犯。控制在每件事、每个人、每个行动上都起作用。
R.M. 霍德盖茨	控制就是管理者将计划的完成情况和目标（标准）对照，然后采取措施纠正计划执行中的偏差，以确保计划目标的实现。
哈罗德·孔茨	控制就是按照计划标准衡量计划的完成情况和纠正计划执行中的偏差，以确保计划目标的实现。

这里所讲的控制，可以从两个方面加以理解，如表 6–2 所示。

表 6–2　静态与动态意义上的控制

状态	内容描述
从职能（静态）的角度来看	控制是为了保证组织计划与实际作业动态相适应的管理职能。
从过程（动态）的角度来看	控制是对各项活动的监视，从而保证各项活动按计划进行，并纠正各种显著偏差的过程。
总结	在管理实践中，要保证组织活动按照计划进行，按时完成任务，控制必不可少，它是所有的管理者都必须履行的职能。控制既是管理的一项重要职能，同时也是职能发挥的过程，这个过程包括以下要点：（1）控制是一种有目的的主动行为，即控制是为了保证组织中的各项活动按计划进行，控制的目的是控制活动的出发点，又是它的归宿；（2）控制的实质是保持或改变控制对象的某种状态，即“维持现计划”和“打破现计划”。

管理故事 6-1

和尚分粥

有七个和尚住在一个庙里，每天分一大桶粥。要命的是，粥每天都是不够的。一开始，他们抓阄决定谁来分粥，每天轮一个。可是每周下来，他们每个人都只有一天是吃饱的，就是自己分粥的那一天。

后来，他们经过讨论，推选出一个道德高尚的人来分粥。结果有的人想分到较多粥，开始挖空心思去讨好他、贿赂他，搞得整个庙里乌烟瘴气。

再后来，七个和尚分成两组，三人组成分粥委员会负责分粥，另外四人组成监督委员会负责监督，结果两个小组互相攻击、扯皮，把粥分下来吃到嘴里全是凉的。

最后，他们终于想出一个方法：每个人轮流分粥，但分粥的人要让其他人先挑选，自己拿最后剩下的那一碗。为了不使自己吃亏，每人都尽量分得平均，就算分得不太平均，也只能认了。结果，大家快快乐乐、和和气气，日子越过越好。

和尚分粥的故事使我们明白了一个道理：管理必须依靠制度，当人们非自律而是他律的时候，必须对他们进行制度的控制管理。制度决定行为，管理的真谛在“理”不在“管”。管理者的主要职责就是建立一个像“轮流分粥，分者后取”那样合理的游戏规则（制度），让每个员工按照游戏规则自我管理。游戏规则要兼顾集体利益和个人利益，并且要让个人利益与集体利益统一起来。责任、权力和利益是管理平台的三根支柱，缺一不可。缺乏责任，就会产生腐败；缺乏权力，执行就会遇到困难；缺乏利益，就会消极怠工。管理者只有把“责、权、利”的平台搭建好，员工才能“八仙过海，各显神通”。

知识链接 6-1

管理理论与管理控制

自管理作为一门科学出现以来，控制在管理理论先后经历的“科学管理”“行为科学”和“现代管理”三个发展阶段中也有着截然不同的内涵。

1.“科学管理”阶段

泰勒、法约尔等人将工人视为“会说话的工具”“一部机器上的齿轮”，甚至“一个齿轮上的齿牙”，故将控制理解为“监督”的同义语，管理人员则被称为“监工”，监工对工人的控制就是依据计划部门根据“第一流的工人”进行连续不断的工作所能完成的工作指标所作的计划和作业定额，对工人和对事进行自上而下的严厉的“胡萝卜加大棒”式的监督。

2.“行为科学”阶段

梅奥、马斯洛、赫茨伯格等人认为：人除了是“经济人”之外，更重要的是，人还是“社会人”，人不仅有“生理需要”“安全需要”和“社交需要”，还有更高层次的“尊重需要”和“自我实现需要”。受这些观点的影响，控制也有了新的内涵，控制中强调对人的“关心”和“尊重”，以促使员工自觉地按照预定计划进行工作。

3.“现代管理”阶段

20 世纪 40 年代后期，由于“控制论”“信息论”和“系统论”(称为现代“三论”)等新兴学科的相继出现，对人的认识更加注重人的“主观能动作用”和“创造力”的开发以及“自我控制”，“控制”开始从传统的以经验为基础转向以科学理论为指导，控制方法也逐步科学化。尤其是随着电子计算机的发展和普及，控制理论和控制方法有了新的突破，凭借现代科技，控制的及时性、全面性和准确性都有了很大提高。

二、控制与其他职能的关系

扫一扫

控制与其他职能的关系

控制与计划、组织和领导的关系如表 6–3 所示。

表 6–3　控制与计划、组织和领导的关系

关系	内容描述
控制与计划	管理的控制职能与计划职能是联系在一起的。计划是控制的基础，控制要根据计划所确定的标准来进行，通过控制使计划的执行结果与预定的计划相符合；控制是计划的继续，控制为计划提供信息，如果计划与实际之间的偏差是外部环境的变化所致，那么，这时控制职能的发挥所采取的纠正措施可能就是要调整计划方案本身。此外，控制的效果也取决于计划，计划越明确、全面和完整，控制的效果也就越好。
控制与组织	组织职能为组织计划的贯彻执行提供了合适的组织结构框架，还为控制职能的发挥提供了人员配备和组织机构。同时，组织结构的确定也规定了组织中信息联系的渠道，所以也为组织的控制提供了信息系统。控制职能则通过对计划执行过程中产生的偏差的原因进行分析，对由组织职能造成的偏差采取措施进行纠正，如调整组织结构，重新确定组织中的权责关系和工作关系。
控制与领导	领导职能的发挥影响组织控制系统的建立和控制工作的质量。相应地，控制职能的发挥有利于改进领导者的领导工作，提高领导者的工作效率。
控制职能使管理过程成为一个完整的过程，控制职能的发挥是其他各项职能的再运用过程。控制职能是与其他职能交错重叠的。	

现实中，组织的运行往往是“非零”起步的，因此，上一阶段控制的结果就可能导致组织确立新的目标、提出新的计划，并在组织结构、人员配备和领导等方面作出相应的改变。控制可以说既是一个管理工作过程的终结，又是一个新的管理工作过程的开始。因此，控制工作循环图与企业管理中推行的美国学者戴明提出的 PDCA 管理循环在实质上有相通之处，即 PDCA 管理循环是通过管理控制呈螺旋式上升的，如图 6–1 所示。有关 PDCA 的更多内容，详见本单元模块四的质量控制相关内容。

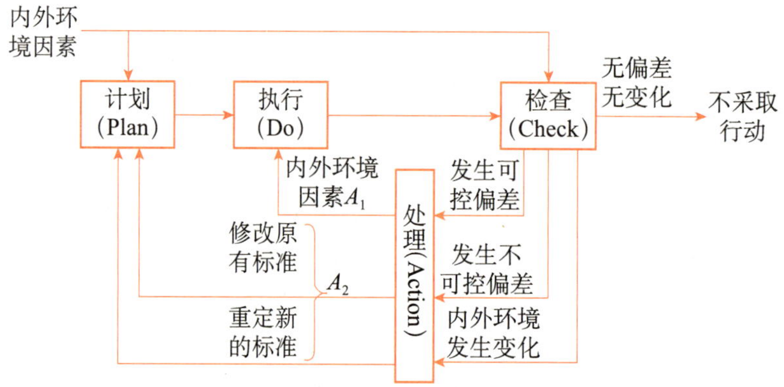

图 6-1　PDCA 管理循环控制

三、控制的作用

控制的作用如表 6-4 所示。

表 6-4　控制对组织和员工的作用

作用	内容描述
控制对组织的作用	（1）控制可以防止和纠正偏差的发生，使计划执行结果符合计划目标的要求（标准），确保组织的稳定运行。
	（2）控制职能可以修订原有计划或制定新的计划，通过积极调整计划（战略）目标来保证组织对内外环境的适应性，确保组织的应变能力。
	（3）控制可以防范风险发生和减少舞弊行为。
控制对员工的作用	控制使员工行为与公司目标相一致。如果没有控制职能，管理者就不知道员工能否正确地工作。控制使管理者能够考量公司是否达到了预期的目标。控制在激励员工方面也有重要作用，在控制系统中，员工达到一定的工作标准就可以得到认同和奖励。精确的控制测量可以给那些努力工作的员工一个证明自己能力的机会。

模块二　控制的类型认知

扫一扫

控制的类型

在组织活动的实际控制过程中，由于控制的对象不同，控制的目的不同，系统的状态不同，因此所运用的控制方式（或控制类型）也不同。系统控制的方式是多种多样的，各种控制方式也并不相互排斥。

为有效地实现管理的目标，往往是多种控制方式交叉使用。对于同一个系统，也可以从不同角度考察它的控制方式。

一、试探控制、经验控制、推理控制和最优控制

按控制的逻辑发展划分，可分为试探控制、经验控制、推理控制和最优控制，如表 6–5 所示。

表 6–5　试探控制、经验控制、推理控制和最优控制

分类标准	内容描述
按控制的逻辑发展划分	（1）试探控制，也叫随机控制，是一种原始的控制方式，也是其他控制方式的基础。试探控制是在人们对解决问题所必需的条件不了解，对控制对象的性质不清楚的情况下所能采取的唯一办法。试探控制完全建立在偶然机遇的基础上，是“试试看”的思想在控制活动中的体现。试探控制在成功的同时，常常伴随着失败。这种控制方式有较大的风险，对事关重大的活动，一般不宜采用这种控制方式。
	（2）经验控制，也叫记忆控制，是一种应用广泛的控制方式。试探控制所得到的直接成果就是经验，把由试探控制得出的结果用于指导下一次控制，就是经验控制。在经验控制中，最重要的是经验的可靠性。
	（3）推理控制，也叫逻辑控制，是试探控制和经验控制相结合的产物。它通过中间起过渡作用的媒介实现控制，因此又叫共轭控制。推理控制就是根据事物之间的相似性，用类比的方法，将一种事物的控制用于另一种事物的控制。这里关键是“相似”，即事物甲与事物乙的基本性质要大体相似，否则事物乙的经验难以指导对事物甲的控制。
	（4）最优控制，是控制方式发展的高级阶段，是在前面三种控制方式的基础上，通过精确地分析和推导得出的，是“选优求好”的思想在控制活动中的具体体现，是人类主观能动性高度发挥的产物。最优控制，就是符合最优标准的控制。其核心思想是：不仅要保证实现控制目的，而且强调要在较短的时间内，以尽可能少的人力、物力、财力的消耗（即系统的输入量）来实现控制目的；或者在同样的时间、资源条件下，使系统的输出达到最佳目标状态。这就要求在实际控制前或控制过程中，提供多种可供选择的方案，以便在实际控制时能够有所选择，使受控系统能够获得尽可能好的结果。

二、开环控制和闭环控制

按控制的信息有无回路划分，可分为开环控制和闭环控制，如表 6–6 所示。

表 6-6　开环控制和闭环控制

分类标准	内容描述	图示
按控制的信息有无回路划分	（1）开环控制，是系统不将输出信息返送回原输入端，并形成再控制的直链式控制方式。开环控制是由首尾不相接的一连串环节所组成的，后面的环节对前面的环节没有影响或影响极微。也就是说，这种控制方式几乎不存在反馈，信息构不成闭合回路。	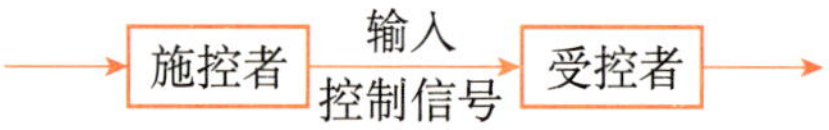
	（2）闭环控制，又叫反馈控制，是根据反馈原理对系统进行调节的一种控制方式。简单地说，就是施控系统根据反馈信息，通过调节受控系统的输入，来实现控制目的。其反馈控制过程是：施控系统将输入信息变换成控制信息，控制信息作用于受控系统后产生的结果再被返送回原输入端，并对信息的再输出产生影响，起到控制作用，达到预期目的。	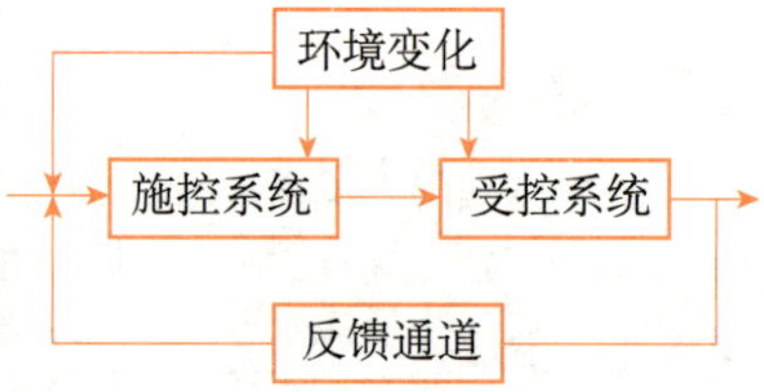

三、前馈控制、同期控制和反馈控制

按控制点的位置或纠正措施的环节划分，可分为前馈控制、同期控制和反馈控制，如表 6-7 所示。

从表 6-7 的分析可以看出，前馈控制是通过对系统运行的输入端进行监督和调整来实现控制的，同期控制是通过对系统运行过程中的情况进行监督和调整来实现控制的，反馈控制是通过对系统运行的输出端进行监督和调整来实现控制的。就一个控制周期来说，前馈控制、同期控制和反馈控制是处于三个不同时点的控制方法，即分别表现为事前、事中和事后的不同控制。如果以一个计划周期作为一个控制周期，那么，对计划初期各种投入要素的监督与调整是前馈控制，在计划期间各个具体的时点上的监督与调整是同期控制，对计划执行的结果进行监督与调整是反馈控制。这种关系如图 6-2 所示。

表 6-7　前馈控制、同期控制和反馈控制

分类标准	内容描述
按控制点的位置或纠正措施的环节划分	（1）前馈控制（Feed-forward Control），又称事前控制、预先控制，是指工作开始之前（受控系统运行之前），就进行周密的调查研究和可行性分析，并事先对各种可能出现的偏差采取预防或校正措施，保证工作达到预期效果。前馈控制的着眼点是：首先要防止不符合标准的资源投入，避免因资源投入不当而造成工作偏差；其次要通过情况的观察、信息的获得、趋势的分析和规律的掌握，引导人们采取必要的预防措施，防止问题的发生。实行前馈控制的优越性在于，前馈控制能使主管人员及时得到信息以便采取措施，也能使他们知道如果不及时采取措施就会出现问题。但即便实行了前馈控制，主管人员仍然要对输出结果进行测量、衡量和评价，因为不可能期望前馈控制是完美无缺的，以使人相信最终的结果一定是完全符合要求的。

续前表

分类标准	内容描述
按控制点的位置或纠正措施的环节划分	（2）同期控制（Concurrent Control），又称事中控制、过程控制、现场控制、同步控制，是指在工作开始到完成的全过程中（受控系统运行之中），深入工作现场进行检查督促，发现偏差随时纠正。在这种方法下，要对系统在运行过程中各个阶段的情况进行检查和监督，把系统运行的具体情况与预定的标准进行比较，如果发现偏差就采取措施进行纠正。
	（3）反馈控制（Feed-back Control），又称事后控制，是指工作完成之后（受控系统停止运行之后），对最终结果进行多方面的考核和分析，总结经验和吸取教训，指导未来工作。企业工作系统的运行是一个连续的、循环的过程，对前一过程的考核和分析，是指导下一过程的必要环节。因此，反馈控制是一种承前启后的控制，它是对工作系统进行循环控制的联结点。这类控制主要是分析工作的执行结果，将它与控制标准相比较，发现已经发生或即将出现的偏差，分析其产生原因和对未来的可能影响，及时拟定纠正措施并予实施，以防止偏差继续发展或防止其今后再度发生。

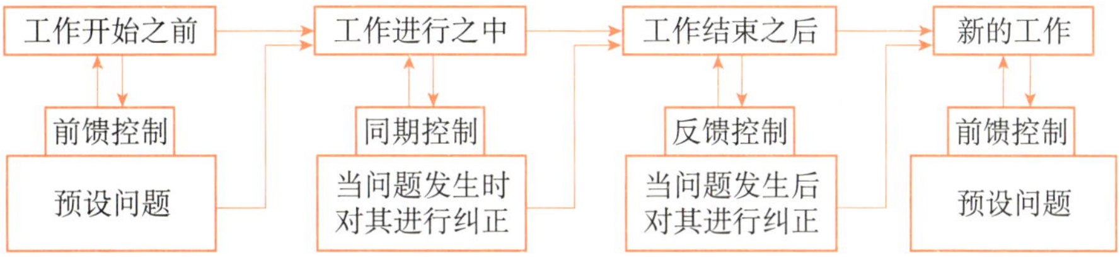

图 6-2　前馈控制、同期控制和反馈控制

管理故事 6-2

扁鹊的医术

魏文王问名医扁鹊：“你们家兄弟三人，都精于医术，到底哪一位最好呢？”扁鹊答曰：“长兄最好，中兄次之，我最差。”文王再问：“那么为什么你最出名呢？”扁鹊答曰：“我长兄治病，是治病于病情发作之前。由于一般人不知道他事先能铲除病根，因此他的名气无法传出去，只有我们家的人才知道。我二哥治病，是治病于病情初起之时。一般人以为他只能治轻微的小病，所以他的名气只及于本乡。而我扁鹊治病，是治病于病情严重之时。一般人都看到我在经脉上穿针管来放血、在皮肤上敷药，做的都是大手术，所以以为我的医术高明，名气因此响彻全国。”文王说：“你说得好极了。”

这个故事告诉我们，事后控制不如事中控制，事中控制不如事前控制，可惜大多数的企业经营者均未能认识到这一点，等到错误的决策造成了重大的损失时才寻求弥补，未免为时过晚。

课堂思考 6-1

在控制过程中，可将控制分为事前控制、事中控制和事后控制三个阶段。试以交通安全管理为例，论述交通管理部门应如何加强交通安全控制以防止交通事故的发生。

课堂思考 6–2

你是如何理解“亡羊补牢，未为晚也”这句话的？

四、集中控制和分散控制

按控制中心的多少划分，可分为集中控制和分散控制，如表 6–8 所示。

表 6–8　集中控制和分散控制

分类标准	内容描述
按控制中心的多少划分	（1）集中控制，即全系统的控制活动由一个集中的控制中心（机构）来完成，这种控制方法的特点是所有的信息（包括内部、外部）流入控制中心，由控制中心集中加工处理，且所有的控制指令也由控制中心统一下达。集中控制的优点是：1）信息完整、集中；2）控制目标易协调、统一。缺点是：1）信息传输效率低；2）控制滞后性强；3）系统适应性差。集中控制是一种较低级的控制，只适合于结构简单的系统，如小型企业、家庭作坊等。
	（2）分散控制，即系统中的控制部分表现为若干个分散的、有一定相对独立性的子控制机构，这些机构在各自的范围内各司其职，各行其是，互不干涉，各自完成自己的目标。当然，目标是整个系统目标中的分目标。分散控制的特点与集中控制相反，不同的信息流入不同的控制中心，不同的控制指令由不同的控制中心发出。分散控制的优点是：1）针对性强，信息传递效率高，控制效率高；2）操作简单，系统适应性强。缺点是：1）信息不完整；2）整体协调困难。分散控制适合于系统组织较松散的部门，如城市各交叉路口的交通管理、企业集团的一些外围企业等。

五、间接控制和直接控制

按控制原因或结果划分，可分为间接控制和直接控制，如表 6–9 所示。

表 6–9　间接控制和直接控制

分类标准	内容描述
按控制原因或结果划分	（1）间接控制，是指通过建立控制系统，对控制对象进行控制的一种方法。其控制主体是直接责任者的监督人。这种控制方法是根据计划和标准，对比和考核实际的结果，发现工作中出现的偏差，分析产生的原因，追究其责任，并采取适当的纠正措施。
	（2）直接控制，是相对于间接控制而言的，它是通过提高主管人员的素质来进行控制工作的。直接控制着眼于培养更好的主管人员，使他们能够熟练应用管理的概念、技术和原理，能以系统的观点来从事和改善他们的管理工作，从而防止出现因管理不善而造成的不良后果。

知识链接 6-2

间接控制与直接控制的假设

间接控制的合理性假设有：（1）工作成效是可以计量的；（2）人们对工作成效具有个人责任感；（3）追查偏差原因所需要的时间是有保证的；（4）偏差是可以预料并能及时发现的；（5）有关部门或人员将会采取纠正措施。

直接控制的合理性假设有：（1）合格的主管人员所犯的错误最少；（2）管理工作的成效是可以计量的；（3）在计量管理工作成效时，管理的概念、原理和方法是一些有用的判断标准；（4）管理基本原理的应用情况是可以评价的。

六、程序控制和跟踪控制

按计划或目标在控制中的作用划分，可分为程序控制和跟踪控制，如表 6-10 所示。

表 6-10　程序控制和跟踪控制

分类标准	内容描述
按计划或目标在控制中的作用划分	（1）程序控制，又叫计划控制，是一种将预先编制好的内容和步骤作为受控系统的输入，从而对整个管理过程予以控制的方式。
	（2）跟踪控制，又叫目标控制，是一种将所要达到的目标作为受控系统的输入，从而对整个管理过程予以控制的管理形式。它具有对环境干扰和受控系统运动变化的主动适应能力。

模块三　控制的过程与要求认知

一、控制的过程

法约尔曾在《工业管理与一般管理》一书中指出："在一个企业，控制就是核实所发生的每一件事是否符合所规定的计划、所发布的指示以及所确定的原则。其目的是要指出计划实施过程中的缺点和错误，以便加以纠正和防止重犯。控制在每件事、每个人、每个行动上都起作用。"管理的成败在于能否实施有效的控制。有效的控制除了以正确

扫一扫

控制的过程与要求

的目标计划为前提，还必须遵循管理控制的步骤。

管理控制的程序一般分为三个基本步骤：确定控制标准，即设立若干标准的类型或指标；测定实际工作，即将实际工作与上述标准相对照，检查与衡量标准的执行情况；纠正已有偏差。如表 6–11 和图 6–3 所示。

表 6–11　管理控制的程序

步骤	内容描述
确定控制标准	这是控制过程的第一个步骤。计划是控制的依据，但由于计划只是对工作目标及行动方案的总体规划和安排，不可能十分详尽具体，因此，在进行管理控制时，要按照计划的要求，建立起一套科学的控制标准。这些标准是衡量工作成果的规范，是在一个完整的计划中选出的计量工作成果的"控制点"。标准是作为一种模式或规范而建立起来的测量单位。标准的建立取决于所需衡量的绩效和成果。
测定实际工作	这是控制过程的第二个步骤。这一步是依据标准衡量执行情况，把实际工作与标准进行比较，对工作作出客观评价以便从中发现偏差，并分析偏差产生的原因。当然，按照标准衡量实际成效，最理想的是在偏差尚未出现之前就有所察觉，并采取措施加以避免。在测定过程中，测定结果所要达到的精确程度要依具体应用的需要而定。在测定结果已经反映出工作偏差的情况下，要对产生偏差的原因进行综合分析。为了能够及时、准确地提供能够反映偏差的信息，同时又符合控制工作在其他方面的要求，管理者在衡量工作成绩的过程中应注意以下几个问题：通过衡量成绩，检验标准的客观性和有效性；确定适宜的衡量频度；建立信息反馈系统。
纠正已有偏差	这是控制过程的第三个步骤。这一步是在衡量工作成效的基础上，针对控制对象状态相对于标准的偏离程度，及时采取措施予以纠正，使其恢复到正常状态。这里所谓的偏差是指计划执行过程中的实际情况与所确立的标准之间的比较之差。为保证纠偏措施的针对性和有效性，必须在制定和实施纠偏措施的过程中注意下述问题：找出偏差产生的主要原因；确定纠偏措施的实施对象；选择恰当的纠偏措施。

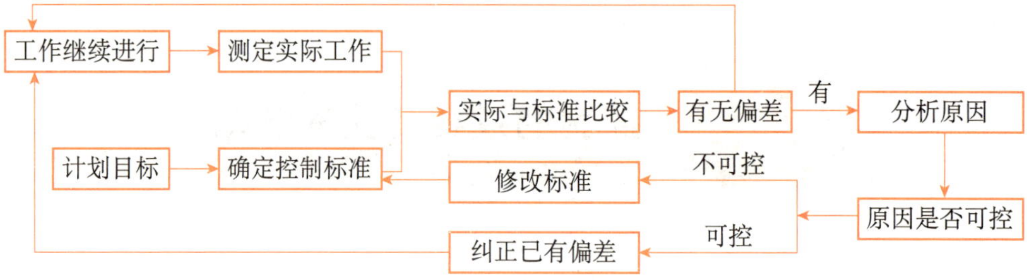

图 6–3　管理控制的程序

课堂思考 6–3

关键控制点是指在组织的运行过程中最为关键的控制要点，或是对计划的完成更有力的因素。对主管人员来说，控制了关键点，也就控制了全局。因此，在制定标准时，关键控制点的选择很重要。那么，到底如何选择关键控制点呢？

课堂思考 6-4

请根据大学生上课出勤情况，尤其是特殊时间的课程（如每天的第一节课，或者周一早上的课、周五下午的课）上课的出勤情况，试用控制理论，从学院、教师、学生三个方面进行分析，讨论如何使大学生上课的出勤率保持在较高的水平。

管理故事 6-3

煮鸡蛋的学问

甲和乙每天早餐都是一杯牛奶和一个鸡蛋。甲把鸡蛋往锅里一放，然后出去洗漱或干点别的，等再回来鸡蛋就煮好了。但乙会用一个差不多刚好装得下一个鸡蛋的专门容器，下面焊一个托盘，然后加满水，1 分钟水就开了，3 分钟就关火。关火之后他利用余热再煮 3 分钟，把鸡蛋煮到刚刚达到营养价值最高的状态。接下来用凉水泡 3 分钟，使这个蛋很好打开。乙认为这样做很标准。跟甲相比，乙节约了 4/5 的水、2/3 的热能，还让鸡蛋达到了最佳的营养状态。

故事里的乙在煮鸡蛋的过程中摸索出一套非常实用的煮蛋程序和控制方法，并严格执行，结果每次用水、耗热最少，鸡蛋营养还最高。而甲只求将鸡蛋煮熟，没有注意观察并认真总结煮鸡蛋的学问，在煮的方式方法上较乙有明显的“水”和“热”的浪费现象，而且破坏了鸡蛋的营养。

知识链接 6-3

鱼刺图

分析偏差产生原因的方法有多种，鱼刺图是其中一种非常有效的方法（见图 6-4）。因鱼刺图由日本管理大师石川馨先生提出，故又称石川图；又因鱼刺图是一种发现问题“根本原因”的方法，故亦可被称为因果分析图。鱼刺图原本用于质量管理，但其作用远不止于此。在鱼刺图的模型中，鱼头、鱼脊部分可以填写问题、目标、结果描述或缺陷、事故现象；在大骨部分填写引起事故的直接原因，即大因素；在中骨部分填写导致大因素的原因；在小骨部分填写小因素。

扫一扫

鱼刺图

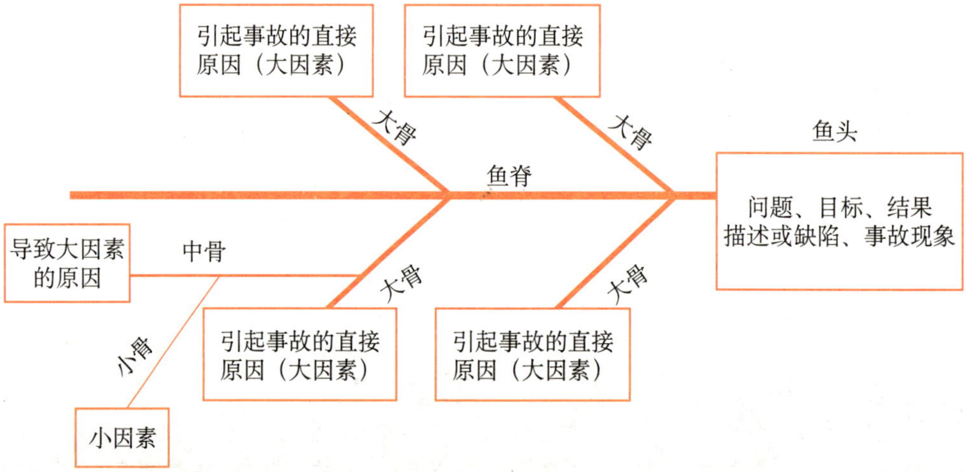

图 6–4　鱼刺图

二、有效控制的要求

组织要达成计划目标，实现有效控制，即以较少的人力、物力和财力使组织的各项活动处于控制状态，必须有一个适宜且有效的控制系统作保证，这个控制系统应具有以下七个方面的特征：充分考虑计划和环境的要求；指明控制关键点和例外情形；具有充分的客观性和足够的灵活性；具有全局的观点；充分考虑经济效益；充分与组织文化相匹配；有效的控制应鼓励自我控制。

知识链接 6–4

蝴蝶效应

1979 年 12 月，洛伦兹在华盛顿的美国科学促进会的一次演讲中提出：一只蝴蝶在巴西扇动翅膀，有可能会在美国的得克萨斯引起一场龙卷风。他的演讲和结论给人们留下了极其深刻的印象。从此以后，“蝴蝶效应”之说名扬天下。“蝴蝶效应”之所以令人着迷、令人激动、发人深省，不但在于其大胆的想象力和迷人的美学色彩，更在于其深刻的科学内涵和内在的哲学魅力。从科学的角度来看，“蝴蝶效应”反映了混沌运动的一个重要特征：系统的长期行为对初始条件的敏感依赖性。经典动力学的传统观点是：系统的长期行为对初始条件是不敏感的，即初始条件的微小变化对未来状态所造成的差别也是很微小的。可混沌理论向传统观点提出了挑战，混沌理论认为在混沌系统中，初始条件的十分微小的变化经过不断放大，对其未来状态会造成巨大的影响。我们可以用西方流传的一首民谣对此作形象的说明。这首民谣说：丢了一个钉子，坏了一只蹄铁；坏了一只蹄铁，折了一匹战马；折了一匹战马，伤了一位骑士；伤了一位骑士，输了一场战斗；输了一场战斗，亡了一个国家。蹄铁上一个钉子是否会丢失，本是初始条件的十分微小的变化，但其长期效应却是一个国家存与亡的根本差别。这就是军事和政治领域中的“蝴蝶效应”。

模块四 控制技术与方法认知

为了进行有效的管理控制，学习和掌握管理控制技术和方法是必要的。控制渗透到为实现组织目标所进行的一切活动中，控制的对象、内容和条件不同，决定了控制的类型亦不同，相应地，对于不同种类问题的控制所使用的技术和方法也不同。控制技术和方法的有效使用，是一个组织走向良性循环的重要方面。控制技术和方法有很多，下面就一般意义的管理控制，介绍几种常用的控制技术和方法。

知识链接 6-5

海尔模式——OEC 管理

海尔的 OEC（Overall Every Control and Clear）管理法可以看作一种全面的、全过程的控制方法。OEC 意为全方位地对每天、每人、每事进行清理和控制，也叫“日事日毕，日清日高”管理法，它包含三个基本原则：一是闭环原则，即凡事都要讲究善始善终，都必须有一个 PDCA 循环的过程，达到螺旋式上升的目的；二是比较分析原则，即纵向与自己的过去比，横向与同行业比、与同类企业比、与相关部门比、与其他员工比，认识到没有比较就没有发展的道理；三是不断优化原则，即根据木桶理论，找出薄弱项，并及时整改，以期提高全系统的水平。这实际上是一个目标管理体系，总目标是“日高”，即企业管理水平和企业综合素质水平以及员工个人素质持续提高，而其基础是“日清”，即使得企业日常工作的每一件事都达到有序状态和受控状态。达到“日高”的目的和巩固“日清”的基础又是通过在每天的日常工作中，全面控制企业里每个人、每件事的具体行为过程而达到的。

一、预算控制

在管理控制中，使用最广泛的控制方法就是预算控制（Budgetary Control）。预算就是用数字，特别是用财务数字的形式来描述组织未来活动的综合计划，它预测了组织在未来时期的经营收入和现金流量，同时为各部门或各项活动规定了在资金、劳动、材料、能源等方面的支出的额度。预算是一种计划，是一种预测，更是一种控制手段。预算控制就是根据预算规定的收入与支出标准来检查和监督各个部门的活动，以保证各种活动或各个部门在完成既定目标、实现利润的过程中对资源的利用，从而使费用支出受到严格有效的约束。

预算在形式上是一整套预计的财务报表和其他附表，按照不同的内容，可以将预算分为不同类型，如表 6-12 所示。

表 6-12　预算的类型

类型	内容描述
收支预算	收入预算主要是指销售预算，由于企业收入主要来源于产品销售，因此收入预算的主要内容是销售预算。销售预算是在销售预测的基础上编制的，确定企业在未来时期内为了实现目标利润必须达到的销售水平。需按产品、区域市场或销售者群，不同季度、月度，为经营单位编制分项销售预算。
	支出预算是指为取得销售收入所需要的产品数量，以及为得到这些产品、实现销售收入水平需要付出的费用。支出预算包括：直接材料预算、直接人工预算、附加费用预算（行政管理、营销宣传、人员推销、销售服务、设备维修、固定资产折扣、资金筹措以及税金等）。
实物预算	实物预算是一种以实物为计量单位的预算。由于以货币量来表示的收支预算会受到商品价格波动的影响，从而造成收支预算和实物量投入产出之间的不一致，因此在计划和控制的某个阶段，要用实物数量单位加以补充和印证。实物预算范围很广，如产量预算、人工预算、机时及工时预算、原材料消耗预算、燃料消耗预算、库存预算等。
投资预算	投资预算是指企业在特定的时间内固定资金运用的情况。投资预算包括投资于厂房、机器设备等各项设施以及增加固定资产的各项支出。由于投资支出的数额一般比较大，且短期内难以收回，因此一定要慎重地进行预算，应在预定的时间做调查和论证工作，并列出专项预算，尽量与长期计划工作紧密地结合起来。
现金预算	现金是指现实的、可立即使用的资金。现金预算是对企业未来生产与销售活动中现金的流入与流出进行预测，通常由财务部门编制。（赊销所得的应收账款在用户实际支付以前不能列入现金收入，赊购所得的原材料在付款以前不能列入现金支出。）现金预算可以帮助企业发现资金的闲置或不足，从而指导企业及时利用暂时过剩的现金或及早筹齐维持营运所短缺的资金。根据现金预算，确定在计划期内的现金收支平衡情况，从中也可以发现是否有多余的现金库存或不合适的开支，从而为管理人员制定营利性投资计划提供所需的信息。拥有一定的现金以偿付到期的债务是组织生存的首要条件。由于任何组织的运营都需要一定的现金，如企业需要给员工发工资、购买原材料、缴纳各种税费及临时性开支，因此现金预算非常受重视。
综合预算	综合预算是考虑各种因素后的多项内容总预算，通过编制预算汇总表，用于公司的全面业绩控制。它把各部门的预算汇总起来，从中可以看到销售额、成本、利润、资本的运用、投资利润率及其相互关系。综合预算可以向最高管理层反映各个部门为了实现公司总的奋斗目标而运行的具体情况。

预算的方法主要有静态预算与弹性预算、增量预算与零基预算，如表 6–13 所示。

表 6–13　预算的方法

方法	内容描述
静态预算与弹性预算	静态预算（Static Budget），是指在编制预算时，只根据预算期内特定的业务水平（如生产量、销售量）来编制预算的一种方法。
	弹性预算（Flexible Budget），是指在成本按性质分类的基础上，以业务量、成本和利润之间的相互关系为依据，按照预算期内可能实现的各种业务水平编制的有伸缩性的预算。其基本思想是按固定成本（在一定范围内不随产量变化而变化的费用）和变动成本（在一定范围内随产量变化而变化的费用）编制固定预算和变动预算，以确保预算的灵活性。编制弹性预算所依据的业务量可以是产量、销售量、直接人工工时、机器工时、材料消耗量和直接人工工资等。
增量预算与零基预算	增量预算（Incremental Budget），又称基线预算，是指以上一年度的实际发生数为基础，结合预算期的具体情况，通过调整有关原有费用项目而编制预算的一种方法。这是一种传统的预算方法。增量预算基本上都是从前一期的预算推演出来的，很少考虑某项费用是否必须发生，或其预算额有没有必要这么大。
	零基预算（Zero–base Budget），是指在每个预算年度开始时，将所有进行中的管理活动都看作从零开始，根据组织目标对现有的每项活动重新审查，并在费用–效益分析的基础上，重新排出各项管理活动的优先次序。

预算作为计划与控制的常用工具，在实际应用中可能会带来一系列问题，故在实施时需注意以下几个方面，如表 6–14 所示。

表 6–14　实施预算时的注意事项

事项名称	内容描述
预算目标取代组织目标	有些管理者过于热衷于自己部门的经营状态符合预算的要求，甚至忘记了自己的首要职责是保证组织目标的实现。比如为了达到目标而采取特殊措施可能被一些部门以不在预算之内为由加以拒绝；同时，预算还会加剧各部门难以协调的独立性。每一个部门的预算应该是整个组织计划系统不可分割的一部分。
预算过于详细	预算过于详细，容易抑制人们的创造力，会使人们产生不满情绪，放弃积极的努力，甚至作为逃避责任的借口。
预算导致效率低下	因为预算往往是根据基期的预算数据加以调整的，所以不合理的惯例或以前合理现在已不合理的惯例会给一些人带来既得利益。不严格的预算及不合理的预算可能成为某些无效工作的保护伞。
预算缺乏灵活性	在计划执行过程中，有时一些因素发生的变化出乎意料，会使一个刚刚制定的预算很快过时，如果在这种情况下还受预算的约束，可能造成重大的损失。

知识链接 6–6

会议成本分析制度

日本太阳公司为提高开会效率，实行会议成本分析制度。每次开会时，总是把一个醒目的会议成本分配表贴在黑板上。成本的算法是：会议成本 = 每小时平均工资的 3 倍 × 参会人数的 2 倍 × 会议时间（小时）。每小时平均工资之所以乘以 3，是因为劳动产值高于平均工资；参会人数乘以 2，是因为参加会议要中断经常性工作，损失要以 2 倍来计算。因此，参加会议的人越多，成本越高。有了成本分析，大家开会时就会慎重，会议效果也会十分明显。

二、生产控制

我们可以把生产看成这样一个动态过程：企业首先获得原材料、零部件、劳动力等投入，经过企业系统的转换和运营，生产出有形的产品或无形的劳务。在这个过程中，为了达到预定的目标，企业就必须对自身的经营管理活动进行控制。

（一）对供应商的控制

扫一扫

对供应商的控制

供应商为企业提供所需的原材料和零部件，是企业进行生产的基础；同时，根据波特的竞争模型，供应商又是企业的竞争者之一。因此，双方存在合作与竞争的双重关系。企业与供应商的合作与竞争关系是长期并存的，双方可通过市场契约和纵向一体化实现双赢，如表 6–15 所示。

表 6–15　市场契约与纵向一体化

方式	内容描述
市场契约	企业往往会通过招标的形式对供应商进行选择，根据多家供应商的价格、质量等方面，从中选择价低质高的供应商。在此基础上，企业可通过对多家供应商的选择，确定两到三家供应商，形成相对稳定的长期合作关系，在长期的合作过程中，企业甚至会为供应商提供相关技术，帮助其提高原材料或零部件的质量，降低成本。这样，供应商与企业就可以相互依赖、相互促进，从而降低违约风险，实现利益的共赢。
纵向一体化	如果说以市场契约形式建立的合作关系不够稳定，那么企业通过对供应商参股或控股的方式，成为供应商的股东，使双方利益一致，形成长期合作关系，这种合作关系的稳定性就会显著增强，利益的共赢便会有效实现。

（二）库存控制

扫一扫

库存控制

库存控制是指对企业生产、经营全过程的各种物品、产品以及其他资源进行管理和控制，使其储备保持在经济合理的水平上。库存控制落实到库存管理上就是降低库存成本，即降低仓储成本、订货成本和机会成本。

常用的基本库存控制法有定量控制法、定期控制法和 ABC 分析法，如表 6–16 所示。

表 6–16 常用的基本库存控制法

<table>
<tr><th>方法</th><th colspan="2">内容描述</th></tr>
<tr><td>定量控制法</td><td colspan="2">又称订货点法，它是指连续不断地监测库存余量的变化，当库存量达到某一预定数值（订货点）时，即向供货商发出固定批量的订货请求，经过一段时间（固定提前期）后货物到达，补充库存。这种库存控制法能使库存量得到严格控制，减少积压和紧缺，但需要随时检查库存，管理工作量大。</td></tr>
<tr><td>定期控制法</td><td colspan="2">又称订货间隔期法，它是指每隔一个固定的间隔周期就去订货，每次订货量不固定，订货量由当时库存情况决定，以达到目标库存量为限度。这种方式管理比较简单，但与生产现实有时会脱节，明明已缺货了但因未到订货期而不能订货，或当存货多时还要订货，很不经济。</td></tr>
<tr><td rowspan="4">ABC 分析法</td><td colspan="2">又称帕累托法。ABC 分析法用于库存管理，是将库存物资按品种多少和资金占用额大小进行分类，概括起来就是：分清主次、分类管理。</td></tr>
<tr><td>A 类物资</td><td>将库存物资品种累计占全部品种 10% 左右、资金累计占资金总额 70% 左右的物资定为 A 类物资。对于这类物资，应严格控制储备定额，制定尽量低的保险储备量，制定储备定额采用经济订购批量，采用比较短的订货间隔期，检查库存时间比较短，一般为 1～3 天，统计时应详细，即严格管理、重点管理、严格控制。</td></tr>
<tr><td>B 类物资</td><td>将库存物资品种累计占全部品种和资金累计占资金总额均为 20% 左右的物资定为 B 类物资。对于这类物资，制定储备定额采用加权平均法，检查库存时间以每月或每周为主。对于这类物资的管理应在 A、C 类物资之间。</td></tr>
<tr><td>C 类物资</td><td>将库存物资品种累计占全部品种 70% 左右、资金累计占资金总额 10% 左右的物资定为 C 类物资。对于这类物资，储备定额实施一般控制，制定比较高的保险储备量。制定储备定额采用经验估计法，采用比较长的订货间隔期，检查库存时间一般可按季度进行，统计时可全额统计，即一般管理、一般控制。</td></tr>
</table>

（三）质量控制

扫一扫

质量控制

质量有广义和狭义之分。狭义的质量是指产品的质量，广义的质量除了产品质量外，还包括工作质量和服务质量。产品质量主要是指产品的使用价值，即满足消费者需要的功能和性质，这些功能和性质可以具体分为性能、寿命、安全性、可靠性和经济性五个方面。工作质量主要是指在生产过程中，围绕保障产品质量而进行的质量管理工作的水平。服务质量主要是指销售质量和售后服务质量。

迄今为止，质量管理经历了三个阶段，即质量检验阶段、统计质量管理阶段和全面质量管理阶段，如表 6–17 所示。

表 6–17 质量管理的阶段划分

阶段	内容描述
质量检验阶段（20 世纪初至 20 世纪 30 年代）	这一阶段是质量管理的初级阶段，其主要特点是以事后检验为主，即通过严格的检验来控制和保证出厂或转入下一道工序的产品质量。按照由谁来检验把关划分，此阶段可细分为操作者质量管理阶段、工长质量管理阶段、检验员质量管理阶段。
统计质量管理阶段（20 世纪 40 年代至 20 世纪 50 年代）	这一阶段的主要特点是从单纯依靠质量检验、事后把关发展到过程控制，突出了质量的预防性控制的管理方式。美国人道奇（H.F.Dodge）和罗米格（H.G.Romig）提出的抽样检验法虽然很好地解决了全数检验和破坏性检验的问题，但由于统计技术难度大，主要依靠专家和技术人员，因此难以调动广大工人参与质量管理的积极性。
全面质量管理阶段（20 世纪 60 年代至今）	全面质量管理（Total Quality Management，TQM）最早是在 20 世纪 60 年代初由美国质量管理专家 A.V. 费根鲍姆（A.V.Feigenbaum）提出的。TQM 的基本观点包括：为用户服务，以预防为主，用数据说话，讲求经济效益。TQM 的特征包括：管理的对象是全面的（以保证产品质量和工作质量为中心），管理的范围是全面的，参加管理的人员是全面的，质量管理的方法是全面的。TQM 被提出后，相继为各发达国家和发展中国家所重视和运用，尤其是在日本取得了巨大成功。

PDCA 管理循环是全面质量管理最基本的工作程序，即“计划→执行→检查→处理”工作程序的简称，由于是美国学者戴明发明的，因此也称为戴明循环。PDCA 循环一般需经历 4 个阶段和 8 个步骤，如表 6–18 和图 6–5 所示。

表 6–18 PDCA 循环的 4 个阶段和 8 个步骤

阶段	阶段描述	步骤	步骤描述
第一阶段	计划（Plan）阶段	第一步	调查了解，分析现状，找出存在的质量问题。
		第二步	分析产生这些质量问题的总体情况。
		第三步	分析各种原因，找出影响质量的主要原因。
		第四步	针对主要原因制定工作计划。
第二阶段	执行（Do）阶段	第五步	执行既定计划。
第三阶段	检查（Check）阶段	第六步	对工作情况进行检查，看是否按计划执行，执行效果如何，如发现问题应考虑修订计划或改进工作方法，以求计划和实施的统一。
第四阶段	处理（Action）阶段	第七步	对工作情况进行总结，把成功的经验列为标准化项目，及时纠正和处理偏差，巩固成绩。
		第八步	把尚未解决的遗留问题转入下一个循环，作为下一个循环的工作重点。

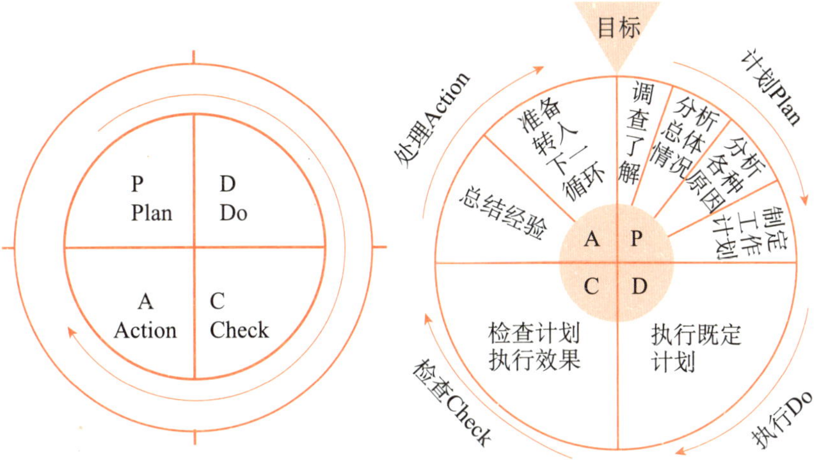

图 6-5　PDCA 循环的 4 个阶段和 8 个步骤

PDCA 循环有两个显著的特点：第一，PDCA 循环工作程序的四个阶段按顺序进行，组成一个大循环，而每个部门、小组都有自己的 PDCA 循环，并都成为企业大循环中的小循环，大环套小环、一环扣一环、小环保大环、促进大循环；第二，PDCA 循环每转动一圈就提高一步，螺旋式上升，循环前进，如图 6-6 所示。

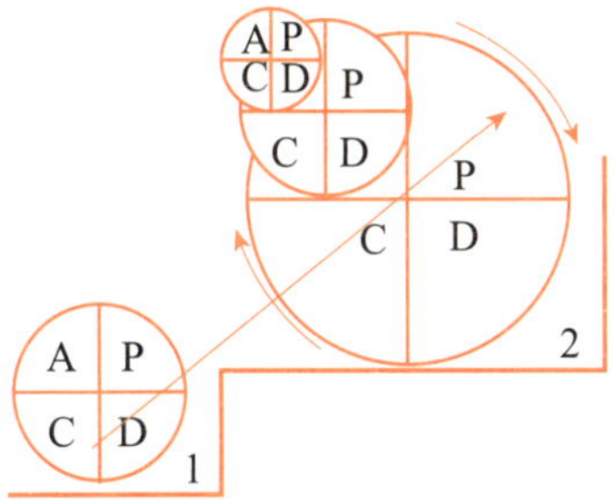

图 6-6　PDCA 循环的特点及螺旋式上升

三、财务控制

（一）比率分析

比率分析是指将组织资产负债表和利润表上的相关项目进行对比，形成一个比率，从中找到某些偏差或发展趋向，来分析和评价组织的经营成果和财务状况。组织活动分析中常用的比率分为财务比率和经营比率两类。

扫一扫

比率分析

财务比率综合地反映了企业的资金筹集和资金应用情况，对其进行分析可以帮助我们了解企业的偿债能力和盈利能力等财务状况。财务比率主要有流动比率、速动比率、负债比率和盈利比率，如表 6–19 所示。

表 6–19　财务比率的种类

种类	内容描述
流动比率	流动比率是企业的流动资产与流动负债之比，反映企业偿还需要付现的流动债务的能力。一般来说，企业资产的流动性越强，偿债能力就越强；反之，偿债能力就弱，会影响企业的信誉和短期偿债能力。因此，企业资产应具有足够的流动性。资产若以现金形式表现，其流动性最强，但要防止为追求过高的流动性而导致财务资源的闲置，以避免使企业失去本应得到的收益。
速动比率	速动比率是流动资产和存货之差与流动负债之比。该比率和流动比率一样，是衡量企业资产流动性的一个指标。当企业有大量存货且这些存货周转率较低时，速动比率比流动比率更能准确地反映客观情况。
负债比率	负债比率是企业总负债与总资产之比，反映企业所有者提供的资金与外部债权人提供的资金的比率关系。只要企业全部资金的利润率高于借入资金的利率，且外部资金不在根本上威胁企业所有权的行使，企业就可以充分地向债权人借入资金以获取额外利润。
盈利比率	盈利比率是企业利润与销售额或全部资金等相关因素之比，反映企业在一定时期从事某种经营活动的盈利程度及其变化情况。常用的比率有销售利润率和资金利润率。销售利润率是销售净利润与销售总额之比，反映企业从一定时期的产品销售中是否获得了足够的利润。资金利润率是企业在某个经营时期的净利润与该期占用的全部资金之比，是衡量企业资金利用效果的一个重要指标，反映企业是否从全部投入资金的利用中实现了足够的净利润。同样一笔资金，投入企业营运后的净利润收入，至少不应低于应用于其他投资形式（比如购买短期或长期债券）的收入。

经营比率也称活力比率，是与资源利用有关的比率。经营比率反映了企业经营效率的高低和各种资源是否得到了充分利用，主要有库存周转率、固定资产周转率以及销售收入与销售费用的比率，如表 6–20 所示。

表 6–20　经营比率的种类

种类	内容描述
库存周转率	库存周转率是销售总额与库存平均价值之比，反映与销售收入相比库存数量的合理性大小，表明投入库存的流动资金的使用情况。
固定资产周转率	固定资产周转率是销售总额与固定资产之比，反映单位固定资产能够提供的销售收入，表明企业资产的利用程度。
销售收入与销售费用的比率	该比率表明单位销售费用能够实现的销售收入，在一定程度上反映了企业营销活动的效率。

扫一扫

经营审计

（二）经营审计

审计是对反映企业资金运动过程及其结果的会计记录及财务报表进行审核、鉴定，以判断其真实性和可靠性，从而为控制和决策提供依据。根据审查主体和内容的不同，可将审计划分为内部审计、外部审计和管理审计，如表 6–21 所示。

表 6–21　经营审计的种类

种类	内容描述
内部审计	内部审计是部门、单位实施内部监督，依法检查会计账目及其相关资产，监督财政收支和财务收支真实性、合法性、效益性的活动。内部审计由企业内部组织人员进行审核，其目的是通过审计，评审财务程序是否符合规定，组织的有关规定是否得以贯彻执行，管理工作是否有效等，找出存在的问题并提出有关改进措施。内部审计是一种积极有效的控制手段，使管理人员能够了解整个组织的真实运行情况，避免盲目乐观或妄自菲薄。我国国务院各部门和地方人民政府各部门、国有金融机构和企事业单位，以及法律、法规、规章规定的其他单位，依法实行内部审计制度，以加强内部管理和监督，遵守国家财政法规，促进廉政建设，维护单位合法权益，改善经营管理，提高经济效益。
外部审计	外部审计是独立于政府机关和企事业单位的国家审计机构所进行的审计，以及独立执行业务的会计师事务所接受委托进行的审计。其目的是检查组织的财政、财务收支及有关的经营活动是否合法、是否真实，有无偷税、漏税、会计账目做假等问题。这是国家对各级经营组织的控制手段。由于这种审计是由本部门、本单位以外的审计组织以第三方身份独立进行的，具有公正、客观、不偏不倚的可能，因此具有公证的作用。外部审计虽然能不受干扰地进行彻底审查，具有较大的强制性，但不够及时，在大多数情况下均属于事后审计。
管理审计	外部审计主要核对企业财务记录的可靠性和真实性，内部审计在此基础上对企业政策、工作程序与计划的遵循程度进行测定，并提出必要的改进企业控制系统的对策和建议。管理审计的对象和范围更广，它是一种对企业所有管理工作及绩效进行全面系统的评价和鉴定的方法。管理审计虽然也可由组织内部的有关部门进行，但为了保证某些敏感领域得到客观的评价，企业通常聘请外部的专家来进行。管理审计的方法是利用公开记录的信息，从反映企业管理绩效及其影响因素的若干方面将企业与同行业其他企业或其他行业的著名企业进行比较，以判断企业经营与管理的健康程度。

四、综合控制

随着竞争的加剧和经营复杂性的提高，现代企业需要进行控制的组织层面越来越高，所要控制的活动范围越来越广，这就需要企业采取综合的方法对企业运营的整个过程进行控制。其中，最有代表性的控制方法有标杆管理和平衡计分卡。

（一）标杆管理

扫一扫

标杆管理

“以铜为鉴，可以正衣冠；以史为鉴，可以知兴替；以人为鉴，可以明得失。”就实际而言，标杆就是榜样，就是企业树立起的一面镜子，明得失，找差距，而后才能进步。在现代管理学中，这种做法就体现了标杆管理的重要思想实质。标杆管理[①]（Bench Marking）由美国施乐公司

① 标杆管理起源于 20 世纪 70 年代末 80 年代初美国学习日本的运动，西方管理学界通常将其与企业流程再造、战略联盟并称为 20 世纪 90 年代三大管理方法。

于 20 世纪 70 年代末首创，现作为一种学习先进经验的系统、科学、高效之法，在企业管理中得到了广泛运用。关于标杆管理的定义，如表 6–22 所示。

表 6–22　标杆管理的定义

命名者	内容描述
施乐公司	一个将产品、服务和实践与最强大的竞争对手或行业领导者相比较的持续流程。其核心就是以行业最高标准或以最大竞争对手的标准作为目标来改进自己的产品（或服务）和工艺流程。
美国生产力与质量中心	一个系统、持续的评估过程，通过不断将业务流程与世界上居于领先地位的企业相比较，以获得帮助企业改善经营绩效的信息。
本书	以在某一项指标或某一方面实践上竞争力最强的企业或行业中的领先企业或组织内某部门为基准，将本企业的产品、服务管理措施或相关实践的实际状况与这些基准进行定量化的评价、比较，在此基础上制定、实施改进的策略和方法，并持续不断、反复进行的一种管理方法。

另外，标杆管理的心理学基础在于人的成就动机导向，认为任何个人与组织都应设定既富有挑战性又具有可行性的目标，只有这样，个人和组织才有发展的动力。

标杆管理作为一种先进的管理工具，在企业战略管理、职能管理、流程管理等各方面发挥着重要的作用，这也是标杆管理如此受推崇的原因。然而，标杆管理在给我们带来诸多益处的同时，也显现出其局限性的一面。其积极作用和消极作用如表 6–23 所示。

表 6–23　标杆管理的作用

作用	内容描述	
积极作用	标杆管理是一种战略管理工具。	通过标杆管理，企业可以明确自身所处的地位，从而制定适合本企业的有效的中长期发展战略。
	标杆管理有助于建立学习型组织。	企业可以通过标杆管理克服不足、增进学习，使企业成为学习型组织。
	标杆管理是企业增长潜力的工具。	经过一段时间的运作，任何企业都有可能将注意力集中于寻求增长的内在潜力，形成固定的企业文化。
消极作用	标杆管理容易导致企业的竞争战略趋同。	标杆管理鼓励企业相互学习和模仿，因此在奉行标杆管理的行业中，可能所有的企业都企图通过采取类似行动来改进绩效，在竞争的某个关键方面超过竞争对手。模仿可能使得企业之间相对效率差距日益缩小，但会导致各个企业在战略上趋于一致，各个企业的产品、质量、服务甚至供应销售渠道大同小异，使企业在运作效率上升的同时，利润率却在下降。
	标杆管理容易使企业陷入标杆管理陷阱。	如果标杆管理活动不能使企业跨越与领先企业之间的技术鸿沟，单纯为赶超先进而继续推行标杆管理，反而会使企业陷入标杆管理陷阱。
	标杆管理会使企业做出短期行为，影响长远发展。	实施标杆管理的企业往往会发现，业绩标杆管理和流程标杆管理要比战略标杆管理容易实施，这会使企业过分关注产品、服务、流程等方面的效绩改进，从而造成企业只关注局部，不注重整体，只关注短期，不注重长远。

（二）平衡计分卡

传统的控制方法偏重于财务性衡量指标，忽视了能为企业创造未来长远的经济价值与利益的其他一些重要的非财务性衡量指标。1992 年，罗伯特·卡普兰和大卫·诺顿首创了平衡计分卡（Balanced Score Card，BSC）理论。BSC 是由“财务”“客户”“内部经营流程”“学习和成长”四个方面构成的衡量企业、部门和人员的卡片，取名为平衡计分卡，原因在于它的目的是平衡与兼顾战略和战术、长期目标和短期目标、财务衡量方法和非财务衡量方法、滞后指标和先行指标。

扫一扫

平衡计分卡

平衡计分卡的控制指标如表 6–24 所示。

表 6–24　平衡计分卡的控制指标

指标类型	内容描述
财务（Financial）	财务衡量指标在平衡计分卡中不仅是一个单独的衡量指标，而且是其他几个衡量指标的出发点和落脚点。一套平衡计分卡应该反映企业战略的全貌，从长远的财务目标开始，然后将它们与一系列行动相联系。如果质量、客户满意度、生产率等方面的改善和提高无法转化为销售额的增加、营业费用的减少、资产报酬率的增加等财务成果，那么做得再好也无济于事。财务方面的衡量指标要结合企业的发展阶段，如在成长阶段，由于前期投入较大，企业的现金流量可能是负数，投资回报率亦很低，此时财务衡量应着重于销售额总体增长百分比、特定顾客群体和特定地区的销售额增长率等指标。
客户（Customer）	在客户方面，核心的衡量指标主要包括市场份额、老客户回头率、新客户获得率、客户满意度和从客户处所获得的利润率。这些指标存在内在的因果关系：客户满意度决定了新客户获得率和老客户回头率，后两者又将决定市场份额的大小；新客户获得率、老客户回头率和市场份额等指标共同决定了销售利润率；而客户满意度又源于企业对客户需求的反应时间，以及产品的功能、质量、价格。
内部经营流程（Internal Process）	在内部经营流程方面，应本着满足客户需要来制定衡量指标的宗旨。现在的内部经营流程往往是以销定产式，常常要创造全新的流程，它循着“调研—寻找市场—产品设计开发—生产制造—销售与售后服务”的轨迹进行。生产制造过程的业绩衡量可以沿用财务指标，如标准成本和实际成本的差异、成品率、次品率、返工率等。产品设计开发可以采用新产品销售额在总销售额中所占的比重、专利产品销售额在总销售额中所占的比重、比竞争对手率先推出新产品的比重、开发新产品所用的时间、开发费用占营业利润的比重、第一次设计出的产品中可全面满足客户要求的产品所占的比重、在投产前对设计进行修改的次数等指标。售后服务质量的衡量，则可以采用公司对产品故障反应的速度、用于售后服务的人力和物力成本、售后服务一次成功的比重等指标。
学习和成长（Learning and Growth）	在学习和成长方面，最关键的因素是人才、信息系统和组织程序。要促进企业的学习和成长，必须改善企业内部的沟通渠道，加强对员工的基于生涯发展的教育和培训，激发员工的积极性，提高员工的满意度。这方面的衡量指标主要包括培训支出、培训周期、员工满意度、员工换留率、信息覆盖率、每个员工提出建议的数量、被采纳建议的比重、采纳建议后的成效、工作团队成员的满意度等。

采用平衡计分卡作为控制工具的优点如表 6–25 所示。

表 6–25　平衡计分卡的优点

优点	内容描述
优点一	平衡计分卡将企业的战略置于核心地位。平衡计分卡将企业战略目标在四个方面依序展开为具有因果关系的局部目标，即财务目标、客户目标、内部经营流程目标、学习和成长目标，并进一步展开形成对应的评价指标。这些评价指标将所有的员工指向总体的愿景规划，要求员工采取能够实现战略目标的行动方案。
优点二	平衡计分卡使企业上下在战略上进行交流和学习，并与各部门和个人的目标联系起来。平衡计分卡要求部门和个人制定自己的计分卡，在此过程中，必然要求企业各部门和个人更多地交流和相互学习，确立支持整体目标的局部目标行动方案，并确保企业中的各个层次都能理解长期战略和评价指标，从而使部门及个人目标服从总体的战略目标。
优点三	平衡计分卡使战略目标在各个经营层面达成一致。多数情况下，驱动企业成功的能力已存在于企业之中，比如员工具备执行战略所需要的技术和知识，但是却缺少对战略目标的理解和相应的关注。尽管成功运用平衡计分卡的企业仍然使用相同的设备、相同的产品、相同的人员，但却因为对各经营层面战略目标的统一而使企业成为一个有机的整体。
优点四	平衡计分卡有助于短期成果和长远发展的协同和统一。除了传统的财务指标外，平衡计分卡还着重于开发新的能力、接近新的客户和市场等未来发展指标，使企业合理分配资源，在不断取得短期成果中促进长远目标的实现。

成功的平衡计分卡控制制度是把企业的战略和一整套财务和非财务评估手段联系在一起的一种手段。平衡计分卡可以阐明企业战略并在企业内部达成共识；在整个组织中传播战略；把部门和个人的目标与这一战略相联系；把战略目标与战术安排衔接起来；对战略进行定期和有序的总结；利用反馈的信息改进战略。因此，从某种意义上来说，平衡计分卡不仅是一种控制手段和业绩评价手段，而且是一种战略管理方法。

单元小结

控制是管理的又一项重要职能。管理控制即依据组织目标和既定计划，通过对组织实际工作的衡量与评价，针对出现的偏差，采取有效措施，确保组织目标实现的过程。控制既是一个管理工作过程的终结，又是一个新的管理工作过程的开始。控制对组织和员工均发生着作用。管理控制的程序一般分为三个基本步骤：确定控制标准，即设立若干标准的类型或指标；测定实际工作，即将实际工作与上述标准相对照，检查与衡量标准的执行情况；纠正已有偏差。对于同一个系统，也可以从不同角度考察它的控制方式，可按控制的逻辑发展划分、按控制的信息有无回路划分、按控制点的位置或纠正措施的环节划分、按控制中心的多少划分、按控制原因或结果划分、按计划或目标在控制中的作用划分。控制技术和方法的有效使用，是一个组织走向良性循环的重要方面。控制技术和方法有很多，一般包括预算控制、生产控制、财务控制和综合控制。

核心概念

控制	控制过程	标准	控制系统	直接控制
反馈控制	关键控制点	预算控制	增量预算	零基预算
比率分析	管理审计	生产控制	标杆管理	平衡计分卡

管理实训

实训一　记录一个阶段（一个月或者一个季度）的费用收支

实训目的

通过记录自己一个阶段（一个月或者一个季度）的费用收支，学生应能对预算控制有一个大致的了解，并有利于提高预算水平和理财能力。

实训方法与要求

1. 每人自备一个账本，以一个月或者一个季度为基准，每天记录自己的收支账目和数额，要做到清晰、明确、真实、有据。

2. 一个月（一个季度）后，每个学生撰写一份预算心得体会。

3. 每个学生在各自所属的模拟公司内进行交流和讨论，然后以模拟公司为单位提交和陈述心得体会总结。

4. 由教师根据心得体会报告及课堂汇报表现综合评分。

实训二　模拟公司的综合评价

实训目的

通过本实训培养学生控制与信息处理的能力。具体包括：有效的控制能力，搜集与处理信息的能力，总结与评价的能力。

实训方法与要求

1. 经过一学期的实训，各模拟公司按工作性质的不同，责成各部门每位成员撰写自检评估报告，总经理撰写模拟公司全面工作总结。

2. 本着“三公”原则，模拟公司将每位成员一学期各次实训成绩进行汇总排序，教师根据各模拟公司一学期各次实训成绩进行汇总排序。

3. 各模拟公司总经理的最终分数可根据其综合表现确定，具体可比其所在模拟公司最终分数上下浮动 5 分。

管理应用

1. 在一家生产高质量门窗的公司中，四五个人组成了一个小组，作为这家门窗公司的区域销售部门。在过去的三年里，门窗销售势头逐渐回落。不断增加的证据表明，销售人员为了工作方便，主要面向大客户销售。此外，销售人员没有迅速处理顾客提出的问题或投诉，导致售后服务质量下降。假如公司现在提拔你为该销售部门的负责人，你将如何设计一个既能增加销售额，又能改善顾客服务质量的控制系统？在这个控制系统中，你又如何体现产出控制、行为控制和组织文化之间的相对重要性？

2. 当代大学生思想行为复杂多样，有一定的求知欲，兴趣广泛，对新鲜事物接受能力强，具有一定的自我控制能力，热爱祖国，对社会政治有较高的热情，但是由于各种因素的影响，也存在一定程度的社会责任意识淡薄现象。试用鱼刺图分析导致大学生社会责任意识淡薄的原因。①

3. 某仓储公司有 10 种产品，具体情况见表 6–26，请采用 ABC 分类法对该公司的库存产品进行分类（注：计算结果保留小数点后两位）。ABC 分类标准见表 6–27。

表 6–26　某仓储公司仓库中的产品情况表

产品编号	产品名称	种类数	平均保管金额（元）
1	塑料制品	8	9 500
2	螺钉	6	200
3	轻纺产品	18	1 200
4	劳保用品	5	900
5	橡胶用品	12	1 550
6	电工材料	13	1 600
7	化工产品	11	11 000
8	汽车配件	9	58 000
9	文具	4	1 800
10	工具器具	8	2 100

表 6–27　ABC 分类标准

分类	占总品种百分比（%）	占总销售额百分比（%）
A	5～15	60～80
B	15～25	15～25
C	60～80	5～15

① 张帆：《用鱼刺图分析当代大学生社会责任意识现状影响因素》，载《辽宁工业大学学报（社会科学版）》，2011（12）。

管理游戏

给任课教师的一封信

游戏目的

使学生能对所学的知识进行盘点、思考和梳理，能将所学的知识运用到学习、生活和工作中，并将相关信息反馈给任课教师。

游戏程序

1. 任课教师将事先准备好的一封信的格式，在“管理学基础”课程结束前一周至两周内发给每个学生。

2. 为提高学生的参与性和反馈率，任课教师可采用将此项目的完成情况计入课程平时成绩等强制性形式或其他辅助形式。

3. 对于参与性高的学生，可长期跟踪，与学生保持长期的协作。

游戏材料

给任课教师的一封信

____________老师：

我在20____—20____学年第____学期参加您的“管理学基础”课程学习，我希望能与您分享我将从课程中所学的知识运用到学习、生活和工作中的一些心得。

课程学习后，我做了以下工作：

1.

2.

3.

本次课程学习中，我认为以下内容对我不太有用：

1.

2.

3.

我有以下建议供您参考：

1.

2.

3.

签名：

日期：

参考文献

一、图书类

1. 张永良 . 管理学基础 . 4 版 . 北京：北京理工大学出版社，2022.

2. 梁瑞明，张利 . 管理学 . 上海：上海交通大学出版社，2022.

3. 王霁 . 管理学基础 . 2 版 . 北京：清华大学出版社，2021.

4. 王文周 . 管理学（微课版）. 北京：北京师范大学出版社，2021.

5. 赵卫东 . 管理学新释 . 成都：电子科技大学出版社，2020.

6. 王龙 , 李爱卿 . 管理学基础：2 版 . 北京：机械工业出版社，2020.

7. 肖详伟 . 管理基础与实务 . 3 版 . 北京：高等教育出版社，2019.

8. 管理学编写组 . 管理学 . 北京：高等教育出版社，2019.

9. 李贺 . 管理学基础：理论・实务・案例・实训 . 2 版 . 上海：上海财经大学出版社，2019.

10. 冯大力 . 管理的逻辑 . 成都：四川人民出版社，2018.

11. 周三多，陈传明 . 管理学 . 五版 . 北京：高等教育出版社，2018.

12. 邵喜武，林艳辉管理学实用教程 . 北京：北京大学出版社，2018.

13. 黄建春 . 管理学 . 重庆：重庆大学出版社，2017.

14. 斯蒂芬・罗宾斯 . 管理学 . 13 版 . 北京：中国人民大学出版社，2017.

15. 刘泉宏，熊凯 . 管理学 . 北京：北京大学出版社，2017.

16. 程国平，罗玲，刁兆峰 .《管理学原理》学习无忧：课程习题、考试试题解析 . 武汉：武汉理工大学出版社 . 2016.

17. 闫燕，张威，权青 . 管理学基础 . 南京：南京大学出版社，2017.

18. 焦权赋，杨文士 . 管理学 . 4 版 . 北京：中国人民大学出版社，2014.

19. 白瑷峥 . 管理学原理，北京：中国人民大学出版社，2014.

20. 王栓军 . 管理学基础 . 北京：北京邮电大学出版社，2012.

21. 朱雪芹，董红杰，等 . 管理学原理 . 北京：清华大学出版社，2011.

22. 陈建律 . 企业管理学：理论、案例与实训 . 北京：中国人民大学出服社，2010.

23. 焦权斌 . 管理的 12 个问题——大道至简的管理学读本 . 北京：中国人民大学出版社，2009.

24. 方振邦 . 管理思想百年脉络——影响世界管理进程的百名大师 . 北京：中国人民大学出版社，2007.

25. 余敏 . 管理学案例精析 . 北京：中国地质大学出版社，2006.

26. [美] 彼得・德鲁克 . 卓有成效的管理者 . 北京：机械工业出版社，2006.

27. 赵涛 . 管理学案例库 . 天津：天津大学出版社，2005.

28. 杨孝伟，赵应文 . 管理学——原理、方法与案例 . 武汉：武汉大学出版社，2005.
29. 孙焱林，陈雨良，李彤 . 实用现代管理学，北京：北京大学出版社，2004.
30. 芮明杰 . 管理学教程 . 北京：首都经济贸易大学出版社，2004.
31. 尤利群 . 现代管理学 . 杭州：浙江大学出版社，2003.
32. 吴照云 . 管理学 . 4 版 . 北京：经济管理出版社，2003.
33. 赵文明，黄成儒 . 百年管理思想精要 . 北京：中华工商联合出版社，2003.
34. 杜栋 . 管理控制 . 北京：清华大学出版社，2002
35. 蔡曙涛 . 企业管理案例 . 北京：北京大学出版社，2002
36. [美] 吉姆・柯林斯 . 从优秀到卓越 . 北京：中信出版社，2002.
37. [美] 斯蒂芬・P. 罗宾斯 . 管理学 . 4 版 . 北京：中国人民大学出版社，2001.
38. [美] 彼得・圣吉 . 第五项修炼：学习型组织的艺术与实践 . 上海：上海三联书店，1994.
39. [美] 彼得 . 德鲁克 . 管理：任务、责任和实践 . 北京：中国社会科学出版社，1987.

二、期刊类

1. 葛玉辉，王淑君 . 工商管理专业教学中课程思政教育的探索——以“人力资源管理”课程为例 . 上海理工大学学报（社会科学版），2022(7).
2. 吴照云，姜浩天 . 中国管理学派：源起、发展与建设 . 中国文化与管理，2022(6).
3. 刘华，李亚慧 .“人力资源管理”课程思政实现路径探索 . 内蒙古财经大学学报，2022(5).
4. 陈春花 . 应对不确定性，企业需要怎样的底层逻辑 . 中国经济评论，2022(4).
5. 谢新水 . 合作共享：功能良好数字社会的建构原则——基于德鲁克和梅奥的反思 . 学术界，2022(1).
6. 纪光欣，赵霞 . 论德鲁克管理思想的三重哲学意蕴 . 延边大学学报 (社会科学版)，2021(11).
7. 吴照云 . 从中国传统文化出发构筑中国管理之基 . 经济管理，2021(9).
8. 唐芳 .《管理学》课程思政实践路径探索 . 高教学刊，2021(4).
9. 陈英梅，刘玉昌，张影 . 经管类专业管理学课程思政建设探讨 . 锦州医科大学学报 (社会科学版)，2021(4).
10. 赵海月 .“大思政”育人为本意涵研究——以管理学门类“课程思政”的建构为例 . 中国青年社会科学，2021(3).
11. 徐拥军，王露露 . 华为公司知识管理的特点及启示 . 广西财经学院学报，2020(4).
12. 李长安，刘刚，吴维库，陈天祥，张金杰 . 华为运行管理中的亮点及特色 . 人民论坛，2019(12).
13. 陈春花 . 朱丽 . 协同：组织效率新来源 . 清华管理评论，2019(10).
14. 胡国栋，李苗 . 张瑞敏的水式管理哲学及其理论体系 . 外国经济与管理，2019(3).
15. 陈春花 . 组织是一个时代的主要塑造者 . 中国经济周刊，2018(10).
16. 张党珠 .《道德经》辩证型领导特质理论分析 . 领导科学，2018(7).
17. 陈春花 . 管理研究与管理实践之弥合 . 管理学报，2017(10).
18. 蒋石梅，孟静，张玉瑶，李笑春，刘芳 . 知识型员工管理模式——华为案例研究 . 技术经济，2017(5).
19. 李芝山 . 论《道德经》中的道本管理思想 . 湖南财政经济学院学报，2016(10).
20. 魏长领，秦舒展 .《道德经》的领导艺术与管理智慧管窥 . 领导科学，2015(9).

21. 韩强，冯曼琳 . 论西方管理思想中的人性假设 . 吉林师范大学学报（人文社会科学版），2014(3).
22. 马凌，漆颖 . 管理思想演进路径及其逻辑分析 . 商业时代，2012(7).
23. 彭光灿 . 关于人性和管理中人性假设之间关系的思考 . 宁夏大学学报（人文社会科学版），2012(5).

三、网站类

1. https://www.icourse163.org/course/BNU-1002327008?from=searchPage&outVendor=zw_mooc_pcssjg_ 北京师范大学王文周老师国家精品课程管理学课程网站

2. https://www.icourse163.org/course/UESTC-1001545004?from=searchPage&outVendor=zw_mooc_pcssjg_ 电子科技大学赵卫东老师国家精品课程管理学课程网站

3. https://www.icourse163.org/course/DUT-1003043004?from=searchPage&outVendor=zw_mooc_pcssjg_ 大连理工大学王丽丽老师国家精品课程管理学原理课程网站

4. https://www.icourse163.org/course/WHUT-1001864003?from=searchPage&outVendor=zw_mooc_pcssjg_ 武汉理工大学罗玲老师国家精品课程管理学原理课程网站

5. http://www.iceo.com.cn/ 中国企业家网

6. http://www.mwm.net.cn/web/ 管理世界网站

附录 1 模拟试卷

模拟试卷（一）

模拟试卷（一）参考答案

模拟试卷（二）

模拟试卷（二）参考答案

模拟试卷（三）

模拟试卷（三）参考答案

附录2 影响世界进程的100位管理大师

1. 亚当·斯密（Adam Smith）

主要贡献：提出了劳动分工、“共同利益”的观点，以及劳动分工理论，著有《国富论》。

2. 罗伯特·欧文（Robert Owen）

主要贡献：提出了空想社会主义的思想，最早注意到人的因素对提高劳动生产率的重要性，人本管理的先驱。

3. 查尔斯·巴贝奇（Charles Babbage）

主要贡献：进一步发展了亚当·斯密的劳动分工思想，主张体力和脑力劳动分工，劳资关系协调，发明了计数机器，著有《论机器和制造业的经济》。

4. 弗雷德里克·泰勒（Frederick W.Taylor）

主要贡献：理论集中在科学管理方面，包括制定工作定额、选择第一流工人、标准化管理、计件工资制、精神革命，著有《科学管理原理》等。

5. 卡尔·巴思（Carl G.Barth）

主要贡献：泰勒制正统的忠实信徒，著有《作为泰勒管理制度一部分的机械厂计算尺》等。

6. 亨利·甘特（Henry L.Gantt）

主要贡献：发明了甘特图，著有《甘特图表：管理的一个行之有效的工具》《工业领导》等。

7. 弗兰克·吉尔布雷斯（Frank B.Gilbreth）

主要贡献：时间研究和动作研究，计时轨迹摄影技术。他的妻子莉莲·吉尔布雷斯（Lillian M.Gilbreth）是美国第一个获得心理学博士学位的女性，被誉为“管理学第一夫人”。

8. 哈林顿·埃默森（Harrington Emerson）

主要贡献：效率管理专家，提出了效率的十二个原则，著有《十二个效率原则》。

9. 莫里斯·库克（Morris Cooke）

主要贡献：大学和市政管理方面。

10. 亨利·法约尔（Henri Fayol）

主要贡献："管理理论之父"，提出了职能原则和管理原则，著有《工业管理与一般管理》等。

11. 马克斯·韦伯（Max Weber）

主要贡献："组织理论之父"，提出了权威理论（又称权力论），研究组织的科层管理模式，著有《社会组织与经济组织理论》。

12. 林德尔·厄威克（Lyndall F.Urwick）

主要贡献：国际管理协会首任会长；研究综合古典管理理论，最大的贡献是对经典的管理理论进行了综合，提出了组织的八项原则，著有《行政管理原理》《管理的要素》。

13. 卢瑟·古利克（Luther H.Gulick）

主要贡献：综合古典管理理论，提出了管理的七项职能说，著有《管理科学论文集》。

14. 玛丽·福莱特（Mary P.Follett）

主要贡献：架起古典管理理论和行为科学理论的桥梁，主要思想集中在行政管理方面，提出了整合与责任分担问题，著有《动态的行政管理》等。

15. 亚历克斯·奥斯本（Alex F.Osborn）

主要贡献：创造学和创造工程之父、头脑风暴法的发明人，美国 BBDO 广告公司（Batten，Bcroton，Durstine and Osborn）创始人。他是美国著名的创意思维大师，创设了美国创造教育基金会，开创了每年一度的创造性解决问题讲习会，并任第一任主席。著有《创造性想象》等。

16. 雨果·孟斯特伯格（Hugo Münsterberg）

主要贡献：工业心理学创始人之一。

17. 乔治·梅奥（George E.Mayo）

主要贡献：在第二阶段参与霍桑试验，提出了人际关系学说，著有《工业文明的人类问题》《工业文明的社会问题》等。

18. 弗里茨·罗特利斯伯格（Fritz J.Roethlisberger）

主要贡献：提出了人际关系理论，与梅奥合作 20 余年。

19. 赫伯特·西蒙（Herbert A.Simon）

主要贡献：决策理论学派，提出了决策理论。著有《管理行为》《管理决策新科学》《人类活动中的理性》等。他既是诺贝尔经济学奖的得主又是计算机科学图灵奖的得主。

20. 亚伯拉罕·马斯洛（Abraham H.Maslow）

主要贡献：美国行为心理学家，提出了需要层次理论，著有《动机与人格》《人性能达到的境界》等。

21. 克雷顿·奥尔德弗（Clayton Alderfer）

主要贡献：提出了 ERG 理论。

22. 大卫·麦克利兰（David C. McClelland）

主要贡献：提出了激励需要理论。

23. 道格拉斯·麦格雷戈（Douglas M.McGregor）

主要贡献：人际关系学方面的思想家，提出了 X-Y 理论，著有《企业的人事方面》等。

24. 约翰·莫尔斯（John Morse）

主要贡献：提出了人性假设的超 Y 理论，著有《组织及其他成员：权变法》。

25. 威廉·大内（William G.Ouchi）

主要贡献：提出了人性假设的 Z 理论，著有《Z 理论——美国企业界怎样迎接日本的挑战》。

26. 克里斯·阿吉里斯（Chris Argyris）

主要贡献：提出了人性假设的不成熟-成熟理论，著有《个性与组织》《组织困境：领导力、文化、组织设计》等。

27. 库尔特·勒温（Kurt Lewin）

主要贡献：提出了团体行为理论——“团体力学”和“非正式组织”，著有《人格的动力理论》《社会科学中的场论》。

28. 利兰·布雷德福（Leland P.Bradford）

主要贡献：提出了群体行为理论。

29. 布尔赫斯·斯金纳（Burrhus F.Skinner）

主要贡献：提出了行为修正的强化理论，著有《有机体的行为：一种实验的分析》《科学与人类行为》。

30. 阿尔伯特·班杜拉（Albert Bandura）

主要贡献：提出了行为修正的自我强化理论。

31. 莱曼·波特（Lyman W. Porter）

主要贡献：提出了综合激励模型，著有《管理态度和成绩》。

32. 维克多·弗鲁姆（Victor H.Vroom）

主要贡献：提出了期望理论，著有《工作与激励》。

33. 弗雷德里克·赫茨伯格（Frederick Herzberg）

主要贡献：提出了双因素理论，著有《工作激励因素》《工作与人性》。

34. J. 斯塔西·亚当斯（J.Stacy Adams）

主要贡献：提出了公平理论，著有《工人关于工资不公平的内心冲突同其生产率的关系》《社会交换中的不公平》。

35. 哈罗德·凯利（Harold H.Kelley）

主要贡献：提出了归因理论，对海德的归因理论进行了扩充和发展，著有《社会心理学的归因理论》。

36. 哈罗德·孔茨（Harold Koontz）

主要贡献：西方现代管理理论形成的代表人物，管理过程学派代表，强调管理的概念、理论、原理和方法，著有《管理学》。

37. 切斯特·巴纳德（Chester I.Barnard）

主要贡献：社会协作系统学派创始人，主要研究经理人员的职能、组织与管理，著有

《经理人员的职能》。

38. 斯坦利·西肖尔（Stanley E.Seashore）

主要贡献：当代经济学家和社会心理学家，提出了组织有效性评价标准。

39. 罗伯特·坦南鲍姆（Robert K.Tannenbaum）

主要贡献：提出了领导连续统一体理论，与沃伦·施密特合著有《如何选择领导模式》。

40. 俄亥俄州立大学研究小组

主要贡献：提出了领导行为坐标（关怀维度、定规维度）。

41. 伦西斯·利克特（Rensis Likert）

主要贡献：支持关系理论的创始人，提出了四种管理模式，著有《管理的新模式》《人类组织》。

42. 罗伯特·布莱克（Robert R.Blake）

主要贡献：提出了管理方格理论，与简·穆顿合著有《管理方格》。

43. 弗雷德·菲德勒（Fred E.Fiedler）

主要贡献：权变理论学派创始人，提出了领导权变模型，著有《权变模型——领导效用的新方向》。

44. 罗伯特·豪斯（Robert J.House）

主要贡献：与特伦斯·米切尔共同提出了路径-目标领导理论。

45. 保罗·赫塞（Paul Hersey）

主要贡献：提出了领导行为权变理论、情境领导理论（领导生命周期理论），与肯尼斯·布兰查德合著有《情境领导》。

46. 理查德·约翰逊（Richard A.Johnson）

主要贡献：系统管理学派代表人物之一，与弗莱蒙特·卡斯特、詹姆斯·罗森茨韦克合著有《系统理论和管理》。

47. 弗莱蒙特·卡斯特（Fremont E.Kast）

主要贡献：系统管理学派代表人物之一，1970 年与詹姆斯·罗森茨韦克合作发表的《组织与管理——系统方法与权变方法》比较全面地论述了系统管理理论。提出了卡斯特模式：组织变革的 6 个步骤。

48. 詹姆斯·罗森茨韦克（James E.Rosenzweig）

主要贡献：系统管理学派代表人物之一，与理查德·约翰逊、弗莱蒙特·卡斯特合著有《系统理论和管理》，1970 年与弗莱蒙特·卡斯特合作发表的《组织与管理——系统方法与权变方法》比较全面地论述了系统管理理论。

49. 詹姆斯·米勒（James G.Miller）

主要贡献：系统管理学派代表人物之一。

50. 米哈伊洛·梅萨罗维奇（Mihajlo D.Mesarovic）

主要贡献：系统管理学派主要代表人物之一。

51. 彼得·德鲁克（Peter F.Drucker）

主要贡献：经验主义学派代表人物，美国管理学家和管理咨询家，被认为是当代西方影响力最大的管理学家之一，著有《卓有成效的管理者》《管理：任务、责任和实践》等。

52. 欧内斯特·戴尔（Ernest Dale）

主要贡献：经验主义学派代表人物，主要贡献是比较管理经验研究，著有《伟大的组织者》《企业管理的理论与实践》。

53. 威廉·纽曼（William Newman）

主要贡献：经验主义学派代表人物，美国管理学家，著有《经济管理活动：组织和管理的技术》《管理的过程》。

54. 杰克·韦尔奇（Jack Welch）

主要贡献：原通用电气（GE）董事长兼 CEO，被誉为“最受尊敬的 CEO”“全球第一CEO”“美国当代最成功、最伟大的企业家”。他所推崇的六西格玛标准、全球化和电子商务几乎重新定义了现代企业。著有《杰克·韦尔奇自传》《赢》等。

55. 小艾尔弗雷德·斯隆（Alfred P.Sloan，Jr.）

主要贡献：经验主义学派代表人物，美国高级经理，长期担任通用汽车公司总经理、董事长，首创事业部制组织结构，著有《我在通用汽车的岁月》。

56. 保罗·劳伦斯（Paul R.Lawrence）

主要贡献：权变理论学派代表人物之一，著有《复杂组织的分化和整体化》《组织和环境》。

57. 弗雷德·卢桑斯（Fred Luthans）

主要贡献：权变理论学派代表人物之一，系统地介绍了权变管理理论，提出了用权变理论可以统一各种管理理论的观点，著有《管理导论：一种权变学说》。

58. 琼·伍德沃德（Joan Woodward）

主要贡献：权变理论学派代表人物之一，英国女管理学家，组织设计权变理论主要代表人物之一，著有《经营管理和工艺技术》《工业组织：理论和实践》《工业组织：行为和控制》。

59. 亨利·明茨伯格（Henry Mintzberg）

主要贡献：西方管理学界经理角色学派的主要代表人物，主要贡献在于对管理者工作的分析，著有《经理工作的性质》。

60. 埃尔伍德·伯法（Elwood S.Buffa）

主要贡献：研究现代化生产管理方法和管理科学的著名学者，西方管理科学学派代表人物，提出了决策的四种类型，著有《生产管理基础》。

61. 威廉·爱德华兹·戴明（William Edwards Deming）

主要贡献：提出了 PDCA 循环和质量管理十四法，有力地指导了丰田汽车公司的管理，著有《走出危机》。

62. 约瑟夫·朱兰（Joseph M.Juran）

主要贡献：提出了全面质量管理思想、质量三元论，把二八法则引入质量管理，著有

《朱兰质量手册》《质量管理与质量控制》等。

63. 戴尔·卡耐基（Dale Carnegie）

主要贡献：人际关系学大师，著有《人性的弱点》等。

64. 詹姆斯·钱皮（James Champy）

主要贡献：与迈克尔·哈默共同提出了企业流程再造理论，著有《企业再造》。

65. 马文·鲍尔（Marvin Bower）

主要贡献：现代管理咨询之父，开创了管理咨询行业，缔造了麦肯锡咨询公司的传奇故事，主要理论涉及公司文化和价值、团队工作和计划管理、管理顾问的专业化等领域，著有《管理意志》《领导意志》。

66. 大前研一（Kenichi Ohmae）

主要贡献：日本战略之父，企业家的战略头脑，提出了成功的战略和关键因素，著有《战略家的思想》《没有国界的世界》等。

67. 汤姆·彼得斯（Tom Peters）

主要贡献：提出了变革是企业获得生存的唯一出路的思想，著有《追求卓越》《管理的革命》。

68. 布鲁斯·亨德森（Bruce Henderson）

主要贡献：创建了第一家纯粹的战略顾问公司——波士顿咨询公司，提出了波士顿矩阵。

69. 亨利·福特（Henry Ford）

主要贡献：美国福特汽车公司创始人，突破性思想主要是大规模生产，著有《我的生活和工作》。

70. 小托马斯·沃特森（Thomas Watson，Jr.）

主要贡献：国际商用机器公司（IBM）前董事长，深入探讨公司的立业宗旨，著有《一个企业和它的信念》。

71. 大卫·帕卡德（David Packard）

主要贡献：惠普公司创始人之一，著有《惠普之道》。

72. 盛田昭夫（Akito Morita）

主要贡献：日本索尼公司创始人之一，突破性思想主要在“日本管理”领域，著有《日本制造》。

73. 松下幸之助（Konosuke Matsushita）

主要贡献：松下公司创始人，实行水坝式经营，突破性思想是客户服务、企业家的企业天才等，著有《自来水哲学》。

74. 罗伯特·汤赛德（Robert M.Townsend）

主要贡献：担任美国快递公司总裁 13 年，揭露了现代组织的臃肿、愚蠢和荒唐，著有《提升组织》。

75. 哈罗德·杰宁（Harold Geneen）

主要贡献：曾任国际电报电话公司（ITT）总裁，突破性思想是用事实分析和管理，著有《协同作用神话》等。

76. 伊戈尔·安索夫（Igor Ansoff）

主要贡献：对战略管理学的清晰构想进行系统阐述的关键人物之一，主要理论成就是战略化管理和差距分析及协同理论，著有《公司战略》。

77. 迈克尔·波特（Michael Porter）

主要贡献：全世界关于竞争战略的最高权威，提出了决定产业竞争的五种力量、三种基本的竞争战略、分析竞争对手的四种要素等具有深远影响的见解，著有《竞争战略》《竞争优势》《国家竞争力》等。

78. 加里·哈默尔（Gary Hamel）

主要贡献：提出了公司核心竞争力理论，是 20 世纪 90 年代企业战略问题的代表人物，著有《公司的核心竞争力》等。

79. 理查德·帕斯卡尔（Richard Pascale）

主要贡献：提出了 7S 结构，提供了一种比较美国和日本管理的方法，著有《日本企业的管理艺术》《艰难的管理》。

80. 罗莎贝丝·坎特（Rosabeth M.Kanter）

主要贡献：创立了好尺度咨询公司，主要研究战略、创新和变革方面，提出了授权的概念，著有《当巨人学跳舞时》《变革大师》等。

81. 查尔斯·汉迪（Charles Handy）

主要贡献：提出了三种新的组织形式：三叶草组织、联邦组织、3I 组织。著有《理解组织》《非理性的年代》和《空雨衣》等。

82. 艾尔弗雷德·钱德勒（Alfred D.Chandler）

主要贡献：主要研究战略与结构之间的关系、事业部制企业的经营等问题，著有《看得见的手》《战略与结构》等。

83. 舒曼特拉·高沙尔（Sumantra Ghoshal）

主要贡献：印度学者，提出了全球化和公司结构思想，以及个性化公司的概念，著有《个性化的公司》等。

84. 彼得·圣吉（Peter Senge）

主要贡献：提出了学习型组织的概念及其操作要义，著有《第五项修炼：学习型组织的艺术与实践》等。

85. 吉尔特·霍夫斯泰德（Geert Hofstede）

主要贡献：荷兰心理学家，突破性思想为文化管理，著有《文化的重要性》等。

86. 佛恩斯·汤皮诺（Fons Trompenaars）

主要贡献：讨论管理者在经济全球化过程中可能会遇到的各种文化因素是如何影响人们的行动的，著有《跨越文化浪潮》等。

87. 埃德加·沙因（Edgar Schein）

主要贡献：组织心理学领域的创始人之一，提出了企业文化的概念，为以后企业文化的研究开辟了道路，著有《组织文化与领导》《组织心理学》等。

88. 埃里奥特·杰奎斯（Elliott Jaques）

主要贡献：加拿大裔心理学家，提出了企业的管理水平应基于领导决策之前所花费的可测时间长度和根据时间长度所应获得的报酬的思想，著有《企业文化之改变》《时间的自由度》。

89. 阿尔文·托夫勒（Alvin Toffler）

主要贡献：美国未来学家，著有《未来的冲击》《第三次浪潮》。

90. 约翰·奈斯比特（John Naisbitt）

主要贡献：未来学领域的权威人物，探讨了十个方面的结构性改革，著有《大趋势》。

91. 沃伦·本尼斯（Warren G.Bennis）

主要贡献：组织发展理论的先驱者，突破性成就是对组织理论的发展，在组织动力学框架下论述领导，著有《领导者：掌管的策略》《组织天才》等。

92. 劳伦斯·彼得（Laurence J.Peter）

主要贡献：研究的重点集中于企业和管理等级制度方面，著有《彼得原理》。

93. 西奥多·莱维特（Theodore Levitt）

主要贡献：营销大师，指出了企业优先考虑的中心应是满足顾客而不应是简单的生产产品，主导公司的应是营销而不是产品，著有《营销中的改革创新》《营销近视症》等。

94. 菲利普·科特勒（Philip Kotler）

主要贡献：营销学领域的主要权威人物之一，提出了营销者的任务是推销产品实体中所包含的利益或服务，而不能仅限于描述产品的外貌，应将市场营销看作经济活动的中心环节，著有《营销管理》等。

95. 杰伊·洛希（Jay W.Lorsch）

主要贡献：提出了人性假设的超 Y 理论，著有《组织及其成员：权变法》。

96. 爱德华·劳勒（Edward E. Lawler）

主要贡献：提出了综合激励模型，著有《管理态度和成绩》。

97. 沃伦·施密特（Warren H.Schmidt）

主要贡献：提出了领导连续统一体理论，与罗伯特·坦南鲍姆合著有《怎样选择领导模式》。

98. 简·穆顿（Jane S.Mouton）

主要贡献：提出了管理方格理论，与罗伯特·布莱克合著有《管理方格》。

99. 特伦斯·米切尔（Terence R.Mitchell）

主要贡献：与罗伯特·豪斯共同提出了路径-目标领导理论。

100. 肯尼斯·布兰查德（Kenneth Blanchard）

主要贡献：管理寓言的鼻祖，情境领导理论（领导生命周期理论）的创始人之一，与保罗·赫塞合著有《情境领导》。

附录3 管理者需知的管理定律

1. 古特雷定律：这一目标的达成，意味着下一目标的开始。

2. 儒佛尔定律：管理者的有效预测，可以为企业创造价值。

3. 吉格勒定律：制定高目标，是迈向成功的开始。

4. 坠机定律：依赖领导上的英雄，不如建立完善的管理制度。

5. 罗杰斯定律：管理者要居安思危，防患于未然。

6. 特伯定律：死的数字不是关键，活的市场才最重要。

7. 艾奇布恩定律：企业并非做得越大越好。

8. 普希尔定律：正确决策，速度是关键。

9. 麦克利兰定律：权力分享，创造价值。

10. 手表定律：一块手表可以让你清楚地知道时间，而两块或两块以上的手表只能使你失去对时间的准确判断。

11. 不值得定律：不值得去做的工作，根本不值得做好。

12. 蓝斯登定律：你给员工创造快乐的工作环境，员工给你带来巨大的经济效益。

13. 柯希纳定律：在管理中，并不是管理人员越多工作效率就越高。如果实际管理人员比最佳人数多两倍，那么工作时间就要多两倍，工作成本就要多四倍；如果实际管理人员比最佳人数多三倍，那么工作时间就要多三倍，工作成本就要多六倍。

14. 奥卡姆剃刀定律：如无必要，勿增实体，复杂的事情往往可以通过最简单的方法解决。

15. 帕金森定律：在一个团体中，管理人员的数目或多或少是要增长的。对于个不称职的管理者，他既不会选择辞职，因为那样会丧失很多权力，亦不会找一个能力强的人做他的助手，因为那个能力强的人会成为他的对手。而他会任用两个水平比自己低的人做助手，因为只有这条路对自己最适宜：两个平庸的助手既分担了自己的工作，又不至于对自己的权力构成威胁；而两个平庸的助手又会上行下效，为自己找两个更加无能的助手，以此类推，就形成了一个机构臃肿、人浮于事、效率低下的管理体系。①

16. 洛伯定律：对于一个管理者来说，最要紧的不是你在场时员工的表现，而是你不在场时员工做了些什么。

17. 彼得定律：在各种组织中，人们习惯于对处于某个等级、表现出色的员工进行提拔；如果继续胜任，员工将进一步晋升，直至到达他所不能胜任的职位。每个员工都趋向于晋升到他所不能胜任的职位。

18. 二八定律：社会上 20% 的人拥有 80% 的财富，而 80% 的人只拥有 20% 的财富。

19. 蓝伯格定律：压力和动力是共存于一体的，没有压力便没有动力。压力可以转换成动力，但需要有将压力转换成动力的能力。

20. 古狄逊定律：管理不是管理者自己做事，而是指挥别人做事，一个累坏的管理者，是一个差劲的管理者。

21. 摩斯科定律：要打破砂锅问到底，很多情况下，你得到的第一个答案并不一定就是最好的答案。

22. 吉宁定律：真正的错误是怕犯错误，并因此畏缩不前。

23. 路径思维定律：一旦作出了选择，就如同走上了一条不归路，惯性会使你不断地走下去，即使路是错的，你也很难回头。

24. 墨菲定律：如果坏事可能发生，尽管发生的可能性很小，它总是会发生，并且会引起最大的损失。

25. 巴菲特定律：在别人投资过的地方投资，是不可能发财的。

26. 卡贝定律：放弃是创新的关键。

27. 哈默定律：世上没有坏买卖，只有蹩脚的买卖人。

28. 比伦定律：失败是通往成功最近的道路。

29. 100-1=0 定律：不管以前的工作干得多好，在工作过程中哪怕出现一次失误，就是永远的失职。

30. 250 定律：每一个顾客身后都站着 250 个亲朋好友，赢得了一位顾客的好感，就同时赢得了 250 个人的好感；如果你得罪了一位顾客，就意味着得罪了 250 个人。

31. 达维多定律：任何企业想获得成功，就要第一个淘汰自己的产品。

32. 零和游戏定律：一项游戏，总是有输有赢，一方所赢恰好是另一方所输，游戏的成绩之和永远是零。

33. 布里特定律：如果商品不做广告，就像向心爱的姑娘暗送秋波，脉脉深情只有他自己知道。

34. 鱼缸定律：将鱼缸里的热带鱼放进喷泉中，短时间内，鱼就可以从原来的一寸疯长到一尺。

35. 达维多夫定律：没有创新精神的人，只能是一个执行者；只有勇于创新的人，才能

① “帕金森定律”“彼得定律”和“墨菲定律”并称为 20 世纪西方文化中最杰出的三大发现。

成为一个真正的先驱者。

36. 酒与污水定律：酒倒入污水中，污水还是污水；污水倒入酒中，酒就会变成污水。

37. 蘑菇管理定律：蘑菇生长在阴暗的角落，不施肥料，也没有阳光，过着暗无天日的生活，只有长到足够大，才能引起别人的重视。

38. 特雷默定律：不是企业中没有人才，而是管理者没有做到知人善任，使每位员工各尽其才。

39. 互惠关系定律：毫不吝啬地给予员工关爱，你将收获颇丰。

40. 波特定律：与其盯着员工的错误不放，不如给予员工宽容，帮助员工找到出现错误的原因。

41. 皮尔斯定律：企业要想有好的发展前途，就要挑选合适的接班人。

42. 托利得定律：看一个人的智力是否上乘，只要看他的脑子里能否同时并存两种截然相反的观点，而对其为人处事没有任何影响。

43. 奥格尔维定律：善于利用比自己优秀的人才。

44. 华盛顿合作定律：一个人敷衍了事，两个人相互推诿，三个人永远也成不了大事。

45. 卢维斯定律：谦虚不是将自己想得很糟，而是完全不考虑自己。

46. 斯坦纳定律：在哪里说得越少，在哪里听到的就越多。

47. 木桶定律：一个木桶盛水的多少取决于木桶中最短的木板，而不是木桶中最长的木板。

48. 费斯诺定律：人有两只耳朵、一张嘴巴，这表示人应该多听少讲。

图书在版编目（CIP）数据

管理学基础：含活页练习册 / 张云河主编．-- 4 版．
-- 北京：中国人民大学出版社，2022.4
新编 21 世纪高等职业教育精品教材．经贸类通用系列
ISBN 978-7-300-30519-6

Ⅰ．①管…　Ⅱ．①张…　Ⅲ．①管理学 – 高等职业教育
– 教材　Ⅳ．① C93

中国版本图书馆 CIP 数据核字（2022）第 054301 号

"十三五"职业教育国家规划教材
国家精品在线开放课程配套教材
"十三五"江苏省高等学校重点教材
江苏省高校在线开放课程配套教材
新编 21 世纪高等职业教育精品教材·经贸类通用系列
管理学基础（第 4 版·含活页练习册）
主　编　张云河
副主编　朱建军　束庄健
Guanlixue Jichu

出版发行	中国人民大学出版社			
社　　址	北京中关村大街 31 号	**邮政编码**	100080	
电　　话	010-62511242（总编室）		010-62511770（质管部）	
	010-82501766（邮购部）		010-62514148（门市部）	
	010-62515195（发行公司）		010-62515275（盗版举报）	
网　　址	http://www.crup.com.cn			
经　　销	新华书店			
印　　刷	唐山玺诚印务有限公司	**版　　次**	2013 年 6 月第 1 版	
开　　本	787 mm × 1092 mm　1/16		2022 年 4 月第 4 版	
印　　张	20.25　插页 1	**印　　次**	2023 年 12 月第 9 次印刷	
字　　数	430 000	**定　　价**	49.00 元	

“十三五”职业教育国家规划教材
国家精品在线开放课程配套教材
“十三五”江苏省高等学校重点教材
江苏省高校在线开放课程配套教材
新编21世纪高等职业教育精品教材·经贸类通用系列

管理学基础（第4版）
活页练习册

主　编　张云河
副主编　朱建军　束庄健

中国人民大学出版社
·北京·

目 录

第一单元　管理学基础概述

一、单项选择题

1. 关于管理的应用范围，人们的认识不同，你认为下列哪个说法最好？（　　）

A. 只运用于营利性工业企业　　B. 普遍适用于各类组织

C. 只适用于非营利性组织　　D. 只适用于营利性组织

2. 对资源进行计划、组织、领导、控制，以有效地实现组织目标的过程，称为（　　）。

A. 管理　　B. 协调　　C. 战略　　D. 激励

3. 以下命题不正确的是（　　）。

A. 管理的实质是协调　　B. 管理的目的是实现组织目标

C. 管理的主体是组织　　D. 管理是在一定环境下进行的

4. 有一种说法认为“管理就是决策”，这实际上意味着（　　）。

A. 对于管理者来说只要善于决策就一定能够获得成功

B. 管理的复杂性和挑战性都是决策的复杂性所导致的

C. 决策能力对于管理的成功具有特别重要的作用

D. 管理首先需要的就是面对复杂的环境作出决策

5. 效率是指（　　）。

A. 产出与投入之比　　B. 销售总额　　C. 目标的达成度　　D. 管理水平

6. 有效管理是有（　　）的管理。

A. 效果　　B. 效率　　C. A+B　　D. 以上均不正确

7. 管理的二重性是指管理的（　　）。

A. 科学性和艺术性　　B. 历史性和现实性

C. 理论性和实践性　　D. 社会属性和自然属性

8. 反映管理同生产力、社会化大生产相联系的属性是（　　）。

A. 自然属性　　B. 社会属性　　C. 科学性　　D. 艺术性

9. 管理是一种艺术，是强调管理的（　　）。

A. 精确性　　B. 延续性　　C. 随意性　　D. 实践性

10. 从发生的时间顺序看，下列四种管理职能的排列方式，哪一种更符合逻辑？（　　）

A. 计划、控制、组织、领导　　B. 计划、组织、领导、控制

C. 计划、领导、组织、控制　　D. 计划、组织、控制、领导

11. 管理工作中居于主导地位的职能是（　　）。

A. 计划　　B. 组织　　C. 领导　　D. 控制

12. 保证在组织中“事事有人做”属于管理的（　　）职能。

A. 计划　　B. 组织　　C. 领导　　D. 控制

13. 在组织保证的基础上，管理者必须选择恰当的方式，有效地指挥、调动和协调各方面的力量，最大限度地发挥组织效率，于是就产生了管理的（　　）职能。

A. 计划　　B. 组织　　C. 领导　　D. 控制

14. 田力是某大型企业集团的总裁助理，年富力强，在助理岗位上工作得十分出色。他最近被任命为集团销售总公司的总经理，从而由一个参谋人员变成了独立部门的负责人。下面是田力最近参与的几项活动，你认为这其中的哪一项几乎与他的领导职能无关？（　　）

A. 向下属传达他对销售工作目标的认识

B. 与某用户谈判以期达成一项长期销售协议

C. 召集各地分公司经理讨论和协调销售计划的落实情况

D. 召集公司有关部门的职能人员开联谊会，鼓励他们攻克难关

15. 管理的职能也就是管理工作所包含的几类基本活动，这些基本活动具有以下的性质（　　）。

A. 彼此独立，分别由不同部门的管理者担当

B. 各不相同，分别由不同层次的管理者担当

C. 在时空上彼此交融，每个管理者均要承担这些活动

D. 形式不同但本质相同

16. 下列关于管理职能表述正确的是（　　）。

A. 在实际管理活动中，管理的各项职能在内容上是独立的，并且要求管理者单独实施

B. 最早系统并明确分析管理职能的是美国管理学家泰勒

C. 有关管理基本职能的划分，目前尚不存在统一的看法

D. 法国管理学家法约尔认为管理的基本职能主要是计划、人事、指挥、协调和控制

17. 管理人员与一般工作人员的根本区别在于（　　）。

A. 需要与他人配合完成组织目标　　B. 需要从事具体的文件签发审阅工作

C. 需要对自己的工作成果负责　　D. 需要协调他人的努力以实现组织目标

18. 某公司新近从基层提拔了一批管理人员担任中层管理工作，上岗之前，公司要对他们进行培训，你认为培训的重点应该放在（　　）。

A. 总结他们在基层工作的经验教训　　B. 熟悉公司有关中层管理人员的奖惩制度

C. 促进他们重新认识管理职能的重点所在　　D. 帮助他们完成管理角色的转变

19. 美国管理学大师彼得·德鲁克说过，如果你理解管理理论，但不具备管理技术和管理工具的运用能力，你还不是一个有效的管理者；反过来说，如果你具备管理技巧和能力，但是不掌握管理理论，那么充其量你只是一个技术员。这句话说明（　　）。

A. 有效的管理者应该既掌握管理理论，又具备管理技巧与管理工具的运用能力

B. 是否掌握管理理论对管理者工作的有效性来说无足轻重

C. 如果理解管理理论，就能成为一名有效的管理者

D. 有效的管理者应该注重管理技术与管理工具的运用能力，而不必注意管理理论

20. 企业管理者可以分成基层、中层、高层三种，高层管理者主要负责制定（　　）。

A. 日常程序性决策　　B. 长远全局性决策

C. 局部程序性决策　　D. 短期操作性决策

21. 组织中的（　　）管理者应更多地注意外部的环境，发现问题和机会，并寻求办法解决问题。

A. 高层　　B. 中层　　C. 基层　　D. 第一线

22. 负责确定组织的目标和战略，主要是由（　　）负责执行。

A. 高层管理者　　B. 中层管理者　　C. 基层管理者　　D. 以上均有可能

23. 中层管理者的主要工作是（　　）。

A. 战略管理　　B. 现场管理　　C. 组织协调　　D. 开拓创新

24. 下列属于基层第一线管理人员的职位是（　　）。

A. 总裁　　B. 厂长　　C. 部门经理　　D. 工长

25. 领班属于下述哪类人员？（　　）

A. 一线操作者　　B. 基层管理者　　C. 中层管理者　　D. 高层管理者

26. 某研究所的一位管理人员告诉自己的好朋友，说他在单位的主要职责是给软件开发人员分派具体的工作任务，并指挥和监督各项具体工作任务的完成。由此可推断，这位管理人员是（　　）。

A. 高层管理者　　B. 中层管理者　　C. 基层管理者　　D. 无法推断

27. 管理者在作为组织的代表履行礼仪性和象征性义务时，其扮演的是（　　）角色。

A. 人际关系方面　　B. 信息传递方面　　C. 组织管理方面　　D. 决策制定方面

28. 管理者密切关注组织内外环境的变化和事态的发展，以便发现机会进行投资，如开发新产品、提供新服务或发明新工艺。这是管理者扮演的（　　）。

A. 领导者角色　　B. 企业家角色　　C. 资源分配者角色　　D. 发言人角色

29. 传播者的角色属于（　　）。

A. 人际关系方面角色　　B. 信息关系方面角色

C. 决策制定方面角色　　D. 领导关系方面角色

30. 在罗伯特·卡茨的理论结构中，越是处于高层管理者的位置上，其对于概念技能、人际技能、技术技能的需要，就越是按以下顺序排列（　　）。

A. 概念技能，人际技能，技术技能　　B. 技术技能，概念技能，人际技能

C. 概念技能，技术技能，人际技能　　D. 人际技能，技术技能，概念技能

31. 在作出是否收购其他企业的决策中，管理者必须从多个角度出发全面分析拟购企业的目前状况及可能的发展余地等情况，这时管理人员需要的技能主要是（　　）。

A. 诊断技能　　B. 人际技能　　C. 概念技能　　D. 技术技能

32. 对于基层管理者而言，其管理技能侧重于（　　）。

A. 技术技能　　B. 人际技能　　C. 概念技能　　D. 分析技能

33. 沟通、理解、激励所属的管理技能是（　　）。

A. 概念技能　　B. 人际技能　　C. 技术技能　　D. 诊断技能

34. 人际技能对于各种层次管理者的重要性（　　）。

A. 对于高层管理者最重要　　B. 对于中层管理者最重要

C. 对于基层管理者最重要　　D. 对于所有层次管理者的重要性大体相当

35. 下表统计了不同层次的管理者与其花在各项管理职能上的时间分布，请据此分析，下列哪个选项的说法是错误的（　　）。

管理者层次	管理职能所占时间			
	计划	组织	领导	控制
高层管理者	28%	36%	22%	14%
中层管理者	18%	33%	36%	13%
基层管理者	15%	24%	51%	10%

A. 所有管理者承担着相同的管理职能

B. 随着管理者层次的提升，管理者将从事较多的计划工作

C. 不同层次的管理者花在不同管理职能上的时间是不同的

D. 对高层管理者而言，因为其很少从事领导工作，所以不必具备人际技能

36. 对一个销售经理来说，需要掌握的技术技能是指什么？（　　）

A. 能够解析复杂的关系，确认潜在的问题，提出有创意的构想

B. 善解人意，口才好，具有说服能力，能设身处地考虑问题

C. 能进行市场开拓、产品促销、广告宣传

D. 了解生产方法、制造工艺

37. 国家宏观经济政策是构成企业以下哪种环境的要素之一？（　　）

A. 政治环境　　B. 社会环境　　C. 经济环境　　D. 科技环境

38. 某企业经过认真细致的市场调研，决定企业主打产品由玻璃向塑钢转变。这主要反映了以下哪种环境因素的影响？（　　）

A. 经济环境　　B. 社会环境　　C. 科技环境　　D. 自然环境

39. 企业的具体环境中最主要的是（　　）。

A. 顾客、供应商、竞争者和同盟者　　B. 顾客、供应商、竞争者和中间商

C. 顾客、中间商、竞争者和业务主管部门　　D. 顾客、供应商、竞争者和批发商

40. 公司 A 是一家金属零件加工厂，专门为当地一家大型机械制造公司 B 供应零件。那么，A 公司将 B 公司作为自己的（　　）。

A. 顾客　　B. 竞争者　　C. 供应商　　D. 同盟者

41. 一般来说，电子仪器制造商所处的组织环境是（　　）。

A. 简单和稳定的　　B. 简单和动态的　　C. 复杂和稳定的　　D. 复杂和动态的

42. 迈克尔·波特的五力模型主要是用于战略分析中的（　　）。

A. 行业环境分析　　B. 市场环境分析　　C. 宏观环境分析　　D. 一般环境分析

43. 在中国发达地区，如北京、上海等城市，购买者所购买的汽车基本上是一种标准化产品，同时向多个卖主购买产品在经济上也完全可行。这就形成了购买者有能力实现后向一体化，而卖主不可能前向一体化，这说明（　　）。

A. 购买者的议价能力低　　B. 购买者的议价能力高

C. 同业竞争者的竞争强度大　　D. 行业新进入者的威胁大

44. 影响行业竞争结构及竞争强度的主要因素不包括（　　）。

A. 顾客的议价能力　　B. 替代品的威胁

C. 现有合作者的影响　　D. 供应商的议价能力

45. 根据 SWOT 分析矩阵，企业最应该避免的外部环境和内部条件的组合是（　　）。

A. 劣势 – 机会组合　　B. 劣势 – 威胁组合

C. 优势 – 威胁组合　　D. 优势 – 机会组合

46. 根据 SWOT 分析矩阵，对企业最有利的外部环境和内部条件的组合是（　　）。

A. 劣势 – 机会组合　　B. 劣势 – 威胁组合

C. 优势 – 威胁组合　　D. 优势 – 机会组合

47. 针对WT组合，企业可以采取（　　）。

A. 增长型战略　　B. 扭转型战略

C. 多元化战略　　D. 紧缩型战略

48. “三个和尚没水喝”说的是人浮于事可能反而不如人少好办事。但是反过来，如果“三个和尚”都很负责，结果也许会造成水满为患。这两种不同的说法表明（　　）。

A. 管理工作的有效性需要考虑内外部环境各部分的整体效应

B. 即使管理无方，人多还是比人少好办事

C. 在不同的心态作用下会产生不同的群体合作结果

D. 纵使管理有方，也不一定是人多好办事

49. 管理学属于边缘性学科，这说明了管理学的（　　）特点。

A. 一般性　　B. 多样性　　C. 实践性　　D. 科学性

50. “干学结合才能真正领悟管理的真谛”，这句话说明管理学是一门（　　）。

A. 不精确的科学　　B. 综合性很强的科学

C. 发展中的科学　　D. 应用性很强的科学

二、案例分析题

案例一　升任公司总裁后的思考

郭宁最近被所在的生产机电产品的公司聘为总裁。在准备接任此职位的前一天晚上，他浮想联翩，回忆起他在该公司工作20多年的情况。

他在大学时学的是工业管理，大学毕业后就到该公司工作，最初担任液压装配单位的助理监督。当时他感到不知道如何工作，因为自己对液压装配所知甚少，在管理工作上也没有实际经验，几乎每天都手忙脚乱。可是他非常好学，一方面仔细参阅该单位所制定的工作手册，努力学习有关的技术知识；另一方面总监也对他主动指导。所以，他渐渐摆脱了困境，胜任了工作。经过半年多时间的努力，他已有能力独担液压装配总监的工作。可是，当时公司没有提升他为总监，而是直接提升他为装配部经理，负责包括液压装配在内的4个装配单位的领导工作。

在当助理监督时，他主要关心的是每日的作业管理，技术性很强。而当担任装配部经理时，他发现自己不能只关心当天的装配工作状况，还得作出此后数周乃至数月的规划，完成许多报告和参加许多会议，因此没有多少时间去从事他过去喜欢的技术工作。当上装配部经理不久，他就发现原有的装配工作手册已基本过时，因为公司已安装了许多新的设备，引入了一些新的技术，这令他花了整整一年时间去修订工作手册，使之切合实际。在

修订手册过程中，他发现要让装配工作与整个公司的生产作业协调起来是需要好好琢磨的。他还主动到几个工厂去访问，学到了许多新的工作方法，也把这些吸收到修订的工作手册中去。该公司的生产工艺频繁发生变化，工作手册也不得不经常修订，但郭宁对此都完成得很出色。工作了几年后，他不但自己学会了这些工作，而且学会了如何把这些工作交给助手去做，教他们如何做好，这样，他可以腾出更多时间用于规划工作和帮助他的下属把工作做得更好，以及花更多的时间去参加会议、批阅报告和完成自己向上级的工作汇报。

当他担任装配部经理 6 年之后，正好该公司负责规划工作的副总裁辞职，郭宁便主动申请担任这一职务。在同另外 5 名竞争者竞聘后，郭宁被正式提升为规划工作副总裁。他自信拥有担任这一新职位的能力，但由于此高级职务工作的复杂性，他在刚接任时碰到了不少麻烦。例如，他感到很难预测 1 年之后的产品需求情况。可是一个新工厂的开工，乃至一个新产品的投入生产，一般都需要在数年前做准备。而且，在新的岗位上他还要不断处理市场营销、财务、人事、生产等部门之间的协调工作，这些他过去都不熟悉。他在新岗位上越来越感到：越是职位上升，越难以仅仅按标准的工作程序去工作。但是，他还是渐渐适应了，做出了成绩，后来又被提升为负责生产工作的副总裁，而这一职位通常是由该公司资历最深、辈分最高的副总裁担任的。到了现在，郭宁又被提升为总裁。他知道，一个人当上公司最高主管职位之时，应该自信有处理可能出现的任何情况的才能，但他也明白自己尚未达到这样的水平。因此，他不禁想到自己明天就要上任了，今后数月的情况会怎么样，不免为此而担忧。

问题：

（1）郭宁担任助理监督、装配部经理、规划工作副总裁和总裁这四个职务，其管理职责各有何不同？你能概括其变化的趋势吗？请结合基层、中层、高层管理者的职能进行分析。

（2）你认为郭宁要成功地胜任公司总裁的工作，哪些管理技能是最重要的？你觉得他具有这些技能吗？试加以分析。

（3）如果你是郭宁，你认为当上公司总裁后自己应该补上哪些欠缺才能使公司取得更好的绩效？

案例二　管理者的角色

张玲是一家造纸厂的厂长，该厂正面临一项指控：厂里排泄出来的废水污染了邻近的河流。因此张玲必须到当地的环保管理部门去为本厂申辩。王军是该厂的技术工程部经理，他负责将自己部门的工作与销售部门的计划相协调。李刚负责厂里的生产管理，他刚接到通知：昨天向本厂提供包装纸板箱的那家供应厂商遭遇了火灾，至少在一个月内无法供货，而本厂的包装车间工作人员想知道，现在他们该干什么。李刚说，他会解决这个问题的。最后一个是罗兰，她负责办公室的文字处理工作，办公室里的职工之间为争一张办公桌刚发生了一场纠纷，因为它离打印机最远，环境最安静。

问题：

在这家造纸厂里，张玲、王军、李刚、罗兰分别扮演什么管理者角色？

案例三　查克·斯通曼的一天

查克·斯通曼真的相信那句老话“早鸟得虫”。这一天是星期二，清晨，他比往常早 1 个小时就起来了。先是做 20 分钟原地不动的骑车运动，接下来是洗澡、穿衣、吃早饭、快速地浏览晨报。当查克驱车上路时，他看了一眼手表，上午 5:28。从家里开车到上班地点只需 15 分钟。查克是勒那食品公司奥马哈工厂的经理。勒那公司生产牛肉和猪肉产品，以私有商标卖给 60～70 家大型超级市场连锁店。一边开着车，查克的思绪一边回到昨天晚上。昨夜，查克和他的妻子安妮外出吃饭，庆祝他们结婚 15 周年。他们回忆起他们的初次约会（那是由双方的朋友安排的），他们俩事先都没抱多大希望。他们还谈起一些老朋友，与这些老朋友已经多年没有通过信了。昨天晚上的谈话使查克萌生出一种怀旧感，他的思绪开始漫游。他想到他是怎么最后来到奥马哈，经营一家肉类加工厂，手下管着 650 名工人的。

查克 1979 年毕业于伊利诺伊大学，获商学学士学位。毕业后他进入勒那食品公司，一直干到今天。开始是在芝加哥工厂任生产计划助理，在后来的 12 年中，他逐级晋升——高级生产计划员、生产领班、轮班工长，公司一幅简化的组织图，表明了查克在勒那公司的等级结构中所处的位置以及他的直接下属。查克和安妮喜欢奥马哈，打算在这里把他们的两个儿子抚养成人，安妮最后利用她的统计学学位在奥马哈投资公司找到了一份保险统计员的工作。

查克今天早上的心情特别好，最后的生产率报告表明，奥马哈工厂超过了堪萨斯工厂和伯明翰工厂，成为公司人均劳动生产率最高的工厂。经过 10 个月的经营，奥马哈工厂已成为公司所属 7 家工厂中获利最多的工厂。昨天，查克在与上司的通话中得知，他的半年绩效奖金为 23 000 美元，而过去，他最多只拿到过 8 500 美元。

查克决定今天要把手头的许多工作清理一下，像往常一样，他总是尽量做到当日事当日毕。除了下午 3:30 有一个幕僚会议以外，整天的其他时间都是空着的，因此他可以解决许多重要的问题。他打算仔细审阅最近的审计报告并签署意见，仔细检查一下工厂 TQM 计划的进展情况。他还打算开始计划下一年度的资本设备预算，离申报截止日期还有不到两个星期了，他一直抽不出时间来做这件事。查克还有许多重要的事项记在他的待办日程表上：他要与工厂厂长讨论几个雇员的投诉；写一份 10 分钟的演讲稿，准备应邀在星期五的商会会议上致辞；审查他的助手草拟的贯彻《美国职业安全与健康法》（OSHA）的情况报告，工厂刚接受过安全检查。

查克到达工厂时是上午 5:45，他还没走到自己的办公室，就被会计总监贝斯拦住了，查克的第一反应是：她这么早在这里干什么？很快他就弄清楚了。贝斯告诉他工资协调员昨天没有上交工资表，贝斯昨晚一直等到 10 点，今天早上 4:30 就来了，想在呈报的最后期限之前把工资表做出来。贝斯告诉查克，实在没办法按时向总部上报这个月的工资表了。查克做了个记录，打算与工厂的总会计师交换一下意见，并将情况报告给他的上司—公司副总裁。查克总是随时向上司报告任何问题，他从不想让自己的上司对发生的事情感到突然。

最后，在他的办公室里，查克注意到他的计算机在闪烁，一定是有什么新到的信息。在检查了他的电子邮件后，查克发现只有一项工作需要立即处理。他的助手已经草拟出下一年度工厂全部管理者和专业人员的假期时间表，它必须经查克审阅和批准。处理这件事只需 10 分钟，但实际上占用了查克 20 分钟的时间。

现在首先要办的事是资本设备预算，查克在他计算机的工作表程序上，开始计算工厂需要什么设备以及每项的成本是多少。这项工作刚进行了 1/3，查克便接到工厂厂长打来的电话。电话中说在夜班期间，3 台主要的输送机有 1 台坏了，维修工要修好它得花费 45 000 美元，这些钱没有列入支出预算，而要更换这个系统大约要花费 120 000 美元。查克知道，他已经用完了本年度的资本预算，于是，他在上午 10:00 安排了一个会议，与工厂厂长和工厂会计师研究这个问题。

查克又回到他的工作表程序上，这时工厂运输主任突然闯入他的办公室，他在铁路货车调度计划方面遇到了困难。经过 20 分钟的讨论，两个人找到了解决办法。查克把这件事记下来，要找公司的运输部长谈一次，好好向他反映一下工厂的铁路货运问题，看看其他工厂是否也存在类似的问题，什么时候公司的铁路合同到期需要重新招标。

看来打断查克今天日程的事情还没有完，他又接到公司总部负责法律事务的职员打来的电话，他们需要数据来为公司的一桩诉讼辩护，奥马哈工厂一位前雇员向法院起诉公司歧视他。查克把电话转接给人力资源部。查克的秘书又送来一大沓信件要他签署。突然，查克发现 10:00 到了，工厂厂长和会计师已经在他办公室外面等候。3 个人一起审查了输送机的问题并草拟了几个选择方案，准备将它们提交到下午举行的幕僚会议上讨论。现在是 11:05，查克刚回到他的资本预算编制程序上，就又接到公司人力资源部部长打来的电话，对方花了半小时向查克说明公司对即将与工会举行的谈判的策略，并特别征求他对与奥马哈工厂有关的问题的意见。挂了电话后，查克下楼去人力资源部部长办公室，他们就这次谈判的策略交换了意见。

查克的秘书提醒他与地区红十字运动的领导约定共进午餐的时间已经过了，查克赶紧开车前往约定地点，好在不过迟到了 10 分钟。

下午 1:45，查克返回他的办公室，工厂厂长已经在那里等他。两个人仔细检查了工厂布置的调整方案，以及通道面积是否符合专为残疾雇员制定的法律要求。会议的时间持续得较长，因为中间被 3 个电话打断。现在是下午 3:35，查克和工厂厂长穿过大厅来到会议室，幕僚会议通常只需要 1 个小时，不过，讨论劳工谈判和输送系统问题的时间拖得很长。

这次会议持续了 2 个多小时，当查克回到他的办公室时，他觉得该回家了。他和安妮今晚 要在家中招待几位社区和企业的领导人。

开车回家的时间对查克来说仿佛用了 1 个小时而不是 15 分钟，他已经精疲力竭了。12 个小时以前，他还焦急地盼望着一个富有成效的工作日，现在这一天过去了，查克不明白："我完成了哪件事？"当然，他知道他干完了一些事，但是本来有更多的事他想要完成的。是不是今天有点特殊？查克承认不是的，每天开始时他都有很好的打算，而回家时都不免感到有些沮丧。他整日就像置身于琐事的洪流中，中间还被不断地打断。他是不是没有做好每天的计划？他说不准。他有意使每天的日程不要排得过紧，以使他能够与人们交流，使得人们需要他时他能抽得出时间来。但是，他不明白是不是所有管理者的工作都经常被打断和忙于救火，他能有时间用于计划和防止意外事件发生吗？

问题：

（1）与一般管理者的工作相比，你怎么看查克的工作？查克属于成功管理者还是有效管理者？

（2）用明茨伯格的管理者角色理论评价查克的活动。

（3）用管理职能理论评价查克的活动。

（4）查克在完成他的职责上是有效率的吗？是有效果的吗？请说明理由。

第一单元（管理学基础概述）课后练习答题卷

班级：______ 学号：______ 姓名：______ 分数：______

一、单项选择题

题号	1	2	3	4	5	6	7	8	9	10
答案										
题号	11	12	13	14	15	16	17	18	19	20
答案										
题号	21	22	23	24	25	26	27	28	29	30
答案										
题号	31	32	33	34	35	36	37	38	39	40
答案										
题号	41	42	43	44	45	46	47	48	49	50
答案										

二、案例分析题

案例一：

案例二：

案例三：

第二单元　管理理论的形成和发展

一、单项选择题

1. 亚当·斯密在《国富论》中曾有如下描述："一个人抽出金属丝，另一个人拉直，第三个人切断，第四个人削尖，第五个人打磨顶部做出头……用这种方法，做一枚别针的工序被分为 18 个单独的操作程序。"这主要反映了（　　）。

A. 万能蒸汽机极大提高了社会生产力　　B. 工人独立完成生产的能力大幅下降

C. 手工工场中生产的复杂化和低效率　　D. 工厂制度下对劳动过程的合理组织

2. 下列论述错误的是（　　）。

A. 亚当·斯密认为分工是增进劳动生产率的重要因素

B. 查尔斯·巴贝奇被称为"现代人事管理之父"

C. 亨利·福特创造了第一条流水生产线

D. 管理实践中产生管理思想，管理思想系统化为管理理论，管理理论再运用于管理实践

3. 英国古典经济学家亚当·斯密以制针业为例说明了以下哪一点的好处？（　　）

A. 均衡生产　　B. 成本记录　　C. 劳动分工　　D. 差别计件工资制

4.《论机器和制造业的经济》是英国数学家、机械学家以及科学管理理论的先驱者（　　）的代表作。

A. 查尔斯·巴贝奇　　B. 亚当·斯密　　C. 欧文　　D. 小瓦特

5. 古典管理理论认为，人是（　　）。

A. 经济人　　B. 自我实现人　　C. 社会人　　D. 复杂人

6. 美国出现的管理运动的主要组成部分是（　　）。

A. 管理科学　　B. 科学管理　　C. 霍桑试验　　D. 行为科学

7. 管理科学形成的标志是（　　）。

A. 泰勒的科学管理理论　　B. 法约尔的一般管理理论

C. 韦伯的理想行政组织体系理论　　D. 梅奥的霍桑试验结论

8.（　　）是泰勒的代表作。

A.《科学管理原理》　　B.《工业管理与一般管理》

C.《社会组织与经济组织理论》　　D.《工业文明的人类问题》

9. 主张将计划职能与执行职能分开的是（　　）。

A. 法约尔　　B. 泰勒　　C. 梅奥　　D. 吉尔布雷斯

10. 科学管理理论的中心问题是（　　）。

A. 作业标准化　　B. 计件工资制　　C. 职能工长制　　D. 提高劳动效率

11. 泰勒认为提高劳动生产率，必须为工作配备（　　）。

A. 第一流的工人　　B. 第一流的职能工长　C. 第一流的工具　　D. 第一流的环境

12. 泰勒的科学管理理论认为，为了提高劳动生产率，必须为工作配备“第一流的工人”，这“第一流的工人”的内涵是（　　）。

A. 掌握了标准化的操作方法的人　　B. 能力合适且愿意做这种工作的人

C. 掌握了科学的工作方法的人　　D. 经历过“心理革命”的人

13. 关于管理中的例外原则，以下哪种理解最为合适？（　　）

A. 上级将一般日常事务授权给下级去处理，自己只从事重大的、非程序化问题的决策

B. 上级只接受下级关于超出标准的例外情况的报告

C. 上级将一般的日常事务全权交由下级处理，自己只保留对例外事项的决定和监督权

D. 上级在授予下级日常事务处理权的同时，保留对其执行结果的监督权，并集中精力处理例外事件

14. 泰勒的最大贡献是（　　）。

A. 创建了管理理论

B. 进行了动作研究

C. 提出了科学管理理论，使管理发展成一门系统的科学学科

D. 使美国的工厂生产效率大幅度上升

15. 泰勒由于对管理理论的卓越贡献而被后人称为（　　）。

A. 过程理论鼻祖　　B. 组织理论之父　　C. 科学管理之父　　D. 行为科学创始人

16. 吉尔布雷斯的主要贡献（　　）。

A. 在制定工资定额方面　　B. 在倡导标准化生产和操作方面

C. 在推行生产线制度方面　　D. 在动作研究和工作简化方面

17. 福特汽车公司的创始人亨利·福特为了扩大生产能力而创造性地实行了（　　）。

A. 生产线制度　　B. 计件工资制度

C. 计件奖励工资制度　　D. 标准化的操作方法

18. 法约尔的代表著作是（　　）。

A.《科学管理原理》　　B.《国富论》

C.《工业管理与一般管理》　　D.《君主论》

19. 按照法约尔的观点，企业的基本活动有（ ）。

A. 3 项　B. 4 项　C. 5 项　D. 6 项

20. 法约尔认为任何企业都有的基本活动是（ ）。

A. 技术、经济、安全、财务、会计、管理　B. 技术、商业、财务、会计、安全、管理

C. 生产、经营、安全、销售、会计、管理　D. 生产、商业、财务、安全、组织、管理

21. 法约尔提出的管理五职能或要素是（ ）。

A. 计划、组织、决策、领导、控制　B. 计划、组织、领导、协调、控制

C. 计划、组织、指挥、协调、控制　D. 计划、组织、决策、指挥、控制

22. 法约尔在其《工业管理与一般管理》一书中首次提出一般管理的 14 条原则，其中第一条是（ ）。

A. 职权　B. 劳动分工　C. 统一领导　D. 纪律

23. 从具体的名称上而言，法约尔提出的管理职能不包括（ ）。

A. 计划　B. 组织　C. 领导　D. 控制

24. 有“组织管理之父”称号的古典管理学家是（ ）。

A. 法约尔　B. 韦伯　C. 泰勒　D. 梅奥

25. 马克斯·韦伯认为宜于作为理想组织体系的基础的权威是（ ）。

A. 法理型权威　B. 魅力型权威　C. 传统型权威　D. 继承型权威

26. 马克斯·韦伯的主要贡献是什么？（ ）

A. 提出了理想行政组织体系理论

B. 提出了集权与分权的概念

C. 提出了工资定额与标准化

D. 提出了社会协作系统

27. 行为科学理论认为，人是（ ）。

A. 经济人　B. 复杂人　C. 社会人　D. 自我实现人

28. 提出了重视管理中人的因素的是（ ）。

A. 铁锹实验　B. 金属切削实验　C. 霍桑试验　D. 搬运铁块试验

29. 著名的霍桑试验中的“霍桑”指的是（ ）。

A. 人名　B. 地名　C. 试验名　D. 工厂名

30. 由梅奥进行的霍桑试验的第四个阶段是（ ）。

A. 车间照明试验　B. 电话线圈装配工试验

C. 访谈计划试验　D. 继电器装配试验

31. 1924—1932 年间在美国西方电器公司所做的霍桑试验，标志着（　　）学说的产生。

A. 科学管理　　B. 管理科学　　C. 决策理论　　D. 人际关系

32. 企业中存在着“非正式组织”的观点来源于（　　）。

A. 现代管理理论　　B. 管理过程理论　　C. 科学管理理论　　D. 霍桑试验结论

33. 霍桑试验表明（　　）。

A. 非正式组织对组织目标的达成是有害的　　B. 非正式组织对组织目标的达成是有益的

C. 企业应采取一切措施来取缔非正式组织　　D. 企业应该正视非正式组织的存在

34. 以下不属于人际关系学说主要内容的有（　　）。

A. 人的需要划分为五个层次　　B. 满足工人的社会欲望，提高工人的士气

C. 员工是“社会人”　　D. 企业存在着“非正式组织”

35.（　　）把管理各个流派称之为“管理理论的丛林”。

A. 泰勒　　B. 法约尔　　C. 孔茨　　D. 梅奥

36.（　　）对管理学的最大贡献是运用自然科学方法解决具体的管理问题。

A. 科学管理学派　　B. 管理科学学派　　C. 系统理论学派　　D. 权变理论学派

37. 管理人员存在“有限理性”和“满意准则”是以下哪一学派的主要观点？（　　）

A. 系统理论学派　　B. 决策理论学派　　C. 管理科学学派　　D. 行为科学学派

38. 主张通过分析经验来研究管理问题的是（　　）。

A. 管理过程学派　　B. 社会协作系统学派　　C. 经验主义学派　　D. 决策理论学派

39. 经验主义学派的代表人物是（　　）。

A. 德鲁克　　B. 布莱克特　　C. 阿吉里斯　　D. 明茨伯格

40. 强调在管理中因地制宜，没有什么普遍适用的最好的技术和方法，该观点属于（　　）。

A. 经验学派　　B. 决策理论学派　　C. 管理过程学派　　D. 权变理论学派

41. 以下更注重定量管理思想的应用的学派是（　　）。

A. 系统理论学派　　B. 决策理论学派　　C. 管理科学学派　　D. 经营管理学派

42. 切斯特·巴纳德是（　　）学派的创始人。

A. 管理过程学派　　B. 经验主义学派　　C. 社会协作系统学派　D. 人际关系学派

43. 群体行为学派的最早代表人物是（　　）。

A. 梅奥　　B. 泰勒　　C. 伯法　　D. 马斯洛

44.“管理就是决策”是（　　）提出的。

A. 泰勒　　B. 法约尔　　C. 德鲁克　　D. 西蒙

45. 波特获得崇高的地位源于他所提出的“五力分析模型”和（　　）。

A. 三类成功型战略思想　　B. 动作研究和时间研究

C. 人性假设的 Z 理论　　D. 不成熟 – 成熟理论

46. 在竞争战略方面，波特提出了三类成功型战略，下列哪一种不属于该战略内容？（　　）

A. 差异化战略　　B. 一体化战略　　C. 总成本领先战略　　D. 集聚战略

47. 哈默和钱皮在 1993 年出版的《企业再造》一书中提到了当今企业面临的“3C”力量，这里的“3C”不包括（　　）。

A. 顾客（Customer）　B. 竞争（Competition）C. 变革（Change）　D. 成本（Cost）

48.《财富》杂志曾经指出：“20 世纪 90 年代最成功的公司，将是那些建立在学习型组织基础上的公司。”这意味着（　　）。

A. 学习能力将成为影响公司竞争力的重要因素

B. 最成功的公司将是组织结构类似学校的公司

C. 最成功的公司将会把战略重点从生产经营转到学习上

D. 最成功的公司拥有学校的数量和规模将会影响公司的竞争力

49. 1990 年，美国麻省理工学院斯隆管理学院著名教授（　　）发表了《第五项修炼：学习型组织的艺术与实践》，引起了世界管理理论界的关注和轰动。

A. 海因茨・韦里克　　B. 马克斯・韦伯

C. 彼得・圣吉　　D. 弗兰克・吉尔布雷斯

50. 建立共同愿景属于（　　）理论。

A. 科学管理　　B. 企业流程再造　　C. 学习型组织　　D. 目标管理

二、案例分析题

案例一　回到管理学第一个原则

纽曼公司的利润在过去的一年来一直在下降，尽管在同一时期，同行们的利润在不断上升。公司总裁杰克非常关注这一问题。为了找出利润下降的原因，他花了几周的时间考察公司的各个方面。接着，他决定召开各部门经理人员会议，把他的调查结果和得出的结论连同一些可能的解决方案告诉他们。

杰克说：“我们的利润一直在下降，我们正在进行的工作大多数看来也都是正确的。比方说，推销策略帮助公司保持住了在同行中应有的份额。我们的产品和竞争对手的一样好，我们的价格也不高，公司的推销工作看来是有成效的，我认为还没必要改进什么。”他继续评论道：“公司有健全的组织结构、良好的产品研究和发展规划，公司的生产工艺在同行中也占领先地位。可以说，我们的处境良好。然而，我们的公司却面临这样的严重问题。”

室内的每一个人都有所期待地倾听着。杰克开始讲到了劳工关系：“像你们所知道的那样，几年前，在全国劳工关系局选举中工会没有取得谈判的权利。一个重要的原因是，我们支付的工资一直至少和工会提出的工资标准一样高。从那以后，我们继续给员工提高工资。问题在于，没有维持相应的生产率。车间工人一直没有能生产足够的产量，可以把利润维持在原有的水平上。”杰克喝了点水，继续说道：“我的意见是要回到第一个原则。近几年来，我们对工人的需求注意得太多，而对生产率的需要却注意得不够。我们的公司是为股东创造财富的，不是工人的俱乐部。公司要生存下去，就必须创造利润。我在上大学时，管理学教授们十分注意科学管理先驱们为获得更高的生产率所使用的方法，这就是为了提高生产率广泛地采用了刺激性的工资制度。在我看来，我们可以回到管理学第一个原则去，如果我们的工人的工资取决于他们的生产率，那么工人就会生产更多。管理学先辈们的理论在今天也是一样可以运用。”

问题：

（1）结合本案例，你认为“管理学第一个原则”是什么？为什么要“回到”管理学第一个原则？

（2）你认为应该如何评价杰克的解决方案？

（3）你认为应该如何在管理实践中运用科学管理理论？

案例二 管理的理论流派

某大学管理学教授在讲授古典管理理论时，竭力推崇科学管理的创始人泰勒的历史功勋，鼓吹泰勒所主张的“有必要用严密的科学知识代替老的单凭经验或个人知识行事”的观点，并且宣扬法约尔的 14 条管理原则。

后来，在介绍经验主义学派的理论时，这位教授又强调企业管理学要从实际经验出发，而不应该从一般原则出发来进行管理和研究。他还说，欧内斯特·戴尔在其著作中故意不用“原则”一词，断然反对任何关于组织和管理的“普遍原则”。

在介绍权变理论学派的观点时，这位教授又鼓吹在企业管理中要根据企业所处的内外条件随机应变，没有什么一成不变、普遍适用的、最好的管理理论和方法。

不少学生认为这位教授的讲课前后矛盾、胸无定见，要求教授予以解答。教授笑而不答，反倒要求学生自己思考，得出自己的结论。

问题：

（1）你是否认为教授的上述观点是前后矛盾的？为什么？

（2）在企业管理中，有无可能将管理原则与实践正确地结合起来？

（3）管理学究竟是一门科学，还是一门艺术？

案例三　医院保安配药风波

有一名保安在一家医院工作了6年，已经做到了领班，平时待人客气，遇事也热心帮忙。这年由于当地的气候异常，住院病人激增，医院的医生、护士都忙得脚不沾地，这名保安因为平时热心帮忙，所以有时也被护士叫去帮忙跑腿拿药等。有一天，这名保安在配药室帮忙时被患者发现，患者表示："毫无行医资质的保安凭什么在配药室里帮忙？这显示医院管理混乱。"

针对这一事件，医院的管理部门并没有简单地开除保安平息事端，而是展开了严厉的"问责"。

首先问责护理部。发现出现问题的护理部最近一段时间病人增加了30%，而护士人手并没有增加，造成护士工作量加大，劳累过度，这是人员调配的失职。

其次问责护士长是否知道有护士找保安帮忙，平常是否也允许这种情况发生，为什么不阻止。这是护士长监管的失职。

最后问责宣传部。宣传部有规定，保安不允许进入配药室，但很多保安与护理人员并不知道这一规定，也不知道如果违反了这一规定会受到什么责罚。没有将医院的规章制度贯彻到位，这是宣传部的失职。

保安在等待医院处理结果的期间非常紧张，医院的心理专家告诉他医院愿意为他提供相关的培训以及在职学习的机会，如果能够通过考试取得执照，可以为他提供相关的工作机会。同时，医院宣传部将医院的规章制度进一步宣传，让每个人都明白并遵守。这以后，这名保安工作更加认真，在岗位调整后更加喜欢自己的工作，医院也因为这一事件增强了凝聚力。

问题：

请运用学习型组织的相关理论进行分析。

第二单元（管理理论的形成和发展）课后练习答题卷

班级:_______ 学号:_______ 姓名:_______ 分数:_______

一、单项选择题

题号	1	2	3	4	5	6	7	8	9	10
答案										
题号	11	12	13	14	15	16	17	18	19	20
答案										
题号	21	22	23	24	25	26	27	28	29	30
答案										
题号	31	32	33	34	35	36	37	38	39	40
答案										
题号	41	42	43	44	45	46	47	48	49	50
答案										

二、案例分析题

案例一:

案例二：

案例三：

第三单元　计划职能

一、单项选择题

1. 在管理中，决策是（　　）。

A. 高层管理者所承担的任务　　B. 高层和中层管理者所承担的任务

C. 高层管理者和参谋人员所承担的任务　　D. 每一个管理者都可能要从事的活动

2. 以下哪种行为不是决策？（　　）

A. 决定开发一种新产品　　B. 扩大生产规模

C. 对例行问题作出决定　　D. 接受上级命令

3. 决策的核心是（　　）。

A. 意识　　B. 目的　　C. 未来　　D. 选择

4. 企业经营方案决策最终所选出的方案一般为（　　）。

A. 成本最低的方案　　B. 较为满意的方案

C. 各个目标都最佳的方案　　D. 实现利润最大的方案

5. 决策者只寻求满意结果的原因，不包括（　　）。

A. 只能满足于在现有方案中寻找

B. 决策者能力的缺乏

C. 选择最佳方案需要花大量的时间和金钱

D. 决策者只需要有满意的结果

6. 越是组织的上层主管人员，所作出的决策越倾向于（　　）。

A. 战略的、常规的、确定的　　B. 战术的、非常规的、风险的

C. 战略的、非常规的、风险的　　D. 战略的、非常规的、确定的

7. 西蒙把决策活动分为两类——程序化决策与非程序化决策，其区分标准是（　　）。

A. 经营活动与业务活动　　B. 重复性工作或非重复性工作

C. 最优化标准或满意标准　　D. 计算机决策或非计算机决策

8. 非程序化决策的决策者主要是（　　）。

A. 高层管理者　　B. 中层管理者　　C. 基层管理者　　D. 技术专家

9. 针对欧美国家对我国纺织品的配额限制，某公司决定在北非投资设立子公司，这种决策属（　　）。

A. 管理决策　　B. 战略决策　　C. 业务决策　　D. 程序化决策

10.（　　）是日常工作中为提高生产效率、工作效率而作出的决策，牵涉范围较窄，只对组织产生局部影响。

A. 战略决策　　B. 战术决策　　C. 管理决策　　D. 业务决策

11. 集体决策的缺点，不包括（　　）。

A. 花费较多的时间　　B. 产生群体思维　　C. 产生较少备选方案　D. 责任不明

12.（　　）属于群体决策的特点。

A. 冒险性较强　　B. 责任性较强　　C. 稳定性较弱　　D. 质量性较弱

13. 下列选项中属于企业的短期决策的是（　　）。

A. 投资方向的选择　　B. 人力资源的开发　　C. 组织规模的确定　　D. 企业日常营销

14. 在决策过程中，根据决策目标的要求寻找实现目标的途径是（　　）。

A. 发现问题　　B. 设计方案　　C. 选择方案　　D. 实施决策

15. 管理者对某一情况进行分析，从而提出行动方案。因此，他需要做以下工作：（1）选出较优方案；（2）评估结果；（3）生成备选方案集；（4）确认并诊断问题；（5）评估备选方案；（6）执行方案。正确的分析思路和程序应该是（　　）。

A.（4）→（3）→（5）→（1）→（6）→（2）

B.（4）→（3）→（1）→（5）→（6）→（2）

C.（4）→（3）→（1）→（5）→（2）→（6）

D.（4）→（3）→（1）→（2）→（5）→（6）

16. 我国习惯上称之为“专家预测法”的是（　　）。

A. 德尔菲法　　B. 头脑风暴法　　C. 外推法　　D. 因果法

17. 采取匿名方式进行经济预测的专家预测法又称为（　　）。

A. 德尔菲法　　B. 定性预测方法　　C. 经验判断法　　D. 管理人员评判法

18. 决策方法中的“硬技术”是指（　　）。

A. 定量决策方法　　B. 盈亏平衡法　　C. 主观决策法　　D. 决策树法

19. 保本产量是（　　）交点所对应的产量。

A. 总固定成本曲线和总成本曲线　　B. 总收入曲线和总成本曲线

C. 总固定成本曲线和总收入曲线　　D. 总变动成本曲线和总收入曲线

20. 面对未来可能呈现的多种状态，决策者虽无法事先确定究竟呈现何种状态，但可判断各种状态出现的概率的是（　　）。

A. 风险型决策　　B. 不确定型决策　　C. 确定型决策　　D. 追踪决策

21. 决策树法是（　　）。

A. 期望值决策法的一种形式　　B. 主管决策的一种方法
C. 线性规划法的一种形式　　D. 定性决策的一种方法
22. 下列不属于不确定型决策的方法有（　　）。
A. 小中取大法　　B. 大中取大法　　C. 大中取小法　　D. 后悔值法
23. 以下决策，受决策者个性影响最大的是（　　）。
A. 确定型决策　　B. 战略决策　　C. 不确定型决策　　D. 程序化决策
24. 喜好风险的人往往会选取风险程度______而收益______的行动方案（　　）。
A. 较高，较高　　B. 较高，较低　　C. 较低，较低　　D. 不确定
25. 不确定型决策与风险型决策的区别在于（　　）。
A. 可供选择的方案是否存在两种或两种以上的自然状态
B. 各种自然状态发生的概率是否可知
C. 哪种自然状态最终发生
D. 决策是否经常反复进行
26. “凡事预则立，不预则废”是强调（　　）的重要性。
A. 组织　　B. 预测　　C. 预防　　D. 计划
27. 计划工作的前提条件是（　　）。
A. 控制　　B. 决策　　C. 目标管理　　D. 预测
28. 计划职能的核心内容是（　　）。
A. 预测　　B. 确定目标　　C. 决策　　D. 编制计划
29. 计划是控制的（　　）。
A. 纽带　　B. 保证　　C. 前提　　D. 展开
30. 计划工作的起点是（　　）。
A. 确定计划工作的假定条件并加以宣传　　B. 预测执行计划时的环境
C. 设计各种可供选择的备选方案　　D. 对将来可能出现的机会加以估计
31. 计划职能的主要任务就是确定（　　）。
A. 组织的领导方式　　B. 组织结构
C. 组织的目标及实现目标的途径　　D. 组织目标的实现程度
32. 根据 Y 理论，你认为持此理论观点的管理者在为下属制定计划时，会倾向于（　　）计划。
A. 战略计划　　B. 具体计划　　C. 综合性计划　　D. 指向性计划
33. 根据计划的明确性，可以把计划分为（　　）。

A. 长期计划和短期计划　　B. 战略性计划和战术性计划
C. 具体性计划和指向性计划　　D. 程序性计划和非程序性计划

34. 可以根据（　　）把计划分为生产计划、财务计划、市场开拓计划等。

A. 职能　　B. 范围和影响程度　　C. 期限　　D. 明确程度

35. 具体计划最适合处于（　　）的组织。

A. 形成期　　B. 成长期　　C. 成熟期　　D. 衰退期

36. 一家生产数码产品的企业的总经理说："我们生产的是数码相机，销售的是人们美好的回忆和永久的纪念。"总经理的这句话最能体现（　　）。

A. 企业的使命　　B. 企业的目标　　C. 企业的战略　　D. 企业的规划

37. 在计划表现形式中，规定处理问题的例行方法、步骤的是（　　）。

A. 战略　　B. 规划　　C. 程序　　D. 规则

38. 使计划数字化的工作被称为（　　）。

A. 决策　　B. 规划　　C. 预测　　D. 预算

39. 要科学地编制计划，第一步应是（　　）。

A. 确定可选择的目标和计划　　B. 监督和控制
C. 情况分析或估量机会　　D. 目标和计划的评估

40. 确定合理的计划期限遵循了计划工作的（　　）原理。

A. 限定因素原理　　B. 许诺原理　　C. 灵活性原理　　D. 改变航道原理

41. 在许诺原理中，许诺、所需时间、实现目标可能性三者之间的关系是（　　）。

A. 大、长、大　　B. 大、长、小　　C. 大、短、小　　D. 小、长、小

42. 计划工作的限定性因素，是指制定计划时考虑的限定因素（　　），则计划目标的实现越有保证。

A. 越多　　B. 越少　　C. 越稳定　　D. 越波动

43. 灵活性原理是指计划工作中体现的灵活性越大，则由于未来意外事件引起的损失的危险性就越（　　）。

A. 大　　B. 小　　C. 捉摸不定　　D. 以上均不正确

44. 首先提出目标管理的是（　　）。

A. 孔茨　　B. 德鲁克　　C. 巴纳德　　D. 西蒙

45. 目标管理适合于管理（　　）。

A. 工作　　B. 工人　　C. 管理者　　D. 组织

46. 就目标管理的本质而言，它是一种（　　）。

A. 激励工具　　B. 评估手段　　C. 控制手段　　D. 管理系统

47. 计划评审技术是一种利用（　　）实现控制的技术。

A. 预算　　B. 程序　　C. 网络计划图　　D. 统计资源

48. 关于关键路线，下列说法正确的是（　　）。

A. 一个网络图中只有一条关键路线

B. 关键路线的长度决定了整个计划任务所需的时间

C. 关键路线上各工序完成时间提前或推迟都直接影响整个活动能否按时完成

D. 以上说法均正确

49. 计划制定中的滚动计划法是动态的、灵活的，它的主要特点是（　　）。

A. 按前期计划执行情况和内外环境变化，定期修订已有计划

B. 不断逐期向前推移，使短、中期考虑有机结合

C. 按近细远粗的原则来制定，避免对不确定性远期计划作出过早过死的安排

D. 以上三方面都是

50. 实践中对计划组织实施行之有效的方法，不包括下面哪种方法？（　　）

A. 决策树法　　B. 滚动计划法　　C. 网络计划技术　　D. 目标管理

二、案例分析题

案例一　快递公司的难题

一个原本晴朗的晚上，突降暴风雪。一家特快专递公司要送一个非常重要的包裹给客户。送包裹的员工快到客户家的时候才发现，这个客户住在山顶上，大雪已经封死了上山的必经之路，而约定包裹送达的最后期限没有多久就要到了。于是，这位员工当机立断，在没有请示公司的情况下，自己做主雇了一架直升机，并用自己的信用卡支付费用，把包裹送到客户手中。客户非常感动，并向当地媒体报道了这件事，使这家公司的声名大振，公司业绩也获得了突飞猛进的提升。

问题：

（1）你认为应该如何评价这位员工的行动？

（2）请分析这个案例中折射出的该公司的管理文化与制度。

（3）如果你是经理，你如何处理此事？

案例二　决策的准则

“我希望我的部门的所有管理人员都能进行最优的决策。”唐柯说。他是唐氏玩具公司

市场营销部副总裁。他说："我们中的每一个人，无论职位高低，都希望成为一名专业的合理化主义者。我希望我们所有的人不仅知道自己在做什么和为什么做，而且知道自己的决策是正确的。我知道有些人曾说过，一名优秀的管理人员仅仅需要作出一半以上正确的决策。但是，这对于我来说还不够。我同意偶然犯一次错误是可以原谅的，尤其是当事情超出你的控制范围时，但我决不会原谅不合理的行动。"广告部经理李明说："唐柯，我同意你的看法，而且我总是努力实现合理的和合乎逻辑的决策。但是你愿意帮助我解释一下什么是'合理的行动'吗？"

问题：

（1）决策遵循的是什么原则？最优决策必须具备哪些条件？

（2）你认为唐柯对管理人员提出的要求合理吗？请简要说明理由。

（3）如果李明说没有方法能使他自己实现决策完全合理化，你认为应该如何进行科学决策？

案例三　中兴集团公司的目标管理

中兴集团公司是一家拥有 20 家子公司和分公司的大型集团企业，集团公司对分公司的管理方式是独立经营，集中核算。有一位分公司的总经理最近听了关于目标管理的讲座，很受启发和鼓舞。他最后决定，在下一次部门经理会议上向下属介绍这个概念，并且看看能做些什么。在会议上，他详细叙述了这种方法的发展情况，列举了在本公司使用这种方法的好处，并且要求下属人员考虑他的建议。

事情并不像人们想象的那样简单。在第二次会议上，部门经理们就总经理的提议提出了好几个问题。财务经理要求知道："你是否有集团公司总裁分配给你的明年分公司的目标？""我没有。但我一直在等待总裁办公室告诉我，他们期望我们做什么。可他们好像与此事无关一样。""那么分公司要做什么呢？"生产经理其实什么都不想做。

"我打算列出我对分公司的期望。关于目标没有什么神秘的，我打算明年的销售额达到 5 000 万元，税后利润率达到 8%，投资收益率达到 15%，一项正在进行的项目 6 月 30 日能投产。我以后还会列出一些明确的指标，如今年年底前完成我们的新产品开发工作，保持员工流动率在 15% 以下……"总经理越说越兴奋。

部门经理们对自己的领导人经过考虑提出的这些可考核的目标以及如此明确和自信的陈述感到惊讶，一时不知怎么说好。

"下个月，我要求你们每个人把这些目标转换成你们自己部门可考核的目标。我希望你们都能用数字来表达，我希望把你们的数字加起来就实现了公司的目标。"

问题：

（1）在没有得到集团公司总裁下达目标的条件下，分公司总经理能够拟定可考核的目标吗？怎样制定？这些目标会得到下属的认可吗？

（2）这位分公司总经理设置目标的方法是否妥当？如果你是他，你会怎么做？

三、计算题

1. 某玩具公司生产某种型号的电动小兔子玩具，固定成本为 3 000 元，销售单价为 20 元，单位变动成本为 5 元，试计算：

（1）公司的盈亏平衡点销量是多少？

（2）如果把产品单价提高到 25 元，则盈亏平衡点销量是多少？

（3）如果把单位变动成本提高到 10 元，其他因素不变，则盈亏平衡点销量是多少？

（4）如果把固定成本提高到 3 600 元，则盈亏平衡点销量又是多少？

2. 某钢铁公司要对所生产的某种产品更新换代，为此要更新或改造设备。经预测分析，有两个可行方案可供选择：一是引进一条生产线，需要投资 500 万元；二是改造原来的生产线，需要投资 200 万元。两个方案使用期限均为 10 年，其损益值、自然状态、概率等如表 3–1 所示，请用决策树法进行决策。

表 3–1 各方案在不同自然状态下的预期损益值 单位：万元

自然状态 / 损益值 / 方案	市场销售状态		
	畅销（0.7）	滞销（0.3）	投资
引进生产线	200	–20	500
改造生产线	120	20	200

3. 某企业为了扩大某产品的生产，拟建设新厂。据市场预测，产品销路好的概率为 0.7，销路差的概率为 0.3。有三种方案可供企业选择：

方案 1：新建大厂，需投资 300 万元。据初步估计，销路好时，每年可获利 100 万元；销路差时，每年亏损 20 万元。服务期为 10 年。

方案 2：新建小厂，需投资 140 万元。据初步估计，销路好时，每年可获利 40 万元，销路差时，每年仍可获利 30 万元。服务期为 10 年。

方案 3：先建小厂，3 年后若销路好则再扩建，但需追加投资 200 万元，服务期为 7 年，估计每年可获利 95 万元。

请问哪种方案最好？

4. 某公司准备将 3 种新开发出来的产品投入生产，由于没有相关的数据资料，只能估计产品投放未来市场后，销售会有销路好、销路一般和销路差三种自然状态。3 种产品在不同自然状态下的收益值如表 3–2 所示，试用乐观法、悲观法、后悔值法、折中法（假设乐观系数为 0.7）和平均值法确定最合理方案。

表 3–2　各方案在不同自然状态下的预期损益值　　单位：万元

产品＼损益值＼自然状态	销路好	销路一般	销路差
甲产品	70	50	–20
乙产品	50	40	15
丙产品	35	30	25

5. 某青年经过调研，欲在某市职教园区自主创业，拟开设经销关东煮和奶茶的店铺。该市的气候特点明显，假设通常较多地体现为晴天、阴天和雨天，在不同的天气条件下相应的收益值如表 3–3 所示，请分别使用乐观法、悲观法、后悔值法、折中法（假设乐观系数为 0.7）和平均值法进行决策。

表 3–3　各方案在不同自然状态下的预期损益值　　单位：元

方案＼损益值＼自然状态	晴天	阴天	雨天
经销关东煮	600	500	450
经销奶茶	800	400	200

6. 某项目 PERT 网络计划图如图 3–1 所示，试根据该图说明该项目的关键路线、关键工序以及完成该项目最少需要花费的时间（单位为天）。

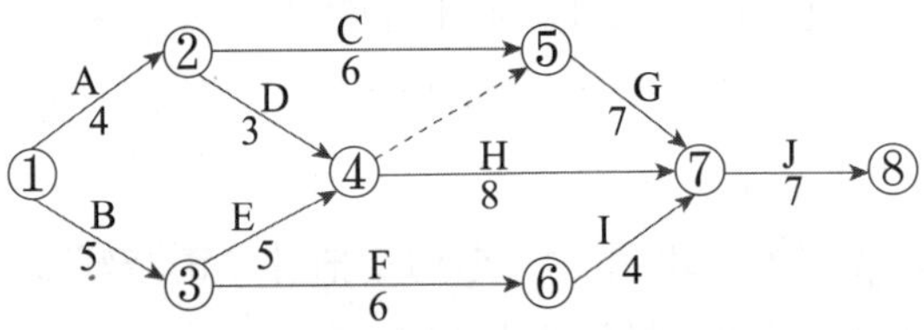

图 3–1　某项目 PERT 网络计划图

7. 已知某工程各工序间关系及作业时间如表 3–4 所示，请绘制出该工程项目的网络计划图并找出该工程的关键路线。

表 3-4 工序间关系及作业时间

工序代号	A	B	C	D	E	F	G	H	I
节点编号	1→2	1→3	2→4	3→4	3→5	4→5	4→6	5→7	6→7
作业时间	7	6	8	12	10	8	4	11	8

8. 已知某工程各工序间关系及作业时间如表 3-5 所示，请绘制出该工程项目的网络计划图并找出该工程的关键路线。

表 3-5 工序间关系及作业时间

工　　号	A	B	C	D	E	F	G	H
紧前工序	—	—	A	A	B	C	C、D、E	F、G
作业时间	4	2	6	8	4	4	10	4

9. 表 3-6 是研制新产品的多道工序之间的关系和工序进度的示意表，请绘制出网络计划图，找出该项目的关键路线并用双线表示。

表 3-6 工序间关系及工序进度

工序代号	活动内容	紧前工序	作业时间
A	市场调查	—	5
B	产品研制	—	10
C	资产筹备	—	10
D	可行性分析	A	4
E	产品设计	B	7
F	成本计划	D	3
G	生产计划	F	3
H	设备计划	E、G	5
I	器材筹备	E、G	10
J	设备筹备	C、H	10
K	人员筹备	E、G	8
L	设备布置	J	7
M	人员安排	K	5
N	生产	I、L、M	10

10. 建造一幢住宅的主要工序代号、工序名称、作业时间和紧前工序如表 3-7 所示，请

绘制建造该住宅的网络计划图。

表 3-7　建造一幢住宅的活动分析表

工序代号	工序名称	作业时间（天）	紧前工序
A	准备屋顶材料	12	—
B	准备砌墙材料	5	—
C	基础工程	7	—
D	下水道工程	7	C
E	砌墙	10	B、C
F	盖屋顶	4	A、E
G	布电线（Ⅰ）	4	E
H	布电线（Ⅱ）	2	F、G
I	装地板	5	H、K
J	室内油漆及清理	6	I
K	水暖安装	6	D、E
L	铺路	2	D、E
M	室内粉刷	6	H、K
N	门窗安装	2	M
O	室外清理布置	2	L

第三单元（计划职能）课后练习答题卷

班级:______ 学号:______ 姓名:______ 分数:______

一、单项选择题

题号	1	2	3	4	5	6	7	8	9	10
答案										
题号	11	12	13	14	15	16	17	18	19	20
答案										
题号	21	22	23	24	25	26	27	28	29	30
答案										
题号	31	32	33	34	35	36	37	38	39	40
答案										
题号	41	42	43	44	45	46	47	48	49	50
答案										

二、案例分析题

案例一:

案例二:

案例三：

三、计算题

1.

2.

3.

4.

5.

6.

7.

8.

9.

10.

第四单元 组织职能

一、单项选择题

1. 组织的特征是（ ）。

A. 有明确的目标　　B. 由人员组成，形成系统化结构

C. 相互分工与合作　　D. A+B+C

2. 下列关于组织的说法中，不准确的是（ ）。

A. 只有一个人的组织是不存在的

B. 不追求经济利益的组织是不存在的

C. 没有共同目标的组织是不存在的

D. 不需要管理和领导的组织是不存在的

3. 在某条交通流量很大的公路上，由于山洪暴发，交通受阻，被困的几十辆汽车的司机很快自愿地组合起来，有的拿起手机通知交通部门请求援助，有的去寻找清理工具，有的去安排食宿，大家在统一的指挥下，有条不紊、齐心协力地开展工作。对于上述司机的行为和活动，你会作出什么评价？（ ）

A. 他们是一个临时性的群体，与企业中的非正式组织没有什么不同

B. 当紧急事件发生时，人们会自动地组合起来，并快速地进行有效的分工。企业领导如果经常营造出紧急事件，一定会提高组织的工作效率

C. 受困的司机中大部分都具有奉献精神，否则就不可能有这样的情况发生，因此在招聘员工时应把员工的奉献精神放在首位

D. 这些司机事实上已经形成了一个组织，因为他们为实现共同目标而组合成了有机的整体

4. 如果你是一个公司的总经理，当你发现公司中存在许多小团体时，你的态度是（ ）。

A. 立即宣布这些小团体为非法，予以取缔

B. 深入调查，找出小团体的领导人，向他们提出警告，不要再搞小团体

C. 只要小团体的存在不影响公司的正常运作，可以对其不闻不问，听之任之

D. 正视小团体的客观存在性，允许乃至鼓励其存在，对其行为加以积极引导

5. 企业的员工中有很多非正式组织。这些非正式组织的内部凝聚力很强，经常利用业余时间活动。对于这些非正式组织，企业的领导通常采用不闻不问的态度。他认为工人在

业余时间的活动不应该受到干预，而且工人有社交的需要，他们之间形成非正式组织是很正常的事情。你如何评价该领导的看法？（　　）

A. 正确，因为人都是社会人

B. 不正确，非正式组织通常是小道消息传播和滋生的土壤，应该抑制这种组织的发展

C. 不正确，非正式组织对于正式组织的影响是双面的，为了使其在组织中发挥正面的作用，领导者应该策略性地利用非正式组织

D. 正确，因为非正式组织对正式组织的影响是双面的，为了避免它的负面作用，领导者最好不要干涉

6. 下列非正式组织的作用中，哪一种是对组织管理工作最不利的？（　　）

A. 不同正式组织的成员集中于同一非正式组织中

B. 在非正式组织中传播小道消息

C. 非正式组织间有明显的竞争关系

D. 非正式组织中的核心人物具有相同或大于正式组织领导的影响力和号召力

7. 一般说来，非正式组织最不可能满足下列哪种需要？（　　）

A. 生理需要　　B. 社交需要　　C. 尊重需要　　D. 自我实现需要

8. 某化工企业的目标是追求尽可能多的长期利润。下列哪项可能削弱这一目标？（　　）

A. 资助教育事业

B. 对销售人员采用极具刺激性的激励政策，即大幅度提高销售人员的销售提成比例，以便迅速提高企业的销售量

C. 调整组织结构，使之适应管理信息系统的建立

D. 增加员工工资和福利待遇

9. “一个和尚挑水喝，两个和尚抬水喝，三个和尚没水喝”。究竟是什么原因造成“三个和尚没水喝”呢？（　　）

A. 分工不明确　　B. 没有建立起组织文化

C. 没有领导者　　D. A、B、C 都可能是原因

10. 大地公司经过慎重论证和专家咨询，确立了当前的组织结构设计方案。你认为在组织发展过程中，下面哪一种情况会对组织结构形式构成最严重的威胁？（　　）

A. 大地公司总部的搬迁

B. 大地公司董事会成员的调整

C. 国家产业政策重大调整导致公司竞争战略的根本性转变

D. 竞争者的策略调整

11.（　　）不是组织结构设计的原则。

A. 责权利对等原则　　B. 控制关键点原则

C. 专业化分工与协作原则　　D. 管理幅度原则

12. 某总经理把产品销售的责任委派给一位市场经营的副总经理，由其负责所有地区的经销办事处，但同时总经理又要求各地区经销办事处的经理们直接向总会计师汇报每天的销售数字，而总会计师也可以直接向各经销办事处经理们下指令。总经理的这种做法违反了什么原则？（　　）

A. 责权利对等原则　　B. 统一指挥和权力制衡原则

C. 集权化原则　　D. 职务提高、职能分散原则

13. 有一天，某公司总经理发现会议室的窗户很脏，好像很久没有打扫过，便打电话将这件事告诉了行政后勤部负责人，该负责人立刻打电话告诉事务科长，事务科长又打电话给公务班长，公务班长便派了两名员工，很快就将会议室的窗户擦干净了。过了一段时间，同样的情况再次出现。这表明该公司在管理方面存在什么问题？（　　）

A. 组织层次太多　　B. 总经理越级指挥

C. 各部门职责不清　　D. 员工缺乏工作主动性

14. 销售部经理说："我们的销售队伍在竞争对手中是实力最强大的，要不是我们的产品缺乏多样性、不能及时满足消费者需要，我们的销售业绩也不会这么差。"生产部经理说："一流的熟练技术工人完全被缺乏想象力的产品设计局限了。"研发部经理打断说："创新思维凝结出的高科技含量的产品葬送在单调乏味而又机械的低产出生产线上。"上述谈话揭示该企业在组织上存在什么严重问题？（　　）

A. 各部门经理的论述都有道理，只是态度过于强硬

B. 各部门经理对各自角色及其在组织中的作用定位不清晰

C. 各部门经理过于强调本部门工作的重要性

D. 各部门经理对组织内各项职能的分工合作缺乏客观而准确的认识

15. 部门划分是组织设计中的重要内容，主要解决（　　）。

A. 组织整体目标　　B. 纵向组织结构　　C. 横向组织结构　　D. 组织运行

16. 一家产品单一的跨国公司在世界许多地区拥有客户和分支机构，该公司的组织结构应考虑按什么因素来划分部门？（　　）

A. 职能　　B. 产品 / 服务　　C. 地域　　D. 顾客

17. 部门划分时最普遍采用的划分方法是（　　）。

A. 按产品 / 服务分　　B. 按人数分　　C. 按职能分　　D. 按地域分

18. 易于导致“隧道视野”的部门划分方法是按（　　）来划分的。

A. 地域　　B. 产品 / 服务　　C. 职能　　D. 时间

19. 把战略上一致、竞争对象相同、市场重点类似的同类业务或产品大类归于一个部门属于（　　）。

A. 职能部门化　　B. 顾客部门化　　C. 产品 / 服务部门化　　D. 地域部门化

20. 企业中管理干部的管理幅度是指他（　　）。

A. 直接管理的下属数量　　B. 所管理的部门数量

C. 所管理的全部下属数量　　D. B 和 C

21. 在组织规模一定的条件下，管理层次越少，其管理幅度就会（　　）。

A. 越大　　B. 越小　　C. 不变　　D. 不一定

22. 在下述哪种情况下管理幅度可以适当加大？（　　）

A. 所处管理层次较高的主管人员　　B. 工作环境不稳定

C. 计划完善　　D. 不同下属工作岗位的分布比较分散

23. 一般来说，管理者所处的层次越高，其管理的幅度就（　　）。

A. 越小　　B. 越大　　C. 不确定　　D. 越好

24. 某公司有基层员工 64 人，假设管理幅度为 8 人，则该公司的管理人员和组织层次是（　　）。

A. 10 人 4 层　　B. 9 人 3 层　　C. 9 人 4 层　　D. 8 人 3 层

25. 某企业采用职能制组织结构，企业中共有管理人员 42 人，其中厂长 1 人，车间主任 4 人，班组长 18 人，职能科长 3 人，科员 16 人。每岗位均不设副职。请判断，厂长的管理幅度是多少？（　　）

A. 4　　B. 7　　C. 22　　D. 23

26. 当代管理机构变革的一大趋势是（　　）。

A. 管理层次复杂化　　B. 组织结构扁平化

C. 管理幅度日益减少　　D. 锥型结构更受欢迎

27. 扁平化组织结构具有的优点不包括（　　）。

A. 信息传递速度快　　B. 每位主管能够对下属进行详尽的指导

C. 有利于下属发挥主动性和首创精神　　D. 信息失真的可能性小

28. 管理层次少而管理幅度大的扁平化组织结构的优点是（　　）。

A. 管理严密　　B. 分工明确

C. 上下级易于协调　　D. 信息纵向流通快，管理费用低

29. 按照法国管理学家格拉丘纳斯对组织中人际关系数的算法，当组织管理幅度为 4 时，组织的人际关系数为（　　）。

A. 18　　B. 44　　C. 50　　D. 100

30. 日本松下电器公司的创始人松下幸之助有一段名言：当你仅有 100 人时，你必须站在第一线，即使你叫喊甚至打他们。但如果发展到 1 000 人时，你就不可能留在第一线，而是身居其中。当企业增至 10 000 名职工时，你就必须退居到后面，并对职工们表示敬意和谢意。这段话说明（　　）。

A. 企业规模扩大之后，管理者的地位逐渐上升，高层管理者无须事必躬亲

B. 企业规模的扩大是全体同人共同努力的结果，对此，老板应心存感激

C. 企业规模扩大之后，管理的复杂性随之增大，管理者也应有所分工

D. 管理规模越大，管理者越需注意自己对下属的态度

31. 戴立在改革开放初期创办了一家小型私营食品工厂。由于产品口味好、价格面向一般大众，很快就确立了消费者认可的品牌，销路非常好。在此情况下，戴立工厂的员工人数也随之增加：由原来的 6 名家族成员增加到现有的 120 名，工厂规模也扩大了很多。在感受成功喜悦的同时，戴立也意识到前所未有的困扰，他越来越感觉到工作力不从心。每天疲于奔命，处理各种各样的琐事。但是，尽管如此，工厂的管理还是给人以很混乱的感觉。为此，戴立请教了许多人，具有代表性的建议有以下 4 种，你认为哪个建议最可行？（　　）

A. 戴立应抽出时间去某著名商学院接受管理方面的培训

B. 戴立应聘请一位顾问，帮他出谋划策

C. 对于企业的组织结构进行改组，在戴立和一线工人之间增加一个管理层

D. 戴立应招聘一位能干的助理，帮助他处理各种琐事

32. “参谋建议、直线命令”这种关系是为了贯彻（　　）。

A. 命令统一　　B. 个人利益服从整体利益

C. 首创精神　　D. 团结精神

33. 某企业的员工在工作中经常接到来自上边的两个有时甚至是相互冲突的命令，以下哪种说法指出了导致这种现象的本质原因？（　　）

A. 该公司在组织设计上采取了职能制结构

B. 该公司在组织运作中出现了越权指挥的问题

C. 该公司的组织层次设计过多

D. 该公司组织运行中有意或无意地违背了企业统一指挥的原则

34. 下列关于参谋人员的说法，正确的是（　　）。

A. 必须授予参谋人员行动和决策的权力，以发挥其作用

B. 向参谋人员授权必须谨慎，授予之后也应该经常亲自指挥

C. 设置参谋职务，是管理现代组织的复杂活动所必需的

D. 参谋人员的作用发挥失当，应该予以取消

35. 解决直线职权与参谋职权间冲突的一个主要方法是（　　）。

A. 赋予直线人员参谋职权　　B. 让直线人员更多地依靠参谋人员的知识

C. 允许直线人员压制参谋人员　　D. 把直线人员与参谋人员的活动结合起来

36. 职能职权在使用过程中要适当限制，目的在于（　　）。

A. 沟通联系　　B. 维护主管人员的统一指挥

C. 及时进行信息反馈　　D. 协调工作

37.（　　）是某项职位或某部门所拥有的，包括作出决策发布命令等的权力。

A. 直线职权　　B. 参谋职权　　C. 职能职权　　D. 决策职权

38. 某公司下属分公司的会计科长一方面要向分公司经理报告工作，另一方面又要遵守由总公司财务经理制定的会计规章和设计的会计报表，会计科长的直接主管应该是（　　）。

A. 分公司经理　　B. 总公司财务经理　　C. 总公司总经理　　D. 上述三人都不是

39. 如果你是公司的总经理，你将授予哪种人以决策和行动的权力？（　　）

A. 参谋人员　　B. 直线人员　　C. 咨询人员　　D. 一线员工

40. 在组织中，直线与参谋两类不同职权在确保企业有效运行上存在以下哪种关系？（　　）

A. 领导与被领导　　B. 一般协作同事

C. 负直接责任与协助服务　　D. 命令与服从

41. 在企业中，财务主管与财会人员之间的职权关系是（　　）。

A. 直线职权关系　　B. 参谋职权关系

C. 既是直线职权关系又是参谋职权关系　　D. 以上均不正确

42. 针对当前形形色色的管理现象，某公司的一位老处长深有感触地说："有的人拥有磨盘大的权力却捡不起一粒芝麻，而有的人仅有芝麻大的权力却能推动磨盘。"这句话反映的情况表明（　　）。

A. 个人性权力所产生的影响力有时会大于职务性权力所产生的影响力

B. 个人性权力所产生的影响力并不比职务性权力所产生的影响力小

C. 非正式组织越来越盛行，并且正在发挥越来越大的作用

D. 这里所描述的只是一种偶然的管理现象，并不具有任何实际意义

43. 有些人从某一职位退下来后常抱怨人走茶凉，这反映了他们过去在单位中拥有的职权是一种（　　）。

A. 专家权力　　B. 参照权力　　C. 法定权力　　D. 信息权力

44. 律师能够帮助委托人写诉状、打官司，主要基于（　　）。

A. 专家权力　　B. 参照权力　　C. 强制权力　　D. 法定权力

45. 上级把权力或职权委任给中下层管理人员的组织过程是（　　）。

A. 劳动分工　　B. 授权　　C. 管理幅度　　D. 分权

46. 某公司销售部经理被批评为“控制的太多，而领导的太少”，据此你认为该经理在工作中存在的主要问题可能是什么？（　　）

A. 对下属销售人员的疾苦没有给予足够的关心

B. 对销售任务的完成没有给予充分的关注

C. 事无巨细，过分亲力亲为，没有做好授权工作

D. 没有为下属销售人员制定明确的奋斗目标

47. 某公司总裁决定进一步采取授权行动，在公司内部推行民主管理。最近公司发文规定，在文件所列举的 20 种紧急情况下，一线经理有权自主采取行动，但需将进展情况和结果及时报告上级经理。对于这一安排，你认为下述描述中哪一条最贴切？（　　）

A. 这表明公司显著增加了一线经理的决策权

B. 这表明公司有限度地扩大了一线经理的自主决策权

C. 如果无须报告上级经理，这种做法就是授权

D. 这并非真正意义上的授权而只是一种工作落实

48. 要想避免多头领导和多头指挥，就必须做好组织中的哪项工作？（　　）

A. 计划　　B. 组织　　C. 领导　　D. 控制

49. 以下四种做法，哪一种最能说明该组织所采取的是较为分权的做法？（　　）

A. 采取了多种有利于提高员工个人能力的做法

B. 努力使上级领导集中精力于高层管理

C. 更多、较为重要的决定可由较低层次的管理人员作出

D. 采取积极措施减轻上级领导的工作负担

50. 以下各种说法中，你认为哪一种最能说明企业组织所采取的是越来越分权的做法？（　　）

A. 更多的管理人员能对下属提出的建议行使否决权

B. 下属提出更多的建议并有更大的比例被付诸实施

C. 较低层次的管理人员愿意提出更多、更重要的改进建议

D. 采取了更多的措施减轻高层主要领导的工作负担

51. 康全公司是一家设计环保设备的公司，经营规模虽然不大但发展迅速。公司成立以来，为了保持行动的统一性，一直实行较强的集权。请问：当下列哪种情况出现时，公司更有可能改变其过强的集权倾向？（　　）

A. 宏观经济增长速度加快　　B. 公司经营业务范围拓宽

C. 市场对企业产品的需求下降　　D. 国家发布了新的技术标准

52. 下面四种情形中，最能体现集权的组织形式的是（　　）。

A. 公司总经理电话通知销售部经理：把这批产品尽快发到深圳科隆公司，我刚刚与他们联系好

B. 面对激烈的竞争市场，总经理在高层管理会议上讲道：截至昨天，我全面审查了各部门上个月的工作情况，发现生产和销售都没能完成当月指标；而其他部门也出现了各种各样的问题。现在，我命令每个部门必须严格按照公司规定的各项指标开展工作。凡是上个月没完成目标的部门，礼拜五必须拿出整改方案

C. 陈经理是一个严肃认真的人，员工很难看到他露出笑容，一旦出现差错总会受到严厉的批评。因此，员工都感觉到公司的气氛非常紧张，有些员工甚至因此而退出了公司

D. 总经理每天在上班开始之前，都微笑地在公司大门迎接员工的到来；每逢员工过生日，他也总要亲自向员工本人道一声“生日快乐”

53. 判断一个组织分权程度的主要依据是（　　）。

A. 按地区设置多个区域性部门　　B. 设置多个中层的职能机构

C. 管理幅度、管理层次增加　　D. 权力的下放程度

54. 张教授到某企业进行管理咨询，该企业总经理热情地接待了张教授，并介绍了企业的具体情况，才说了 15 分钟，就被人叫了出去，10 分钟后回来继续，不到 15 分钟，又被叫了出去。这样，整个下午 3 个小时，总经理一共被叫出去 10 次之多，使得企业情况介绍时断时续。这说明（　　）。

A. 总经理不重视管理咨询　　B. 该企业可能这几天遇到了紧急情况

C. 总经理可能过度集权　　D. 总经理重视民主管理

55. 对一家大型企业来说，授权具有非常重要的意义，这主要是因为（　　）。

A. 有利于中层干部的培养

B. 使高层管理人员从日常事务中解脱出来，能专心处理重大的关系企业长远战略的问题

C. 充分发挥下属的专长，弥补授权者自身的不足

D. 提高下属的工作积极性，增强其责任心，从而提高效率

56. 很多企业都是由小到大逐步发展起来的，在开始时往往采用的是直线制结构。但是随着业务的扩大以及人员队伍的增加，高层管理者不得不通过授权的方式委托一批有实力的专业人员进行职能化管理。但是，直线职能制结构也存在一些固有的缺陷。下列哪种说法是直线职能制结构的缺陷？（　　）

A. 成员的工作位置不固定，容易产生临时观念

B. 各职能单位自成体系，往往不重视工作中的横向信息沟通

C. 组织弹性不足，对环境变化的反应比较迟钝

D. 不利于培养综合型管理人才

57. 职能制结构的优点是（　　）。

A. 权力集中　　B. 命令统一

C. 解决主管负责人对专业指挥的困难　　D. 决策迅速

58. 直线职能制和事业部制之间的区别是（　　）

A. 直线职能制里的车间属于成本中心，事业部制中的事业部属于利润中心

B. 直线职能制有直线指挥系统，事业部制没有

C. 直线职能制有职能参谋系统，事业部制没有

D. 以上都正确

59. 下列哪类企业最适合采用矩阵制结构？（　　）

A. 纺织厂　　B. 医院　　C. 电视剧制作中心　　D. 学校

60. 矩阵制结构的主要缺点是（　　）。

A. 分权不充分　　B. 多头领导　　C. 对项目经理要求高　　D. 组织稳定性差

61. 最基本又较简单的结构形式是（　　）。

A. 直线制　　B. 职能制　　C. 直线职能制　　D. 矩阵制

62. 事业部制结构实质上是（　　）结构的发展扩大。

A. 直线制　　B. 职能制　　C. 直线职能制　　D. 矩阵制

63. 职能制结构的优点是实现了（　　）。

A. 管理现代化　　B. 管理专业化　　C. 统一指挥　　D. 统一领导

64. 直线制结构的特点是（　　）。

A. 多头领导　　B. 指挥统一、职责分明

C. 发挥专业人员作用　　D. 结构简单、应用广泛

65. 现代大公司广泛采用的组织结构是（　　）。

A. 直线制　　B. 职能制　　C. 直线职能制　　D. 事业部制

66. 有强大生命力的事业部结构适用于（　　）企业。

A. 小型　　B. 中型　　C. 大型　　D. 大、中、小型

67. 下列组织结构中分权程度最高的是（　　）。

A. 直线制　　B. 直线职能制　　C. 事业部制　　D. 矩阵制

68. 对于业务广泛的大型公司，要应付复杂多变的环境，以下哪一种组织结构是最合适的？（　　）

A. 直线职能制　　B. 矩阵制　　C. 事业部制　　D. 委员会制

69. 企业规模较大、产品种类多、工艺差别大、市场比较广阔多变，适宜采用（　　）结构。

A. 直线职能制　　B. 事业部制　　C. 矩阵制　　D. 动态网络型

70. “集中决策，分散经营”的组织结构属于（　　）。

A. 直线制结构　　B. 职能制结构

C. 事业部制结构　　D. 矩阵制结构

71. 没有实行管理分工的组织结构是（　　）。

A. 直线制　　B. 矩阵制　　C. 职能制　　D. 事业部制

72. 对于规模小、任务较为单一且人员较少的组织，一般适宜采用（　　）结构。

A. 事业部制　　B. 直线职能制　　C. 直线制　　D. 职能制

73. 在下列各种组织结构形式中，哪一种更容易存在双重领导问题？（　　）

A. 事业部制　　B. 矩阵制　　C. 职能制　　D. 直线制

74. 沸光广告公司是一家大型广告公司，业务包括广告策划、制作和发行。考虑到一个电视广告设计至少要经过创意、文案、导演、美工、音乐合成、制作等专业的合作才能完成，下列何种组织结构能最好地支撑沸光公司的业务要求？（　　）

A. 直线制　　B. 职能制　　C. 矩阵制　　D. 事业部制

75. 以下能有效结合组织的纵向垂直管理和横向水平管理的组织结构形式是（　　）。

A. 直线职能制　　B. 直线制　　C. 事业部制　　D. 矩阵制

76. 我国目前大多数企业采用的是下面哪一种组织结构？（　　）

A. 直线制　　B. 职能制　　C. 直线职能制　　D. 事业部制

77. 矩阵制结构主要适用于（　　）。

A. 业务产品多样化和从事多元化经营的巨型企业

B. 科研、设计、规划等创新性较强的工作

C. 组织任务较为复杂的社会管理组织

D. 规模较小、人员较少、任务单一的企业

78. 矩阵制结构的采用容易破坏管理的（　　）。

A. 分工原则　　B. 权责一致原则　　C. 跳板原则　　D. 统一指挥原则

79. 美斯特·邦威将服装制造业务“外包”给其他服装生产公司，自己专注于服装设计与品牌推广，该公司应属于（　　）。

A. 网络型组织　　B. 矩阵制组织　　C. 无边界组织　　D. 立体多维型组织

80. 人员配备的工作包括（　　）。

A. 制定工作规范，选配、培训组织成员

B. 确定人员需用量，选配、培训组织成员

C. 确定人员结构，选配、培训组织成员

D. 确定人员需用量，选配、考核、提拔组织成员

81. 人员配备的对象是（　　）。

A. 高层管理人员　　B. 主管人员　　C. 非主管的一般员工　D. 全体人员

82. 在企业人员配备中，对（　　）的配备是最重要的，这是由其本身在企业中所处的地位决定的。

A. 后勤人员　　B. 业务人员　　C. 管理人员　　D. 行政人员

83. 在人员的配备中，以下哪一条不是人员配备原则？（　　）

A. 公开招聘　　B. 因事择人　　C. 人事动态平衡　　D. 量才使用

84. 主管人员的用人艺术之一就是知人善任，这也反映了人员配备工作的（　　）原则。

A. 公开竞争　　B. 责权利对等　　C. 不断培养　　D. 用人之长

85. 在选拔管理人员时，重点应放在（　　）上。

A. 个人素质　　B. 管理愿望

C. 知识结构　　D. 实践中表现出来的管理能力

86. 相对于内部提升，下列选项不属于外部招聘的优点是（　　）。

A. 有较广泛的人才来源，有可能招聘到第一流的管理人才

B. 能够为组织带来新鲜血液，避免近亲繁殖

C. 有利于被聘者迅速开展工作

D. 有利于平息、缓和内部竞争者之间的关系

87. 相对于外部招聘，内部提升的优点是（　　）。

A. 来源广泛，选择余地大　　B. 不会产生不满情绪

C. 更快地胜任工作　　D. 以上都是

88. 人们常用“外来的和尚好念经”形容新进入企业的外聘人员工作容易顺利展开。这主要是因为（　　）。

A. 外聘人员没有历史包袱　　B. 组织中的人员对外来人员历史不了解

C. 外聘人员一开始更会吃苦耐劳　　D. 外聘人员具有更高的业务素质

89. 从组织外部招聘管理人员可以带来“外来优势”是指受聘人员（　　）。

A. 没有历史包袱　　B. 能为组织带来新鲜血液

C. 可以迅速开展工作　　D. 具有广告效应

90. “挑选有才能的人担任千夫长、百夫长……”体现了管理的（　　）原则。

A. 用人　　B. 例外　　C. 间接控制　　D. 分级

91. 考评主管人员的最好方法是（　　）。

A. 个人品质考评法　　B. 标准考评法

C. 绩效考评法　　D. 群众考评法

92. 主管的工作质量是通过（　　）了解的。

A. 选人　　B. 用人　　C. 育人　　D. 评人

93. 合理安排、使用和调配人员的基本依据是（　　）。

A. 人事选拔　　B. 人事监督　　C. 人员培训　　D. 人员考评

94. 工作轮换一般用于提高（　　）的技能。

A. 工程技术人员　　B. 管理人员　　C. 学徒　　D. 普通职员

95. 采取工作轮换的方式来培养管理人员，优点是有助于（　　）。

A. 提高受训者的业务专精能力　　B. 减轻上级领导的工作压力

C. 增强受训者的综合管理能力　　D. 考查受训者的高层管理能力

96. 某组织中设有一管理岗位，连续选任了几位干部，结果都是由于难以胜任岗位要求而被中途免职。从管理的角度来看，出现这一情况的根本原因最有可能是（　　）。

A. 组织设计上没有考虑命令统一的原则

B. 管理部门选聘干部没有找到合适人选

C. 组织设计忽视了对于干部的特点与能力的要求

D. 组织设计没有考虑到责权利对等原则

97. 下列选项中，（　　）可以将组织变革得更有创造性。

A. 组织结构变革　　B. 组织文化变革　　C. 人员变革　　D. 以上都是

98. “不换思想就换人，多换思想少换人”，这种改革理念带来的组织变革主要是（　　）。

A. 技术变革　　B. 人员变革　　C. 文化变革　　D. 战略变革

99. 一般来说，组织中的老年员工比年轻员工更加反对变革，这是因为（ ）。

A. 他们认为变革不是为了组织的最佳利益

B. 变革使已知的东西变得模糊不清和不确定

C. 变革会威胁到他们为取得现状所做的较多投资

D. 一旦变革失败，会给企业带来很大损失

100. 勒温的组织变革模型不包括（ ）。

A. 解冻 B. 变革 C. 冲突 D. 再冻结

二、案例分析题

案例一 ABC 公司的组织结构

ABC 公司是一家国际化的大型设备制造商，产品涉及从运输机械、自动化工程设备到发电、输电、配电的多个领域，年销售额达到 300 亿美元。ABC 公司是英国工程集团与英国机械设备有限公司于 1990 年合并后成立的，后来又增加了 90 多家公司，在高速火车、机器人和环境控制方面，这家公司都是世界的领先者。

作为国际化的大公司，ABC 公司的管理当局面临一个新的挑战：对一家遍布世界各地、拥有 21 万名员工的公司，如何加以组织？这家公司需要经常性地将经营业务从一个国家转换到另一个国家，而它又试图使其各项经营都能共享技术和产品。ABC 公司的董事长珀西·巴内韦克认为他已经找到了答案。他在公司内大幅度地精简了公司总部的职员，同时大力推行一种两条指挥链的结构，使所有的员工同时接受所在国经理和所属业务经理的双重领导。ABC 公司大约有 100 个不同国家的经理，在其董事会的领导下，经营着原来的国内公司，这些经理大部分是其所工作国度的公民。另外，公司配备了 65 名全球经理人员，将他们组织到 8 个集团中：运输集团、过程自动化与工程集团、环境装置集团、金融服务集团、电子设备集团，以及三个电力事业集团，即发电、输电和配电集团。巴内韦克认为，这种结构有利于高级经理利用其他国家的技术。比如，格哈特·舒尔迈耶，一个领导 ABC 美国业务和自动化集团事业的德国人，使用 ABC 瑞士公司开发的技术服务于美国公司的汽轮机制造，或者使用 ABC 欧洲地区的技术将美国密歇根州的核反应堆转换为沼气发电厂。

问题：

（1）请画图说明 ABC 公司采用的是哪种类型的组织结构。这种结构的突出特点与有效运行的必要条件是什么？

（2）请依据案例材料分析 ABC 公司采用这种结构形式的原因与作用，以及其优点与可能存在的问题。

案例二　橙缘饮料公司王辉的困惑

橙缘饮料公司的前身是东莞市黄江镇橙缘饮料厂，是当地一家知名的饮料企业。2012 年建厂以来，饮料厂在厂长王辉的带领下，从一家微型企业逐渐发展壮大，销售额和出口额近 10 年来平均增长 15% 以上，员工也由原来的不足 20 人增加到 2 000 人。但是，企业还是采用过去的类似直线制的组织结构，企业一把手王辉既管销售又管生产，是一个多面全能型的管理者。最近，企业发生了一些事情，让王辉应接不暇。

第一，生产基本上是按订单生产，基本由王辉传达生产指令。碰到交货紧，往往是王辉带头，和员工一起加班加点。虽然按时交货，但质量不过关，产品多次被退回，并被要求赔偿。

第二，以前企业招聘人员人数少，所以王辉一人就决定了。现在每年要招收大中专毕业生 50 余人，还涉及人员的入职培训等，以前的做法行不通了。

第三，过去总是王辉临时抓人去做后勤等工作，现在这方面工作太多，临时抓人去做已经做不了，也做不好了。

凡此种种，以前有效的管理已经失去了作用。

问题：

（1）从组织结构方面分析橙缘饮料公司存在的问题。

（2）鉴于橙缘饮料公司组织结构存在的问题，王辉应从哪些方面入手？

案例三　新港船厂的管理

2020 年 11 月，高级工程师王业震出任新港船厂厂长。新港船厂是中国船舶工业总公司下属的一家较大型的企业，该厂实行党政分开，由厂长全面主持企业的生产经营活动。企业内部管理体制设置两大系统——直线指挥系统和职能系统。在直线指挥系统内，职权按厂部、车间、工段、班组层层分授，逐级下达指令，实行分级管理。在职能系统内，职能管理人员充当直线指挥人员的参谋，各职能部门或单位对下级机构进行业务指导，然而无权直接指挥。相应的权责关系则以制度形式予以确认。该厂汇编成册的《部门及岗位责任制》共计有两千多条、近百万字，管理工作趋于程序化、规范化和制度化。日常工作中，下级通常只接受其直接上级的指令，上级不可以越级指挥，但可以越级调查；下级也不可以越级请示，但可以越级投诉。每个人只有一个直接的上级，而每一个上级直接管辖的下属为 3～9 人。归厂长王业震本人直接领导的有副厂长 4 人，以及计划经营科科长、质量管理科科长、办公室主任，共 7 人。此外专设 3 个厂长信箱，以随时了解职工的意见和建议。

经王业震提议，新港船厂规定科长、车间主任以上的干部每天要深入现场，但在现场时间不超过 2 小时。王业震本人每天大约用一个半小时的时间到现场查看，除了紧急的安全和质量问题外不发表任何意见。他不赞成管理人员“顶班上岗”，认为“工人身上有多少油自己身上也有多少油”的管理者未必就是称职的管理者。有两位车间主任每天提前进厂生炉子然后成天在现场干活儿。下班以后工人们都走了他们才逐一熄灯、关门。活儿没少干，任职的管理工作却没有做好。王业震提议将此两人免职。有人说：“这样的好同志为什么还要免职？”王业震回答说：“这样的同志可以当班组长、工人，甚至可以评为劳动模范，却不是称职的车间主任。”

忙于应付开会是令企业管理人员深感头痛的事情。王业震对此也作了改革。对于全厂必须召开的 15 个例会，时间、地点、出席人员都通过制度固定了下来。全厂性工作会议统一由厂办安排。一般会议不超过 2 小时，每人发言不超过 15 分钟。王业震每周仅召集 2 次会议，一次是厂长办公会，一次是总调度会，此外他只参加每两周一次的党委常委例会。

王业震尽管领导着拥有 6 500 多名职工的企业，工作千头万绪，但他基本上是按时上下班，很少加班加点，还经常外出钓鱼，被人戏称为“闲可钓鱼”。每逢出差外出，他就委托一位副厂长代行职权，他本人不“遥控”。他认为，企业不能过于强调个人的作用，不应当只是靠个人威信、关系和经验来管理，而是要重视发挥领导班子的整体功能，要更新管理观念和方法，促成管理现代化。用他的话来说：“事必躬亲是小生产的领导方式，在现代化生产中要全力避免。我 30% 的精力用来处理眼前的事，70% 的精力用来处理长远的事。”厂里曾经委派一位中层管理人员去日本监造主机，行前又明确授权让他一并购买主机控制台用的配件。那人到日本后，却接连就价格、手续、归期等事项打国际长途电话向厂里请示。王业震的答复是：“‘将在外，君命有所不受。’你是厂里的全权代表，可以做主，不要遇事便请示，那里的事你相机定夺。今后再打电话来，电话费由你自己付！”

问题：

（1）新港船厂的管理层次共有几级？王业震的管理幅度为多少？新港船厂采用的是什么样的组织结构形式？这种组织结构形式有何特点？

（2）为什么说事必躬亲的管理人员未必是称职的管理人员？你认为车间主任的主要职责是什么？

（3）设立厂长信箱了解职工的意见和建议，属于哪一种沟通方式？试分析新港船厂在管理沟通上有何特点。

（4）“日常工作中，下级通常只接受其直接上级的指令，上级不可以越级指挥，但可以越级调查；下级也不可以越级请示，但可以越级投诉。每个人只有一个直接的上级……”新港船厂的这些规定体现了哪些管理原则？

（5）案例最后一段说明了什么管理原理？

第四单元（组织职能）课后练习答题卷

班级:______ 学号:______ 姓名:______ 分数:______

一、单项选择题

题号	1	2	3	4	5	6	7	8	9	10
答案										
题号	11	12	13	14	15	16	17	18	19	20
答案										
题号	21	22	23	24	25	26	27	28	29	30
答案										
题号	31	32	33	34	35	36	37	38	39	40
答案										
题号	41	42	43	44	45	46	47	48	49	50
答案										
题号	51	52	53	54	55	56	57	58	59	60
答案										
题号	61	62	63	64	65	66	67	68	69	70
答案										
题号	71	72	73	74	75	76	77	78	79	80
答案										
题号	81	82	83	84	85	86	87	88	89	90
答案										
题号	91	92	93	94	95	96	97	98	99	100
答案										

二、案例分析题

案例一：

案例二：

案例三：

第五单元　领导职能

一、单项选择题

1. 下述哪项活动和领导职能无关？（　　）

A. 向下属传达自己对销售工作目标的认识

B. 与某用户谈判以期达成一项长期销售计划

C. 召集各地分公司经理讨论和协调销售计划的落实情况

D. 召集公司有关部门的职能人员开联谊会，鼓励他们攻克难关

2. 南方某厂制定了严格的上下班制度并一直遵照执行。一天深夜突降大雪，给交通带来极大不便，次日早晨便有许多职工上班迟到了，厂长决定对此日的迟到者免于惩罚。对此，企业内部职工议论纷纷。在下列议论中，你认为哪种说法最有道理？（　　）

A. 厂长滥用职权

B. 厂长执行管理制度应征询大部分职工的意见

C. 治厂制度又不是厂长一人制定的，厂长无权随便变动

D. 规章制度应有一定的灵活性，特殊情况可以特殊处理

3. “士为知己者死”这一古训反映了有效领导始于（　　）。

A. 上下级之间的情谊　　B. 为下属设定崇高的目标

C. 为下属的利益不惜牺牲自己　　D. 了解下属的欲望和需求

4. 关于“领导者”与“管理者”之间的关系，下列说法正确的一项是（　　）。

A. 所有领导者都是管理者，管理者不全是领导者

B. 所有管理者都是领导者，领导者不全是管理者

C. 即使不是管理者，也有可能是领导者

D. 管理者就是所谓的领导者

5. 你认为“对症下药”的管理方式是基于下列哪种人性假设做出的？（　　）

A. 经济人　　B. 社会人　　C. 自我实现人　　D. 复杂人

6. 提出 X 理论和 Y 理论的是（　　）。

A. 德鲁克　　B. 马斯洛　　C. 麦格雷戈　　D. 薛恩

7. 根据麦格雷戈的理论，有人希望有正规化的组织与规章条例来要求自己的工作，而不愿参与问题的决策，这种人欢迎以（　　）为指导的管理工作。

A. X 理论　　B. Y 理论　　C. 超 Y 理论　　D. Z 理论

8.X 理论假设（　　）支配个人行动。

A. 低层次需要　　B. 高层次需要　　C. 中层次需要　　D. 各种需要

9. 根据麦格雷戈的理论，有的人需要更多的自治责任和发挥个人创造性的机会，这种人欢迎以（　　）为指导的管理工作。

A. X 理论　　B. Y 理论　　C. 超 Y 理论　　D. Z 理论

10. 在对管理者对人性的假设方面，认为员工能自我控制并承担责任的积极理论是（　　）。

A. X 理论　　B. U 理论　　C. Y 理论　　D. Z 理论

11. 威廉·大内在分析研究了日本的企业管理经验之后提出了（　　）。

A. X 理论　　B. Y 理论　　C. 超 Y 理论　　D. Z 理论

12. 现有很多公司实行弹性工作制，员工可以自行安排工作时间，甚至有的从事特殊工作的人可以利用公司提供的互联网等诸多资源在家办公，这样他们对工作和个人的家庭、社交生活也有了较大的自由度。当然，也许一些人是必须每天去公司上班的。你认为该公司的管理者所持有的对人的认识主要是倾向于？（　　）

A. X 理论　　B. Y 理论　　C. Z 理论　　D. 超 Y 理论

13. 在一定程度上，从管理者所采用的管理方式中可以看出他们对于人性的认识，例如，采用“胡萝卜加大棒”方式的管理者常常把人看作（　　）。

A. 经济人　　B. 社会人　　C. 复杂人　　D. 自我实现人

14. 提出领导者应具备的 8 种个性特征、5 种激励特征的是（　　）。

A. 亨利　　B. 鲍莫尔　　C. 吉沙利　　D. 德鲁克

15. 有领袖魅力的领导者的关键特点中不包括（　　）。

A. 过分的自信　　B. 坚定的信念　　C. 环境敏感性　　D. 远见

16. 下面关于领导特质的说法正确的是（　　）。

A. 领导特质是天生的，领导者也是天生的

B. 我们现在仍然要进行领导特质理论的研究，以便于区分领导者和被领导者

C. 没有所谓的领导者特质，特质理论没有什么意义

D. 没有一个一般的、普遍适用和有效的领导者特质清单

17. 在勒温的领导风格理论中，他认为效率最高的领导者作风是（　　）。

A. 独裁型　　B. 民主型　　C. 放任型　　D. 压榨型

18. 领导方式可以分成独裁、民主、放任三种，其中民主型领导方式的主要优点是（　　）。

A. 纪律严格，管理规范，赏罚分明

B. 组织成员具有高度的独立自主性

C. 按规章管理，领导者不滥用权力

D. 员工关系融洽，工作积极主动，富有创造性

19. 你认为下列哪项是民主型领导方式？（　　）

A. 领导事先安排全部的工作，包括程序和方法，下属只能服从

B. 分配工作前会和员工沟通，尽量照顾到个人的能力

C. 对工作实现没有任何安排，事后无评估，一切由员工自己决定

D. 领导方法的选择取决于领导者的个性

20. 在管理方格图中，1.1 型对应的是（　　）领导方式。

A. 贫乏型　　B. 任务型　　C. 乡村俱乐部型　　D. 团队型

21. 在管理方格图中，9.1 型对应的是（　　）领导方式。

A. 任务型　　B. 乡村俱乐部型　　C. 中庸之道型　　D. 贫乏型

22. 乡村俱乐部型的领导方式位于管理方格图的（　　）格。

A. 9.1　　B. 1.9　　C. 1.1　　D. 9.9

23. 根据管理方格理论，比较理想的领导方式是（　　）。

A. 1.1 型　　B. 5.5 型　　C. 9.9 型　　D. 1.9 型

24. 早晨 8 点 30 分，公司常务副总、董事老杜接到市政府电话，通知企业开展冬季消防检查；10 分钟后老杜打电话给保卫部，通知他们去处理这项要求；9 点 15 分，老杜接到库房电话，被告知房屋后墙再次被人敲了个洞，又有几十箱产品被偷走；8 分钟后，老杜打电话给市公安局请他们改善本地治安情况……整个上午老杜接电话、打电话，倒也挺忙。根据管理方格理论，你认为老杜最接近哪种类型的领导者？（　　）

A. 1.1 型　　B. 5.5 型　　C. 9.1 型　　D. 1.9 型

25. 某企业多年来任务完成得都比较好，职工经济收入也很高，但领导和职工的关系却很差，该领导很可能是管理方格理论中所说的（　　）领导。

A. 贫乏型　　B. 乡村俱乐部型　　C. 任务型　　D. 中庸之道型

26. 提出领导权变理论的是（　　）。

A. 吉沙利　　B. 菲德勒　　C. 布莱克　　D. 施密特

27. 管理理论中的领导权变理论是一种（　　）。

A. 权宜相变的理论　　B. 关于领导的理论

C. 关于权利变化的理论　　D. 关于权力变化的理论

28. 领导权变理论的提出是基于以下哪种设想？（　　）

A. 经济人　　B. 社会人　　C. 复杂人　　D. 自我实现人

29. 在菲德勒模型中，下列哪种情况属于较好的领导环境？（　　）

A. 领导者与成员关系差，任务结构复杂，职位权力强

B. 领导者与成员关系差，任务结构简单，职位权力强

C. 领导者与成员关系好，任务结构复杂，职位极力弱

D. 领导者与成员关系好，任务结构简单，职位权力强

30. 菲德勒所确定的对领导的有效性起影响作用的三个维度是（　　）。

A. 职位权力、任务结构、领导与成员关系

B. 职位权力、领导者性格、领导者素质

C. 职位权力、下属素质、领导者素质

D. 下属素质、管理跨度、任务结构

31. LPC 是指（　　）。

A. 管理模式　　B. 激励的方法

C. 高素质的人员　　D. 最难共事者

32. 王先生是某公司的一名年轻技术人员，一年前被调到公司企划部任经理。考虑到自己的资历、经验等，他采取了较为宽松的管理方式。下列哪一种情况下，王先生的领导风格最有助于产生较好的管理效果？（　　）

A. 企划部任务明确，王先生与下属关系好但职位权力弱

B. 企划部任务明确，王先生与下属关系差但职位权力强

C. 企划部任务不明确，王先生与下属关系差但职位权力强

D. 企划部任务不明确，王先生与下属关系好但职位权力弱

33. 总经理办公室的王翔受命组建企业的信息中心。为此他在企业内挑选了一些人员作为信息中心的工作人员，包括小陈、小蔡和老林等。其中小陈是王翔的中学同学。在王翔看来，小陈虽然人比较朴实，但能力实在有限，做工作虽然不至于犯什么错误，但动作太慢。尽管如此，王翔觉得小陈其他方面，如为人等还是不错的，又是老同学，便选中他到信息中心工作。据此可以判断（　　）。

A. 王翔属于任务导向型领导　　B. 王翔属于关系导向型领导

C. 王翔属于民主型领导　　D. 王翔属于独裁型领导

34. 领导者采用何种领导风格，应当视其下属的成熟度而定。当某一下属既不愿意也不能负担工作责任，学识和经验较少时，领导对于这种下属应采取（　　）领导方式。

A. 高任务－低关系　　B. 高任务－高关系
C. 低任务－高关系　　D. 低任务－低关系

35. 下面哪个理论认为领导者的风格是不可改变的？（　　）
A. 情境领导理论　　B. 菲德勒的领导权变理论
C. 路径－目标领导理论　　D. 领导风格连续统一体理论

36. 随着下属人员的成熟度由较低转为较高，管理者的领导风格以及其他相关的管理措施应作以下哪一种调整？（　　）
A. 管理者可以赋予下属自主决策和行动的权力，管理者本人只起监督作用
B. 管理者应通过双向沟通方式与下属进行充分交流，对下属工作给予更多的支持而不是直接指示
C. 管理者应改进沟通以便更加有效地指导和推进下属的工作
D. 管理者应采取单向沟通方式进一步加强对下属工作的检查、监督，使他们继续发展

37. 路径－目标领导理论指出的领导方式是（　　）。
A. 独裁型、支持型、推销型和成就导向型　　B. 指导型、授权型、参与型和推销型
C. 独裁型、授权型、参与型和推销型　　D. 指导型、支持型、参与型和成就导向型

38. 激励过程的出发点是（　　）。
A. 紧张感　　B. 目标　　C. 未被满足的需要　　D. 不满意

39. 需要层次理论认为，人的行为取决于（　　）。
A. 需要层次　　B. 激励程度　　C. 精神状态　　D. 主导需要

40. 在激励工作中，最为重要的是要发现职工的（　　）。
A. 安全需要　　B. 现实需要　　C. 主导需要　　D. 自我实现需要

41. 需要层次理论是由（　　）提出的。
A. 梅奥　　B. 赫茨伯格　　C. 马斯洛　　D. 泰勒

42. 没有在马斯洛的需要层次理论中列出的是（　　）。
A. 安全需要　　B. 自我实现需要　　C. 心理需要　　D. 社交需要

43. 美国社会心理学家马斯洛把人的需要分为五个层次，按照由低到高的顺序为（　　）。
A. 生理、安全、社交、尊重、自我实现　　B. 安全、生理、社交、尊重、自我实现
C. 生理、安全、尊重、社交、自我实现　　D. 尊重、生理、安全、社会、自我实现

44. 某企业对生产车间的工作条件进行了改善，这是为了更好地满足职工的（　　）。
A. 生理需要　　B. 安全需要　　C. 感情需要　　D. 尊重需要

45. 当某人力图与他人交往，建立亲近和睦关系时，表现出的是（　　）。
A. 对权力的需要　　B. 对成就的需要　　C. 对安全的需要　　D. 对社交的需要
46. 按照马斯洛的需要层次理论，当人们满足了社交需要后，进一步追求的是（　　）。
A. 生存需要　　B. 尊重需要　　C. 安全需要　　D. 自我实现需要
47. 外在的成就象征，比如职称、专用车位等可以满足（　　）。
A. 社交需要　　B. 尊重需要　　C. 生理需要　　D. 安全需要
48. 一个尊重需要占主导地位的人，下列哪种激励措施最能产生效果？（　　）
A. 提薪　　B. 升职　　C. 解聘威胁　　D. 工作扩大化
49. 曹雪芹虽食不果腹，仍然坚持《红楼梦》的创作，是出于其（　　）。
A. 尊重需要　　B. 情感需要　　C. 自我实现需要　　D. 以上均不正确
50. 成功后的喜悦比薪酬重要，这是人们的（　　）。
A. 生理需要　　B. 安全需要　　C. 社交需要　　D. 自我实现需要
51. “挨饿的艺术家”与（　　）相矛盾。
A. 马斯洛的需要层次理论　　B. 期望理论
C. 强化理论　　D. 公平理论
52. 根据马斯洛的需要层次理论，可得出如下结论（　　）。
A. 对于具体的个人来说，其行为主要受主导需要的影响
B. 层次越低的需要，其对于人们行为所能产生的影响也越大
C. 任何人都有五种不同层次的需要，而且各层次的需要程度相等
D. 层次越高的需要，其对于人们行为产生的影响也越大
53. 双因素理论把影响人的积极性的因素分为（　　）。
A. 主观因素和客观因素　　B. 奖励因素和惩罚因素
C. 激励因素和保健因素　　D. 以上都对
54. 薪金和工作条件属于（　　）。
A. 保健因素　　B. 自我实现需要　　C. 激励因素　　D. 成长需要
55. 为了防止员工产生不满情绪，维护员工工作积极性，管理者要注意（　　）。
A. 保健因素　　B. 维持因素　　C. 激励因素　　D. 薪酬因素
56. 在赫茨伯格的领导理论中，下列哪一个因素与工作环境和条件有关？（　　）
A. 激励因素　　B. 保健因素　　C. 环境因素　　D. 人际因素
57. 赫茨伯格认为，下列因素中不属于激励因素的是（　　）。
A. 工作条件　　B. 成就感　　C. 责任感　　D. 工资

58. 赫茨伯格在“双因素理论”中认为工作上取得成就属于（　　）。

A. 激励因素　　B. 保健因素　　C. 维持因素　　D. 人际因素

59. 哈佛大学教授 Abraham Zaleznik 说过：“薪水仅仅可以买到基本水准的工作表现，要成为优秀的领导人，必须有为下属提供内在报酬的能力。”在下述的激励理论中，哪一种理论可支持 Abraham Zaleznik 的说法？（　　）

A. 双因素理论　　B. 公平理论　　C. 强化理论　　D. 期望理论

60. 关于奖金的说法不正确的是（　　）。

A. 奖金的名目应尽量多，以最大地提高职工积极性

B. 奖金的数额不宜过小，以提高奖励的效价

C. 奖金取得的条件不宜过严或过宽，以保证必要的期望值

D. 奖金发放应密切联系企业或部门的经济效益

61. 中国企业引入奖金机制的目的是发挥奖金的激励作用，但在目前，许多企业的奖金已经成为工资的一部分，奖金变成了保健因素，这说明（　　）。

A. 双因素理论在中国不怎么适用

B. 保健因素和激励因素的具体内容在不同国家是不一样的

C. 防止激励因素向保健因素转化是管理者的重要责任

D. 将奖金设计成为激励因素本身就是错误的

62. 高级工程师老王在一家研究所工作，该所拥有一流的研究设备。根据双因素理论，你认为下列哪一种措施最能对老王的工作起到激励作用？（　　）

A. 调整设计工作流程，使老王可以完成完整的产品设计而不是总重复做局部的设计

B. 调整工资水平和福利措施

C. 给老王配备性能更为先进的个人电脑

D. 以上各选项都起不到激励作用

63. 具有高度权力欲的人，其主要行为特征是（　　）。

A. 寻求更加有效地达成目标的方法　　B. 寻求对群体的影响力

C. 希望赢得他人的好感　　D. 希望获取更高的报酬

64. 大卫·麦克利兰的激励需要理论认为，对管理人员来说最重要的是（　　）需要。

A. 权力　　B. 归属　　C. 成就　　D. 安全

65. 比较马斯洛需要层次理论和赫茨伯格双因素理论，需要层次理论中属于保健因素的是（　　）。

A. 生理需要、尊重需要　　B. 生理需要、安全需要和自我实现需要

C. 生理需要、安全需要、社交需要　　D. 安全需要、尊重需要

66. 最早将期望理论用于说明工作激励问题的是（　　）。

A. 马斯洛　　B. 勒温　　C. 弗鲁姆　　D. 亚当斯

67. 期望理论认为人们对工作的态度取决于三个关系，下列哪个选项不属于该三个关系的内容？（　　）

A. 努力－绩效　　B. 努力－奖励　　C. 奖励－需要　　D. 绩效－奖励

68. 从期望理论中，我们得到的最重要的启示是（　　）。

A. 目标效价的高低是激励是否有效的关键　　B. 期望值高低是激励是否有效的关键

C. 存在着负效价，应引起领导者注意　　D. 应把目标效价和期望值进行优化组合

69. 按照期望理论，在（　　）情况下激励力量为 0。

A. 效价等于 0　　B. 效价等于 1　　C. 期望值等于 1　　D. 期望值等于 0.5

70. 公司好几个青年员工在讨论明年报考 MBA 的事情。大家最关心的是英语考试的难度，据说明年将会有很大提高。请根据激励理论中的期望理论，判断以下四人中谁向公司提出报考的可能性最大（　　）。

A. 小郑大学学的是日语，两年前来公司后，才开始跟着电视台初级班业余学了些英语

B. 小齐英语不错，本科就学管理，但他妻子年底就要分娩，家中又无老人可依靠

C. 小吴被公认为高才生，英语棒，数学强，知识面广，渴望深造，又无家庭负担

D. 小冯素来冷静多思，不做没把握的事，她自信 MBA 联考每门都过关绝对没问题，但认为公司里想报考的人太多，领导最多只能批准 1 人，而自己与领导关系平平，肯定没希望获得领导批准

71. 一位父亲为了鼓励小孩用功学习，向小孩提出：如果在下学期每门功课都考 95 分以上，就给物质奖励。在下述什么情况下，小孩会受到激励而用功学习？（　　）

A. 平时成绩较好，有可能各门功课都考 95 分以上

B. 奖励的东西是小孩最想要的

C. 父亲说话向来都是算数的

D. 上述三种情况同时存在

72. 提出公平理论的是（　　）。

A. 马斯洛　　B. 弗鲁姆　　C. 亚当斯　　D. 法约尔

73. 通过和参照对象进行比较以获得激励的理论是指（　　）。

A. 强化理论　　B. 需要层次理论

C. 双因素理论　　D. 公平理论

74. A、B 两人是同一个企业的职工，两人横向比较结果是 $O_A/I_A>O_B/I_B$，则 B 可能的表

现是（ ）。

A. 要求增加报酬 B. 自动减少投入以达到心理平衡

C. 离职 D. 以上三个选项均有可能

75. 公平理论进一步表明，管理人员应该懂得（ ）。

A. 人是难以满足的 B. 人贵有自知之明

C. 人无贵贱之分 D. 好人难得好报

76. 西方的很多企业，依据（ ）采取秘密单独发放奖金的办法，使职工相互间不了解彼此的收支比率。

A. 激励需要理论 B. 公平理论 C. 双因素理论 D. ERG 理论

77. 根据公平理论，公平发生在以下情形（ ）。

A. 自己的结果等于他人的结果

B. 自己的投入等于他人的投入

C. 所有职工获取相同的报酬

D. 自己的结果与投入之比等于他人的结果与投入之比

78. 公平理论认为影响员工工作努力程度的因素是（ ）。

A. 薪酬量 B. 比较的结果 C. 工作条件 D. 晋升机会

79. 当人们发现和他人相比自己的报酬偏低时，会采取（ ）措施以消除不公平。

A. 增加自己的投入 B. 减少自己的投入

C. 改变比较目标 D. 增加他人的收入

80. 下列关于强化理论的说法正确的是（ ）。

A. 强化理论是美国心理学家马斯洛首先提出的

B. 所谓正强化就是惩罚那些不符合组织目标的行为，以使这些行为削弱直至消失

C. 连续的、固定的正强化能够使每一次强化都起到较大的效果

D. 实施负强化，应以连续负强化为主

81. 某企业规定，员工上班迟到一次，扣发当月 50% 的奖金，自此规定出台之后，员工迟到现象基本消除，这是哪一种强化方式？（ ）

A. 正强化 B. 负强化 C. 惩罚 D. 消退

82. 某人因为迟到被扣了当月的奖金，这对他的同事来说是何种性质的强化？（ ）

A. 正强化 B. 负强化 C. 惩罚 D. 消退

83. 在会议进行中，管理者不希望下属不停地提出各种问题干扰会议的进程，于是在有人举手要发言时便无视他们的举动，只顾自己把话讲完，这种影响下属行为的方式是

（　　）。

A. 正强化　　B. 负强化　　C. 惩罚　　D. 消退

84. 撤销正强化属于（　　）。

A. 负强化　　B. 惩罚　　C. 消退　　D. 以上均不正确

85. 王平是先进工作者，上级把他的事迹广为宣传，这属于（　　）。

A. 正强化　　B. 负强化　　C. 消退　　D. 惩罚

86. 斯金纳提出了四种行为改造方式，在管理工作中最好采取（　　）方式。

A. 正强化　　B. 负强化　　C. 惩罚　　D. 消退

87.（　　）是沟通的基础。

A. 信息　　B. 过程　　C. 网络　　D. 环境

88. 信息接收者将接到的符号译成具有特定含义的信息，这一过程叫（　　）。

A. 噪声　　B. 编码　　C. 解码　　D. 反馈

89. 公司质管部经理老吕在质量管理的总体目标、步骤、措施等方面与公司主要领导人有不同看法。老吕认为，质量管理的重要性在公司上下并未得到充分重视；公司领导则认为，他们是十分重视产品质量问题的，只是老吕的质量控制方案成本太高且效果不好。最近一段时间，这种矛盾呈现激化现象。一天上午，老吕接到公司周副总的电话，通知他去北京参加一个为期 10 天的管理培训班，而老吕则认为自己主持的质改推进计划正在紧要关头，一时脱不开身，公司领导应该是知道这个情况的，他们作出这样的安排显然是不支持甚至是阻挠自己的工作。因此，老吕不仅拒绝了领导的安排，还发了一通脾气；而公司周副总也十分恼火，认为老吕太刚愎自用，双方不欢而散。你认为这里出现的沟通失败的最主要原因是什么？（　　）

A. 周副总发送的信息编码有问题　　B. 信息传递中出现了噪声

C. 老吕对于周副总的反馈有问题　　D. 老吕对于信息的解码出了问题

90. 下列情况下，适合使用单向沟通的是（　　）。

A. 时间比较充裕，但问题比较棘手

B. 下属对解决方案的接受程度至关重要

C. 上级缺乏处理负反馈的能力，容易感情用事

D. 下属能对解决问题提供有价值的信息和建议

91. 下列说法不正确的是（　　）。

A. 双向沟通比单向沟通需要更多的时间

B. 接收者比较满意单向沟通，发送者比较满意双向沟通

C. 双向沟通的噪声比单向沟通要大得多

D. 在双向沟通中，接收者和发送者都比较相信自己对信息的理解

92. 下列关于非正式沟通的说法正确的是（　　）。

A. 非正式沟通传播的是小道消息，准确率较低

B. 非正式沟通经常将信息传递给本不需要它们的人

C. 非正式沟通信息交流速度较慢

D. 非正式沟通可以满足职工的需要

93. 如果发现一个组织中小道消息很多，而正式渠道的消息很少，这意味着该组织（　　）。

A. 非正式沟通渠道中信息传递很通畅，运作良好

B. 正式沟通渠道中消息传递存在问题，需要调整

C. 其中有部分人特别喜欢在背后乱发议论，传递小道消息

D. 充分运用了非正式沟通渠道的作用，促进了信息的传递

94. 国内越来越多的企业都开始设内部咖啡厅，其主要目的是（　　）。

A. 形成非正式组织　　B. 促进信息沟通

C. 增强企业凝聚力　　D. 给员工一个放松场所

95. 人际沟通中会受到各种噪声干扰的影响，这里所指的噪声干扰可能来自（　　）。

A. 沟通的全过程　　B. 信息传递过程

C. 信息解码过程　　D. 信息编码过程

96. 在改善人际沟通时应该注意（　　）。

A. 沟通时注意控制自己的情绪

B. 沟通时注重语言，非语言提示可以忽略

C. 管理者要以自己可以理解的语言和下属沟通

D. 下属在反映问题时，管理者应关注自己的想法，以便对下属进行明确的指导

97. 沟通网络中，解决简单问题时效率最高的是（　　）沟通。

A. 轮式和环式　　B. 环式和链式

C. 链式和全通道式　　D. 轮式和链式

98. 吴总经理出差两个星期才回到公司，许多中层干部及办公室人员马上就围拢过来。大家站在那里，七嘴八舌一下子就开成了一个热烈的自发办公会：有人向吴总汇报近日工作进展情况，有人向吴总请示下一步工作的目标，还有人向吴总反映公司内外环境中出现的新动态。根据这种情况，你认为下述说法中哪一种最适当地反映了该公司的组织与领导特征？（　　）

A. 链式沟通、民主型管理　　B. 轮式沟通、独裁型管理

C. 环式沟通、民主型管理　　D. 全通道式沟通、独裁型管理

99. 信息沟通网络是由各种沟通途径所组成的结构形式，它直接影响沟通的有效性及组织成员的满意度。在以下四种沟通网络形式中，组织成员满意度最高的是（　　）。

A. 轮式沟通　　B. 链式沟通

C. Y 式沟通　　D. 环式沟通

100. 某企业原先制定重大战略决策的基本过程是由各部门（如财务部、销售部、生产部、人事部等）独立把各自部门的情况写成报告送交总经理，再由总经理综合完成有关的战略方案。后来，对此过程作了些调整：总经理收到各部门呈上的报告后，有选择地找些管理人员来磋商，最后由自己形成决策。再后来，总经理在收到报告后，就把这些报告交给一个由各部门人员共同参与组成的委员会，通过委员会全体成员的面对面讨论，最终形成有关决策。对此你的看法是（　　）。

A. 这种处理方式的改变对企业战略决策以及其他方面的工作没什么影响

B. 这种处理方式的改变可以大大提高企业决策的效率

C. 这种处理方式的改变增加了信息沟通的范围，可带来更多的成员满意感

D. 这种处理方式的改变提高了企业上下信息沟通的效率

二、案例分析题

案例一　古井贡酒的管理举措

新春伊始，正是许多企业回顾成绩、展望未来的时候，尤其是那些效益好的企业，更要在此时表彰一番以鼓舞士气。然而连续几年保持高速发展的古井酒厂，此时却组织全体员工认真学习该厂《发展中的五大失误》等重要文件，并要求各单位结合本部门实际，深刻领会文件精神，找出本单位和个人工作中的不足与失误，制定措施加以改进，掀起了一个以“反思失误，提高认识，统一思想”为主题的学习热潮。古井酒厂近年来的高速发展令人瞩目，已连续五年进入按利税排序的中国 500 家最大工业企业行列。特别是 1994 年，该厂实现销售收入 5.96 亿元，利税 3.29 亿元，各项主要经济指标创历史同期最高水平。可贵的是面对辉煌的成绩，该厂处优势而不忘看困难，谈成绩而不忘谈失误。1994 年底，在王效金厂长的亲自主持下，务实的古井人对近年来的工作进行了深刻而全面的反思，以现代规范的企业制度审视自己走过的路，总结出了发展中的五大失误：人才的增长和干部素质的提高跟不上企业的发展；跨行业开发尚未建立起一套科学的监督管理机制；营销体系和机制尚不能完全适应市场不断变化发展的需要；市场竞争机制给企业带来的不利影响没

有及时得到扼制；职工在生产技术上的主观能动性、创造性发挥不够等。该厂还将这五大失误以文件形式下发各单位学习讨论。为配合并推动各单位的学习，该厂宣传部门还采取在《古井报》开设《我看五大失误》专栏等多种形式，在全厂范围内广泛、深入地开展讨论活动。全体古井人通过这次学习讨论，从失误中总结经验、吸取教训，从而提高了认识、统一了思想，以保证在以后的工作中扬长避短，不断提高工作运行质量，为古井“1995 年进一步强化市场建设，实施名牌战略，发行 B 股，深化股份制规范改造，导入 CIS 战略，再创新辉煌”打下了坚实的思想基础。

问题：

（1）领导者的权力来源有哪些？

（2）王效金厂长的管理风格是什么样的？

（3）这个案例对你有哪些启示？

案例二　如何开展有效的领导工作

某公司市场部包括采购、销售、运输、仓储、广告制作等科室。当赵亮调任市场部经理时，听到不少人反映广告制作科、仓储科员工迟到早退现象严重，工作效率低。虽然公司领导对这些员工进行过多次批评教育，但成效不大，其他科室的员工对此意见较大。为了更好地开展工作，赵亮走访了这两个科室，了解到的情况如下：

广告制作科的员工主要是大学以上文化程度，其工作性质多属创造性工作，具有独立性、连续性的特点，工作时间不局限于八小时之内。绝大部分员工工作认真、努力、热情高、责任心强，有强烈的创新意识和自我实现的要求。但是，公司在管理方面忽视了这种特点，采用统一、僵化的方法进行管理，导致他们工作积极性的下降。

相比而言，仓储科员工文化程度普遍较低，其工作多为程序化、常规性活动，实行八小时工作制，必须准时上下班，工作时间不能随意脱岗；工作条件与环境较差，工作内容比较单调乏味，员工的积极性同样不高。

面对了解到的情况，赵亮认为，两个部门存在的问题有客观原因，需要通过科学、合理的管理方法来调动其工作积极性。赵亮在考虑该如何开展有效的领导工作。

问题：

（1）什么是领导工作？其实质是什么？

（2）依据激励理论，广告制作科与仓储科的员工接近于哪种人性假设？你认为赵亮对这两个科室应如何实施领导？

案例三　一次战略方案制定引起的风波

天讯公司是一家生产电子类产品的高科技民营企业。近几年，公司发展迅猛，然而，最近在公司里出现了一些传闻。公司总经理邓强为了提高企业的竞争力，在以人为本、创新变革的战略思想指导下，制定了两个战略方案：一是引人换血计划，年底从企业外部引进一批高素质的专业人才和管理人才，给公司输入新鲜血液；二是内部人员大洗牌计划，年底通过绩效考核调整现有人员配置，从内部选拔人才。邓强向秘书小杨谈了自己的想法，让他行文并打印。中午在公司附近的餐厅吃饭时，小杨碰到了副总经理张建波，小杨对他低声说道："最新消息，公司内部人员将有一次大的变动，老员工可能要下岗，我们要有所准备啊！"这些话恰好又被财务处的会计小刘听到了，他又立即把这个消息告诉了他的主管老王。老王听后，愤愤说道："我真不敢相信公司会做这样的事情，换新人，辞旧人。"消息传来传去，两天后又传回邓强的耳朵里。公司上上下下都处于十分紧张的状态，唯恐自己被裁，根本无心工作，有的甚至还写了匿名信和恐吓信，对这样的裁员决策表示极大的不满。

邓强经过全面了解，终于弄清了事情的真相。为了澄清传闻，他通过各部门的负责人把两个方案的内容发布给全体职工。他把所有员工召集在一起来讨论这两个方案，员工们各抒己见，但一半以上的员工赞同第二个方案。最后邓强说："由于我的工作失误引起了大家的担心和恐慌，很抱歉，希望大家能原谅我。我制定这两个方案的目的就是想让大家参与决策，一起为公司的人才战略出谋划策，其实前几天大家所说的裁员之类的消息完全是无稽之谈。大家的决心就是我的信心，我相信公司今后会发展更好。谢谢！关于此次方案的具体内容，欢迎大家向我提问。"

通过民主决议，该公司最终采取了第二个方案，由此，公司的人员配置率得到了大幅度的提高，公司的运作效率和经营效益也因此大幅度地增长。

问题：

（1）案例中的沟通渠道或网络有哪些？请分别指出，并说出各自的特点。

（2）案例中邓强的一次战略方案的制定为什么会引起如此大的风波？

（3）如果你是邓强，应从中吸取什么样的经验和教训？

第五单元（领导职能）课后练习答题卷

班级:______ 学号:______ 姓名:______ 分数:______

一、单项选择题

题号	1	2	3	4	5	6	7	8	9	10
答案										
题号	11	12	13	14	15	16	17	18	19	20
答案										
题号	21	22	23	24	25	26	27	28	29	30
答案										
题号	31	32	33	34	35	36	37	38	39	40
答案										
题号	41	42	43	44	45	46	47	48	49	50
答案										
题号	51	52	53	54	55	56	57	58	59	60
答案										
题号	61	62	63	64	65	66	67	68	69	70
答案										
题号	71	72	73	74	75	76	77	78	79	80
答案										
题号	81	82	83	84	85	86	87	88	89	90
答案										
题号	91	92	93	94	95	96	97	98	99	100
答案										

二、案例分析题

案例一:

案例二:

案例三:

第六单元　控制职能

一、单项选择题

1. 控制论的创立者是（　　）。

A. 维纳　　B. 石川馨　　C. 戴明　　D. 费根鲍姆

2. 管理控制和一般控制同是一个（　　）。

A. 信息反馈过程　　B. 信息接收过程　　C. 管理过程　　D. 控制过程

3. 管理控制与一般控制（　　）。

A. 基本含义完全相同　　B. 基本含义完全不同

C. 既有相同点，也有不同点　　D. 两者之间区别不大

4. 在现代管理学中，管理人员对当前的实际工作是否符合计划而进行测定并促使组织目标实现的过程，被称为（　　）。

A. 领导　　B. 组织　　C. 创新　　D. 控制

5. 我们把“确保事情按计划进行”的工作称之为（　　）。

A. 领导工作　　B. 协调工作　　C. 控制工作　　D. 组织工作

6. 在篮球比赛中，教练员根据场上的局势及时调整战术，并更换队员。从管理职能上讲，教练员行使的职能是（　　）。

A. 计划职能　　B. 组织职能　　C. 领导职能　　D. 控制职能

7. 控制的基本目的是（　　）。

A. 维持现状　　B. 打破现状　　C. 促进销售　　D. 研究开发

8. 控制活动应该（　　）。

A. 与计划工作同时进行　　B. 先于计划工作进行

C. 在计划工作之后进行　　D. 与计划工作结合进行

9. 控制工作通过纠正偏差的行动与管理的其他四个职能紧密结合在一起，使管理过程形成一个（　　）。

A. 完全封闭的系统　　B. 完全开放的系统　　C. 相对封闭的系统　　D. 自动控制系统

10. 所有权和经营权相分离的股份公司，为强化对经营者行为的约束，往往设计有各种治理和制衡的手段，包括：（1）股东们要召开大会对董事和监事人选进行投票表决；（2）董事会要对经理人员的行为进行监督和控制；（3）监事会要对董事会和经理人员的经营行为进行检查监督；（4）要强化审计监督等。这些措施（　　）。

A. 均为事前控制

B. 均为事后控制

C.（1）为事前控制，（2）为同步控制，（3）、（4）为事后控制

D.（1）、（2）为事前控制，（3）、（4）为事后控制

11. 质量处程处长在生产现场中发现一个工人没有按照作业规范操作，他立即上前去制止。这种控制方式属于（　　）。

A. 同期控制　　B. 反馈控制　　C. 前馈控制　　D. 间接控制

12. 直接控制的原则是（　　）。

A. 主管人员及下属的质量与控制方式无关

B. 主管人员及下属的质量越高，就越不需要直接控制

C. 主管人员及下属的质量越低，就越不需要间接控制

D. 主管人员及下属的质量越高，就越不需要间接控制

13. 预算主要体现为一种（　　）的手段。

A. 前馈控制　　B. 反馈控制　　C. 直接控制　　D. 间接控制

14. 同期控制是指某项活动（　　）。

A. 在开始前实施的控制　　B. 在进行中实施的控制

C. 发生变化后实施的控制　　D. 产生成果后实施的控制

15. 同期控制主要是（　　）所采用的控制方法。

A. 基层管理人员　　B. 中层管理人员　　C. 高层管理人员　　D. 非管理人员

16. 控制结果的控制是（　　）。

A. 直接控制　　B. 间接控制　　C. 前馈控制　　D. 同期控制

17. “治病不如防病，防病不如讲究卫生”这一说法强调了以下哪种控制方式？（　　）

A. 前馈控制　　B. 实时控制　　C. 反馈控制　　D. 同期控制

18. 分析工作执行结果，将它与控制标准相比较，发现已经发生或即将出现的偏差，分析其原因及影响并采取措施进行控制，属于（　　）。

A. 前馈控制　　B. 反馈控制　　C. 实时控制　　D. 同期控制

19. “亡羊补牢，未为晚也”，可以理解成是一种（　　）。

A. 前馈控制　　B. 反馈控制　　C. 实时控制　　D. 同期控制

20. 猎人为纠正子弹与飞行的野鸭间的时间延迟，常把瞄准点定在野鸭飞行前方，这种做法属于（　　）。

A. 反馈控制　　B. 前馈控制　　C. 直接控制　　D. 间接控制

21. 按控制点的位置或纠正措施的环节分类，可把控制方法分为（ ）。

A. 前馈控制、持续控制、同期控制　　B. 前馈控制、持续控制、结果控制

C. 前馈控制、同期控制、反馈控制　　D. 持续控制、同期控制、结果控制

22. 为加强质量管理，某企业推行 ISO9000 质量认证体系，从控制的角度看，这是为了加强（ ）。

A. 前馈控制　　B. 同期控制　　C. 反馈控制　　D. 以上均是

23. 财务分析、成本分析、质量分析等都属于（ ）。

A. 反馈控制　　B. 结果控制　　C. 同期控制　　D. 前馈控制

24. 控制工作的第一步是（ ）。

A. 纠正已有偏差　　B. 鉴定偏差　　C. 测定实际工作　　D. 确定控制标准

25. 最理想的标准是（ ）。

A. 可考核标准　　B. 实物标准　　C. 费用标准　　D. 资金标准

26. 进行控制时，首先要建立标准。关于建立标准，下列四种说法中哪一种有问题？（ ）

A. 标准应越高越好　　B. 标准应考虑实施成本

C. 标准应考虑实际可能　　D. 标准应考虑顾客需求

27. 确定控制标准，首先应该明确组织中哪些事或物需要加以控制，即确定（ ）。

A. 控制对象　　B. 控制人员　　C. 控制方法　　D. 控制水平

28. 控制工作的最后一步是（ ）。

A. 确定控制标准　　B. 鉴定偏差　　C. 测定实际工作　　D. 纠正已有偏差

29. 控制工作的关键步骤是（ ）。

A. 确定控制标准　　B. 测定实际工作　　C. 纠正已有偏差　　D. 管理突破

30. 控制环节不包括（ ）。

A. 确定控制标准　　B. 测定实际工作　　C. 培养控制能力　　D. 纠正已有偏差

31. 管理控制通过（ ），可以发现管理活动中的不足之处。

A. 确定控制标准　　B. 测定实际工作　　C. 纠正已有偏差　　D. 进行信息反馈

32. 持续改善常用工具中的“石川图”是指（ ）。

A. 帕累托分析图　　B. 鱼刺图　　C. 直方图　　D. 散点图

33. 一个有效的控制系统，其控制主体应该是（ ）。

A. 各级管理者　　B. 全体员工　　C. 监察机关　　D. 上级机关

34. 预算是指用数字说明企业经济活动的（ ）。

A. 综合计划　　B. 业务计划　　C. 管理计划　　D. 财务计划

35. 投资预算是对企业固定资产的购置、扩建、改造、更新等，在可行性研究的基础上编制的预算。此预算应力求和企业的（　　）以及长期计划紧密联系在一起。

A. 战略　　B. 制度　　C. 规划　　D. 文化

36. 现金预算是对企业未来生产与销售活动中现金的（　　）进行预测，通常由财务部门编制。

A. 使用情况　　B. 流入　　C. 流出　　D. 流入与流出

37. 收入预算又被称为（　　）。

A. 生产预算　　B. 支出预算　　C. 现金预算　　D. 销售预算

38.（　　）最大的缺点是每年对各部门提出的预算计划逐一进行审查所耗费的人力、时间和物力极其可观。

A. 零基预算　　B. 弹性预算　　C. 收入预算　　D. 现金预算

39. 下列属于零基预算的是（　　）。

A. 生产部门根据基期预算调整本期预算

B. 采购部门根据基期实际发生额调整本期预算

C. 管理部门根据预期重新编制预算

D. 制造部门继续采用上期预算

40. 在库存控制中，企业使用经济订购批量可以使（　　）最小。

A. 订购成本　　B. 总成本　　C. 保管成本　　D. 运输成本

41. 日本企业发明的准时库存系统，其目标是（　　）。

A. 减少库存成本　　B. 对库存进行定量控制

C. 转嫁库存风险　　D. 实现零库存

42. 第二次世界大战以前，质量管理处于（　　）阶段。

A. 质量检验　　B. 统计质量管理　　C. 全面质量管理　　D. 全面质量保证

43. 统计质量管理阶段由（　　）承担质量管理工作。

A. 操作者本人　　B. 工长　　C. 专职检验人员　　D. 专家和技术人员

44. 最早提出全面质量管理的概念的是（　　）。

A. 费根鲍姆　　B. 休哈特　　C. 朱兰　　D. 戴明

45. 全面质量管理中的“全面”指的是（　　）。

A. 对象全面　　B. 范围全面　　C. 人员全面　　D. 以上均正确

46. 某企业为强化重大决策贯彻落实工作的质量与效益，建立了一个旨在能全面、迅速、准确地反映各有关部门、个人工作进展情况的信息系统。但该系统投入使用一段时间后发现，必要的信息总不能按时输入。当事人抱怨说，输入这些信息对他们来说很麻烦，没有时间输入。他们的工作开展情况表明（　　）。

A. 为顺利开展管理控制工作，必须把信息系统的性能提高到一个较高的水平

B. 为顺利开展管理控制工作，企业必须进行必要的工作流程与规范的调整，并通过严格制度或文化改进等措施来巩固这种调整

C. 为顺利开展管理控制工作，企业必须尽量减少对信息系统的依赖

D. 为顺利开展管理控制工作，企业必须经历一个混乱的时期

47. 企业经营活动分析中常用的比率可以分为（　　）和经营比率两大类。

A. 资产负债率　B. 流动比率　C. 财务比率　D. 速动比率

48. 下列关于平衡计分卡的说法中不正确的是（　　）。

A. 平衡计分卡是根据企业组织的战略要求而精心设计的指标体系

B. 它将各种具体的相互平衡的绩效考评指标体系逐渐转化为企业战略

C. 它为企业战略目标的完成建立了可靠的战略基础

D. 它是一种绩效管理工具

49. 平衡计分卡的考核指标不包括（　　）。

A. 企业形象　B. 内部经营流程　C. 学习和成长　D. 客户

50. 下列哪项不属于平衡计分卡控制指标的内容？（　　）

A. 财务　B. 客户　C. 内部经营流程　D. 产品质量

二、案例分析题

案例一　苹果公司的控制

1977 年，技术专家史蒂夫·沃兹尼亚克和销售天才史蒂夫·乔布斯创立了苹果计算机公司，并很快取得了非凡的成功。但是，成功没能持续很久，部分原因是 IBM 个人计算机的问世。20 世纪 80 年代早期，一些观察家认为，苹果计算机公司需要更加严格的控制和更为专业化的管理方法。于是，百事可乐公司的约翰·斯科利被请到苹果公司来做指导。

为控制公司，斯科利采用了降低成本的方法来改善盈利状况，与此同时增加了研发费用以便使公司能保持技术上的领先地位。可后来，斯科利却受到指责，说他研发费用投入不够，广告费用投入过多。为减少重复环节，降低盈亏平衡点以及部门间的摩擦，苹果公司进行了重组。为提高效益和效率，苹果公司引入新的汇报程序。此外，在控制库存方面

也做了大量的工作，因为库存问题往往是个人计算机公司面对的主要问题。这些措施，连同苹果公司将 Macintosh 引入 IBM 占主导的商务公司这样一个成功的战略以及桌面印刷的普及，使苹果公司 1986 财政年度的收入增长了 150% 以上。

问题：

（1）计划和控制之间的关系如何？

（2）其他什么样的计划可用于组织的控制？

案例二　天安公司的控制制度

天安公司是一家以生产微波炉为主的家电企业。2005 年该厂总资产为 5 亿元，而 5 年前，该公司还只是一个人员不足 200 人、资产仅 300 万元且濒临倒闭的小厂。5 年间公司之所以有了如此大的发展，主要得益于公司内部健全的控制措施，包括：

第一，生产控制。公司对产品的设计设立高起点，严格要求；依靠公司设置的关键质量控制点对产品的生产过程进行全程监控，同时利用 PDCA 和 PAMS 方法，持续不断地提高产品的质量；加强员工的生产质量教育和岗位培训。

第二，供应控制。天安公司把所需采购的原辅材料和外购零部件，根据性能、技术含量以及对成品质量的影响程度，划分为 A、B、C 三类，并设置不同类别的原辅材料和零部件的具体质量控制标准，进而协助供应厂家达到质量控制要求。

第三，售后控制。公司通过大量的市场调研和市场分析活动制定了售前决策，进行了市场策划，树立了公司形象，与经销商携手寻找最佳点共同为消费者提供优质服务；公司建立了一支高素质的服务队伍，购置了先进的维修设备，建立了消费者投诉制度和用户档案制度，开展了多形式的售后服务工作，提高了消费者满意度。

问题：

试用控制分类知识对案例中的控制措施进行分类：该公司所采取的哪些措施属于前馈控制？哪些措施属于同期控制？哪些措施属于反馈控制？

案例三　杭州士兰明芯科技有限公司的质量控制

杭州士兰明芯科技有限公司（简称“士兰明芯”）成立于 2004 年 9 月，公司坐落于杭州经济技术开发区，是一家专业设计、制造高度 LED 芯片的光电半导体器件公司，是杭州士兰微电子股份有限公司的独资子公司。

我国的 LED 显示屏产业自 20 世纪 90 年代以来，规模不断扩大，技术基础持续升级。然而，尽管我国 LED 显示屏产业发展很快，但是业内技术水平和制造工艺与国际上相比还有一定差距，主要是大多数企业缺乏自主知识产权的核心技术和产业化规模较小，高性能的 LED 芯片主要依赖进口。为了实现 LED 显示屏芯片的国产化，士兰明芯特地从美国聘请了一批专业的 LED 芯片研发人员，然而他们的理念和公司大相径庭。士兰明芯的管理者及时认识到这一点，他们放弃了这种依赖外来团队的研发模式，开始培养自己的研发团队。终于，在公司全体员工的共同努力下，属于士兰明芯的芯片面世了。

起初，士兰明芯研发的芯片没有在市场上得到广泛认可。这是因为，LED 显示屏芯片的技术含量高、市场准入门槛也高，而国内的 LED 显示屏芯片长期依赖进口，技术也被国外垄断。但是"品质是检验产品的标准，市场是检验产品的试金石"，比如说产品的失效率，国内目前允许的失效率（ppm）是在 300 个左右，但士兰明芯生产的芯片失效率（ppm）控制在 30 个以下。同时，士兰明芯蓝、绿光 LED 芯片的客户一直以来希望士兰明芯能提供高亮度红光芯片以为他们的全色模组配套，将方便他们的采购和质量管理。士兰明芯于 2009 年 9 月成功研发、批量生产高亮度红光 LED 芯片。在此之前，由于普通红光 LED 芯片亮度不够，在由红（R）、绿（G）、蓝（B）组成的一个全色模组中通常的构成是一颗蓝光芯片、一颗绿光芯片、两颗普通红光芯片。现在使用士兰明芯的高亮度红光 LED 芯片，一颗就可以满足要求，而且可靠性高，维护成本明显降低。

士兰明芯不断用技术创新提升产品品质，用品质创造品牌，使其产品成功入围 2009 年中华人民共和国成立 60 周年大庆和 2010 年上海世博会上 LED 显示屏的应用，为公司的快速发展带来更多的市场机会。士兰明芯目前生产的 LED 蓝、绿、红光芯片均匀性、一致性、可靠性和稳定度都很高，其中蓝、绿芯片的占有率已经达到 50% 以上。相信随着公司研发能力的不断增强和市场份额的持续扩大，未来的士兰明芯一定能站在国际 LED 芯片的高端舞台上，向全世界展示属于 LED 的"中国芯"。

问题：

（1）什么是质量控制？实施有效质量控制的基础工作是什么？

（2）该企业的品质与市场之路给其他从事战略新兴产业的企业什么启示？

第六单元（控制职能）课后练习答题卷

班级:______ 学号:______ 姓名:______ 分数:______

一、单项选择题

题号	1	2	3	4	5	6	7	8	9	10
答案										
题号	11	12	13	14	15	16	17	18	19	20
答案										
题号	21	22	23	24	25	26	27	28	29	30
答案										
题号	31	32	33	34	35	36	37	38	39	40
答案										
题号	41	42	43	44	45	46	47	48	49	50
答案										

二、案例分析题

案例一:

案例二:

案例三:

新编21世纪高等职业教育精品教材
经贸类通用系列

管理学基础

Fundamentals of Management

教材藉由单元、模块结合之体例，传承管理学权威之经典理论体系，内容囊括管理之基础概念界定、管理之理论形成与发展以及管理之四大基本职能阐析，且辅以管理箴言、学习目标、内容体系、知识链接、管理故事、课堂思考、单元小结、核心概念、管理实训、管理应用、管理游戏、课后练习等，不一而足，充分展现了培塑学生管理能力之基本理念、追求教材适用性之恰当定位。

教材实为作者经年潜心研究管理学至融会贯通之结晶，语言精练、要言不烦、深浅有度，体系清晰、深入浅出、实用性强，其经典和厚重毋需赘言，在商科院校财经类师生中极具推荐度。

策划编辑：陈冰梅
责任编辑：张菲娜
封面设计：人马艺术设计·储平

ISBN 978-7-300-30519-6

定价：49.00元